2024
年版
（令和6年度試験対応）

中小企業診断士2次試験 参考書 決定版!!

中小企業診断士2次試験
ふぞろいな
合格答案

ふぞろいな合格答案プロジェクトチーム 編

エピソード
episode
17

同友館

▲▼▲▼ は じ め に ▲▼▲▼

『ふぞろいな合格答案　エピソード17』は、中小企業診断士２次試験の合格を目指す受験生のために作成しています。本書はほかの書籍とは異なり、受験生の生の情報をもとにして作成された参考書であることが大きな特徴です。

受験された皆さまからいただいた膨大な再現答案の分析記事に加え、今回も多彩な企画記事をご用意しました。また購入者特典として執筆陣の再現答案を収録するなどの取り組みも行い、受験勉強の現場でより効果的に活用できる情報を掲載しています。ぜひお役立てください。

▲▼▲▼ 『ふぞろいな合格答案』の理念 ▲▼▲▼

１．受験生第一主義

本書は、「受験生が求める、受験生に役立つ参考書づくりを通して、受験生に貢献していくこと」を目的としています。プロジェクトメンバーに令和６年度２次試験受験生も交え、できる限り受験生の目線に合わせて、有益で質の高いコンテンツを目指しています。

２．「実際の合格答案」へのこだわり

「実際に合格した答案には何が書かれていたのか？」、「合格を勝ち取った人は、どのような方法で合格答案を作成したのか？」など、受験生の疑問と悩みは尽きません。われわれは実際に十人十色の合格答案を数多く分析することで、実態のつかみにくい２次試験の輪郭をリアルに追求していきます。

３．不完全さの認識

採点方法や模範解答が公開されない中小企業診断士２次試験。しかし毎年1,000名を超える合格者は存在します。「合格者はどうやって２次試験を突破したのか？」、そのような疑問をプロジェクトメンバーが可能な限り収集したリソースの中で、大胆に仮説・検証を試みます。採点方法や模範解答を完璧に想定することは不可能である、という事実を謙虚に受け止め、認識したうえで、本書の編集制作に取り組みます。

４．「受験生の受験生による受験生のための」参考書

『ふぞろいな合格答案』は、２次試験受験生からの再現答案やアンケートなどによって成り立っています。ご協力いただいた皆さまに心から感謝し、お預かりしたデータを最良の形にして、われわれの同胞である次の受験生の糧となる内容の作成を使命としています。

令和４年度中小企業診断士試験より、２次試験の全科目を受験した方には、科目ごとの得点が通知されるようになりました。『ふぞろいな合格答案』は、開示得点結果に基づき、得点区分（ＡＡＡ、ＡＡ、Ａ、Ｂ、Ｃ）によって重みづけを行い、受験生の多くが解答したキーワードを加点要素として分析・採点しています。いただいた再現答案と実際の答案との差異や本試験との採点基準の相違などにより、ふぞろい流採点と開示得点には差異が生じる場合があります。ご了承ください。

目 次

巻頭企画①

第1章 2次試験の実像・本書の活用方法

巻頭企画①

　本書の目的は、令和5年度2次試験合格者の再現答案や合格者の生の声をもとにして、試験対策のヒントを提供することです。ここでは、中小企業診断士2次試験の実像、それに合わせた『ふぞろいな合格答案17』のコンテンツの見どころを簡単に紹介します。

1．2次試験の実像

　まずは中小企業診断士の2次試験について、その実像をわかりやすく説明します。

(1) 中小企業診断士2次試験はどのような試験？

　2次試験では「筆記試験」と「口述試験」の2種類の試験が行われ、筆記試験の合格が最大の難所となります。本書では、特に断りのない限り「2次試験」は「筆記試験」を指すものとして用います。

　2次試験は、事例Ⅰから事例Ⅳまでの4つの事例で構成されています。それぞれの事例は、ある中小企業の概要や抱える課題などが1,000文字から3,000文字程度の文章（これを「与件文」といいます）で提示され、そこから4〜6問程度の問題（これを「設問文」といいます）が出題されます。ただし、事例Ⅳについては、与件文に加えて財務諸表も提示されており、計算問題もあるため問題数が多くなる傾向があります。

　試験時間はそれぞれ80分、その中で与件文を読み取り、設問文の題意に沿った解答をする必要があります。

中小企業の診断及び助言に関する実務の事例		時間	得点
事例Ⅰ	組織・人事	80分	100点
事例Ⅱ	マーケティング・流通	80分	100点
事例Ⅲ	生産・技術	80分	100点
事例Ⅳ	財務・会計	80分	100点

(2) 2次試験の合格基準は？

　2次試験に合格するためには以下の基準をどちらも満たす必要があります。

　　① 事例Ⅰから事例Ⅳの合計得点が240点以上であること

　　② 事例Ⅰから事例Ⅳの各点数が40点以上であること

　全体で60%以上、かつ1科目でも40%未満の点数がないこと、という条件は1次試験の合格基準と同様です。

　自身の得点を知るには、令和3年度までは（一社）中小企業診断協会に得点開示の請求をする必要がありましたが、令和4年度以降は2次試験受験者全員に科目ごとの得点が通知されるようになりました。

　直近5年間の2次試験の合格率は18.5%前後を推移しており、おおよそ受験者の5人に

１人が合格しています。受験者数は、平成26年度から平成30年度までは4,500人前後を推移していましたが、令和元年度以降は増加傾向にあり、令和5年度では受験者数8,241人、そのうち筆記試験の合格者数は1,557人と発表されています。

2次試験の直近10年の合格率推移

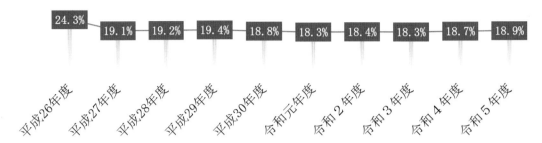

24.3%	19.1%	19.2%	19.4%	18.8%	18.3%	18.4%	18.3%	18.7%	18.9%
平成26年度	平成27年度	平成28年度	平成29年度	平成30年度	令和元年度	令和2年度	令和3年度	令和4年度	令和5年度

(3)　2次試験の対策として、何が難しい？

　それでは、2次試験の対策をするうえで何に困るのでしょう。それは、中小企業診断協会から**2次試験の採点方法や模範解答が一切公表されていないこと**です。どの解答が正解か、誰もはっきりとわかりません。だからこそ、2次試験の勉強方法に悩むのです。

　『ふぞろいな合格答案』では、そのような受験生に対し、以下の2つの観点から導き出した有益な情報を数多く掲載しています。

その①　再現答案を分析し、導き出した合格答案の特徴

　模範解答が一切公表されていないからこそ、実際に合格点（60点以上）となるA以上答案の特徴を知ることは非常に大切です。本書では膨大な再現答案を分析した結果を提供します。合格するためには、A以上答案にいかに近づけるかが重要です。

その②　勉強方法や試験に使える合格者直伝のテクニック

　2次試験では、80分という非常に短い時間の中で設問文を読み、出題者の題意を汲み取ったうえで、与件文を読み事例企業の概要を把握・分析して、事例企業における課題やその対応策、事例企業に対する助言を解答することが求められます。そのための**勉強方法や、効率的な解法を自分なりに作り上げ、実践する必要があります**。

　『ふぞろいな合格答案』では、合格者の勉強方法・解法・テクニックを余すことなく提供しています。その中で自分に合った勉強方法を見つけ出し、試行錯誤を繰り返すことで自分に合った解法を導き出してください！

> ※紙面に書ききれなかった部分は公式ブログで更新中！　ぜひご活用ください♪
> →ふぞろいな合格答案　公式ブログ　https://fuzoroina.com

〜合格に一番大切なこと〜
　正攻法に則ること。奇をてらおうとしない。

2．本書の活用法

ファーストステップ

どのように2次試験の
解答を作ればよい？

・初学者で2次試験の解答作成方法が
わからない人
・予備校の模範解答に違和感があり、
ほかの視点での見解を知りたい人

第2章をご覧ください

ふぞろいな答案分析

15ページから

■ふぞろい流採点による、解答ランキングと再現答案

再現答案を分析し、高得点答案に多く使
われているキーワードをランキング化し
ました。

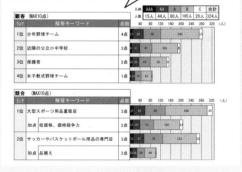

区	再現答案	点	文字数
AAA	顧客は①地域の**少年野球チーム**②**女子の軟式野球チーム**③近隣の**公立小中学校**。競合は①チェーンの**低価格**の**大型スポーツ用品量販店**②サッカーやバスケット用品の専門店。自社は①**野球用品の品揃え**②**オリジナル用品への対応力**③**ユニフォーム加工技術**④**納品の確かさ**⑤体格や技術に応じた提案力が強み。価格面が弱み。	24	145
AA	顧客は近隣公立学校、**少年野球**・サッカーチーム、チームを通さない個別購入者、中学校部活動員。競合は**品揃え豊富な**サッカー・バスケ専門店、**低価格**な**大型スポーツ用品量販店**。自社の強みはにぎわいある立地、**運動服加工技術**、スポーツブランド取り揃え、野球用品揃え。弱みは専門店に比べ**品揃えが弱く価格競争力が低い**。	21	150
A	顧客は、**少年野球チーム**、**女子の軟式野球チーム**、少年サッカーチーム、中学校の部活動等。競合は、**サッカーやバスケット用品の専門店**が過当競争で、**大型スポーツ用品量販店**が**低価格**で販売。自社は、総合的なスポーツ用品を扱いながら**野球用品をより専門的に取り扱う**が、大型スポーツ用品量販店より**高価格**で販売。	18	147
B	顧客は、地域の**少年野球チーム**とメンバー。金銭的負担から野球をやめる子どもが増えており、野球人口確保が課題。競合は、**大型スポーツ用品量販店**。**低価格設定**にB社は太刀打ちできない。自社は、野球用品の**加工技術**、**品揃え**と提案力、**納品の確かさ**が強み。少年野球チームとの関係強化や女子向けの野球用品の拡充を検討中。	14	150

実際に受験生から提供していただいた
再現答案を、ふぞろい流に採点します。

■各事例分析メンバーによる、事例ごとの特別企画

図表1　PMIの取組領域

経営統合	異なる経営方針のもと経営されていた2社の経営の方向性、経営体制、仕組み等の統合を目指す。
信頼関係構築	組織・文化の融合に向けて実施するべき取組み。経営ビジョンの浸透や、従業員の相互理解、取引先との関係構築等を目指す。
業務統合	事業（開発・製造、調達・物流、営業・販売）や、管理・制度（人事、会計・財務、法務）に関する統合を目指す。

出所：中小企業庁「中小PMIガイドライ

事例I特別企画
PMIを通じてM&Aを
成功させよう

戦略の種類	施策例	期待される効果	情報発信／受信の手法（例）
コミュニケーション戦略（情報の発信と受信）	・要望や改善点を収集し製品開発や改良に活かす（R3） ・消費者ニーズを聴取し商品開発に反映（R2）（R4） ・聞き取った要望を踏まえたデザインの提案（R1）	・顧客との関係性強化 ・顧客ロイヤリティ向上 ・愛顧向上	・オンライン・コミュニケーション、SNS ・試食会、コンテスト開催（レシピなど）、サンプル提供、モニター募集 ・掲示板、BBS、アンケートフォーム、オンライン問合わせ等
プロモーション戦略（一方的な情報発信）	・ECサイトでの販売（R3） ・HPへ自社の強みを掲載（H30）	・ブランド価値向上 ・客数アップ ・需要喚起（サービス	・HP上で商品の紹介（写真、動画） ・イベント情報発信 ・社長・社員・店主ブログ、メー

事例II特別企画
マーケティング・流通における
コミュニケーション戦略

年度	第○問	設問の背景・内容	ふぞろい流の答案例
令和元年度	3-①	C社社長の新工場計画についての方針に基づいて、新規受託生産の実現に向けた、生産性を高める量産加工のための新工場の在り方を述べよ	熟練作業者の個人技能を標準化、マニュアル化する。新工場要員をOJTで教育し技術継承することで、早期育成を行う
令和3年度	4	C社社長は、自社ブランド製品の直営店事業を展開する上で、熟練職人による高級感か、若手職人も含めてアイテム数を増やすか検討している。最大の効果を得る選択肢と対応策を助言せよ	事業展開は、熟練職人の手作りで高級感を出すべき。対応策として、OJTで教育することで若手職人へ技術継承を図る
令和4年度	1	難易度の高いブ〔…〕蓄積してきたC〔…〕での外部経営資〔…〕構〕の中での〔…〕よ	〔…〕

事例III特別企画
製造業における技術継承
の課題と道しるべ

第1問
【四捨五入の処理ミス】
正：売上高営業利益率　11.59%　　誤：売上高営業利益率　11.58%
正：有形固定資産回転率　71.90回　　誤：有形固定資産回転率　71.89回
【単位のミス】
正：自己資本比率　77.56%　　誤：自己資本比率　77.56回
第2問（設問1（4））
【単純な計算ミス】
正：損益分岐点比率の変化　14.73%　　誤：損益分岐点比率の変化　△14.73%
　（令和4年度-令和3年度）　　　　　　（令和3年度-令和4年

事例IV特別企画
事例IV攻略のカギは計算力？

セカンドステップ

どのように2次試験の勉強を進める？　入門編

・自分の特性（初年度／多年度、独学／予備校通学、など）と似た合格者の勉強方法を知りたい人
・試験当日のリアルな感情を追体験したい人

➡

第3章をご覧ください

合格者による、ふぞろいな再現答案

139ページから

■ふぞろいメンバーの勉強方法と合格年度の過ごし方

> ふぞろいメンバーと自分の属性を比較して、参考にするメンバーを探しましょう。

> 合格者がどのような1年を過ごして、合格にたどり着いたのかがわかります。

		課題：『ふぞろい』とその他書籍の準備、情報収集	
2月～4月	学習内容	『ふぞろい』を活用して事例Ⅰ～Ⅲの過去問演習を実施。この時期は解答メモの作成を行い、与件文からキーワードが抽出できているかの確認。事例Ⅳは『30日完成』を1日1問解き、3周する。	取り組み事例数：60事例／2次平均学習時間　平日：2時間　休日：2時間
5月～7月	学習内容	課題：解答方法の学習　事例Ⅰ～Ⅲは過去問を解き、YouTubeで公開されている予備校の解説動画を視聴し、設問文の解釈や解答方法を確認。『ふぞろい』も活用し、採点。事例Ⅳは毎日『事例Ⅳ全知全ノウ』を1問解く。	取り組み事例数：70事例／2次平均学習時間　平日：3時間　休日：3時間
		1次試験！（受験せず）	
8月～10月上旬	学習内容	課題：過去問演習の継続　事例Ⅰ～Ⅲは『ふぞろい』を活用し、平成25年度から令和4年度までの過去問演習を繰り返し実施。事例Ⅳは毎日『事例Ⅳ全知全ノウ』を1問解く。	取り組み事例数：110事例／2次平均学習時間　平日：3時間　休日：3時間

■80分間のドキュメント

手順0　開始前（～0分）
問題、解答用紙が配布される。解答用紙は解答欄がうっすらと透けて見えるため、設問数や文字数を確認。試験開始1分前になったら深呼吸をして集中する。

手順1　準備（～1分、1分間）
まずは、解答用紙に受験番号と名前を記入。紙がキレイに切れる定規を使用して白紙部分を切り離し、メモ用紙を確保する。

手順2　設問解釈（～5分、4分間）
第1問：SWOT分析の強みと弱みで、統合前のA社という時制に注意。
第2問：A社の現経営者が行った差別化の内容と、その狙いの2点を書くことと理解。「戦略上の差別化」という表現に戸惑いつつ、差別化集中戦略を意識する。
第3問：経営統合の留意点だから、組織間のコミュニケーションや従業員のモラール低下の防止が解答の中心になるか。助言問題だから効果を記入する。
第4問（設問1）：「どのように」と問われているため具体的な施策を記入するのか。これも助言問題だから効果を記入する。

> 80分間のドキュメントとともに、合格者の再現答案をチェックしましょう。

> 合格者が試験時間の80分間に何を考えて、解答作成したのかがわかる、リアルなドキュメントです。

■特別企画　ふぞろいメンバーに聞いた！2次試験「合格」のつかみ方

使用していた参考書（複数回答可）（n=23）

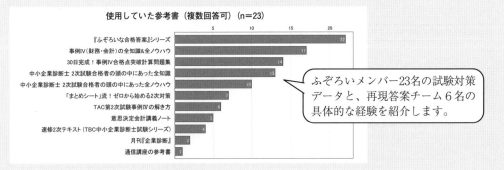

『ふぞろいな合格答案』シリーズ	22
事例Ⅳ（財務・会計）の全知識&全ノウハウ	17
30日完成！事例Ⅳ合格点突破計算問題集	14
中小企業診断士 2次試験合格者の頭の中にあった全知識	13
中小企業診断士 2次試験合格者の頭の中にあった全ノウハウ	10
「まとめシート」流！ゼロから始める2次対策	7
TAC第2次試験事例Ⅳの解き方	6
意思決定会計講義ノート	5
速修2次テキスト（TBC中小企業診断士試験シリーズ）	4
月刊『企業診断』	2
通信講座の参考書	1

> ふぞろいメンバー23名の試験対策データと、再現答案チーム6名の具体的な経験を紹介します。

~合格に一番大切なこと~

有効な解き方と効果的な学習方法を自分流に確立したうえで、あとは過去問を徹底的に反復すること。

サードステップ

どのように2次試験の勉強を 進める？　達人編	各章の企画をご覧ください
・試験合格に向けてモチベーションを 　上げたい人 ・2次試験攻略の戦略／戦術を立案し 　たい人	・"試験合格の先"と"さらに先"に 　あるもの ・失敗したっていいじゃない ・過去問をどれくらい解く？ ・2次試験の勉強戦術と精神状態

■ "試験合格の先" と "さらに先" にあるもの（9ページ～）

志望動機に貴賤無し

【ふぞろい17（令和5年度合格者）】みやけん

年齢：20代後半
業種：製造業　　職種：商品開発

《私が中小企業診断士を目指した理由》
　ある時お付き合いしていた方をコンサル男に噂され、「コンサルがなんぼのもんじゃい！」と闘志を燃やしたことがきっかけでした。失恋以降ジメジメした日々を過ごす中で中小企業診断士の存在を知り、半ばヤケクソで勉強を始めたのが正直なところでしたが、勉強を重ねる中で世の中の解像度が格段に上がる中小企業診断士に魅力を感じ、改めて本気で挑戦する決意をしました。継続できた理由は後者が大きいですね。

《2次試験の勉強を通じて得られたもの》
　大きく2つです。1つ目は、知識を実務に落とし込めるようになったことです。2次試験は実によくできていて、勉強で得た切り口がそのまま実務に使える場面が多いです。1次試験はひたすら知識のインプットですが、それをいかに使うか？を学ぶのに非常に有用でした。2つ目は、文章力に自信がついたことです。フォーマットやロジックに基づいた書き方、読みやすい文章構成、どれも2次試験で意識していたことが生きています。

> 2次試験の勉強から得られるものとは？
> ふぞろいメンバーにインタビュー！

中小企業診断士という新たな世界への切符

【ふぞろい16（令和4年度合格者）】たくま

年齢：30代半ば
業種：製造業　　職種：調達

《試験合格1年間で起きた変化や得られたものなど》
　皆さんは中小企業診断士という資格を通じて何を成し遂げたいですか？　私の場合は、独立できればそれはそれでよし、今の仕事にもつながるだろう、と軽く、かつ抽象的に考えていた程度でした。でも、この1年は変化の大きい年でした。
　実務補習、実務従事、さらには副業の場で中小企業の社長の方と直接お話しする機会に恵まれ、実務従事、さらには副業の場で中小企業の社長の方と直接お話しする機会に恵まれ、実務補習、実務従事、さらには副業の場で中小企業の社長の方と直接お話しする機会に恵まれ、社長はそれに悩んでいる。自分はそれに対して何ができるか。これまで考えたこともなかったことを真剣に考える機会を得ることができています。また「ふぞろい」の執筆や実務補習を通じて得られたネットワークでさまざまなタイプの友人にも恵まれ、自分の人生をどう生きるかを考え直す機会にもなっています。
　新卒以来、会社勤めでクローズドな環境に身を置いていた私にとっては、本当に変化の大きい1年でした。資格勉強を通じて知識の拡充が図れたのはもちろん、合格がこれまで接することがなかった人たちとの接点が作り、副業も始められました。中小企業診断士という切符を得られることの大きさ。皆さんにもぜひ感じてもらいたいです。

> 試験合格後の1年で得られたものとは？
> ふぞろいOB・OGメンバーにインタビュー！

■ 失敗したっていいじゃない（135ページ～）

【テーマ1：情報収集、学習計画、勉強法編】
オス：それでは、最初の失敗から。ゲストはひろしさん（以下、ひろ）、よろしくです。
ひろ：よろしくです。
足尾：どんな失敗したんですか？　フレームワーク忘れとか？
地味：ヒロやるさん。あなたの失敗はそのフレームワーク依存よ。
ひろ：私の失敗は……「2次試験の問題演習時に制限時間を計っての演習をほとんどしなかった」ことです！！
足尾：えぇ！　時間なんて適当でいいんじゃないの？　キーワード拾えれば秒殺でしょ！
地味：現実的に考えて時間配分のミスは試験本番では致命的よ。設問解釈、与件文の読み込み……の時間……私も経験があるからわかるわ……への解答転記はこま

> 元・受験生の反省をテーマ別に
> 括ってお伝えします。

■ 過去問をどれくらい解く？（266ページ～）

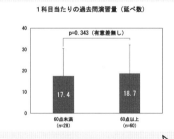

1科目当たりの過去問演習量（延べ数）

p=0.343（有意差無し）

- 60点未満（n=28）：17.4
- 60点以上（n=60）：18.7

> 実際の得点をもとに分析！
> ふぞろいメンバーはどの事例をどのように、どのぐらい勉強したか明らかになりました。

■ 2次試験の勉強戦術と精神状態（269ページ～）

勉強戦術と主な精神状態の変化

事例	勉強戦術（複数名が同意見）	精神状態の変化 （最多回答）
事例Ⅰ	SWOT、外部環境・内部環境変化を丁寧に分析する。そのうえで、外部環境変化→経営戦略見直し→組織人事変更、の流れにも留意する。	「哀」→「喜」
事例Ⅱ	過去問を繰り返し、毎回ダナドコを意識して活用する。	「哀」→「楽」
事例Ⅲ	問題点と課題と対応策の切り分けの練習を繰り返す。工場の様子をYouTubeで把握する。	「哀」→「楽」
事例Ⅳ	まずは焦らずにできるところまで解法理解に努める。ある程度（4～6割）到達できたと感じたら、時間を計って毎日解く。	「哀」→「喜」

> ふぞろいメンバーにアンケート！
> 2次試験の勉強戦術と勉強中の精神状態をまとめてみました。

~合格に一番大切なこと~
　モチベーションを維持して、いかに全力疾走できるか。

付録

もっと勉強するためには？

・過去年次のふぞろいで勉強したい人
・セミナーに参加して勉強方法を合格者から聞いたり受験生仲間を作ったりしたい人

まだまだ学びの機会はたくさん！

・行列のできるふぞろい相談所　受験生支援団体紹介
・過去年次の『合格答案』とふぞろいシリーズの紹介
・ふぞろい主催セミナー
・ふぞろいブログ

■行列のできるふぞろい相談所（273ページ〜）

『ふぞろい』にとって受験生の声は何よりの財産です。皆さまのご意見・お悩みにお答えします。

■受験生支援団体の情報まとめ（277ページ〜）

勉強方法や2次試験で使える知識など、受験に役立つ情報を発信する受験生支援団体の概要を紹介します。

■過去年次の『ふぞろいな合格答案』とふぞろいシリーズについて

ふぞろい関連書籍は4種類。用途に応じてご使用ください。

書籍名	本体価格	コンテンツ	詳細
『ふぞろいな合格答案』（本書）	2,600	答案分析	直近の受験者から再現答案を提供していただき、得点につながった可能性の高いキーワードを分析したもの
		合格者による再現答案	合格者の試験当日の80分間の過ごし方と再現答案
		豊富な企画記事・コラム	事例研究や受験生活など、さまざまな企画・コラム
『ふぞろいな再現答案』	2,600	2〜3年分の「合格者による再現答案」をまとめたもの	
『ふぞろいな答案分析』	2,600	2〜3年分の「答案分析」をまとめたもの	
『ふぞろいな合格答案10年データブック』	4,500	H19〜H28の「答案分析」をまとめた総集編。特典として10年分の各設問の解答キーワードをまとめた「10年まとめ表」を掲載	

詳細は以下もご参照ください。

https://fuzoroina.com/?p=17407

■ふぞろい主催セミナーについて

ふぞろいプロジェクトでは、受験生支援を目的に、セミナーを開催する予定です。
2次試験の学習方法を中心にお伝えします。開催時期、場所など詳細はふぞろいブログをご参照ください。

■ふぞろいブログについて

メンバーが随時投稿しています。勉強方法の話題からゆるわだ（ゆるい話題）まで、受験生の皆さまにお役に立てる情報を発信中！
左記セミナー開催情報や、本書に掲載しきれなかったアドバイスも掲載。ぜひチェックしてください。

https://fuzoroina.com

〜合格に一番大切なこと〜
合格するビジョンと達成するための準備。

"試験合格の先" と "さらに先" にあるもの

【令和５年度合格者５名が語る中小企業診断士を目指した理由、２次試験の勉強を通じて
得られたもの】

　令和５年度合格の「ふぞろい17」メンバーのうち、さまざまな属性を持つ５名が「私が
中小企業診断士を目指した理由」、「２次試験の勉強を通じて得られたもの」について紹介
します。

【このようなときに読むのがおすすめ】

・勉強に疲れて、ちょっと息抜きしたいとき
・勉強をしていて、中小企業診断士試験の勉強が何のためになるのか不安になったとき

志望動機に貴賤無し

【ふぞろい17（令和５年度合格者）】　みやけん

年齢：20代後半

業種：製造業　　　　　　　　職種：商品開発

《私が中小企業診断士を目指した理由》

　ある時お付き合いしていた方をコンサル男に略奪され、「コンサルがなんぼのもんじゃ
い！」と闘志を燃やしたことがきっかけでした。失恋以降ジメジメした日々を過ごす中で
中小企業診断士の存在を知り、半ばヤケクソで勉強を始めた形です。きっかけこそ不純で
したが、勉強を重ねる中で世の中の解像度が格段に上がる中小企業診断士に魅力を感じ、
改めて本気で挑戦する決意をしました。継続できた理由は後者が大きいですね。

《２次試験の勉強を通じて得られたもの》

　大きく２つです。１つ目は、知識を実務に落とし込めるようになったことです。２次試
験は実によくできていて、勉強で得た切り口がそのまま実務に使える場面が多いです。１
次試験はひたすら知識のインプットですが、それをいかに使うか？を学ぶのに非常に有用
でした。２つ目は、文章力に自信がついたことです。フォーマットやロジックに基づいた
書き方、読みやすい文章構成、どれも２次試験で意識していたことが生きています。

試験の特徴を学び、それに合った勉強をすること。

やらぬ後悔よりやる後悔

【ふぞろい17（令和5年度合格者）】 あーや

年齢：20代後半

業種：コンサル業 職種：コンサルタント

《私が中小企業診断士を目指した理由》

　前職の先輩から「難しいけど実用的な資格があるよ」と聞き、中小企業診断士という資格を知りました。その後、転職し仕事も充実していたものの、ふと、自分には何も強みがない……ことに気がつきました。家にある本を読み漁っていたところ、3年前に購入したまっさらな中小企業診断士の導入本を見つけました。「頑張るなら一番若い今。気になったまま挑戦しないといつか後悔するかな」と思い、それだけの理由で受験を決意しました。

《2次試験の勉強を通じて得られたもの》

　大きく2つあります。1つ目は、「問題」「課題」を明確に認識し、それらを論理的に整理できるようになったことです。実務でも今まで以上に的確に整理できるようになったことを実感しています。2つ目は、「頑張りきれた」という大きな自信です。あの時あんなに頑張れたのだから、きっとまた新たな挑戦もできるはず、そんな前向きなマインドを得ることができました。やはりやって後悔はまったくないですね。

きっかけは人それぞれ

【ふぞろい17（令和5年度合格者）】 たく

年齢：30代前半

業種：金融業 職種：法人営業

《私が中小企業診断士を目指した理由》

　会社から報奨金が出る資格だったこと、過去に取得した資格の勉強で得た知識や本業で培った経験と重複する部分が多いことから、「少し勉強すれば取れそう」という不純かつ軽い考えから勉強を始めました。新型コロナウイルスの蔓延で本業が忙しくなり、2年ほど勉強から離れていましたが、外出する機会が減り休日は時間を持て余していたことから、改めて中小企業診断士にチャレンジしようと決意し勉強を再開しました。

《2次試験の勉強を通じて得られたもの》

　本業でさまざまな企業の財務諸表を見る際に、どうしても財務的な視点で考えることが多かったのですが、2次試験の勉強を通じて、組織体制やマーケティングなど、さまざまな角度から俯瞰的に分析できるようになったと感じています。3CやSWOTといったフレームワークを念頭に置いて取引先の社長と対話することで、企業への理解が格段に高まり、以前よりも真のニーズを引き出しやすくなったと思います。

知識は財産

【ふぞろい17（令和5年度合格者）】　サエコ

年齢：40代前半

業種：製造業　　　　　　職種：知財法務 兼 新規事業推進

《私が中小企業診断士を目指した理由》

　製造業で知財法務業務に従事し十数年が経った頃、機会を得て新規事業推進業務にも従事することになりました。ずっと知財畑で過ごしてきた私にとって、事業の根幹に触れる話はとても新鮮……だったところまではよかったのですが、会議で飛び交う単語の意味がわからない。これではマズイと思い勉強を始めたところ、それらがすべて中小企業診断士試験で出題されるネタだと知り、本格的に勉強を開始しました。

《2次試験の勉強を通じて得られたもの》

　社会人になってから十数年経ちましたが、ここまでビジネスを深く考えたことはありませんでした。その思考の浅さは、これまでよく社会人としてやってこられたなと冷や汗をかくほどです。そしてそれは、考えなかったのではなく、考えられなかったのだと気づきました。つまり、考えられるだけの知識がなかったのです。勉強を通じて知識が増え、ビジネスへの理解が深まったことが最大の財産です。

青年よ、大志を抱け！

【ふぞろい17（令和5年度合格者）】　りょちょ

年齢：30代前半

業種：製造業　　　　　　職種：生産技術

《私が中小企業診断士を目指した理由》

　「管理職を目指すなら、この資格取得がおすすめ」と、上司から言われたことが中小企業診断士を知ったきっかけでした。現在、日本の製造業には人材不足や材料費高騰などのさまざまな問題があります。今後の事業継続・成長を図っていくためには、勉強して役職を得て、自らが会社を動かして壁を乗り越えていくことが必要だと感じました。自分の人生を切り拓くために、中小企業診断士試験への挑戦を決意しました。

《2次試験の勉強を通じて得られたもの》

　企業分析の力です。製造業で設備導入や開発を担当しておりますが、以前までは表面的な課題への対応のみで、場当たり的な仕事の仕方になっておりました。企業分析の訓練をしたことで、外部・内部環境分析により MECE にフレームワークを作成し、核心を打つ施策への落とし込みができるようになりました。今後はより経営効果の高い仕事に注力し、自社の発展と協業先との共栄に貢献していきたいと考えております。

~合格に一番大切なこと~
　診断士試験で求められている力を理解し、その力を持っていると解答で示すこと。

【試験合格後、中小企業診断士登録までの道のりと１年で起きた変化について】

　「ふぞろい16」メンバーのうち14名に、登録までに行った実務補習と実務従事の日数、および２次試験合格から１年あまり経過して起きた変化についてアンケートを行いました。その結果が以下のとおりです。

登録までの日数	人数
実務補習５日 実務従事10日	5
実務補習15日	3
実務補習10日 実務従事５日	2
実務従事15日	2
未登録	2

１年で起きた変化	人数
副業	7
異動	2
独立、転職	1
独立、転職を検討中	1
変化なし	3

　中小企業診断士試験に合格してから１年あまりで、さまざまな選択肢があることが伺い知れます。そこで、「ふぞろい16」メンバーの５名が「試験合格後１年間で起きた変化や得られたものなど」を紹介します。いろいろな考え方を持って活動していますので、合格後のさらにその先をイメージしていただき、中小企業診断士試験勉強の活力にしていただければ幸いです。

中小企業診断士という新たな世界への切符

【ふぞろい16（令和４年度合格者）】　たくま

年齢：30代後半
業種：製造業　　　　職種：調達

《試験合格後１年間で起きた変化や得られたものなど》

　皆さんは中小企業診断士という資格を通じて何を成し遂げたいですか？　私の場合は、独立できればそれはそれでよし、今の仕事にもつながるだろう、と軽く、かつ抽象的に考えていた程度でした。でも、この１年は変化の大きい年でした。

　実務補習、実務従事、さらには副業の場で中小企業の社長の方と直接お話しをする機会に恵まれ、見聞きしていたことが目の前に起きている。社長はそれに悩んでいる。私はそれに対して何ができるか。これまで考えたこともなかったことを真剣に考える機会を得ることができています。さらに『ふぞろい』の執筆や実務補習を通じて得られたネットワークでさまざまなタイプの友人にも恵まれ、自分の人生をどう生きるかを考え直す機会にもなっています。

　新卒以来、会社勤めでクローズドな環境に身を置いていた私にとっては、本当に変化の大きい１年でした。資格勉強を通じて知識の拡充が図れたのはもちろん、合格後これまでに接することがなかった人たちとの接点が作れ、副業も始められています。中小企業診断士という切符を得られることの大きさ。皆さんにもぜひ感じてもらいたいです！

訓練された無能からの脱却

【ふぞろい16（令和４年度合格者）】　ぜあ

年齢：40代前半

業種：公務員→金融業（未経験）　　職種：調査研究

《試験合格後１年間で起きた変化や得られたものなど》

　「『安定した仕事』とは、生涯働き続けられる大きな組織での仕事ではなく、自分がどこでも通用する人材になって選び取った仕事のことだ」。５年前、中国人の親友に言われた言葉です。公務員だった私は、この言葉に大いに刺激を受けました。「寄らば大樹の陰」とばかりに大組織の中だけで生きるのではなく、学び続けることで「キャリアを選べる人生」を歩みたいと考えるようになったのです。中小企業診断士に挑戦したのも、このような思いからでした。

　試験の合格を経てレベルアップした能力のひとつに、「漠然とした不満や不安を言語化する力」があります。私にとって、公務員の仕事も楽しいものでしたが、組織に馴染みすぎることで「『訓練された無能』になってしまう」という危機感も大きくなってきました。そして、資格を生かしつつ、より地元のために貢献できる仕事を探した結果、未経験ながら金融機関に転職を果たしました。新卒から10年間は報道機関で記者をしていたため、記者→公務員→銀行員と変なキャリアになりましたが、現状に満足することなく、常に複数の選択肢を持てる人生を歩んでいきたいと考えています。

自分の選択肢が広がる資格

【ふぞろい16（令和４年度合格者）】　まっち

年齢：30代前半

業種：IT　　　　　　　　　職種：営業

《試験合格後１年間で起きた変化や得られたものなど》

　中小企業診断士試験合格後、１年かけて実務補習１回、民間の実務従事１回を経験し、2024年４月に中小企業診断士登録をしました。これまで転職経験はなく、狭い業界・会社内で仕事をしてきて、何のスキルも身についていないのではないか？という不安がありました。合格を機に環境が一変し、実務補習で異業種・幅広い世代の方と対等に議論をしたり、診断先の社長に向けたプレゼンや診断報告書などの成果物を作り上げたりするという経験はとても刺激的で、自分は社外でもそれなりに通用する力があるんだという実感を得ることができました。

　本業においては会社内で別部署での新しい業務のオファーをもらい、転職活動では中小企業診断士資格を保有していることも評価され、内定をもらうこともできました。結果として異動にも転職にも至りませんでしたが、自分には「選択肢がある」と強く感じることができた１年間でした。近い将来、家庭の都合で住み慣れた土地を離れて地方に移住する予定があり、おそらく仕事を変えることになります。自分にとってのベストな選択肢を模索している途中ですが、中小企業診断士資格は今後の選択肢を広げてくれると感じています。

プロボクサー診断士になりました！

【ふぞろい16（令和4年度合格者）】 おみそ

年齢：30代前半

業種：金融業 職種：営業企画、プロボクサー

《試験合格後1年間で起きた変化や得られたものなど》

　中小企業診断士試験合格のキーは「正しい努力の積み重ね」だと思います。中小企業診断士試験はストレート合格率5％前後といわれるくらい難関なので、試験攻略の方法についてYouTubeやブログ記事などでかなり調べました。また、『ふぞろい』を使って自身で勉強をしていく中で、「このやり方が最適ではないか？」というものを見つけることができました。その方法で300事例という圧倒的な量の勉強を積み重ねることによって、無事合格を勝ち取れました。

　これと似た経験がありました。中小企業診断士試験合格のちょうど1年後に受けたボクシングのプロライセンス取得試験です。試験を受けるにあたっては、ジムの会長やトレーナーから強くなる方法を教わりつつ、試験半年前からは週6日、練習終わりには動けなくなるほどのトレーニングを積み重ねました。その甲斐もあり、試験は無事合格。念願叶ってプロボクサー診断士になれました。

　これらの経験から、目標の達成にあたって重要なことは次の2つといえます。「努力の方向性を間違えないこと」と「その正しい努力を積み重ねること」です。この2つを中小企業診断士試験で身につけられたことが、私にとって何よりの財産です。

自身の幅を広げる機会

【ふぞろい16（令和4年度合格者）】 けーた

年齢：30代前半

業種：コンサル業 職種：経営企画

《試験合格後1年間で起きた変化や得られたものなど》

　中小企業診断士試験合格後、実務補習と実務従事に参加するなど、さまざまな業界・業種の方々と関わりを持つようになりましたが、いろいろな考えを聞くうちに自身の視野の狭さを痛感しました。会社の中にいるだけでは決して得られない学びや気づきが得られたと思います。特に、自身の中長期的なキャリアプランについて考え直すよい機会となりました。また、中小企業診断士試験を通じて自身の引き出しが増え、目の前の仕事を含め、物事を多角的に捉えられるようになったと思います。残念ながら、「希望部署への異動、転職、副業」といった外的な変化はありませんでしたが、内的な変化は大きかったです。

　中小企業診断士は「経営コンサルタントの資格」と位置づけられていますが、中小企業診断士試験合格の前後で得た知識と経験は、コンサル業に限らず、ほかの業界・業種においても役立つかと思います。特に2次試験は絶対的な正解がなく、このままで本当に受かるのか……？と不安を抱えながら勉強するので精神的に辛いですが、今この瞬間を前向きに捉えて頑張ってください！

~合格に一番大切なこと~

　①短時間でも毎日勉強すること②自分のやる気変動幅の min ～ ave で計画を立てること。

第2章

ふぞろいな答案分析
～実際の答案を多面的に分析しました～

　　本章の第1節では、325名の令和5年度2次試験の受験生からご提供いただいた再現答案を、得点区分（ＡＡＡ、ＡＡ、Ａ、Ｂ、Ｃ）ごとに分類。受験生が実際に解答に盛り込んだキーワードを抽出し、集計・ランキング化しています。解答に盛り込んだキーワードによってどのように点差がついたのかを確認するために、本分析を活用してください。また、答案分析中に話題になった論点について、事例ごとに特別企画も併せて掲載しています。

　　本章の第2節では、「失敗したっていいじゃない」と題して受験生に役立つ情報もまとめています。第1節の分析に加えて活用することで、読者の皆さまそれぞれの「合格できる答案」を書くためのヒントを見つけてください。

今回も多くの受験生に協力いただきました。再現答案を多面的に分析して、合否を分けたポイントをじっくり見ていきましょう。受験生に役立つ情報満載でお届けします！

第1節　ふぞろいな答案分析

　本節では、全部で325名の令和5年度2次試験受験生にご協力いただき、収集した再現答案をもとに解答ランキングを作成し、分析を行いました。

　合格者に限らず不合格者を含めた答案を整理して、「解答ランキング」と「採点基準」を掲載しています。各事例において60点以上を獲得した答案（以下、A以上答案）が実際の本試験でどのように得点しているのか確認し、皆さまの答案の採点に活用してください。

【解答ランキングとふぞろい流採点基準の見方】

・解答キーワードの加点基準を「点数」として記載しています。ご自身が記述した「解答」と同じ、または同等のキーワードについて点数分を加算してください。
・右上の数は、収集した再現答案のうち分析データとして採用した人数です。
・グラフ内の数字は、解答ランキングのキーワードを記述していた人数です。

●解答ランキングとふぞろい流採点基準

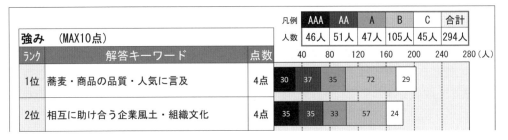

凡例	AAA	AA	A	B	C	合計
人数	46人	51人	47人	105人	45人	294人

強み	（MAX10点）		
ランク	解答キーワード	点数	
1位	蕎麦・商品の品質・人気に言及	4点	30 / 37 / 35 / 72 / 29
2位	相互に助け合う企業風土・組織文化	4点	35 / 35 / 33 / 57 / 24

【解答ランキングと採点基準の掲載ルール】

　「解答ランキング」と「採点基準」は以下のルールに則って掲載しています。

(1) 再現答案から、A以上答案の解答数が多かったキーワード順、またA以上答案の数が同じ場合は全体の数に対してA以上答案の割合が高いほうを優先して解答ランキングを決定しています。

(2) 原則、上記ランキングに基づいて解答の多い順に点数を付与します。

(3) 解答に記述すべき要素をカテゴリーに分け、それぞれ「MAX点」を設定しています。各カテゴリーの中に含まれる解答キーワードが多く盛り込まれていても、採点上はMAX点が上限となります。

【注意点】

(1) ふぞろい流の「採点基準」は本試験の採点基準とは異なります。また、論理性や読みやすさは考慮していません。

(2) たとえ本試験で得点となったキーワードでも、A以上答案で少数であるものや収集し

た再現答案に一人も記載していなかったものは、点数が低いまたは掲載されていない可能性があります。

(3) 加点対象外でも参考に掲載する場合があります。

【再現答案】

・再現答案の<u>**太字・下線**</u>は、点数が付与されたキーワードです。

・答案の右上に記載された上付きの数字は点数を表しています。ただし、MAX点を上限として採点しているため、右上の数字を足しても「点」と一致しない場合があります。

・「区」：一般社団法人中小企業診断協会より発表された点数をもとに区分しています。

●再現答案

区	再現答案	点	文字数
AAA	留意点は①Ｘ社は**顧客回転率**[4]を優先し**接客やサービスを省力化**[4]②**従業員間の繋がりが少なく**[4]③**離職率が高い**[4]点である。A社との違いを認識し、長期的な**組織風土醸成**[3]を支援していくことで、円滑な経営統合を図る。	20	96

【難易度】

収集した答案をふぞろい流の「採点基準」で採点し、設問ごとの得点率を参考に「難易度」を設定しました。「みんなができた（★☆☆）」、「勝負の分かれ目（★★☆）」、「難しすぎる（★★★）」と分類しています。

【登場人物紹介】（登場人物はすべてフィクションです。）

令和6年度合格を目指す2人と診断士受験を指導する先生が、再現答案の統計処理、分析を行っています。

〈海下　誠（うみした　まこと（60歳　男）〉（以下、先生）
　コンサルティング業務と中小企業診断士受験指導に従事。若い頃はスタートアップの経営者として活躍。豊富な経験を生かして、生徒たちの成長に全力を注ぐ頼れる先生。口癖は「諦めたらそこで試合終了ですよ？」

〈地明　裕奈（ちあき　ゆうな）（35歳　女）〉（以下、地明）
　社長の思いに寄り添いたい多年度生。大手企業の経営企画部に異動して4年目。自己成長とキャリア向上のため中小企業診断士試験に挑戦中。実務経験ベースで解答を作成してしまうためセオリーから外れた解答を作ってしまうこともある。勉強の息抜きはミュージカル鑑賞。

〈足尾　浩也（あしお　ひろや）（28歳　男）〉（以下、足尾）
　明るく陽気なストレート受験生。中小企業で経理を担当。業務を通じて企業の抱える経営課題に関心を持ち、中小企業診断士試験に挑戦中。要領よく試験を突破するため、キーワードやフレームワークに頼りがち。そのため先生や地明に嗜められることもある。

〜合格に一番大切なこと〜
合格後の未来を想像すること！

▶事例Ⅰ（組織・人事）◀

令和５年度　中小企業の診断及び助言に関する実務の事例Ⅰ
（組織・人事）

　A社は、資本金１千万円、従業員15名（正社員５名、アルバイト10名）の蕎麦（そば）店である。先代経営者は地方から上京し、都市部の老舗蕎麦店で修業し、1960年代後半にのれん分けして大都市近郊に分店として開業した。鉄道の最寄り駅からバスで20分ほど離れた県道沿いに立地し、当時はまだ農地の中に住宅が点在する閑散とした中での開業であった。

　開業当初は小さな店舗を持ちながらも、蕎麦を自前で打っており、コシの強い蕎麦が人気を博した。出前中心の営業を展開し、地域住民を取り込むことで、リピート客を増やしていった。また、高度経済成長によって自家用車が普及する途上にあったことから、多少離れていてもマイカーで来店する顧客も年々増え始め、県道沿いの立地が功を奏した。付近には飲食店がほとんどなかったことから、地元で数少ない飲食店の一つとして顧客のニーズに応えるようになり、蕎麦店の範疇（はんちゅう）を超えるようになった。うどん、丼もの、カレー、ウナギ、豚カツ、オムライスなどもメニューに加え始め、まちの食堂的な役割を担うようになっていった。

　1980年代には、店舗周辺の宅地化が急速に進み、地域人口が増えるに従って、来店客、出前の件数ともに増加していった。1980年代末には売上高が１億円に達するようになった。客数の増加に伴い店舗規模を拡大し、駐車場の規模も拡大した。店舗の建て替えによって、収容客数は30席から80席にまで拡大し、厨房設備も拡張し、出前を担当する従業員の数もアルバイトを含めて20名にまで増加した。

　しかしながら、1990年代半ばになると、近隣にファミリーレストランやうどんやラーメンなどのチェーン店、コンビニエンスストアなどの競合が多数現れるようになり、売上高の大半を占める昼食の顧客需要が奪われるようになった。バブル経済崩壊とも重なって、売上高が前年を下回るようになっていった。厨房を担当していた数名の正社員も独立するようになり、重要な役割を担う正社員の離職も相次いだため、一時的に従業員は家族とアルバイトだけとなり、サービスの質の低下を招いていった。

　現経営者は先代の長男であり、先代による事業が低迷していた2000年代初頭に入社した。売上高が５千万円にまで低下していたことから、売上高拡大のためのさまざまな施策を行ってきた。2008年にかけて、メニューの変更を度々行い、先代が行っていた総花的なメニューを見直し、この店にとってはオペレーション効率の悪い丼もの、うどんなどのメニューを廃止し、出前をやめて来店のみの経営とし、元々の看板であった蕎麦に資源を集中した。

　2005年までに売上高は７千万円にまで改善され設備更新の借り入れも完済したが、他方で従業員の業務負荷が高まり、その結果、離職率が高くなった。常に新規募集してアルバ

イトを採用しても、とりわけ宴会への対応においては仕事の負担が大きく、疲弊して辞めていく従業員が相次いだ。また、新規のメニューの開発力も弱く、効率重視で、接客サービスが粗雑なことが課題であった。

　2010年に先代が経営から離れ、現経営者に引き継がれると、経営方針を見直して、メインの客層を地元のファミリー層に絞り込んだ。店舗の改装を行い、席数を80から50へと変更し、個室やボックス席を中心としたことで家族や友人など複数で来店する顧客が増加した。使用する原材料も厳選して、以前よりも価格を引き上げた。また、看板となるオリジナルメニューを開発し、近隣の競合する外食店とは異なる、商品とサービスの質を高めることで、差別化を行った。ただ、近隣の原材料の仕入れ業者の高齢化によって、原材料の仕入れが不安定になり、新たな供給先の確保が必要となりつつある。

　社内に関しては、正社員を増やして育成を行い、仕事を任せていった。経営者の下に接客、厨房、管理の3部体制とし、それぞれに専業できるリーダーを配置してアルバイトを統括させた。接客リーダーは、全体を統括する役割を担い、A社経営者からの信任も厚く、将来は自分の店を持ちたいと思っていた。他方で、先代経営者の下で働いていたベテランの厨房責任者が厨房リーダーを務め、厨房担当の若手従業員を育成する役割を果たした。管理リーダーは、A社の経営者の妻が務め、会社の財務関係全般、計数管理を行い、給与や売上高の計算などを担った。A社経営者は、接客リーダーとともに会社として目指す方向性を明確にし、目的意識の共有や意思の統一を図るチームづくりを行った。その結果、チームとして相互に助け合う土壌が生まれ、従業員が定着するようになった。とりわけ接客においては、自主的に問題点を提起し解決するような風土が醸成されていた。現経営者に引き継がれてから5年間は前年度の売上高を上回るようになり、2015年以降、安定的に利益を確保できる体制となった。

　コロナ禍においては、営業自粛期間に開発した持ち帰り用の半調理製品の販売などでしのいだが、店舗営業の再開後も、主に地域住民の需要に支えられて客足が絶えることはなく、逆に売上高を伸ばすことができた。ただ、原材料の高騰がA社の収益を圧迫する要因となっていた。さらに、常連である地元の顧客も高齢化し、新たな顧客層の取り込みがますます重要となっていった。

　そのような状況の中で、かつて同じ蕎麦店からのれん分けした近隣の蕎麦店X社の経営者が、自身の高齢と後継者不在のために店舗の閉鎖を検討していた。A社経営者に経営権の引き継ぎが打診されたため、2023年より事業を譲り受けることとなった。A社の経営者は、X社との経営統合による新たな展開によって、これまで以上の売上高を期待できるという見通しを持っていた。

　X社はA社から3kmほどの距離に位置し、資本金1千万円、従業員12名（正社員4名、アルバイト8名）の体制で経営していた。店舗は50席で一見の駅利用者や通勤客をターゲットとしており、A社よりは客単価を抑えて顧客回転率を高めるオペレーションであったため、接客やサービスは省力化されてきた。原材料の調達については、X社経営者の個

人的なつながりがある中堅の食品卸売業者より仕入れていた。この食品卸業者は、地元産の高品質な原材料をも扱う生産者と直接取引をしていた。社内の従業員の業務に関しては、厨房、接客、管理の担当制がありX社経営者が定めた業務ルーティーンで運営されていた。厨房、接客、管理の従業員は担当業務に専念するのみで横のつながりが少なく、淡々と日々のルーティーンをこなしている状況であった。店舗レイアウトやメニューの変更などの担当を横断する意思疎通が必要な場合、X社経営者がそれを補っていた。

　10年前に駅の構内に建設された商業ビル内に、ファーストフード店やチェーン経営の蕎麦店が進出して競合するようになり、駅前に立地しながらも急速に客足が鈍くなり売上高も減少し始めていた。この頃から、X社では価格を下げて対応を始めるとともに、朝昼から深夜までの終日営業に変更した。ただ、駅構内に出店した大手外食チェーンとの価格競争は難しく、商品やサービスの差別化が必要であった。営業時間が、早朝から夜遅くまでであったことから、アルバイト従業員のシフト制を敷いて対応していたが、コロナ禍の影響でさらに来店客が減少し、営業時間を大幅に短縮し、アルバイトの数を16名から8名に減らしてシフト制を廃止していた。ただ、営業時間内は厨房も接客もオペレーションに忙殺されることから、仕事がきついことを理由に離職率も高く、常にアルバイトを募集する必要があった。

　近年では、地域の食べ歩きを目的とした外国人観光客や若者が増え始めた。とりわけSNSの口コミやグルメアプリを頼りに、公共交通機関を利用する来訪者が目立つようになった。X社を買収後の経営統合にともなって、不安になったX社の正社員やアルバイトから退職に関わる相談が出てきている。A社ではどのように経営統合を進めていくべきか、中小企業診断士に相談することとした。

第1問 (配点20点)

統合前のＡ社における①強みと②弱みについて、それぞれ30字以内で述べよ。

第2問 (配点20点)

Ａ社の現経営者は、先代経営者と比べてどのような戦略上の差別化を行ってきたか、かつその狙いは何か。100字以内で述べよ。

第3問 (配点20点)

Ａ社経営者は、経営統合に先立って、Ｘ社のどのような点に留意するべきか。100字以内で助言せよ。

第4問 (配点40点)

Ａ社とＸ社の経営統合過程のマネジメントについて、以下の設問に答えよ。

(設問1)

どのように組織の統合を進めていくべきか。80字以内で助言せよ。

(設問2)

今後、どのような事業を展開していくべきか。競争戦略や成長戦略の観点から100字以内で助言せよ。

Column

中小企業診断士×？？？

　中小企業診断士は「独占業務が存在せず、取得するメリットがない」という言葉を耳にすることがあります。個人的には独占業務がないからこそ、ほかの士業と比較して「診断士間のネットワークが強固」であり、それがこの資格の魅力であると考えております。そして、『ふぞろい』シリーズが出版できるのも、まさにそのネットワーク力がなせるものと感じております。

　一方で、診断士以外の分野でも自身の得意領域を示せることは、ほかの有資格者との差別化を図るうえで重要であると思います。そこで私はエネルギー管理士とのダブルライセンスを選択しました。「中小企業診断士×エネルギー管理士＝カーボンニュートラル人材」として、経営面から脱炭素を推進するパートナーとして中小企業に貢献できればと考えております。資格だけがすべてではないですが、ダブルライセンスを検討することでより一層診断士の魅力が高まると思います。皆さまも「中小企業診断×？？？」の掛け算を検討してみてはいかがでしょうか。

（もろ）

～合格に一番大切なこと～

屈強なメンタル。

第1問（配点20点）【難易度　★☆☆　みんなができた】
統合前のA社における①強みと②弱みについて、それぞれ30字以内で述べよ。

●出題の趣旨
X社との経営統合前におけるA社の内部環境を分析する能力を問う問題である。

●解答ランキングとふぞろい流採点基準

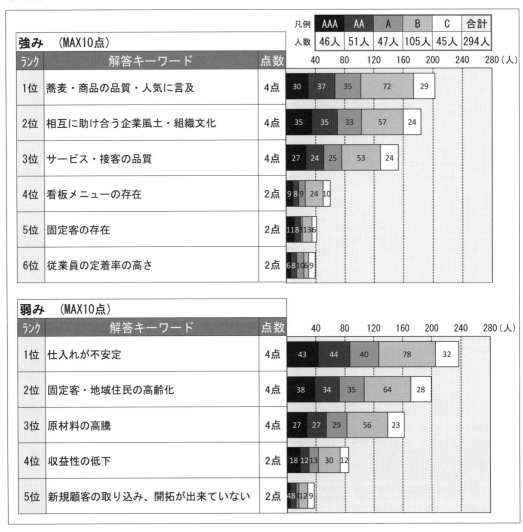

凡例	AAA	AA	A	B	C	合計
人数	46人	51人	47人	105人	45人	294人

強み　（MAX10点）

ランク	解答キーワード	点数					
1位	蕎麦・商品の品質・人気に言及	4点	30	37	35	72	29
2位	相互に助け合う企業風土・組織文化	4点	35	35	33	57	24
3位	サービス・接客の品質	4点	27	24	25	53	24
4位	看板メニューの存在	2点	9	8	9	24	10
5位	固定客の存在	2点	11	8	13	6	
6位	従業員の定着率の高さ	2点	6	8	10	6	9

弱み　（MAX10点）

ランク	解答キーワード	点数					
1位	仕入れが不安定	4点	43	44	40	78	32
2位	固定客・地域住民の高齢化	4点	38	34	35	64	28
3位	原材料の高騰	4点	27	27	29	56	23
4位	収益性の低下	2点	18	12	13	30	12
5位	新規顧客の取り込み、開拓が出来ていない	2点	4	8	12	9	

事例Ⅰ

●再現答案

①強み

区	再現答案	点	文字数
AAA	①商品[4]とサービス[4]の質の高さ、②従業員定着率[2]、③常連客[2]の存在	10	29
A	原材料を厳選した蕎麦[4]と、助け合いと自己改善の企業風土[4]。	8	27
B	差別化された看板となるオリジナルメニュー[2]やサービス品質[4]	6	27

②弱み

区	再現答案	点	文字数
AAA	①原材料の仕入れが不安定[4]②原材料の高騰[4]③常連客の高齢化[4]	10	27
A	原材料の高騰[4]、仕入れ業者高齢化で、仕入れが不安定[4]。	8	25
B	弱みは原材料の高騰[4]による収益圧迫[2]と仕入れ先への依存である。	6	29

●解答のポイント

> A社の内部環境について、「経営統合前」の時制と現経営者への交代前後の強みと弱みの変化を押さえ、限られた文字数の中で要点を簡潔にまとめられるかがポイントだった。

【設問解釈】

先生：さぁ、令和5年度の事例Ⅰの始まりです！　2人は慌てずに対応できましたか？

地明：第1問は毎年恒例の事例企業の内部分析でしたね。与件文が例年よりも長くて読むのに苦労しました。

足尾：強みも弱みも複数あって30字だとあっという間に解答欄が埋まっちゃいました。

地明：ヒロヤ、あなた、もしかして制約条件見落としてるんじゃない？　設問文に「経営統合前の」と制約があるわよ。

足尾：うっわ、しまった。スルーしてました。

先生：地明さん、お見事です。ほかに気をつけないといけないことはないでしょうか？

足尾：先代から現経営者への交代もありましたよね。これは経営統合よりも前だから、これをきっかけに、これまでの弱みの解消や新たに出てきた強みもあるっすよね！

先生：2人とも素晴らしい観点ですね。与件文の中のどの時点で何が起こったか、設問はどの時点に関することを聞いているのかは見落としてはいけない重要なポイントで

すよ。

【強み】

先生：では、まずA社の強みについてはどのようなものを書きましたか？

足尾：はい、先生！　これは簡単っすよ。「蕎麦の品質」と「ターゲットの絞り込みで接客品質を向上させたこと」です。

地明：ほかにも「チームとして助け合う土壌」、「従業員の定着率の高さ」が候補に挙がるんじゃないでしょうか。現経営者に引き継がれてから「相互に助け合う土壌ができ、従業員が定着するようになった」とあるから、経営統合時点までに強みに転じたものと考えました。

先生：そのとおりです。受験生全体で見ても解答要素は「商品や接客の品質が高い」、「相互扶助の組織・風土」に集中していました。そのほかに「地域住民の需要に支えられていたこと」や「従業員の定着率が高いこと」に言及していたものも一定の点数が入っていたと考えられます。30字という少ない文字数でどこまで書けるか、要約する力も試されましたね。

【弱み】

先生：続いて弱みにいきましょう。２人はどのように分析しましたか？

足尾：弱みはダイレクトに書いてますけど、「仕入れが不安定なこと」と「原材料高騰で収益が圧迫されたこと」っすかね？

地明：あたしはほかに「常連客の高齢化による客数の減少」、それに関連して「新規顧客の開拓ができていないこと」にも言及したかったけど、30字に収められなかったわ。

先生：そうですね。限られた文字数だったため、単に「常連客の高齢化」、「原材料の高騰」のように弱みの原因だけを記述しているA答案以上の解答も多く見られました。おそらくこれだけでも加点はされていたと考えられます。

【まとめ】

先生：今回のように、ある時点でのSWOT分析は過去問でも何度も問われており、実際の診断業務でも顧客企業の強みや弱みの変遷を知るのにとても重要な分析です。今回は字数が少なかったので解答要素自体は多くないと考えられ、高得点者は経営者の交代に加え、X社との統合による内部環境の変化をしっかり押さえた解答になっていました。逆に要所を見落とすと周りと大きく点差がついてしまうのでしっかり取っておきたい設問ですね。

第2問（配点20点）【難易度　★★☆　勝負の分かれ目】

　A社の現経営者は、先代経営者と比べてどのような戦略上の差別化を行ってきたか、かつその狙いは何か。100字以内で述べよ。

●出題の趣旨

　A社の現経営者は、入社以来、父である先代経営者と異なる経営戦略を展開してきた。本問は、A社を取り巻く経営環境の変化に伴い、過去の経営戦略との違いとその目的について、考察する能力を問う問題である。

●解答ランキングとふぞろい流採点基準

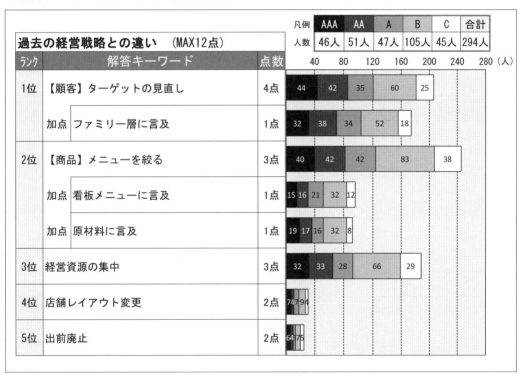

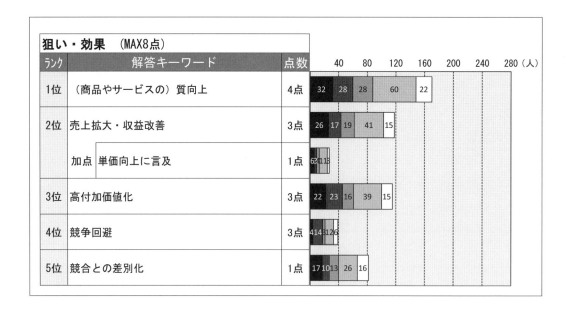

狙い・効果　（MAX8点）			グラフ（人数）
ランク	解答キーワード	点数	40　80　120　160　200　240　280（人）
1位	（商品やサービスの）質向上	4点	32　28　28　60　22
2位	売上拡大・収益改善	3点	26　17　19　41　15
	加点　単価向上に言及	1点	6 21 13
3位	高付加価値化	3点	22　23　16　39　15
4位	競争回避	3点	41 4 13 12 6
5位	競合との差別化	1点	17 10 13　26　16

●再現答案

区	再現答案	点	文字数
AAA	蕎麦に経営資源を集中し客層を絞り商品やサービスの質を高める差別化を行ってきた。狙いは①オペレーション効率化②高付加価値化③立地を生かしたファミリー層への訴求で近隣店との競合を回避し売上向上を図るため。	19	100
A	経営資源と顧客を絞り込む差別化集中戦略を行った。狙いはメイン客層をファミリー層に絞込み家族や友人等複数来店顧客の増加、総花的メニューを見直し来店のみで蕎麦に資源を集中し商品サービスの質を高めて差別化。	16	100
B	現経営者は、①先代が行った総花的メニューを見直して、そばに資源を集中し、②会社が目指す方向を明確にし、目的意識を高め相互に助け合う風土を作ったことで、③サービスの質を高め、安定的な収益を確保した。	13	98
C	蕎麦への経営資源集中や地元ファミリー層へターゲット集中など競合と異なる商品とサービスを展開し、従業員へ会社の方向性を伝達し、目的意識共有できたチームづくりをして、会社としての生き残りを図った。	11	96

●解答のポイント

　過去の経営戦略との違いについてターゲットと商品の観点で具体的に記載できているか、それによる効果について適切に解答できているかがポイントとなった。

【先代経営者との経営戦略の違いをどう表現するか】

先生：さて、第2問は先代の経営者との経営戦略の違いについて問われていますね。

地明：これはやっぱり「選択と集中」じゃないでしょうか？　第5段落に「総花的なメニューを見直し」、「出前をやめて」とあるので、いろいろ手を広げすぎたことをやめていることがポイントですね！　また、第6段落に「従業員の業務負荷が高まり、その結果、離職率が高くなった」とあるので、宴会なども含めた業務負担を減らしていくことも書いてみました。組織人事の観点からもいいんじゃないかと！

足尾：第7段落にも使えそうなキーワードがあるっすよ。「メインの客層を地元のファミリー層に絞り込んだ」ことや「価格を引き上げた」こと、「オリジナルメニューを開発し」て近隣の競合との「差別化を行った」ことなども使えそうっすよね。

先生：2人ともよく読めていますね。ターゲットやメニューの見直しについては多くの受験生が解答していました。一方、地明さんが挙げていた「業務負荷」が加点された可能性は低かったと考えられます。本設問は経営戦略に関するものであること、与件文に業務負荷軽減に向けた対策が明記されていなかったことなどが理由として考えられます。さて、これらを整理するとどのように書けるでしょうか？

足尾：顧客と商品（メニュー）の観点で書けるっす！　顧客については与件文にあるとおり地元ファミリー層に絞り、メニューについては蕎麦に絞り、原材料を厳選して看板メニューも考案したことが差別化につながりそうっす。

先生：詰み筋が見えてきましたね。A答案以上はこの2つの視点で「経営資源の集中」について表現できていた人が多かったです。

【選択と集中の狙い】

地明：狙いはやっぱり「売上拡大」で決まりだわ！　実際に現経営者になってから売上高が改善されたという記述があったわ。

先生：そのとおりですね。そこまでの過程はどのように説明できるでしょうか？

足尾：やっぱり「商品やサービスの質向上」じゃないっすか？　限られた経営資源を適切に使用することで高付加価値化が望めると思うっす。特に蕎麦の看板メニューってなんかすごく食べてみたい気持ちになるなぁ。遠方からでも足を運びたくなる感じ。値段が高くてもその価値を感じることができればお客さんは足を運ぶっすよね！

先生：お見事です！　高付加価値化による差別化は中小企業にとって非常に大切なことですよね。資源やリソースの差で大手チェーン店とは価格勝負できないので、顧客を絞り、商品の差別化を図り、競争を回避しつつ価値を高めていくことが売上拡大につながります。したがって、単に売上拡大だけではなくその過程までしっかりと踏み込んで記載できていたかが得点差につながったと考えられます。

地明：あー！お腹空いてきちゃった！　今度美味しいお蕎麦食べに行こっと！

〜2次試験で学んだ人生哲学〜

人間万事塞翁が馬。

> **第3問（配点20点）【難易度　★★★　難しすぎる】**
> 　A社経営者は、経営統合に先立って、X社のどのような点に留意するべきか。100字以内で助言せよ。

●出題の趣旨

　今後、顧客や商品サービス、立地や店舗オペレーションなどの面で異質な2社（A社とX社）が経営統合するに当たって、A社経営者が事前に留意しておくべき、経営戦略や経営組織に関わる諸課題を分析する能力を問う問題である。

●解答ランキングとふぞろい流採点基準

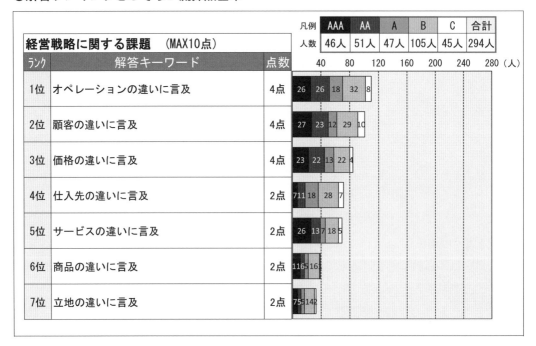

凡例	AAA	AA	A	B	C	合計
人数	46人	51人	47人	105人	45人	294人

経営戦略に関する課題　（MAX10点）

ランク	解答キーワード	点数	AAA	AA	A	B	C
1位	オペレーションの違いに言及	4点	26	26	18	32	8
2位	顧客の違いに言及	4点	27	23	12	29	10
3位	価格の違いに言及	4点	23	22	13	22	4
4位	仕入先の違いに言及	2点	7	11	18	28	7
5位	サービスの違いに言及	2点	26	13	7	18	5
6位	商品の違いに言及	2点	11	6	5	16	3
7位	立地の違いに言及	2点	7	5	14	2	

事例Ⅰ

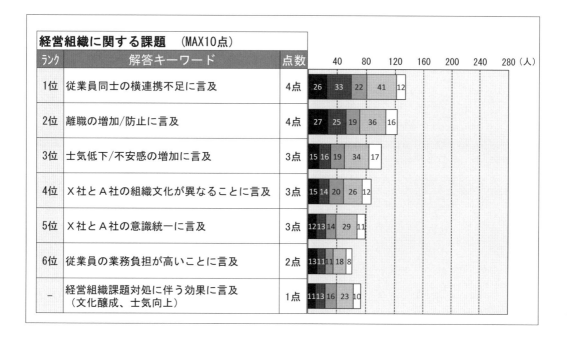

経営組織に関する課題　（MAX10点）			
ランク	解答キーワード	点数	40　80　120　160　200　240　280（人）
1位	従業員同士の横連携不足に言及	4点	26　33　22　41　12
2位	離職の増加/防止に言及	4点	27　25　19　36　16
3位	士気低下/不安感の増加に言及	3点	15　16　19　34　17
4位	X社とA社の組織文化が異なることに言及	3点	15　14　20　26　12
5位	X社とA社の意識統一に言及	3点	12　13　14　29　11
6位	従業員の業務負担が高いことに言及	2点	13　11　11　18　8
－	経営組織課題対処に伴う効果に言及（文化醸成、士気向上）	1点	11　13　16　23　10

●再現答案

区	再現答案	点	文字数
AAA	留意点は①X社は**顧客回転率**を優先し**接客やサービスを省力化**②従業員間の繋がりが少ない③**離職率が高い**点である。A社との違いを認識し、長期的な**組織風土醸成**を支援していくことで、円滑な経営統合を図る。	20	96
A	留意点は、**接客やサービスが省力化**されルーティン化していること、縦割りの組織となっており、経営者の負担が大きいこと、価格競争に巻き込まれ差別化できていないこと、**仕事がきつく離職率が高い**ことである。	12	97
B	留意点は、A社の目指す方向性や**目的意識をX社員と共有**、**組織文化の違い**に留意し、自主性的に問題を解決し、お互いに助け合う**文化の醸成**、仕事を任せていくことで**士気の向上**を図るべきである。	10	90

●解答のポイント

　A社とX社の違いを踏まえ、経営戦略に関わる課題と経営組織に関わる課題の両面から検討し、多面的に解答することがポイントであった。

【設問解釈】

先生：2人はこの設問をどのように解釈しましたか？

足尾：留意点を聞かれているので、施策と効果っすよね。フレームワークを使えばちょろ

いですね。

地明：「経営統合に先立って」の留意点だから、効果を書くのは違う気がするよ。

先生：協会趣旨によると、経営戦略や経営組織に関わる諸課題を分析する能力を問われています。A社の経営者としてA社とX社の違いを多面的に分析することが求められました。実際に、効果に言及しても得点に結びついていなかったようです。

【経営戦略に関わる課題】

先生：まずは経営戦略について見ていきましょう。経営戦略に関わる課題としてどのようなものが考えられるでしょうか？

足尾：A社とX社の違いに着目しました！　具体的には、顧客、商品・サービス、オペレーション、立地が違うっす！

地明：与件文によると、X社は経営者の個人的なつながりを生かして、高品質な原材料を仕入れることができていました。A社の弱みとして仕入れの不安定さや原材料の高騰が挙げられていたので、補完できるのではないでしょうか。

先生：詰み筋が見えてきましたね。A社の経営戦略に関わる課題となっている仕入先業者の確保にX社の強みを生かすことができますね。ただ、仕入先業者言及には加点はされたようですが、A社の弱みや課題は、得点にはつながらなかったようです。

【経営組織に関わる課題】

先生：次は組織について見ていきましょう。組織の課題として何が考えられますか？

足尾：A社とX社のサービス・接客の違いから組織構造が違うっす。さらに、これまでそれぞれで培ってきた組織の文化も違うって書いてあったから解答はこれっすね！

地明：それに、X社では営業時間が長く、接客のオペレーションを効率化していたことで、従業員の業務負荷が高かったこと、また統合の話が出てきたことで従業員が不安になっており、退職を相談されるなど離職率が高くなっていることも課題ですよね。

先生：そのとおりですね。ほかにはありませんか？　A社とX社の統合による相乗効果（シナジー）創出を考え、設問文に沿うとどのような点に着目すべきでしょうか？

地明：A社は従業員が相互に助け合うことが組織の強みになっている一方で、X社は従業員の横連携が少ないという弱みがあることから、社長はA社の強みを生かしてX社の弱みを補うことができると考えているってことですか！

足尾：お互いの強みを生かして、弱みを補い合って、シナジー発揮っすね！

先生：そのとおりです！　本問のポイントは、経営統合に先立って、両社の強みと弱みを捉えたうえで、相乗効果が出せるように課題分析できれば高得点が期待できました。

第4問（配点40点）

A社とX社の経営統合過程のマネジメントについて、以下の設問に答えよ。

（設問1）【難易度　★★☆　勝負の分かれ目】

どのように組織の統合を進めていくべきか。80字以内で助言せよ。

●**出題の趣旨**

A社とX社の経営統合プロセスにおいて、どのように統合後の経営の方向性を共有し、いかに両社間の意思疎通などを図るかについて、考察する能力を問う問題である。

●**解答ランキングとふぞろい流採点基準**

凡例	AAA	AA	A	B	C	合計
人数	46人	51人	47人	105人	45人	294人

ランク	解答キーワード		点数	分布
1位	経営の方向性の共有に対する言及		6点	38 / 40 / 32 / 65 / 25
	加点	経営者自らの説明に言及	3点	11 8 7 10 6
2位	X社の教育体制変更について言及		3点	23 13 20 35 12
3位	X社のリーダーや責任者、統合統括責任者の任命について言及		3点	19 19 15 25 10
	加点	A社人材の活用について言及	3点	15 14 13 14 6
4位	A社とX社間での従業員同士の交流の場について言及		3点	6 15 14 35 4
5位	X社従業員の雇用改善や継続について言及		3点	9 10 9 12
6位	A社とX社間での人事交流について言及		1点	10 6 13 25 13

統合の具体的な施策　（MAX15点）

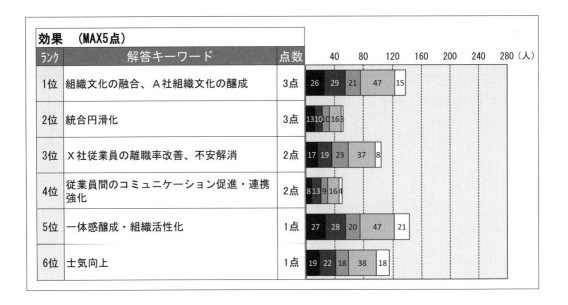

効果	（MAX5点）		
ランク	解答キーワード	点数	
1位	組織文化の融合、A社組織文化の醸成	3点	26 29 21 47 15
2位	統合円滑化	3点	13 10 10 16 8
3位	X社従業員の離職率改善、不安解消	2点	17 19 23 37 8
4位	従業員間のコミュニケーション促進・連携強化	2点	8 13 9 16 4
5位	一体感醸成・組織活性化	1点	27 28 20 47 21
6位	士気向上	1点	19 22 18 38 18

●再現答案

区	再現答案	点	文字数
AAA	X社経営者は潤滑油として期待し顧問で残し①<u>社長が目指す方向性訴え</u>②店舗間、内での<u>人材交流</u>、<u>連携推進</u>③丁寧な<u>社員育成</u>で、<u>士気向上</u>、<u>人材定着</u>を図り、<u>円滑な統合実現</u>。	20	80
AA	A社の<u>組織文化と段階的に融合させる</u>べく、(1)<u>両社の社員交流</u>(2)<u>会社の目的意識の共有</u>(3)横断的組織体制の構築を行い、従業員の<u>モラール向上</u>と<u>組織活性化</u>を図る。	14	80
B	<u>X社に経営ビジョンの共有</u>を図り、<u>一体感を醸成</u>する。組織構造はA社のものとし、A社社員による<u>OJTや教育</u>でノウハウをX社に承継する。以上のように組織統合を進める。	10	80
C	早くシナジー最大化できるよう統合を進めるべき。①<u>風土融合</u>のためA社・X社の<u>一体感を醸成</u>する②X社従業員の<u>士気向上</u>③X社の収益性改善を図り<u>友好的統合</u>を図る。	5	77

●解答のポイント

> X社との経営統合を進めていくための、組織および人事の観点での具体的な施策を挙げ、さらにその効果まで踏み込んで解答できたかがポイントだった。

【経営統合過程のマネジメント】

先生：さて、第4問は、A社とX社の経営統合の過程におけるマネジメントについての問題です。経営統合過程と聞いて、何か思い当たることはありますか？

地明：経営統合後のマネジメント……、PMI ですか？

足尾：あっ！　PMI って1次試験で勉強したっすね！　キーワードは覚えているのに、何だったか思い出せない！

先生：一般的に PMI は経営統合を行う際の統合作業を指します。PMI は「経営統合」、「信頼関係構築」、「業務統合」の3つの取り組みが行われ、これらを通して両社の経営戦略の再構築や組織文化などの統合が進められます。この設問では、この統合作業の進め方が問われています。

足尾：と、統合作業……？　今まで、そんなこと聞かれたことあったすか？

地明：事業譲渡や事業承継、友好的買収が行われていた事例企業は過去の問題でも登場したけど、統合プロセスの具体的な施策が問われた問題は初めてだったかもしれないわね……。

先生：おや、2人を悩ませてしまったようですね。確かに実際の試験でも多くの受験生がこの問題に悩まされたようで、解答内容にかなりバラツキがありました。

【組織の統合】

先生：では、実際に経営統合のうち、組織を統合していく過程を考えていきましょう。まず、組織とはどのような要件で成立しますか？

足尾：組織の3要件「共通目的・貢献意欲・コミュニケーション」すね！　頻出論点っす！

地明：はっ、そうか！組織として統合するには、この3要件を満たす必要があるということね！　まず、新しい組織なんだから「目的の共有」をしないと意思統一は図れないわ！　それに、従業員も新しいメンバーなんだから「交流を増やしてコミュニケーション」をとらないと！

先生：地明さん、よい所に目をつけましたね。そう、この設問ではこの3要件を満たすための施策を組織と人事の視点から問われています。

足尾：なるほど！　組織と人事の施策といえば、解答キーワードはテッパンのフレームワーク「幸の日も毛深い猫」を書けば間違いないっすね！　なんだ。経営統合と聞かれたから身構えたけど、フレームワークを使えばちょろいですね。

地明：ヒロヤ、全然経営者の思いに寄り添ってない！　X社の従業員はコミュニケーションをX社の経営者経由で行っていたんだから、コミュニケーションの促進には新しい責任者を任命しないとうまくいかないわ！　それに、A社の文化を取り入れるには「教育」にも力を入れたいし、「不安定な原材料仕入れ」や「常連客の高齢化」にも対処しないと！　組織面も人事面も、さらに戦略面も競争面も、解決しなければいけない課題はたくさん！　この課題に寄り添った提案をすべきよ！

先生：経営者に寄り添う、素晴らしい観点ですね。地明さんの言うとおり、両社ともに課題を抱えていますね。実際に、高得点者の解答では、これらの両社の課題を解決する具体的施策が含まれていました。一方、「権限委譲」や「評価」、「配置」などフレー

~診断士試験を受験してよかったこと~ ────────

　大学受験以来の達成感を味わえた。

　　ムワークの単語だけを記載し具体策がなかった解答は点数につながりづらかったようです。また、この問題では「組織の統合の進め方」を聞かれているため、「原材料調達」や「顧客の集客」などの「戦略」については「組織の統合」とは論点が異なっており、加点につながりませんでした。

地明：社長の思いに寄り添いすぎて、制約条件を見逃していました……。反省します。

足尾：何落ち込んでるんっすか！　試験前に理解できてよかったっす！

【効果】

先生：組織統合の進め方について解答しましたが、もしかして２人はこれで試合終了だと思っていますか？

足尾：え……？　もう、お疲れした！って感じっすよね？

先生：具体的な施策の提案はもちろん必要ですが、施策の提案だけを受けた場合、社長はどう思うでしょうか？

足尾：オレなら施策を実行すべき理由を聞きたいっす！　効果のないことはやりたくないし。

地明：はっ、そうか！効果を伝えていない……。

先生：お気づきになったようですね。「組織統合の効果」を社長に伝えないと、実効性のある提案にはつながりません。今回の場合は、どのような目的を持って組織統合の進め方について考えていたでしょうか？

足尾：まず、衝突なく統合を円滑に進めたいっすよね。あとは、さっきの組織の３要件から、目的を共有して「組織一体」に。コミュニケーションの促進により「連携強化」。教育を通して「士気向上」。以上ができれば「組織活性化」っすよね。完璧！

地明：それだけで足りるかしら？　Ｘ社従業員の「不安解消」や「離職率」も改善しないと、今後も離職が続いて人材が流出し、人手不足に陥るわ。

先生：２人とも素晴らしい！　詰み筋が見えてきましたね。組織統合の際、ネックとなる事柄で、ほかに見逃している要素はないでしょうか？

足尾：そうか！「組織文化」っすね！　Ａ社の「自主的に問題点を提起し解決するような風土」がＸ社にも醸成されれば、「淡々と日々のルーティーンをこなす」Ｘ社従業員もやる気が高まるって話っすよね！

先生：お見事です！　効果については設問には書かれていませんが、社長に助言するうえでは、助言の根拠として、ぜひとも押さえておきたいですね。

（設問2）【難易度　★★☆　勝負の分かれ目】

　今後、どのような事業を展開していくべきか。競争戦略や成長戦略の観点から100字以内で助言せよ。

●出題の趣旨

　A社とX社双方の弱みを克服し、互いの強みを活かしていける競争戦略を立案すると共に、経営統合によるシナジーを活かせる今後の成長戦略を描く能力を問う問題である。

●解答ランキングとふぞろい流採点基準

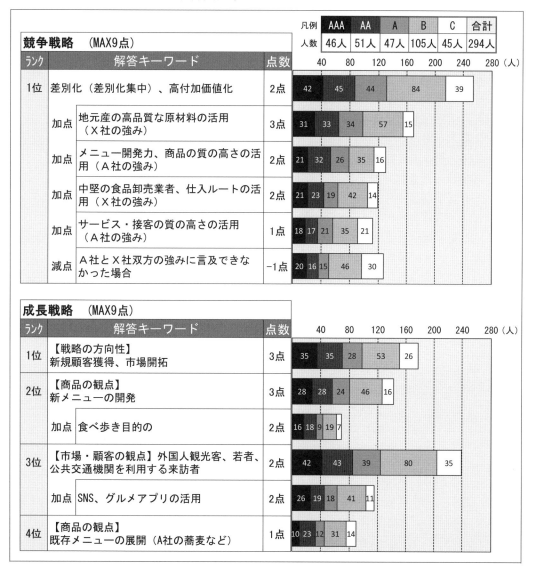

凡例	AAA	AA	A	B	C	合計
人数	46人	51人	47人	105人	45人	294人

競争戦略　（MAX9点）

ランク		解答キーワード	点数
1位		差別化（差別化集中）、高付加価値化	2点
	加点	地元産の高品質な原材料の活用（X社の強み）	3点
	加点	メニュー開発力、商品の質の高さの活用（A社の強み）	2点
	加点	中堅の食品卸売業者、仕入ルートの活用（X社の強み）	2点
	加点	サービス・接客の質の高さの活用（A社の強み）	1点
	減点	A社とX社双方の強みに言及できなかった場合	-1点

成長戦略　（MAX9点）

ランク		解答キーワード	点数
1位		【戦略の方向性】新規顧客獲得、市場開拓	3点
2位		【商品の観点】新メニューの開発	3点
	加点	食べ歩き目的の	2点
3位		【市場・顧客の観点】外国人観光客、若者、公共交通機関を利用する来訪者	2点
	加点	SNS、グルメアプリの活用	2点
4位		【商品の観点】既存メニューの展開（A社の蕎麦など）	1点

~診断士試験を受験してよかったこと~

　頑張れば報われると自信を持てた。母になってもいろいろ諦めなくていいんだと肯定感を持てた。

効果 （MAX2点）				40	80	120	160	200	240	280 (人)
ランク	解答キーワード	点数								
1位	売上拡大、収益拡大、事業拡大、成長など	2点	31 / 30 / 24 / 51 / 24							
2位	シナジー創出	1点	9 10 10 14 3							

●再現答案

区	再現答案	点	文字数
AAA	SNS やグルメアプリ[1]を活用した外国人観光客や若者[2]の新市場に、A社の開発力を活かし地元産の高品質な原材料[3]を使った他社と差別化[2]した新メニューを投入[3]する多角化戦略を実施し、新たな販路[3]での売上拡大[2]を図る。	18	98
A	地元産の高品質な原材料[3]を使った食べ歩き[2]できる蕎麦の新メニュー[3]を開発し、SNSで情報発信して外国人観光客[2]等の新規顧客を獲得[3]し、丁寧なサービス[1]で販売する差別化[2]戦略と多角化戦略をとり、売上拡大[2]を図る。	17	97
B	①高品質な原材料[3]の仕入れルート[2]とメニュー開発力[2]を活用し、高付加価値[2]の新メニューを開発[3]する②A社の従業員のノウハウを活用し、丁寧な接客[2]を行う。以上で大手との価格競争を回避[3]し客単価増による収益拡大[2]を図る。	14	100
C	A社は、公共交通機関を利用する外国人観光客や若者[2]に対して、X社との統合で得た仕入力[3]を活かした新商品を開発[3]し、他社と差別化[1]し、従来とは異なるターゲットに対して事業を展開していくべきである。	8	93

●解答のポイント

> A社とX社双方の強みを活用する競争戦略を立案するとともに、市場・顧客や商品の観点から成長戦略を描き、一貫性のある解答にまとめることがポイントだった。

【競争戦略】

先生：さて、最終問題は「競争戦略と成長戦略の観点から」今後の事業展開について助言する問題ですね。まずは競争戦略の観点から考えましょう。

足尾：競争戦略といえば、差別化・高付加価値化っすね！

先生：何事も決めつけないのが重要です。ですが、中小企業では経営資源が限られていますので、強みを生かせる分野で差別化や高付加価値化を図り、大手との価格競争を

回避する戦略が基本となるでしょう。本設問でも、実際に8〜9割の解答で差別化や高付加価値化について言及されていました。それでは、どこで点差がついたと思いますか？

足尾：どの強みを生かす戦略にしたかってことっすね！　第1問で答えたA社の強みが活用できます！

先生：そのとおりです。ほかに見逃している観点はないでしょうか？

地明：今回はA社とX社の経営統合が前提です。A社にはない、X社の強みも一緒に生かすことができれば、経営統合によるシナジー効果がより高まるんじゃないでしょうか？

先生：素晴らしいです！　A社とX社双方の強みを相互に生かすこと、またそれにより相互の弱みを補完することがまさにシナジー効果といえますね。

足尾：オレも地明さんに負けてられないっす！　X社の強みは、中堅の食品卸売業者から地元産の高品質な原材料を仕入れていることっすね。

地明：A社は、原材料の仕入れの不安定さや、価格高騰による収益圧迫で悩んでいるわ。これをX社の強みで補完できそうね！　一方、X社の弱みは、大手外食チェーンとの価格競争に陥っていること、厨房・接客・管理の従業員間で横のつながりが少なく横断的な意思決定はX社経営者によって補われていること、離職率が高いことなどが考えられるわ。

足尾：これは、A社の強みである看板メニューを開発できること、商品やサービスの質が高いこと、相互に助け合う土壌があり従業員の定着率が高いことを生かせるっす！

先生：2人とも素晴らしいです！

地明：でも、あたし全部は書けなかったです。悔しい……。

先生：限られた字数の中では、優先順位をつけざるを得ません。今回は原材料やその仕入ルートの活用、商品やサービスの質向上を書いている人が多かったようです。すぐに実行できそうな強みが選ばれたのかもしれませんね。

【成長戦略】

先生：次は成長戦略の観点ですよ。

足尾：成長戦略といえば、アンゾフの成長ベクトルっす。市場と商品の2軸でそれぞれ既存と新規に分け、戦略の方向性を考えました！　令和2年度事例Ⅱ第3問でも取り上げられたばかりで、ちょろいっす！

先生：よいですね。過去問対策が生かされています。では、まず市場はどうでしょう。

地明：市場は……、今回は顧客の観点が良さそうね。最終段落に「地域の食べ歩きを目的とした外国人観光客や若者が増え始めた」、「SNSの口コミやグルメアプリを頼りに、公共交通機関を利用する来訪者が目立つようになった」と具体的に書いてあるわ！

　世界がとてつもなく広がった。特に財務・会計や経済学は、今まで知らずに生きてこられたことが不思議なくらい。

先生：よく読めていますね。では、次に商品についてはどうでしょう。

足尾：オレは、A社の強みである、質が高い商品を活用したっす。

地明：そういうアイデアもあるのね。あたしは、A社がこれまで行ってきたように、新たに看板メニューを開発することにしたわ。

先生：どちらのアイデアも多く見られましたが、新規メニュー開発のほうがA以上答案には多かったようです。上記の顧客を開拓するにはどうしたらよいでしょうか。

地明：食べ歩きを目的にしているので、食べ歩き用のメニューを開発するってことですか！　それをSNSの口コミやグルメアプリを活用して訴求するとか！

先生：詰み筋が見えてきましたね。

足尾：そうすると……、多角化戦略ってことでしょうか？

先生：今回は戦略名まで言及している答案は多くなく、必ずしも必要だったわけではなさそうです。あくまでも今後の事業展開について聞かれているからでしょう。ただ、戦略の方向性は示す必要があったようですね。

地明：第9段落にあるとおり、A社は「新たな顧客層の取り込みがますます重要」なの！　経営統合を契機に、外国人観光客や若者などの新規顧客を開拓するのね！

先生：素晴らしい着眼点です。

地明：でも、実はあたし、アンゾフの成長ベクトルは思い浮かばなかったのよね……。

足尾：オレも、最終段落が次のページにあることに、試験終了間際に気がつきました……。

先生：諦めたら試合終了ですよ？　当日は緊張のもと、想定外のハプニングは発生するものです。また、アンゾフの成長ベクトルが思い浮かばなくても、与件文にある社長の悩みに忠実に応えようとすることで、得点できている答案はたくさんありましたよ。

【効果】

先生：さて、競争戦略と成長戦略の観点から考えてきましたが、上記の提案を受けて、A社経営者は何を達成したいのでしょうか？

地明：あたしの経験上、きっとX社との経営統合を成功体験として、既存店舗の運営はベテラン社員に任せて、多店舗展開するんじゃないでしょうか。

足尾：でも与件文にそんなこと書いてないっす。社長の思いとしては、第10段落に、X社との経営統合によって、これまで以上の売上高を期待できる見通しを持っていたと書いてあるっす。シナジーを創出して、売上高の拡大を狙ったんですね。

先生：そうですね。地明さんの言うことも、もしかしたら社長の構想としてあるのかもしれませんが、あくまでも与件文に忠実に、です。

地明：また思いが先行してしまったのね……。

～診断士試験を受験してよかったこと～
　財務諸表が読めるようになったこと。

▶事例Ⅰ特別企画 ◀

PMI を通じて M&A を成功させよう

【経営統合とは】

足尾：そもそも「経営統合」って何ですか？　「事業承継」、「買収」、「合併」、「M&A」
　　　というキーワードもよく見ますが、これらと何が違うんですか？

地明：「経営統合」は令和5年度1次試験の中小企業経営・政策の第13問でそのまま出題
　　　されてるよ！

先生：中小企業庁の「事業承継ガイドライン（第3版）」（令和4年3月改訂）では、「事
　　　業承継」を親族内承継、従業員承継、社外への引継ぎ（M&A）の3つの類型に区
　　　分しています。また、同じく中小企業庁の「中小 PMI ガイドライン」（令和4年3
　　　月発行）では、「M&A」を「我が国では、広く、会社法の定める組織再編（合併や
　　　会社分割）に加え、株式譲渡や事業譲渡を含む、各種手法による事業の引継ぎ（譲
　　　渡し・譲受け）をいう。」としています。なお、M&A とは Mergers and Acquisitions
　　　の略で、意味は「合併と買収」です。また、PMI とは Post Merger Integration の
　　　略で、一般的に M&A 成立後の一定期間内に行う経営統合作業をいいます。そして、
　　　「経営統合」は、一般的には企業統合の一連の流れを示す場合もあるようですが、
　　　「中小 PMI ガイドライン」では PMI の取組みの1つと捉え、その取組みを「経営
　　　統合」「信頼関係構築」「業務統合」の3つの領域に分類しています。

図表1　PMI の取組領域

経営統合	異なる経営方針のもと経営されていた2社の経営の方向性、経営体制、仕組み等の統合を目指す。
信頼関係構築	組織・文化の融合に向けて実施するべき取組み。経営ビジョンの浸透や、従業員の相互理解、取引先との関係構築等を目指す。
業務統合	事業（開発・製造、調達・物流、営業・販売）や、管理・制度（人事、会計・財務、法務）に関する統合を目指す。

出所：中小企業庁「中小 PMI ガイドライン」（令和4年3月）より『ふぞろい17』作成

足尾：つまり、M&A 後に行う PMI を中心に問われていたということっすね。

先生：それも正しいのですが、「中小 PMI ガイドライン」では「PMI は（中略）M&A 後
　　　のみに実施検討すべき取組と誤解されがちであるが、M&A の目的の明確化や譲受
　　　側の現状把握等を含め、M&A 成立前から準備する必要がある」とされています。

地明：まさに、第1問で問われた「統合前のA社の強みと弱み」は「譲受側の現状把握」、
　　　第4問（設問2）で問われた「今後の事業展開」は「M&A の目的の明確化」です

ね！

【PMI の重要性】

先生：M&A の成果を感じている譲受側ほど、早期から PMI を視野に入れた検討に着手
　　　している傾向があるようです。

足尾：この PMI を適切に行うことで、M&A の譲受側が目的を達成できる確度が上がる、
　　　ということっすね。PMI って大事なんすね。

図表2　PMI の検討開始時期と M&A 効果／シナジー実現との相関性

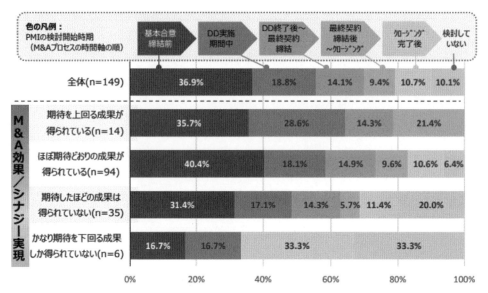

出典：三菱 UFJ リサーチ＆コンサルティング「M&A の実態調査」（2020年9月）を元に再編加工

出所：中小企業庁「中小 PMI ガイドライン」（令和4年3月）

【経営統合後の事業展開】

先生：M&A の目的は「持続型」と「成長型」の2つに分類できます。持続型 M&A は経
　　　営不振や後継者不在等の課題を M&A により解決し、企業・事業の存続を維持し、
　　　地域経済や従業員雇用を維持することを目的とします。また、成長型 M&A は、
　　　シナジーの創出や事業転換により、企業・事業の成長・発展を目的とします。

地明：与件文第10段落で、A社は「X社との経営統合による新たな展開によって、これま
　　　で以上の売上高を期待できるという見通しを持っていた」ので、A社は成長型
　　　M&A を狙っていたのですね！

先生：成長型 M&A で創出されるシナジーは、「売上シナジー」と「コストシナジー」に
　　　分類できます。「売上シナジー」の具体的な内容は、①「経営資源の相互活用」と
　　　して「クロスセル、販売チャネルの拡大」、②「経営資源の組合せ」として「製品・

事例 I

サービスの高付加価値化」や「新製品・サービスの開発」があります。

足尾：経営資源の相互活用って、まさにA社とX社が狙うところっすね！

先生：なお、「コストシナジー」の具体的な内容としては、売上原価についてサプライヤーの見直しや共同調達等もあります。今回の事例 I では、原材料の高騰も指摘されていましたね。経営統合後の事業展開については、「中小 PMI ガイドライン」に挙げられているシナジーを踏まえた解答ができるとよいでしょう。

【過去問との比較と試験対策】

先生：「中小 PMI ガイドライン」では PMI の取組ステップを次の4つに分けていますが、令和5年度事例 I の問題は各段階に対応した内容でした。

図表3　PMI の取組ステップ

	ステップ	概要	問
1	M&A 初期検討	譲渡側の事業内容や課題等に関する情報収集、事前検討（※譲受側の現状把握）	第1問※ 第4問（設問2）
2	プレ PMI		第3問
3	PMI	①譲渡側の事業内容や課題等の詳細把握 ②統合方針、行動計画の策定 ③行動計画の実行・検証	第4問（設問1）
4	ポスト PMI	PMI 取組方針の見直し・継続的な PDCA 実行	―

出所：中小企業庁「中小 PMI ガイドライン」（令和4年3月）より『ふぞろい17』作成

足尾：A社がX社の事業を譲り受ける目的を踏まえ、それを実現するために PMI を通じて円滑な統合を進めていくという流れを読み取り、PMI の具体的な内容を解答できれば、高得点が期待できたんすね。

地明：過去問を少し遡ってみると、令和4年度は事業譲渡、令和3年度は事業承継、令和2年度は友好的買収、令和元年度は事業承継が出題されていますよね。

先生：2022年の M&A 件数は過去最多（中小企業白書2023、第2-2-42図）となっています。また、事業承継にも2025年問題といわれるものがあり、あと数年は後継者不在による廃業や倒産の危機が続くだろうという予測もあります。このような背景があることから、M&A や PMI に関する出題は今後の頻出論点になっていくかもしれませんね。

足尾：よし、PMI に関するキーワードも覚えるぞ！

〜診断士試験を受験してよかったこと〜

目標ができたこと。

ふぞろい流ベスト答案 ━━━━━━━━━ 事例 I

第1問（配点20点）

①強み　　　　　　29字　　　　　　　　　　　　　　【得点】10点

高	品	質	な	商	品⁴	と	サ	ー	ビ	ス⁴	、	相	互	扶	助	の	組	織	風
土⁴	、	常	連	客²	の	存	在	。											

②弱み　　　　　　30字　　　　　　　　　　　　　　【得点】10点

原	材	料	仕	入	が	不	安	定⁴	、	価	格	高	騰⁴	に	よ	る	収	益	性
圧	迫²	、	顧	客	の	高	齢	化⁴	。										

第2問（配点20点）　　98字　　　　　　　　　　　　　　【得点】20点

出	前	の	廃	止²	に	よ	っ	て	顧	客⁴	を	地	元	の	フ	ァ	ミ	リ	ー
層¹	に	絞	り	、	蕎	麦	に	資	源	を	集	中³	し	て	原	材	料¹	を	厳
選	し	た	看	板	メ	ニ	ュ	ー	を	考	案	し	た	。	狙	い	は	商	品
や	サ	ー	ビ	ス	の	質	向	上⁴	に	よ	る	高	付	加	価	値³	差	別	化¹
と	客	単	価	向	上¹	に	よ	る	売	上	の	拡	大³	で	あ	る	。		

第3問（配点20点）　　99字　　　　　　　　　　　　　　【得点】20点

駅	前	立	地²	に	お	い	て	一	見	客	等	の	顧	客⁴	に	対	し	て	接
客⁴	や	サ	ー	ビ	ス⁴	が	省	力	化	さ	れ	、	食	品	卸	業	者	か	ら
仕	入	れ²	を	確	保	す	る	戦	略	面	の	違	い	、	仕	事	が	き	つ
く²	、	離	職	率	が	高	く⁴	、	従	業	員	間	の	横	連	携	が	少	な
い⁴	と	い	う	組	織	面	の	違	い	に	つ	い	て	留	意	す	る	。	

第4問（配点40点）

（設問1）　　　　　　80字　　　　　　　　　　　　　　【得点】20点

経	営	者	自	ら³	①	社	員	に	経	営	ビ	ジ	ョ	ン⁶	と	X	社	社	員
の	雇	用	継	続	を	説	明³	し	②	従	業	員	同	士	の	交	流	機	会
を	創	出³	。	以	上	で	、	X	社	社	員	の	不	安	解	消²	、	組	織
文	化	の	融	合³	を	図	り	、	円	滑	な	統	合³	を	実	現	す	る	。

（設問2）　　　　　　100字　　　　　　　　　　　　　　【得点】20点

A	社	の	メ	ニ	ュ	ー	開	発	力²	や	X	社	の	食	品	卸	売	業	者²
か	ら	の	地	元	産	の	高	品	質	な	原	材	料³	を	活	か	し	た	食
べ	歩	き¹	用	の	新	メ	ニ	ュ	ー	を	開	発³	し	、	他	社	と	の	差
別	化²	を	図	る	。	外	国	人	観	光	客	や	若	者²	に	SN	S¹	で	訴
求	し	、	新	規	顧	客	を	獲	得²	。	以	て	、	売	上	拡	大²	す	る 。

ふぞろい流採点基準による採点

100点

第1問：先代から現経営者への引継ぎ後に弱みから強みに転じたものを把握し、「統合前」の時制に即して、限られた文字数の中で多面的に記述しました。

第2問：過去との経営戦略の違いは顧客・商品の観点から記載し、狙いの部分では経営資源を集中したことによる効果（質向上・売上拡大）について記述しました。

第3問：経営統合前に検討すべき留意点として、A社とX社を比較して大きく異なる戦略の違いに加え、X社の組織が抱えている解決すべき課題について、戦略面と組織面の両面から多面的に記述しました。

第4問（設問1）：施策の部分では「経営統合」「信頼関係構築」「業務統合」のPMIの3つの取組みを押さえました。効果の部分では「X社の社員の不安解消」も押さえ、経営統合に伴う組織の課題を多面的に記述しました。

第4問（設問2）：競争戦略は、A社の強みとX社の強みを明確に記述しました。成長戦略は、A社の課題である新規顧客の獲得に対処する内容を具体的に記述しました。効果としては、社長の期待である売上拡大を盛り込みました。

Column

80分の己の実力を知る

　2次試験は80分×4事例です。初めのうちはできないから～とついつい時間を度外視して自分の納得できる解答が作れるまで長い時間をかけがちです。しかし、私は自分の経験からあえて最初から80分を計りながら解くことをおすすめします。最初のうちは本当にできないですよ。私も強みと弱みを書いてもう一問解けたらよいほうでした。しかし、繰り返していくうちに「自分は○○分ないと満足に与件文が読めないな」、「与件文を先に読むより設問から見始めたほうがよいな」等の気づきを通して、最終的には自分なりの80分が出来上がるはずです。コツは、仮説を立てて80分に臨み、事例の答え合わせ・なぜできなかったのかの原因分析とともに、時間やツールの使い方の振り返りも併せて実施することです。たとえば、私の場合、最初に知った事例への取り組みスタイルが「マーカー・ボールペン1色ずつ、与件文2回読み」でした。しかし、このやり方では点数が伸び悩んだため、「なぜここの情報が拾えていなかったのか、論点を落とさないためにはどうあればよいか」を突き詰めた結果、「マーカー5色・ボールペン4色、設問先読み」のスタイルに落ち着きました。設問解釈や与件文の構造理解も重要ですが、80分の使い方を洗練することも同じくらい重要と考えます。ぜひチャレンジしてみてください。　　　　（つばさ）

ビジネスに必要な知識を網羅的に習得することができた。

▶事例Ⅱ（マーケティング・流通）◀

令和5年度　中小企業の診断及び助言に関する実務の事例Ⅱ （マーケティング・流通）

　B社は資本金500万円、従業者数は2代目社長を含めて8名（うちパート3名）で、スポーツ用品の加工・販売を行っている。現在の事業所は、小売1店舗（ユニフォームなどの加工、刺しゅうを行う作業場併設）である。取扱商品は野球、サッカー、バスケットボールやバレーボールなどの球技用品、陸上用品、各種ユニフォーム、ジャージーなどのトレーニング用品、テーピングやサポーターなどのスポーツ関連用品などである。また、近隣の公立小中学校の体操服や運動靴も扱っている。

　B社はX県の都市部近郊に立地する。付近にはJRと大手私鉄が乗り入れている駅があり、交通の便がよいため、住宅街が広がり、戸建てやアパート、マンションなどから構成されている。駅前は商店が多く、スーパーを中心に各種専門店や飲食店などがあり、買い物も便利でにぎわっている。

　また、B社のある町の中には幹線道路が通っていて、自動車での移動も便利である。すぐ近くには大きな河川があり、河川敷がスポーツ施設として整備され、野球場、サッカー場、多目的広場などがある。近隣の強豪社会人野球チームがここを借りて練習しているということで地域住民の野球熱が高く、野球場の数も通常の河川敷に比べるとかなり多い。

　B社は1955年にこの地で衣料品店として、初代社長である、現社長の父が開業した。1960年代から付近の宅地開発が始まり、居住者が急激に増えた。同時に子どもの数も増えてきたため、公立小中学校が新たに開校し、公立小中学校の体操服や運動靴を納品する業者として指定を受けた。この際、体操服に校章をプリントしたり、刺しゅうでネームを入れたりする加工技術を初代社長が身に付けて、この技術が2代目社長にも継承されている。

　子どもの数が増えてきたことと、河川敷に野球場が整備されたこと、さらにはプロ野球の人気が高まってきたことなどがあり、1970年代初頭から少年野球チームがこの地域で相次いで設立された。初代社長の知り合いも少年野球チームを設立し、B社はユニフォームや野球用品の注文について相談を受けた。ユニフォームについては衣料品の仕入れルートから紹介を受けて調達し、自店舗の作業場でチーム名や背番号の切り文字の切り抜き、貼り付け加工をすることができた。また、ユニフォームの調達を通じて野球用品の調達ルートも確保できた。1970年代初頭、まだ付近にはスポーツ用品を扱う店舗がなかったため、複数の少年野球チームから野球用品の調達について問い合わせを受けるようになり、ちょうど事業を承継した2代目社長はビジネスチャンスを感じ、思い切って衣料品店をスポーツ用品店に事業転換することとした。

　1970年代から1980年代までは少年野球が大変盛んであり、子どもの数も多く、毎年多くの小学生が各少年野球チームに加入したため、4月と5月には新規のユニフォームや野球

用品の注文が殺到した。

　低学年から野球を始めた子どもは、成長に伴って何度か、ユニフォーム、バット、グラブ、スパイクといった野球用品を買い替えることになる。B社は各少年野球チームから指定業者となっていたので、こうした買い替え需要を取り込むことに成功しており、また、チームを通さなくても個別に買い物に来る顧客を囲い込んでいた。さらに、年間を通じて、各チームに対してボール、スコア表、グラウンドマーカー（ラインを引く白い粉）などの納入もあった。

　1990年代初頭にはJリーグが開幕し、河川敷にサッカー場も整備され、今度は急激に少年サッカーチームが増えたため、B社はサッカー用品の品揃えも充実させ、各少年サッカーチームとも取引を行うように事業の幅を広げていった。

　子どもたちのスポーツ活動が多様化してきたので、バスケットボールやバレーボールなどの球技用品、陸上用品などの扱いにも着手し、中学校の部活動にも対応できるように取扱商品を増やしていった。

　しかし、2000年代に入ると、付近にサッカーやバスケットボール用品の専門店が相次いで開業し、過当競争になった。これらの専門店と比べると、B社は品揃えの点で見劣りがしている。また、数年前には自動車で15分ほどの場所に、大型駐車場を備えてチェーン展開をしている大型スポーツ用品量販店が出店した。その量販店では、かなり低価格で販売されているため、B社は価格面で太刀打ちができない。

　そこでB社は、品揃えと提案力に自信のある野球用品をより専門的に取り扱っていくこととした。

　古くから取引がある各少年野球チームは、B社の各種有名スポーツブランド用品の取り揃え、ユニフォーム加工技術や納品の確かさ、オリジナルバッグなどのオリジナル用品への対応力、子どもたちの体格や技術に応じた野球用品の提案力などについて高く評価しており、チームのメンバーや保護者には、引き続きB社からの購入を薦めてくれている。

　ユニフォームやオリジナル用品などは、各チームに一括納品できる。しかし、メンバーの保護者から、価格面でのメリットなどを理由に、大型スポーツ用品量販店で汎用品の個別購入を希望された場合、各チームの監督ともB社で購入することをなかなか強く言えなくなっている。

　また、成長に伴う買い替えや、より良い用品への買い替えも保護者には金銭的な負担となっていて、他の習い事もあり、買い替えの負担を理由に野球をやめてしまう子どもたちもいるということでB社は相談を受けていた。

　さらに、野球をやりたいという子どもの確保も各チームの課題となっている。従来のようにポスターを貼ったりチラシを配布したりするといった募集活動に加え、SNSを用いた募集活動への対応がある。また、女子の軟式野球が盛んになってはいるものの、まだまだ少ない女子の参加希望者を増やしていくことも課題である。どのチームも女子のメンバー獲得に苦しんでいる。

～資格以外に得られたこと～
　実務補習に協会の登録料に・・・まとまったお金が飛んでいきます…！（得られてない）

　他には、チームやそのメンバーのさまざまなデータ管理についても、たとえばスマート
フォンを使って何かできないかとB社は相談を受けていた。

　2代目社長は、ICT企業に勤めている30代の長男がB社を事業承継する決意をして戻っ
てくるのを機に、次のような事業内容の見直しをすることとした。

　第1に、総合的なスポーツ用品を扱いながらも、1970年代に事業転換したときからの強
みである、野球用品の強化をさらに進める。特に子どもたち一人一人の体格や技術、特性
に応じた商品カスタマイズの提案力をより強化することで、大型スポーツ用品量販店との
差別化を図る。

　第2に、各少年野球チームの監督とのより密接なコミュニケーションを図り、各チーム
のデータ管理、メンバーや保護者の要望の情報把握、および相談を受けた際のアドバイス
への対応を進める。また、用品に関する買い替えなどの多様なニーズに応えるいくつかの
販売方法を導入する。

　第3に、女子の軟式野球が盛んになってきたことに着目し、女子メンバー獲得に苦しん
でいるチームを支援し、女子向けの野球用品の提案力を高め、新規顧客としての女子チー
ムの開拓を行う。

　第4に、インターネットの活用の見直しである。現在は店舗紹介のホームページを設け
ている程度である。今後、このホームページにどのような情報や機能を搭載すべきか、ま
た、SNSやスマートフォンアプリの活用方法についても検討し、顧客との関係性強化を
考えている。

　B社社長は、自社の強みを生かせる新たな事業展開ができるよう、中小企業診断士に助
言を求めた。

Column

SNS勉強会のススメ

　独学や予備校など試験勉強の取り組み方は千差万別ですが、過去問を解くときや復習す
るときなど、誰しも一人の時間がありますよね。頑張らないといけないけれど、気分が乗
らないときがあっても当然です。そんなモチベーションが下がったときにおすすめしたい
のがSNS勉強会です。

　これは、オンライン会議アプリやSNSの通話機能などを利用して、勉強している姿を
共有するというものです。画面の奥で仲間が頑張っている姿を見ると、自分も頑張ろうと
自然に思えてきます。対面による勉強会の弱みはつい雑談などで盛り上がってしまいがち
なところですが、オンラインだとマイクオフにできるため、純粋に勉強に集中できます。
一方で、相談したいことなどあればチャットなどでリアルタイムにやり取りができること
も強みですね。皆さんもぜひ自分に合った勉強スタイルで受験生活を満喫しましょう。

（けんけん）

第1問（配点30点）

　B社の現状について、3C（Customer：顧客、Competitor：競合、Company：自社）分析の観点から150字以内で述べよ。

第2問（配点20点）

　低学年から野球を始めた子どもは、成長やより良い用品への願望によって、ユニフォーム、バット、グラブ、スパイクといった野球用品を何度か買い替えることになるため、金銭的負担を減らしたいという保護者のニーズが存在する。

　B社は、こうしたニーズにどのような販売方法で対応すべきか、プライシングの新しい流れを考慮して、100字以内で助言せよ（ただし、割賦販売による取得は除く）。

第3問（配点20点）

　女子の軟式野球チームはメンバーの獲得に苦しんでいる。B社はメンバーの増員のために協力することになった。そのためにB社が取るべきプロモーションやイベントについて、100字以内で助言せよ。

第4問（配点30点）

　B社社長は、長期的な売上げを高めるために、ホームページ、SNS、スマートフォンアプリの開発などによるオンライン・コミュニケーションを活用し、関係性の強化を図ろうと考えている。誰にどのような対応をとるべきか、150字以内で助言せよ。

Column

試験時のルーティーンと時間管理のススメ

　事例ごとにクセはありますが、制限時間内に問題を解ききるためのルーティーンを決めておくことをお勧めします。当日、緊張する可能性も考慮して、考える余地がないくらいまで具体化しておくこと、迷わず実行することがポイントだと考えます。

　自身の取り組みを紹介すると、①解答用紙に受験番号記入、②問題用紙の落丁確認、③問題用紙のホチキス取り外し、④与件文の最初の段落を流し読みして業種と背景を把握、⑤設問数確認＆設問ごとに使うマーカーの色決め、⑥設問の内容＆字数を考慮した大枠の時間配分と解く順番の仮決め、までを実施（ここまで5分目安）してから、一息ついて落ち着いてから最初に解く設問の内容を濃く意識しながら与件文の一読に入りました。また、制限時間が厳しい試験なので、一定の時間（20分ごと）に自身の進捗を確認して、予定設問をこなせそうにないと思った場合は見切りをつけてそこまでの情報をもとに解答をまとめてから、次の設問に進むなどをすることで空欄を極力作らないようにしていました。

（ひろし）

〜資格以外に得られたこと〜

　勤める会社の社長をはじめ経営層や部下からのリスペクト。発言が通りやすくなったかも…。

> **第1問（配点30点）【難易度　★★☆　勝負の分かれ目】**
>
> 　B社の現状について、3C（Customer：顧客、Competitor：競合、Company：自社）分析の観点から150字以内で述べよ。

●出題の趣旨

　B社内外の経営環境を分析する能力を問う問題である。

●解答ランキングとふぞろい流採点基準

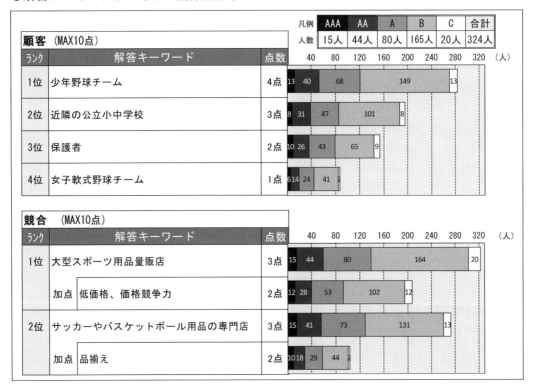

事例Ⅱ

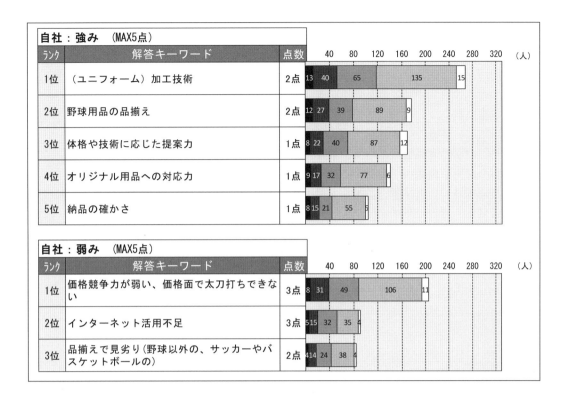

自社：強み　（MAX5点）			40 80 120 160 200 240 280 320 （人）
ランク	解答キーワード	点数	
1位	（ユニフォーム）加工技術	2点	13 40 65 135 15
2位	野球用品の品揃え	2点	12 27 39 89 9
3位	体格や技術に応じた提案力	1点	8 22 40 87 12
4位	オリジナル用品への対応力	1点	9 17 32 77 6
5位	納品の確かさ	1点	8 15 21 55 5

自社：弱み　（MAX5点）			40 80 120 160 200 240 280 320 （人）
ランク	解答キーワード	点数	
1位	価格競争力が弱い、価格面で太刀打ちできない	3点	8 31 49 106 11
2位	インターネット活用不足	3点	5 15 32 35 4
3位	品揃えで見劣り（野球以外の、サッカーやバスケットボールの）	2点	4 14 24 38 4

●再現答案

区	再現答案	点	文字数
AAA	顧客は①地域の少年野球チーム[4]②女子の軟式野球チーム[1]③近隣の公立小中学校[3]。競合は①チェーンの低価格[2]の大型スポーツ用品量販店[3]②サッカーやバスケット用品の専門店[3]。自社は①野球用品の品揃え[2]②オリジナル用品への対応力[1]③ユニフォーム加工技術[2]④納品の確かさ[2]⑤体格や技術に応じた提案力[1]が強み。価格面[3]が弱み。	24	145
AA	顧客は近隣公立学校、少年野球[4]・サッカーチーム、チームを通さない個別購入者、中学校部活動員。競合は品揃え豊富[3]なサッカー・バスケ専門店[3]、低価格[2]な大型スポーツ用品量販店[3]。自社の強みはにぎわいある立地、運動服加工技術[2]、スポーツブランド取り揃え、野球用品提案力。弱みは専門店に比べ品揃えが弱く[2]価格競争力が低い[3]。	21	150

A	顧客は、**少年野球チーム**[4]、**女子の軟式野球チーム**[1]、少年サッカーチーム、中学校の部活動等。競合は、**サッカーやバスケット用品の専門店**[3]が過当競争であり、**大型スポーツ用品量販店**[3]が**低価格**[3]で販売。自社は、総合的なスポーツ用品を扱いながら**野球用品をより専門的に取り扱う**[2]が、大型スポーツ用品量販店より**高価格**[3]で販売。	18	147
B	顧客は、**地域の少年野球チーム**[4]とメンバー。金銭的負担から野球をやめる子どもが増えており、野球人口確保が課題。競合は、**大型スポーツ用品量販店**[3]。**低価格設定**[3]にB社は太刀打ちできない。自社は、野球用品の**加工技術**[2]、**品揃え**[2]と提案力、**納品の確かさ**[2]が強み。少年野球チームとの関係強化や女子向けの野球用品の拡充を検討中。	14	150
C	顧客面は、サッカーやバスケットボールなどスポーツ活動が多様化し、野球の競技人口が減少している。競合面は、**大型スポーツ用品量販店**[3]や**サッカー、バスケットボールの専門店**[3]が開業し、競争が激化している。自社面は、**加工技術**[2]があり、**オリジナル用品の対応**[1]が出来、野球用品の提案力、一括納品、ICT能力の後継者がいる。	9	150

●解答のポイント

顧客、競合、自社（強みと弱み）の現状について、続く第2問以降との関連を踏まえて多面的に分析できたかがポイントだった。

【顧客】

先生：さぁ、続いて事例Ⅱを見てみましょう。「３Ｃ分析」は令和４年度に続いて２年連続の出題でしたが、２人はどう対応しましたか？　まずは顧客からどうでしょうか。

足尾：オレは「少年野球チーム」と「近隣の公立小中学校」を書きました。それぞれ体操服や運動靴、ユニフォームなどの取引があることが明記されていたので、ここは外せないっしょ！

地明：あたしは、要素が多くてどこまで書いていいのか悩んでしまいました……。ヒロヤのキーワードに加え、「保護者」「地域住民」「中学校の部活動」を書き、結果的にかなり文字数を使ってしまいました。

先生：２人とも着眼点はよいですよ。確かに今回は再現答案にもいろいろなキーワードが書かれており、多くの受験生が選択に困ったことが窺えました。ほかには第３問につながる「女子軟式野球チーム」も加点要素だったと推察します。一方で、「地域住民」「中学校の部活動」はその後の設問と関連が薄く、加点されなかった可能性が高そうです。顧客については、数あるキーワードの中からいかに重要度の高いものを選ぶかが大切だったようですね。

地明：キーワード数と文字数制限のバランスを見ることが大事ってことですね！

【競合】

先生：次は競合についてです。こちらはどうでしたか？

足尾：オレは「大型スポーツ用品量販店」と「サッカーやバスケ用品の専門店」って書きました！　第10段落にあるとおり、これらの開業により「過当競争」になっていることも書きました。競合については要素が少なかったからこれで抜け漏れはないはずっす！

地明：ヒロヤ、それだけじゃ不十分じゃない？　あたしは「（量販店が）低価格」と「（専門店が）品揃えがいい」ことまで書いたわ！　社長はもっと競合の詳細を知りたいはずだもの。社長の思いに寄り添ってこその中小企業診断士だと思うわ！

先生：地明さん、そのとおりです！　実際、量販店や専門店だけでなく、その詳細まで書いた答案がA以上答案には多く、加点されたポイントだったようです。一方で、「過当競争」まで言及している解答は少なく、A以上答案の割合が多かったわけではないのでこちらは加点にはならなかったようですね。

地明：「過当競争」のような「競合」の時点でわかる情報を省略しつつも、具体的な競合の描写につながる詳細情報を書けたかどうかが重要だったんですね！

足尾：しまった、効率的に書こうとしすぎた……。

【自社】

先生：最後は自社についてです。第1問はここが勝負の分かれ目だったようです。

足尾：３Ｃ分析の自社といえば内部環境の強みと弱みで決まりっす！　フレームワークを使えばちょろいですね。

先生：足尾さん、素晴らしいですね！　実際、強みと弱みの両面から自社を分析できていないことに気がつかず、強みのみ書いている受験生が多かったようです。強みとしては、「ユニフォームの加工技術」「野球用品の品揃え」はA以上答案での解答数が多く、配点が高かったと思われます。

地明：弱みも書く必要があるのは理解したけど、弱みだけで社長は満足するのかしら？　あたしは「買い替え負担による顧客離れの防止が課題」のように弱みではなく課題を書いたわ。社長は具体的にどうしたらいいのかを知りたいはずだもの！

足尾：でも、設問文には「現状について３Ｃ分析」って書いてあるっすよ？　課題まで書くと現状の枠からはみ出しちゃうんじゃないっすか？

先生：足尾さん、素晴らしい着眼点ですね！　A以上答案には課題について言及したものは少なく、今回は加点にならなかったようです。

地明：社長の思いに寄り添いたい一心で課題化までしてしまいました。また思いが先行してしまったのね……。では、弱みには何を書けばよかったんでしょうか？

足尾：キーワードは「価格競争力が弱い」と「野球以外の品揃えで見劣り」っす！　与件文の第10段落に書いてあります！

~知識以外に自分に身についたこと~
　タイムマネジメントスキル。

先生：前者は第2問で買い替えによる金銭的負担軽減ニーズへの対応を問われています
　　　し、後者も第2〜4問で野球用品に特化していく起点と考えられます。この2つは
　　　重要なキーワードでしょう。ほかに見逃している要素はないでしょうか？

地明：第4問で関係性強化を図ろうとしていることを考えると、あたしは「インターネッ
　　　トの活用不足」を入れるべきだと思いました。社長の事業内容の見直しにもイン
　　　ターネットについての記載があります。

先生：そのとおりです！　社長の思いに寄り添う重要なキーワードでもありました。

足尾：ほかの設問と関連させて多面的に答えることが重要っすね！　やっぱり地明さんは
　　　社長の思いに敏感っす。オレも負けてられないっす！

Column

人生はトレードオフ。何も犠牲にできない人は何も得ることができない！

　これは私の大好きな某漫画の名セリフ「何も捨てることができない人には何も変えることはできないだろう」をもとにしたものですが、私の人生のモットーともいえるものです。
　皆さんは診断士の勉強のために、きっと友人や家族との楽しい時間、まったり動画を楽しむ時間など、たくさんの自由を犠牲にしてきているかと思います。私もそうでした。6月1次試験勉強スタートの超短期集中型の私は、家族や友人との時間など仕事以外のすべての時間を犠牲にしなければいけませんでしたが、その結果、たくさんの新しい知識や思考に触れることができ、何より、"こんなに必死で頑張れる自分"を見つけることができました。
　日々、生活を送るだけで一日が一瞬のように過ぎ去っていきますが、プラスα、何かに打ち込んでいる人はやっぱり一層輝いているように私は思います。きっとそんな人たちは、少なからず何かを犠牲にしているはずです。人生はすべてを得ることはできないトレードオフだと思っています。
　診断士に興味を持っただけで第一歩、勉強に打ち込んでみただけでさらに大きなもう一歩、きっと日々をただ過ごしている人たちとは違う世界に近づいているはずです。診断士の勉強以外でもなんでもいいと思いますし、お休みの期間があってもいいと思います。今の努力の日々の先に、打ち込んだことで見つかる何か、合格だけではない何かを、きっと得ることができると思いますよ。
　　　　　　　　　　　　　　　　　　　　　　　　　　　　　　　　　　　（あーや）

　〜知識以外に自分に身についたこと〜
　　論理的な話し方。

事例Ⅱ

第２問（配点20点）【難易度　★★★　難しすぎる】

　低学年から野球を始めた子どもは、成長やより良い用品への願望によって、ユニフォーム、バット、グラブ、スパイクといった野球用品を何度か買い替えることになるため、金銭的負担を減らしたいという保護者のニーズが存在する。

　B社は、こうしたニーズにどのような販売方法で対応すべきか、プライシングの新しい流れを考慮して、100字以内で助言せよ（ただし、割賦販売による取得は除く）。

●出題の趣旨

　顧客のニーズに対応した販売方法について、プライシングの観点からB社に助言する能力を問う問題である。

●解答ランキングとふぞろい流採点基準

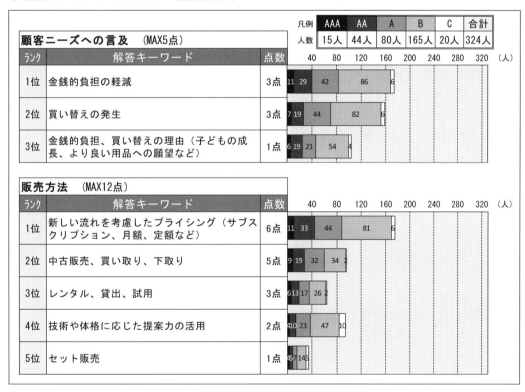

凡例	AAA	AA	A	B	C	合計
人数	15人	44人	80人	165人	20人	324人

顧客ニーズへの言及　（MAX5点）

ランク	解答キーワード	点数
1位	金銭的負担の軽減	3点
2位	買い替えの発生	3点
3位	金銭的負担、買い替えの理由（子どもの成長、より良い用品への願望など）	1点

販売方法　（MAX12点）

ランク	解答キーワード	点数
1位	新しい流れを考慮したプライシング（サブスクリプション、月額、定額など）	6点
2位	中古販売、買い取り、下取り	5点
3位	レンタル、貸出、試用	3点
4位	技術や体格に応じた提案力の活用	2点
5位	セット販売	1点

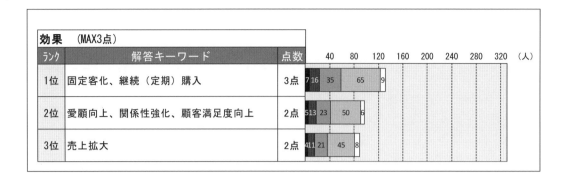

効果 （MAX3点）			
ランク	解答キーワード	点数	(人)
1位	固定客化、継続（定期）購入	3点	7 16 35 65 9
2位	愛顧向上、関係性強化、顧客満足度向上	2点	5 13 23 50 6
3位	売上拡大	2点	4 11 21 45 8

●再現答案

区	再現答案	点	文字数
AAA	保護者の**金銭負担の軽減**[3]ニーズに対して、ユニフォーム加工技術力、**子供の体格や技術に応じた**[2]野球用品提案力を活かし、**中古販売**[5]や**サブスクリプションサービス**[6]を提供。継続接点で**愛顧高め関係強化**[2]し**固定客化**[3]で**売上拡大**[2]。	18	100
AA	**中古品買取販売**[5]、**サブスクリプション**[6]導入により、**金銭的負担**[3]の心象を下げる。豊富な野球用品の品揃えと子供にあった提案力を活かした商品サービスの高付加価値化により、顧客**愛顧向上**[2]を図り、満足度を上げる。	16	97
A	**サブスクリプション**[6]型の販売方法を導入すべき。強みである提案力を活用し子供の**体格や技術に応じた**[2]用具の交換を月々定額料金で対応する。**買い替え**[3]の負担軽減で**顧客満足度向上**[2]と、**定期的な来店促進**[3]で関係性強化を図る。	14	100
B	野球用品の低価格化の流れを受けて、**買い替え**[3]の際に**下取り**[5]を行うことで、保護者の**金銭的負担を軽減**[3]して販売する。また下取りで買い取った野球用品を中古品として販売し低価格ニーズに対応する。	10	90
C	保護者と双方向のコミュニケーションで関係性を築き、**子どもたち一人一人の体格や技術に合わせ**[2]、長期的な目線での野球用品の提案で差別化し、低価格帯の**買い替え**[3]より価値を認識してもらい販売する販売方法で**売上拡大**[2]。	7	100

●解答のポイント

　顧客ニーズを適切に捉え、新しい流れを考慮したプライシング（サブスクリプション、月額、定額など）に言及することに留まらず、中古販売や買い取り、下取りなどそのほかの販売方法にも言及することが高得点のポイントであった。

先生：さて、第2問です。設問文には「保護者のニーズにどのような販売方法で対応すべきか」と記載がありますね。2人はどのように解答しましたか？

足尾：事例Ⅱといえば、「誰に、何を、どのように、効果」の「ダナドコ」のフレームワークで決まりでしょ！　まずは「誰に」だから、そこは「保護者」に決まりっすね！

地明：ヒロヤ、現実的に考えて設問文に「保護者」って書いてあるんだから、フレームワークにこだわって「誰に」を書く必要はないと思うんだけど。

先生：「保護者」を書いた答案は4割ほどありますが、A以上答案の過半数は言及していないことから、得点にはつながりにくいでしょう。出題の趣旨にあるように、ターゲットである「保護者」が「どのようなニーズを持っているか」まで言及することが重要です。それでは、顧客ニーズから考えてみましょう。

【顧客ニーズ】

足尾：顧客ニーズも設問文に「金銭的負担を減らしたい」って書いてあるっすよ？

先生：そのとおりです。「金銭的負担」はA以上答案の6割、AAA答案では7割以上が言及しており、「誰に」よりも重要度が高く、得点につながったと考えられます。販売方法を解答する際には、この「金銭的負担の軽減」という顧客ニーズを踏まえた助言ができたかどうかで評価が分かれたといえますね。

地明：まずは顧客ニーズを適切に捉える必要がありますね！　そうなると、金銭的負担は野球用品の「買い替えの発生」が原因なので、あたしはこの点も重要だと思います。

足尾：それをいうなら、「子どもの成長」や「より良い用品への願望」が買い替えの理由だから、ここもキーワードになりそうですね。

先生：2人ともよく読めていますね！　「買い替えの発生」はA以上答案では過半数が言及していますね。金銭的負担や買い替えの理由については、解答数は少ないものの、AAA答案とAA答案で言及している割合が相対的に高いため、わずかですが加点要素だったと考えられます。

地明：あたしの経験上も、顧客ニーズを捉えた販売方法の検討は非常に重要だわ。試験も実務と一緒で独りよがりな提案にならないことが大切ね。

【販売方法】

先生：地明さんから販売方法の話題が出ましたね。第2問で得点を伸ばすために重要な論点となります。販売方法を解答するうえでのポイントは何でしょうか？

足尾：設問文に、「プライシングの新しい流れを考慮して」と記載があります。ここが重要なポイントだということはわかるんですが、1次試験でこんな表現あったっすか？　プライシングといったら、ダイナミックプライシングやプライスライニング、ロスリーダー政策などが定番ですが……。

地明：ここは実務的に考えて「サブスクリプション方式」だと思うわ。プライシングのト

~知識以外に自分に身についたこと~
コツコツ続けること。

レンドだし、野球用品を一括で購入するよりも金銭的な負担を軽減できるわよ。

先生：素晴らしい観点ですね。地明さんのように、プライシングの新しい流れに言及できた答案はB以下答案では半数未満でしたが、A以上答案では6割を超えるなど、大きく得点差がつく要素だったといえますね。

足尾：サブスクリプションか……、こんなの試験中に思いつかないっす！

先生：諦めたらそこで試合終了ですよ？　A以上答案では、月額や定額と記載している答案や、プライシングではないものの類似サービスとしてレンタルや貸出に言及して得点を積み上げた答案も多くありました。

地明：ヒロヤ、プライシング関連の「キーワード」に固執するんじゃなくて、どうしたら顧客ニーズに応えられるかを考えて解答することが重要よ。

先生：さて、ほかに見逃している要素はないでしょうか？

足尾：地明さんには負けてられないっす！　買い替えが発生するなら不要になる野球用品も多いはずです。それを買い取りして、中古販売すれば保護者の金銭的負担が軽減されると思うっす！

先生：詰み筋が見えてきましたね。中古販売や買い取りは、特に高得点の答案ほど言及している割合が高い傾向にあります。このことから、新しい流れを考慮したプライシングと合わせて、この論点まで言及できたかがポイントといえますね。

【効果】

地明：先生、助言問題なので、やっぱり効果は書いたほうがいいですよね？

先生：助言内容の目的を示すために、効果にも言及すべきでしょう。ただし、今回に限っては、A以上答案とB以下答案の解答割合はいずれも4割程度で大きな違いは見られませんでした。よって、大きな得点にはつながらなかったと思われます。

足尾：効果といえば、売上拡大に決まりでしょ！　オレはいつもパターン化して解答するようにしています。これさえ書いておけば得点できますよ。

先生：何事も決めつけないことが重要です。サブスクリプションは継続型の課金ビジネスなので、その効果は顧客の囲い込みでしょう。実際に売上拡大ではなく、「固定客化」に言及した答案が多かったようです。

地明：大きな得点にはならないといっても、先生のおっしゃるように助言内容に沿った効果を解答できるかで得点差が生まれますよね。社長の思いに寄り添って、細部にまでこだわった解答ができるように心掛けたいと思います！

先生：この試験は中小企業診断士としての助言力を試されているわけですから、地明さんのような考え方は素晴らしいですね。

第3問（配点20点）【難易度　★★★　難しすぎる】

　女子の軟式野球チームはメンバーの獲得に苦しんでいる。B社はメンバーの増員のために協力することになった。そのためにB社が取るべきプロモーションやイベントについて、100字以内で助言せよ。

事例Ⅱ

●出題の趣旨

　B社が新たな顧客を開拓するためのプロモーション戦略およびイベントの実施について、助言する能力を問う問題である。

●解答ランキングとふぞろい流採点基準

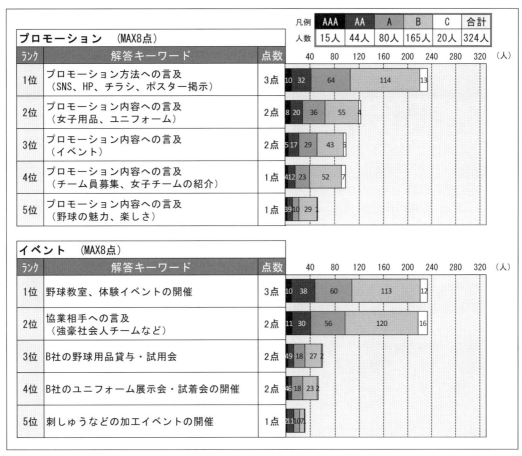

凡例	AAA	AA	A	B	C	合計
人数	15人	44人	80人	165人	20人	324人

プロモーション　（MAX8点）

ランク	解答キーワード	点数
1位	プロモーション方法への言及（SNS、HP、チラシ、ポスター掲示）	3点
2位	プロモーション内容への言及（女子用品、ユニフォーム）	2点
3位	プロモーション内容への言及（イベント）	2点
4位	プロモーション内容への言及（チーム員募集、女子チームの紹介）	1点
5位	プロモーション内容への言及（野球の魅力、楽しさ）	1点

イベント　（MAX8点）

ランク	解答キーワード	点数
1位	野球教室、体験イベントの開催	3点
2位	協業相手への言及（強豪社会人チームなど）	2点
3位	B社の野球用品貸与・試用会	2点
4位	B社のユニフォーム展示会・試着会の開催	2点
5位	刺しゅうなどの加工イベントの開催	1点

ターゲット　（MAX2点）

ランク	解答キーワード	点数	40	80	120	160	200	240	280	320 (人)
1位	ターゲットに言及（女子、初心者、保護者、小中学生）	2点	15　38　71			138			16	

B社の強みを生かした施策　（MAX2点）

ランク	解答キーワード	点数	40	80	120	160	200	240	280	320 (人)
1位	加工技術	2点	4 17 15 18　5							
2位	提案力	2点	5 10 7 14　5							
3位	オリジナル用品の開発	1点	7 4 1　2							

●再現答案

区	再現答案	点	文字数
AAA	施策は**女子野球チームと提携**して**野球体験会**を企画し、**品揃えや提案力を活かし女子向け用品の貸出**を行う。学校周辺で**チラシやポスター掲示**と SNSで**イベント情報**発信し、**野球の魅力**を伝達し新規メンバーを獲得する。	17	99
AA	**高い加工技術やオリジナル用品対応力**を活かし、女子向け野球用品を開発、**野球の体験イベント**を開催し、**商品やイベントの様子をSNS等で発信**。近隣公立小中学校や少年**スポーツチームと連携**、**女子生徒姉妹**等へ訴求する。	16	100
A	**B社のホームページ**に**募集内容**、**B社取扱い商品**、**イベント**、野球チームメンバーの保護者からの口コミ情報を発信し、**女子向け**野球用品の品揃えした**展示会**や**野球の体験イベント**を開催することを助言する。	15	94
B	地元の**社会人競合チームや女子野球チームと連携**し、**女子野球未経験者**を対象とした**野球教室**を企画する。取引のある小中学校に**チラシ等で告知**して参加者を増やし、メンバーの増員を目指す。	12	87
C	プロモーションは①**HP**や SNS 上で**メンバーを募集**②少年野球チームの子どもに友人や姉妹を紹介頂く事である。イベントは、**軟式野球体験会**を実施し**魅力**を訴求する。以上で、チームメンバーと新規顧客獲得を図る。	8	97

●解答のポイント

> ①プロモーション、②イベントの2点を、B社の強みを生かしながら具体的な要素を盛り込んで記載することがポイントだった。

先生：では、続いては第3問ですね。「B社が取るべきプロモーションやイベントについて、100字以内で助言せよ」という問題ですが、2人はどのように解答しましたか？

足尾：「助言」の問題だし、第2問に続いてこっちも「誰に、何を、どのように、効果」の「ダナドコ」で決まりっす！　楽勝っすね！

地明：ヒロヤ、フレームワークで決めつけはよくないわ。あたしは、B社の顧客を増加させるような直接的な施策ではなく、女子軟式野球チームへ協力するための施策っていうところで、B社の持つ経営資源の何を、どのように活用したらいいか、答え方に迷ったわ。

先生：地明さんのおっしゃるとおり、何事も決めつけないのが重要ですね。必ずしもフレームワークに当てはまらない場合もありますからね。「ダナドコ」を念頭に置きながら、まずは、出題の趣旨に沿って、プロモーションについて考えてみましょう。

【プロモーション】

足尾：プロモーションといえば、SNS活用っすね！　「SNSやスマートフォンアプリの活用方法」って与件文にも書いてあるので、それを持ってくればいいと思ったっす！

地明：それはあたしも思ったわ。でも、よく考えてみると、SNSやスマートフォンアプリは、第4問で使うことが求められていて、解答内容が重複してしまうと考えました。ただ、与件文には「従来のようにポスターを貼ったりチラシを配布したりするといった募集活動に加え、SNSを用いた募集活動への対応」という記載もあったので、第3問では、SNSでのプロモーションと書いてみました。

先生：2人とも、大事なポイントは逃していないようですね。実際、プロモーション方法に言及した解答は、A以上答案の7割以上と多くが記載していますので、必要な要素だったと思いますよ。では、一体何をプロモーションしたらよいのでしょうか？

足尾：女子のメンバー獲得には、チームメンバーを募集していることや野球の魅力などを発信することが有効かなと思ったっす。

地明：あたしは、せっかくイベントを開催するからには、イベントの開催自体をプロモーションしたほうが、集客にもつながるのでいいかなと思いました。

先生：2人とも設問文に対してしっかり解答ができていますね。さらに高得点の解答にするためにも、それ以外の視点からも考えることはできないでしょうか？　B社だからこそできるプロモーションはありますか？

足尾：B社だからというと……女子向けの野球用品の提案力を高めると書いてあるから、

――～知識以外に自分に身についたこと～――――――――――――――――――――――

　勉強習慣。勉強しない日は不安になることもある。

女子向け用品をプロモーションできるっすね！

地明：社長の思いに寄り添ってみても、これからさらに強化していきたい女子向け用品をプロモーションして、将来の顧客につなげたいってことですね！

先生：2人とも素晴らしい視点です。B社の強みを意識した具体的な提案になりましたね。

【イベント】

先生：続いてイベントについて考えてみましょう。女子メンバーの獲得のための取り組みとして、どのようなイベントが考えられますか？

足尾：イベントといえば、野球教室などの体験イベントをやって、楽しいと思ってもらうことが一番じゃないっすか？

地明：そうね。あとは、地域資源として、「近隣の強豪社会人野球チーム」がいるので、社会人チームと連携して野球教室の企画ができると思いました。

先生：そのとおりですね。2人のように野球教室の開催に言及した解答は、A以上答案の8割近くあり、加点が期待できるキーワードだったと思われます。さらに、地明さんが気がついたように、社会人チームとの連携など、協業相手への言及に関しても、同様に多くのA以上答案で解答されていました。このように、内部資源だけでなく、外部資源も活用できている施策になっているかは大事な視点ですね。少しずつ具体的な提言になってきましたね。もう一息です。ほかに見逃している要素はないでしょうか。B社の最終的な目的は何でしたか？

足尾：ズバリ、女子チームメンバーを増やすことっす！

地明：ヒロヤ、与件文をよく読んで。もちろんチーム員を増やすことも目的だけれど、第20段落に、「新規顧客としての女子チーム開拓」って書いてあるから、B社の新規顧客獲得も重要な目的だと思うわ。イベントを通してB社の顧客を獲得するためには、B社の強みである、野球用品の品揃えやオリジナル用品、提案力を訴求したいですね。そうすれば、B社の用品をイベント内で使ってもらうことでB社のプロモーションにもなると思います！

先生：そのとおりです！　よく読めていますね。メンバーの獲得に協力するイベントの中でB社の用品を使ってもらうことで、最終的にB社の潜在顧客を増やすことにつながりますね。イベント内での用品貸与や、そのほか、ユニフォームの展示会・試着など、B社の強みを全面に押し出したイベントの開催に言及している答案は、合格者の答案に多く見られました。具体的な施策内容として、幅広く要素を入れることがポイントだったようですね。

【ターゲット】

先生：さて、ターゲットについては記載しましたか？

足尾：女子チーム員の獲得だから、女子に決まってるっす！　当たり前すぎて書かなかっ

～知識以外に自分に身についたこと～
電卓の効率的な使い方。

たっす！

地明：あたしはすごく悩みました。ターゲットとして女子というのは当然考えられるものの、施策のターゲットとしては保護者とかもありかなって思いました。

先生：そうですね。今回、ターゲットとして明らかに女子は含まれていそうですが、地明さんのおっしゃるとおり、保護者や小中学生など、女子に限らず幅広く、与件文から考えられるなんらかのターゲットに触れている解答がA以上答案の9割と、加点キーワードであったと考えられます。施策を書く際は、誰向けか、ということを念頭に検討していくため、念のためターゲットも書いておくのがよいでしょう。

【効果について】

足尾：助言の問題だし、最後は効果でしょ！　女子メンバーの増員、新規顧客獲得で決まりっす！

地明：あたしは今回、期待される効果は明らかで設問のオウム返しになってしまうから、書かなかったわ。書いたほうがよかったかしら……。

先生：2人とも悩んだようですね。ここは受験生の判断も分かれていて、全体の6割程度が効果を記載していたものの、A以上答案での割合は少なく、必ずしも加点キーワードではなかった可能性があります。もちろん最後に効果を書くことは重要ですが、今回の設問においては、それよりも「プロモーション」・「イベント」、この両方の視点を具体的に解答するほうが、重要だったと考えられます。優先度も考え、時には解答の取捨選択をすることも、合格には必要ということかもしれませんね。

Column

耳から学習のススメ

　中小企業診断士試験の平均的な勉強時間は1,000時間といわれており、モチベーションの維持はもちろん、肉体的なコンディションとの戦いでもあります。私の場合、50歳代という年齢もあり腰と目にかなり負担がかかりました。特に目は少し老眼気味になっていたこともあり、与件文を読むことすら辛いことが多々。そんな時は思い切って机での勉強をやめ、ベッドに寝転び目を休めるようにしていました。ただし、そのまま寝るだけではありません。YouTubeにタキプロさんがアップされていた中小企業白書の企業紹介や、ダンシ君のサブノートの一問一答を聞くなどして少しでも脳を動かすようにしていました。効果のほどはわかりませんが、身体を休める意味でも気分転換の意味でもやってよかったと思っています。皆さんも試してみてください。

（むらまさ）

～知識以外に自分に身についたこと～

80分間持続させる集中力。

第4問（配点30点）【難易度　★★★　難しすぎる】

　B社社長は、長期的な売上げを高めるために、ホームページ、SNS、スマートフォンアプリの開発などによるオンライン・コミュニケーションを活用し、関係性の強化を図ろうと考えている。誰にどのような対応をとるべきか、150字以内で助言せよ。

●出題の趣旨

　重要な顧客との関係性を強化するためのオンライン・コミュニケーション戦略について、助言する能力を問う問題である。

●解答ランキングとふぞろい流採点基準

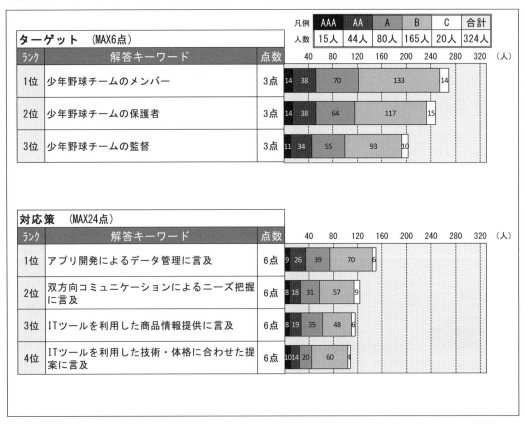

凡例	AAA	AA	A	B	C	合計
人数	15人	44人	80人	165人	20人	324人

ターゲット　（MAX6点）

ランク	解答キーワード	点数
1位	少年野球チームのメンバー	3点
2位	少年野球チームの保護者	3点
3位	少年野球チームの監督	3点

1位: 14 38 70 133 14
2位: 14 38 64 117 15
3位: 11 34 55 93 10

対応策　（MAX24点）

ランク	解答キーワード	点数
1位	アプリ開発によるデータ管理に言及	6点
2位	双方向コミュニケーションによるニーズ把握に言及	6点
3位	ITツールを利用した商品情報提供に言及	6点
4位	ITツールを利用した技術・体格に合わせた提案に言及	6点

1位: 9 26 39 70 6
2位: 8 18 31 57 9
3位: 8 19 35 48 6
4位: 10 14 20 60 4

●再現答案

区	再現答案	点	文字数
AA	B社は①ホームページで店員・新商品情報を掲載、②野球をする子供・親向けに、独自のアプリを開発し、個々の体型や技術に合う商品カスタマイズサービスやアドバイスと商品を含む定額払制度の提供、③野球チーム監督に、チームデータや掲示板で収集した保護者の要望等を共有し、双方向の情報共有を通じて関係性を強化する。	24	150
A	各少年野球チームの監督に対し、長男のICT企業勤務経験のノウハウを活用し、①データ管理、②メンバーや保護者の要望把握と情報整理、③相談を受けた際のFAQを提供する。SNSやスマホアプリを通じて、保護者、子供から双方向コミュニケーションで取集し、監督へ提供し満足度向上し関係性強化を図る。	18	143
B	少年野球チームの監督と保護者を対象にHPやSNS等で掲示板を設け、顧客要望の収集や相談に応じながらスマートフォンアプリのデータ管理を活用することで、顧客ニーズを反映した新用品の取り揃えを行う。以上で顧客との関係性強化を図り、SNS等での口コミ喚起による新規顧客獲得で長期的な売上拡大を目指す。	12	146
C	野球をやりたいという子どもを対象にホームページやSNS、スマートフォンアプリに少年野球チームの情報や野球用品の情報を掲載する。B社が野球チームと子ども達の間を取り持つことで双方向のコミュニケーションを図る。これにより、各チームの課題である子どもの確保につながり、関係性の強化を図る。	9	141

事例Ⅱ

●解答のポイント

> 関係性強化の方法をB社の強みや顧客ニーズをもとに多面的に解答することがポイントであった。

先生：さて最後の設問ですよ。気を引き締めて取り組みましょう。

地明：コミュニケーション戦略が問われているわね。令和4年度の第4問もコミュニケーション戦略が問われていました。

先生：近年はコミュニケーション戦略が毎年問われていますね。令和5年度はSNSなどのITツールを利用したコミュニケーション戦略の立案が求められています。2人はしっかり解答できましたか？

足尾：第3問に引き続き「ダナドコ」フレームワークが使えるっすね！

地明：設問文に「誰にどのような対応をとるべきか」と記載があるから、ターゲットとその対応策を解答の軸にしました。

先生：2人とも素晴らしい観点です。

~診断士の魅力~

活動領域の広さと人脈。

【ターゲット】

先生：まずはターゲットについてです。2人は誰をターゲットにしましたか？

地明：あたしは少年野球チームのメンバー・保護者・監督をターゲットにしました。

足尾：オレも同じっす！

地明：ほかにも、女子野球チームの監督やメンバーをターゲットとすべきか悩みました。先生はどう思いますか？

先生：確かに与件文には「女子の参加希望者を増やしていくことも課題」と書かれていますね。しかし、少年野球チームのメンバー・保護者・監督の3つと比較すると、女子野球チームに言及した答案は4分の1以下と圧倒的に少なく、得点につながっていないと予想されます。

地明：実際、女子野球チームの監督はとても悩んでいると思うんだけれどな……。

先生：この設問では「関係性強化」が問われており、一般的には「既存顧客（つまり少年野球チーム）」がその対象となるため、少年野球チーム関係をターゲットとするほうが得点しやすかったようです。

地明：設問文に忠実にしなければいけなかったんですね……。

【対応策】

先生：続いて対応策についてです。2人はどのように書きましたか？

足尾：第19段落の与件文に「チームのデータ管理、メンバーや保護者の要望の情報把握、および相談を受けた際のアドバイスへの対応、用品に関する買い替えなどの多様なニーズに応える」と書いてあります。この課題に対する対応策を記載すればいいっすね！

先生：よい着眼点です！　ほかに見逃しているポイントはありませんか？

地明：あたしは、B社の強みを生かした「子どもたち一人一人の体格や技術、特性に応じた商品カスタマイズの提案」を検討しました。

先生：そのとおりです！　よく読めていますね。顧客のニーズのみならずB社の強みを生かした対応策など多面的な視点で解答することが本設問のポイントでした。今回はオンライン・コミュニケーションツールを用いた関係性強化の手法が求められています。設問文にはどのようなオンライン・コミュニケーションツールが記載されていますか？

足尾：設問文では、ホームページ、SNS、スマートフォンアプリの活用が検討されています。この3点を活用すればいいっすね。

先生：そのとおりです。詰み筋が見えてきましたね。今までの議論をまとめると、利用するオンライン・コミュニケーションツールはホームページ、SNS、スマートフォンアプリ。これらを活用して①チームのデータ管理、②メンバーや保護者の要望の情報把握・相談を受けた際のアドバイス、③用品に関する買い替え、④子どもたち一

人一人の体格や技術、特性に応じた商品カスタマイズという顧客ニーズに対応する方法を記述すればよいでしょう。

地明：これらの要素を150字以内でまとめるのは難しいですね。

先生：与件文にヒントがあるものの、制限時間内にすべての要素を盛り込んで解答にまとめるのは難しかったと思います。多くの受験生は時間が足りなかったのではないでしょうか。

足尾：オレも時間が足りなくなって焦った記憶がよみがえってきました……。

先生：諦めたらそこで試合終了ですよ。本番で焦らないためにも過去問を制限時間内で解く練習は必須ですね。

【効果】

足尾：最後は絶対に「効果」を記載っすよね？

先生：何事も決めつけないことが重要です。設問文に効果となる関係性強化が明記されていることから、本設問では効果への加点が無かったように思われます。実際にB以下の答案で「関係性強化」に言及している記述が多く見受けられました。

地明：フレームワークが当てはまらないこともあるのね。

先生：そうはいっても、効果に加点がある年もありますので、設問文にて効果の記載を求められていなくとも記載することをおすすめします。

地明：中小企業診断士として社長に助言する立場になったら、効果を述べたほうが助言としての説得力も増すものね。

Column

２次試験でも単語帳は強い味方！

　１次試験ではいわゆる暗記科目の経営法務や経営情報システム、中小企業経営・中小企業政策で単語帳を使われた方もいらっしゃるかもしれませんね。２次試験でも、与件文に寄り添って解答すべしとはいえ、中小企業診断士としての知識力は必須です。設問文を見た瞬間に解答の大まかな方向性や観点が定まると、与件文読解も解答組み立ても比較的スムーズに進みます。その「観点」を瞬時に思い出せるようにするのが「単語帳」の力！「組織構造（表）」ときたら「機能別・事業部・マトリクス…（裏）」、「機能別組織（表）」ときたら「メリットは専門性発揮や規模の経済、デメリットは意思決定の遅れやマネジメント人材が育たない…（裏）」など、２次知識を構造的に分解すると抜け漏れなく暗記できます。過去の『ふぞろい』や２次試験対策教本からキーワードを拾ってくれば、重要なキーワードは網羅できますよ。単語帳を作りながら頭の中を整理し、さらにその単語帳をアップデートしながら使うことで知識を定着させる。数日繰り返すだけでも、設問文を見たときの視界のクリアさが変わってくるので、ぜひお試しあれ！　　　　　（おかなつ）

~診断士の魅力~
いい意味で変人が多そうなところ。

▶事例Ⅱ特別企画 ◀

マーケティング・流通におけるコミュニケーション戦略
～事例Ⅱとコミュニケーションの関係～

先生：令和に入ってから事例Ⅱで必ず出題されている重要なキーワードはわかりますか？

足尾：フレームワークっすか？

地明：ヒロヤはフレームワークしか頭にないのかしら？　フレームワークも重要だけれど、先生が質問しているキーワードの意味とは違うでしょ？

先生：ずばりコミュニケーションです。下の表のとおり、毎年何らかの形でコミュニケーション戦略やコミュニケーション施策が問われています。限られた経営資源を有効活用して売上の最大化を目指す中小企業こそ、マーケティングが大切です。特に顧客との接点を作り、関係性を構築・強化するコミュニケーション戦略は重要なテーマといえるでしょう。今回の特別企画では、今後もこのテーマが出題される可能性が高いと考え、過去の事例や再現答案をもとに、本キーワードの理解を深めていただきたいと思います。では始めましょう。

【過去の出題傾向】

出題年度	設問文	出題の趣旨
令和元年度第2問	B社社長は初回来店時に、予約受け付けや確認のために、インスタント・メッセンジャー（インターネットによるメッセージ交換サービス）のアカウント（ユーザーID）を顧客に尋ねている。（中略）アカウントを用いて、デザインを重視する既存顧客の客単価を高めるためには、個別にどのような情報発信を行うべきか。100字以内で助言せよ。	B社顧客個々の状況に合わせたコミュニケーション方法を提言する能力を問う問題である。
令和2年度第3問（設問2）	B社社長は自社オンラインサイトでの販売を今後も継続していくつもりであるが、顧客を製品づくりに巻き込みたいと考えている。顧客の関与を高めるため、B社は今後、自社オンラインサイト上でどのようなコミュニケーション施策を行っていくべきか。100字以内で助言せよ。	B社の新規事業について、顧客志向の価値創造を可能にする施策を助言する能力を問う問題である。
令和3年度第4問	B社ではX市周辺の主婦層の顧客獲得をめざし、豆腐やおからを材料とする菓子類の新規販売、移動販売を検討している。製品戦略とコミュニケーション戦略について、中小企業診断士の立場から100字以内で助言せよ。	新しい市場への参入に際して必要となる、製品戦略、コミュニケーション戦略を提言する能力を問う問題である。
令和4年度第4問	B社社長は、新規事業として、最終消費者へのオンライン販売チャネル開拓に乗り出すつもりである。（中略）協業が長期に成功するためにB社はどのような提案を行うべきか、150字以内で助言せよ。	新規市場への参入にあたって必要となる取引関係の構築、商品戦略、協業先がとるべきコミュニケーション戦略の提案について、助言する能力を問う問題である。
令和5年度第4問	B社社長は、長期的な売上げを高めるために、ホームページ、SNS、スマートフォンアプリの開発などによるオンライン・コミュニケーションを活用し、関係性の強化を図ろうと考えている。誰にどのような対応をとるべきか、150字以内で助言せよ。	重要な顧客との関係性を強化するためのオンライン・コミュニケーション戦略について、助言する能力を問う問題である。

出所：中小企業診断協会HP「中小企業診断士試験問題」

~診断士の魅力~

知っているようで知らない知っておくべき社会常識が身につけられること。

【設問の制約条件について】

足尾：コミュニケーションか。設問文長いっすね。読むだけで疲れる……。

先生：そうですね。コミュニケーションがキーワードになる設問文は毎年、比較的長い傾向にあります。解答の方向性に制約を設けようとする出題者の意図が窺えますね。

足尾：制約ってどういうことですか？　自由に書いちゃダメなんすか？

地明：自由に書いていいなら、あたしはとっくに受かっているわ。2次試験のセオリーは、与件文の趣旨を汲み取ったうえで設問の制約にのっとって解答することでしょ？

先生：コミュニケーションというのは広く定義できるキーワードなので、たとえば事例Ⅰだと組織文化や人的資源管理で使いますが、事例Ⅱにおいてはマーケティング・流通に沿った内容で使われることが多いですね。また、マーケティングにおけるコミュニケーションといっても、SNS や HP での情報発信や商談会、店頭での接客販売など手法が多岐にわたることから、解答にある一定の縛りを設けているものと考えられます。当然、与件文や設問文に沿った内容で解答しないといけないのが前提ですが、たとえば令和5年度の設問文では、「ホームページ、SNS、スマートフォンアプリの開発などによるオンライン・コミュニケーションを活用し」と明確に言及があります。そのため、アプリや IT ツールなどを活用した解答でないと加点されにくかったと思われます。

【各年度制約条件の例】

出題年度	誰に	なにを	どのように	効果（目的）
令和元年度 第2問	デザインを重視する 既存顧客		IM アカウントを活用する	既存顧客の客単価を高める
令和2年度 第3問（設問2）	自社顧客		自社オンラインサイト上で	顧客の関与を高める
令和5年度 第4問			ホームページ、SNS、スマートフォンアプリの開発などによるオンライン・コミュニケーションを活用	長期的な売上を高めるために関係性の強化を図る

足尾：でも、ここまで制約条件があると解答に差がつかないんじゃないですか？　令和元年度や令和2年度だと「なにを」だけ考えればいいんですよね？　あとは「誰に」「どのように」「効果（目的）」はそのまま書けばいいんだから簡単ですよ！

地明：そうかしら？　「なにを」以外の内容もとても重要だと思うわ。設問や出題の趣旨にもコミュニケーション方法・施策・戦略って書いてあるから、顧客との具体的なコミュニケーション内容を書かないと加点されない気がするわ。

先生：そうですね。ニーズを収集するうえで、顧客とどのようにコミュニケーションをとるのか、またその顧客ニーズをどのようにプロモーションや販促戦略に生かすのか、ということはとても重要な論点だと考えられますね。たとえば、令和元年度の解答例には以下のようなものがありました。

〜診断士の魅力〜

経営に関する幅広い知識が身につけられること。

評価	令和元年度　第2問　解答例
A	<u>交換が必要となってきた時期</u>[4]を狙い、<u>初回来店時に注文</u>[4]した<u>デザイン</u>[3]や、聞き取った<u>要望を踏まえ</u>[6]た、<u>季節の行事に合わせ</u>[4]た<u>凝ったデザイン</u>[3]を<u>写真</u>[3]付きで提案し、<u>高額なアート</u>[1]・<u>オプション</u>[1]の<u>追加</u>[4]を促し、客単価を高める。（30点）
C	B社の強みを活かし、ネイルの<u>季節限定デザイン</u>[3]情報やそれに合うファッションコーディネート情報を発信しデザインを重視する既存顧客の客単価向上を図る。事前にニーズ把握できるメニューを発信し回答してもらう。（7点）

先生：A答案とC答案の違いはわかりますか？

足尾：A答案は「なにを」以外もいっぱい書いているんすね……。

地明：A答案には、「初回来店時に注文」とか「写真付きで提案」など、「どのように」に関して具体的に提案があるわね。それに比べてC答案は一方的な情報発信になっている気がするわ。

先生：そのとおりです。どちらも「IMアカウントを活用する」という制約条件どおりに解答していますが、具体的な提案内容の記載や、顧客のニーズを踏まえた解答になっているかどうかで、得点に大きな差が生まれています。A答案はコミュニケーション戦略といえますが、C答案は一方的な情報発信になっているので、プロモーション戦略に近いと考えられます。2つの戦略の違いは後ほどご説明いたします。

足尾：やっぱ、顧客ニーズは大事なんですね。

先生：では、顧客ニーズを理解するためのコミュニケーションといえば何でしょうか？

地明：顧客ニーズの把握といえば、「双方向コミュニケーション」だわ。

先生：そうですね。顧客のニーズや要望を入手して、商品開発やサービスの提供に生かすことは、中小企業が差別化を図るために大変重要な戦略と考えられます。その意味で双方向コミュニケーションは、とても重要なキーワードです。ところで、双方向コミュニケーションというキーワードを使用しているのに、加点を得られていない例があるのですが、わかりますか？

地明：何かしら？　双方向コミュニケーションの使い方が間違っているとかですか？

先生：では、実際に令和2年度の解答例を見て説明しましょう。

評価	令和2年度　第3問（設問2）　解答例
A	B社は、①HPやメルマガにて<u>新製品情報やお買得情報を発信</u>[3]し、②<u>掲示板</u>[3]や<u>SNS</u>[2]にて<u>顧客からの要望</u>[4]や苦情を受信し、<u>双方向のコミュニケーション</u>[4]により<u>絆を深め</u>[4]、顧客志向の<u>新商品開発を行い</u>[3]、<u>売上の拡大</u>[2]を図る。（20点）
C	施策は、①ハーブの栽培やハーブ畑の風景、ハーブの効能の説明を動画でサイトに掲載し、関心を高める、②<u>顧客の希望を収集</u>[3]し、ニーズに基づく試作品を作ることで、<u>双方向コミュニケーション</u>[4]を図る。（9点）

幅広さ、思考能力、個性が出せるところ。

先生：A評価とC評価、どちらの解答も双方向コミュニケーションというキーワードは記載できています。ただA答案には、「掲示板やSNS」で「顧客からの要望」を受信し「双方向コミュニケーションを図る」、と具体的に書いてある一方で、C答案には具体的なコミュニケーションの手段についてほとんど触れられていません。

地明：ほんと。これじゃ、どうやって「顧客の希望を収集」するのかよくわからないわね。

足尾：単に双方向コミュニケーションっていうキーワードを使うだけじゃダメなんすね。

【コミュニケーション戦略とプロモーション戦略の違い】

足尾：双方向コミュニケーションは覚えたんすけど、試験時間の80分間だと考える時間が少なくて、何を書いていいのかいつも混乱するんすよね……。

先生：そうですね。実際の試験では時間が限られているため、試験中に一から考えたのでは、間に合わないかもしれません。そのため、自分の中でコミュニケーション戦略が出題された場合の解答の型を準備しておくのも、有効な手段でしょう。

最後に、コミュニケーション戦略が出題された場合によく使われる「施策例」、「効果」、「手法（例）」について、よく混同される「プロモーション戦略」と対比しながら整理しましたので、参考にしてください。

戦略の種類	施策例	期待される効果	情報発信／受信の手法（例）
コミュニケーション戦略（情報の発信と受信）	・要望や改善点を収集し製品開発や改良に活かす（R3） ・消費者ニーズを聴取し商品開発に反映（R2）（R4） ・聞き取った要望を踏まえたデザインの提案（R1）	・顧客との関係性強化 ・顧客ロイヤリティ向上 ・愛顧向上	・オンライン・コミュニケーション、SNS ・試着会、コンテスト開催（レシピなど）、サンプル提供、モニター募集 ・掲示板、BBS、アンケートフォーム、オンライン問合せ窓口
プロモーション戦略（一方的な情報発信）	・ECサイトでの販売（R3） ・HPへ自社の強みを掲載（H30）	・ブランド価値の向上 ・客数アップ ・商品（サービス）の認知度向上	・HP上で商品の紹介（写真、動画） ・イベント情報発信 ・社長・社員・店主によるブログ、メールマガジン（新商品情報など）、ECサイト

足尾：コミュニケーション戦略の施策例を見ると、顧客の要望や改善点を商品開発やデザイン提案に反映させているのがわかりますね。いくつか解答の型を作って一発合格っす！

ふぞろい流ベスト答案 ━━━━━━━━━━━━ 事例Ⅱ

第1問（配点30点）　146字　　　　　　　　　　　　　　　　　　　【得点】30点

顧	客	は	①	近	隣	の	公	立	小	中	学	校³	②	少	年	野	球	チ	ー
ム⁴	と	そ	の	保	護	者²	③	女	子	軟	式	野	球	チ	ー	ム¹	。	競	合
は	①	品	揃	え	が	良	い²	サ	ッ	カ	ー	・	バ	ス	ケ	用	品	専	門
店³	②	低	価	格²	な	大	型	ス	ポ	ー	ツ	用	品	量	販	店³	。	自	社
の	強	み	は	①	ユ	ニ	フ	ォ	ー	ム	の	加	工	技	術²	②	野	球	用
品	の	品	揃	え²	③	体	格	や	技	術	に	応	じ	た	提	案	力¹	。	弱
み	は	①	価	格	競	争	力	が	弱	い³	②	イ	ン	タ	ー	ネ	ッ	ト	活
用	が	不	十	分²	。														

第2問（配点20点）　100字　　　　　　　　　　　　　　　　　　　【得点】20点

買	い	替	え³	に	よ	る	金	銭	的	負	担	を	軽	減³	し	た	い	保	護
者	に	対	し	、	子	ど	も	の	技	術	や	体	格	に	応	じ	た	提	案
力²	を	活	用	し	た	①	サ	ブ	ス	ク	リ	プ	シ	ョ	ン⁶	方	式	の	用
具	交	換	②	不	要	な	野	球	用	品	の	買	取	り	と	中	古	販	売⁵
で	対	応	し	、	愛	顧	向	上²	に	よ	る	固	定	客	化³	を	図	る	。

第3問（配点20点）　100字　　　　　　　　　　　　　　　　　　　【得点】20点

イ	ベ	ン	ト	は	社	会	人	野	球	チ	ー	ム	と	連	携²	し	女	子	向
け²	野	球	教	室³	企	画	、	野	球	用	品	貸	与²	と	加	工	技	術	を
生	か	し	た²	B	社	ユ	ニ	フ	ォ	ー	ム	試	着	会²	開	催	。	プ	ロ
モ	ー	シ	ョ	ン	は	SN	S³	活	用	し	女	子	野	球	用	品²	や	野	球
教	室	イ	ベ	ン	ト	情	報²	、	女	子	チ	ー	ム	紹	介¹	を	発	信	。

第4問（配点30点）　149字　　　　　　　　　　　　　　　　　　　【得点】30点

①	少	年	野	球	チ	ー	ム	の	監	督³	む	け	に	チ	ー	ム	の	デ	ー
タ	管	理	を	す	る	ア	プ	リ	を	開	発⁶	し	て	提	供	す	る	。	②
SN	S	を	利	用	し	て	保	護	者³	と	の	双	方	向	コ	ミ	ュ	ニ	ケ
ー	シ	ョ	ン	を	図	り	、	ニ	ー	ズ	を	収	集⁶	す	る	と	と	も	に
野	球	用	品	を	メ	ン	バ	ー	の	技	術	・	体	格	に	合	わ	せ	て
提	案⁶	す	る	。	③	自	社	ホ	ー	ム	ペ	ー	ジ	に	野	球	用	品	の
情	報	を	掲	載⁶	し	情	報	発	信	す	る	こ	と	で	、	顧	客	と	の
関	係	性	強	化	を	図	る	。											

ふぞろい流採点基準による採点

100点

第1問：文字数が限られているため、要素が多い顧客や自社（強み）については以降の設問につながるものの優先度を高くし、多面的に解答を記載しました。また、解答率が低かった自社（弱み）についても漏れなく記載しました。

第2問：顧客ニーズを明記し、「サブスクリプション方式」だけではなく、「中古販売」などほかの販売方法にも言及しました。また、B社の強みである提案力や効果まで記述することでキーワードを多面的に盛り込みました。

第3問：プロモーション戦略とイベントの内容について、B社の強みを交えながら、具体的にかつ幅広くキーワードを盛り込みました。

第4問：オンライン・コミュニケーション戦略について、B社の強みや顧客ニーズをもとに多面的に解答を記載しました。

Column

すべてのことに意味がある

皆さんは、座右の銘をお持ちでしょうか。私は「人間万事塞翁が馬」という故事成語が好きです。これは「ある日、老人の飼い馬が逃げ出したが、後にたくさんの足の速い馬を連れて戻ってきた。その後、その馬に乗っていた老人の息子が落馬し怪我をしてしまったが、そのおかげで兵役を免れた」という故事からきています。人生の幸・不幸は予測しがたく、幸が不幸になり、不幸が幸にいつ変わるかわからないため、安易に一喜一憂すべきではないという教訓です。私はこの言葉を胸に、すべての出来事を目標への道標と捉えるようにしています。

皆さんと同じ受験生である私は、合格発表で自分の番号がないとわかった瞬間、頭が真っ白になり、椅子から立ち上がることができませんでした。しかし、その経験があったからこそ、挫折を味わった人にしかわからない想いを知り、どん底から立ち上がる強さを得ることができました。

答えのない2次筆記試験という道なき道を進むことには、困難がつきものです。見過ごしてしまいがちですが、診断士試験との出会いは小さな出来事の積み重ねによるものであり、そのすべてが欠かせない出来事であると思っています。たとえ辛いことがあっても、いつかきっとその経験がプラスになると信じています。今この瞬間、それぞれが必死に頑張ることのできる環境に感謝して、高い壁も一緒に乗り越えていきましょう！

（けんけん）

〜診断士の魅力〜

自身の専門性を活かして誰かの役に立てるきっかけ作りにできること。

▶**事例Ⅲ（生産・技術）**◀

令和５年度　中小企業の診断及び助言に関する実務の事例Ⅲ
（生産・技術）

【企業概要】

　Ｃ社は資本金3,000万円、従業員60名（うちパート従業員40名）の業務用食品製造業である。現在の組織は、総務部４名、配送業務を兼務する営業部６名、最近新設した製品開発部２名、製造部48名で構成されている。パート従業員は全て製造部に配置されている。

　Ｃ社は地方都市に立地し、温泉リゾート地にある高級ホテルと高級旅館５軒を主な販売先として、販売先の厨房の管理を担う料理長（以下、販売先料理長という）を通じて依頼がある和食や洋食の総菜、菓子、パン類などの多品種で少量の食品を受託製造している。

　高級ホテルの料理人を経験し、ホテル調理場の作業内容などのマネジメントに熟知した現経営者が、ホテル内レストランメニューの品揃えの支援を行う調理工場を標ぼうして1990年にＣ社を創業した。近年、販売先のホテルや旅館では、増加する訪日外国人観光客の集客を狙って、地元食材を使った特色のあるメニューを提供する傾向が強まっているが、その一方で材料調達や在庫管理の簡素化などによるコスト低減も目指している。そのためもあり、Ｃ社の受注量は年々増加してきた。

　2020年からの新型コロナウイルスのパンデミックの影響を受け、Ｃ社の受注量は激減していたが、最近では新型コロナウイルス感染も落ち着き、観光客の増加によって販売先のホテルや旅館の稼働率が高くなり、受注量も回復してきている。

【生産の現状】

　Ｃ社の製造部は、生産管理課、総菜製造課、菓子製造課、資材管理課で構成されている。総菜製造課には５つの総菜製造班、菓子製造課には菓子製造とパン製造の２つの班があり、総菜製造班は販売先ごとに製造を行っている。各製造班にはベテランのパートリーダーが各１名、その下にはパート従業員が配置されている。製造部長、総菜製造課長、菓子製造課長（以下、工場管理者という）は、ホテルや旅館での料理人の経験がある。

　Ｃ社の工場は、製造班ごとの加工室に分離され、食品衛生管理上交差汚染を防ぐようゾーニングされているが、各加工室の設備機器のレイアウトはホテルや旅館の厨房と同様なつくりとなっている。

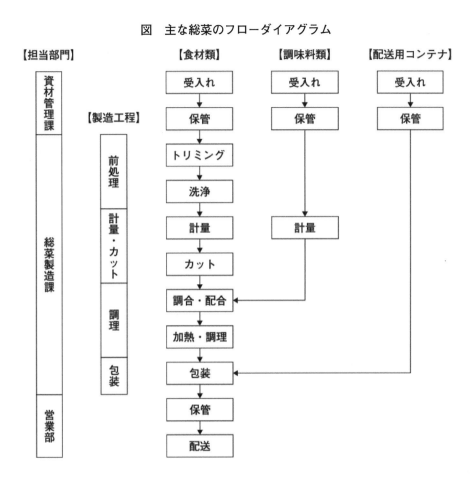

図　主な総菜のフローダイアグラム

　受注量が最も多い総菜の製造工程は、食材の不用部トリミングや洗浄を行う前処理、食材の計量とカットや調味料の計量を行う計量・カット、調味料を入れ加熱処理する調理があり、鍋やボウル、包丁など汎用調理器具を使って手作業で進められている。

　C社の製造は、販売先から指示がある製品仕様に沿って、工場管理者3名と各製造班のパートリーダーがパート従業員に直接作業方法を指導、監督して行われている。

　C社が受託する製品は、販売先のホテルや旅館が季節ごとに計画する料理メニューの中から、その販売先料理長が選定する食品で、その食材、使用量、作業手順などの製品仕様は販売先料理長がC社に来社し、口頭で直接指示を受けて試作し決定する。また納入期間中も販売先料理長が来社し、製品の出来栄えのチェックをし、必要があれば食材、製造方法などの変更指示がある。その際には工場管理者が立ち会い、受託製品の製品仕様や変更の確認を行っている。毎日の生産指示や加工方法の指導などは両課長が加工室で直接行う。

　販売先料理長から口頭で指示される各製品の食材、使用量、作業手順などの製品仕様は、工場管理者が必要によってメモ程度のレシピ（レシピとは必要な食材、その使用量、料理方法を記述した文書）を作成し活用していたが、整理されずにいる。

~診断士の魅力~
　独占業務がないからこそ、診断士同士のネットワークが強固で多様性があること。

　受託する製品の仕様が決定した後は、C社の営業部員が担当する販売先料理長から翌月の月度納品予定を受け、製造部生産管理課に情報を伝達、生産管理課で月度生産計画を作成し、総菜製造課長、菓子製造課長に生産指示する。両製造課長は月度生産計画に基づき製造日ごとの作業計画を作成しパートリーダーに指示する。パートリーダーは、月度生産計画に必要な食材や調味料の必要量を経験値で見積り、長年取引がある食品商社に月末に定期発注する。食品商社は、C社の月度生産計画と食材や調味料の消費期限を考慮して納品する。食材や調味料の受入れと、常温、冷蔵、冷凍による在庫の保管管理は資材管理課が行っているが、入出庫記録がなく、食材や調味料の在庫量は増える傾向にあり、廃棄も生じる。また製造日に必要な食材や調味料は前日準備するが、その時点で納品遅れが判明し、販売先に迷惑をかけたこともある。

　販売先への日ごとの納品は、宿泊予約数の変動によって週初めに修正し確定する。朝食用製品については販売先消費日の前日午後に製造し当日早朝に納品する。夕食用製品については販売先消費日の当日14：00までに製造し納品する。

【新規事業】

　現在、C社所在地周辺で多店舗展開する中堅食品スーパーX社と総菜商品の企画開発を共同で行っている。X社では、各店舗の売上金額は増加しているが、総菜コーナーの売上伸び率が低く、X社店舗のバックヤードでの調理品の他に、中食需要に対応する総菜の商品企画を求めている。C社では、季節性があり高級感のある和食や洋食の総菜などで、X社の既存の総菜商品との差別化が可能な商品企画を提案している。C社の製品開発部は、このために外部人材を採用し最近新設された。この採用された外部人材は、中堅食品製造業で製品開発の実務や管理の経験がある。

　この新規事業では、季節ごとにX社の商品企画担当者とC社で商品を企画し、X社が各月販売計画を作成する。納品数量は納品日の2日前に確定する。納品は商品の鮮度を保つため最低午前と午後の配送となる。X社としては、当初は客単価の高い数店舗から始め、10数店舗まで徐々に拡大したい考えである。

　C社社長は、この新規事業に積極的に取り組む方針であるが、現在の生産能力では対応が難しく、工場増築などによって生産能力を確保する必要があると考えている。

第1問 （配点10点）

　C社の生産面の強みを2つ40字以内で述べよ。

第2問 （配点20点）

　C社の製造部では、コロナ禍で受注量が減少した2020年以降の工場稼働の低下による出勤日数調整の影響で、高齢のパート従業員も退職し、最近の増加する受注量の対応に苦慮している。生産面でどのような対応策が必要なのか、100字以内で述べよ。

第3問 （配点20点）

　C社では、最近の材料価格高騰の影響が大きく、付加価値が高い製品を販売しているものの、収益性の低下が生じている。どのような対応策が必要なのか、120字以内で述べよ。

第4問 （配点20点）

　C社社長は受注量が低迷した数年前から、既存の販売先との関係を一層密接にするとともに、他のホテルや旅館への販路拡大を図るため、自社企画製品の製造販売を実現したいと思っていた。また、食品スーパーX社との新規事業でも総菜の商品企画が必要となっている。創業から受託品の製造に特化してきたC社は、どのように製品の企画開発を進めるべきなのか、120字以内で述べよ。

第5問 （配点30点）

　食品スーパーX社と共同で行っている総菜製品の新規事業について、C社社長は現在の生産能力では対応が難しいと考えており、工場敷地内に工場を増築し、専用生産設備を導入し、新規採用者を中心とした生産体制の構築を目指そうとしている。このC社社長の構想について、その妥当性とその理由、またその際の留意点をどのように助言するか、140字以内で述べよ。

第1問（配点10点）【難易度　★☆☆　みんなができた】

C社の生産面の強みを2つ40字以内で述べよ。

●出題の趣旨

C社の生産面の強みについて、分析する能力を問う問題である。

●解答ランキングとふぞろい流採点基準

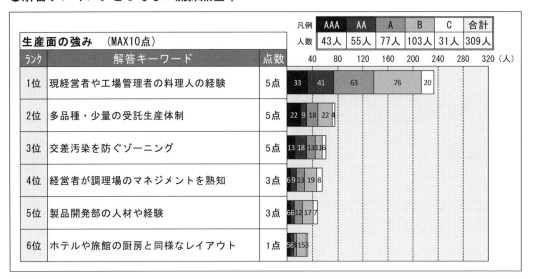

凡例	AAA	AA	A	B	C	合計
人数	43人	55人	77人	103人	31人	309人

ランク	解答キーワード	点数
1位	現経営者や工場管理者の料理人の経験	5点
2位	多品種・少量の受託生産体制	5点
3位	交差汚染を防ぐゾーニング	5点
4位	経営者が調理場のマネジメントを熟知	3点
5位	製品開発部の人材や経験	3点
6位	ホテルや旅館の厨房と同様なレイアウト	1点

Column

勉強と同じくらい必要なもの。それが情報収集！

　私、1次・2次通じて夜間はほとんど勉強してないんです。勉強する時間帯は、平日は早朝のみ、休日は早朝から日中にやるタイプ。夜は晩酌の誘惑と戦うことも早々に諦め毎日飲んでいました。でも、晩酌中の夜でも診断士に関する情報収集にはかなりの時間をかけました。2次試験の攻略方法や解き方、勉強方法に関する情報収集をして自分流にアレンジして確立することによって、ただガムシャラに勉強するのではなく要領を押さえた学習を行えるようになりました。私の場合、これがストレート合格できた一番の理由です。また、中小企業診断士の方が実際に活動されている副業や仕事を紹介されている動画などを見て、合格後の自分のイメージをふくらませていました。そうすることで、合格への強いモチベーションがまったく揺らぐことなく試験まで駆け抜けることができました。勉強も大切ですが、情報収集もとても大切です。勉強の合間のリフレッシュに、こういった情報収集を採り入れてみてください。ちなみに私の情報収集方法はYouTubeとブログなので完全無料です！

(かーず)

~診断士の勉強が仕事に活かせた瞬間~

事例Iで学習した組織人事についての知識はコンサルですぐに役に立った。

●再現答案

区	再現答案	点	文字数
AAA	①現経営者の高級ホテル<u>料理人経験</u>[5]と<u>マネジメント力</u>[3]②<u>多品種少量</u>[5]食品受託製造可能	10	38
AA	①経営者と工場管理者の<u>料理人経験</u>[5]と<u>マネジメント力</u>[3]、②外部人材の<u>製品開発経験</u>[3]。	10	38
A	①ホテルや旅館で<u>料理人の経験</u>[5]がある管理者②<u>交差汚染を防ぐようゾーニング</u>[5]された工場	10	40
B	<u>料理人経験者</u>[5]による生産統制の<u>マネジメント</u>[3]。パート社員による低コスト生産。	8	36
C	地元産材料を使いつつコスト削減も実現した点。<u>料理人経験者</u>[5]による衛生的な生産体制。	5	40

●解答のポイント

　「生産面の強み」という設問要求に従い、4M（Man（人）、Machine（機械）、Material（材料）、Method（方法））の視点で強みを抽出し、端的にまとめることがポイントだった。

【与件文や設問文をしっかりと理解できているか】

先生：さぁ後半戦、事例Ⅲの始まりですね。2人は第1問をどう答えましたか？

足尾：【企業概要】に「地元食材を使った特色あるメニュー」、「材料調達や在庫管理の簡素化などによるコスト低減」って書いてあったから、これで決まりっすね！

地明：何言っているのヒロヤ、「地元食材を使った特色あるメニュー」は販売先のホテルや旅館が宿泊者に提供していて、「材料調達や在庫管理の簡素化などによるコスト低減」もC社ではなく、販売先が目指していることよ。

先生：そのとおりです、地明さん。よく読めていますね。何事も決めつけないのが重要です。2人は設問文もちゃんと読みましたか？

地明：もちろん読みました。でも、「生産面の」という制約条件にどう答えたらいいか悩みました。「生産面」をどう捉えたらよかったのでしょうか？

先生：よい質問ですね。足尾さんは、どう思いますか？

足尾：生産といえば、フレームワーク的には4Mを活用して、QCD（品質、コスト、納期）を高めることっすね！

先生：よく理解していますね。生産面の強みを2つ答えるという、とてもシンプルな問題ですが、受験生の中には強みを3つ記入する人や弱みを記入する人など、制約条件

に沿っていない人もいました。しっかりと制約条件に沿って解答することが大切ですね。

【生産面の強みとは】

先生：では4Mの観点で、強みはどう整理できるでしょうか？

足尾：人（Man）の観点だと、ホテルや旅館で料理人の経験がある現経営者や工場管理者、ベテランのパートリーダーですね。

地明：中堅食品製造業で製品開発の実務や管理の経験がある外部人材もいるわね。

先生：料理人経験がある現経営者や工場管理者については多くの受験生が言及できていました。管理者に料理人の経験があれば現場のこともよくわかり、QCDを全体的に管理できそうですね。ほかの観点はどうでしょうか？

地明：機械や設備（Machine）の観点だと、ホテルや旅館の厨房と同様のつくりのレイアウトでしょうか？　販売先と同じレイアウトだと作業しやすそうね。

足尾：でも与件文には、「新規事業に積極的に取り組むには、現在の生産能力では対応が難しい」って書いてあるっすよ？　それよりも、食品衛生管理上、交差汚染を防ぐゾーニングのほうが高品質な製品の生産ができるため、強みになりますよね。

先生：よい指摘ですね。ホテルなどの厨房と同様のレイアウトも加点された可能性はありますが、QCDにつながる視点で考えられるとよいでしょう。また、強みに見えるフレーズでも、与件文全体を見たときに問題となっていることもあるので注意が必要ですね。材料（Material）の観点では特に強みと呼べるものはなさそうです。方法（Method）の観点ではどうですか？

足尾：C社の従業員は、販売先の料理長から食材、使用量、作業手順など口頭で直接指示を受けているだけなのに、よく指示どおりに作業できていますよね。

地明：C社は技術力や柔軟性が高い企業なのね。

先生：そうかもしれませんね。しかし、ここでも与件文全体を見たときに問題がないか確認することが大切ですね。ほかにも強みはありませんか？

地明：多品種で少量の食品を受託製造していることですか！？

先生：そのとおりです！　多品種・少量の受託製造体制を構築していることで、顧客であるホテルや旅館からの要望にも応えることができていますね。

地明：自分の経験で考えるのではなく、与件文と設問文の制約条件にしっかりと対応することが重要なのね。

管理系の仕事に携わっていると、実際の仕事でも多くのシーンで診断士試験の知識が大活躍です！

第2問（配点20点）【難易度 ★★☆ 勝負の分かれ目】

　C社の製造部では、コロナ禍で受注量が減少した2020年以降の工場稼働の低下による出勤日数調整の影響で、高齢のパート従業員も退職し、最近の増加する受注量の対応に苦慮している。生産面でどのような対応策が必要なのか、100字以内で述べよ。

●出題の趣旨

　コロナ禍後の増加する受注量に対応するためのC社の生産面の課題を整理し、その対応策について、助言する能力を問う問題である。

●解答ランキングとふぞろい流採点基準

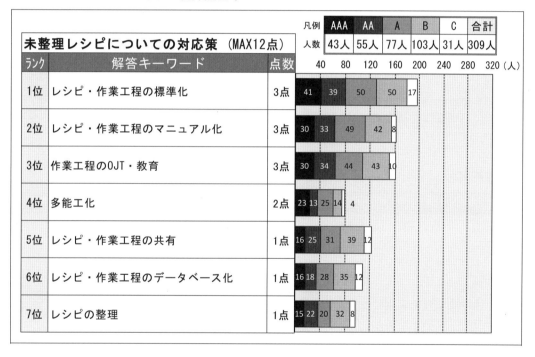

凡例	AAA	AA	A	B	C	合計
人数	43人	55人	77人	103人	31人	309人

未整理レシピについての対応策 （MAX12点）

ランク	解答キーワード	点数	AAA	AA	A	B	C
1位	レシピ・作業工程の標準化	3点	41	39	50	50	17
2位	レシピ・作業工程のマニュアル化	3点	30	33	49	42	8
3位	作業工程のOJT・教育	3点	30	34	44	43	10
4位	多能工化	2点	23	13	25	14	4
5位	レシピ・作業工程の共有	1点	16	25	31	39	12
6位	レシピ・作業工程のデータベース化	1点	16	18	28	35	12
7位	レシピの整理	1点	15	22	20	32	8

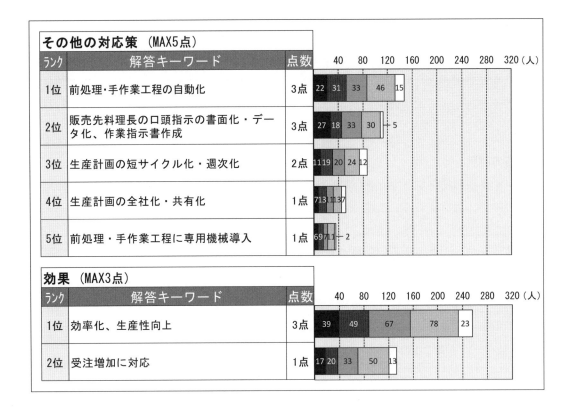

その他の対応策 （MAX5点）			
ランク	解答キーワード	点数	グラフ（40 80 120 160 200 240 280 320（人））
1位	前処理・手作業工程の自動化	3点	22 31 33 46 15
2位	販売先料理長の口頭指示の書面化・データ化、作業指示書作成	3点	27 18 33 30 5
3位	生産計画の短サイクル化・週次化	2点	11 19 20 24 12
4位	生産計画の全社化・共有化	1点	7 13 11 37
5位	前処理・手作業工程に専用機械導入	1点	6 9 11 2

効果 （MAX3点）			
ランク	解答キーワード	点数	グラフ（40 80 120 160 200 240 280 320（人））
1位	効率化、生産性向上	3点	39 49 67 78 23
2位	受注増加に対応	1点	17 20 33 50 13

●再現答案

区	再現答案	点	文字数
AAA	対応策は①作業方法の機械化[3]による手作業の削減②作業方法をマニュアル化[3]しOJT[2]により多能工化[3]③販売先料理長の指示内容を標準化[3]しデータ化[3]④生産指示は加工室外で全員に共有化[1]、以上により生産性を向上[3]する。	18	97
AA	若手従業員を育成し生産能力を向上[3]させる。具体的には①作業の標準化[3]・文書化[3]を図りOJT[3]で技能を平準化する②汎用調理設備を導入[1]し総菜工程の自動化[3]を図る③レシピを製造指図書で指示する[3]等で若手従業員を育成する。	17	100
A	対応策は①作業のマニュアル化[3]・レシピを作成し標準化[3]を進める②OJT教育・研修を強化[3]し技術力向上・多能工化[3]を進め製造部間の応援体制を確立。以上により、生産性向上[3]を図り受注増に対応[1]する。	14	91
B	対応策は①レシピのDB化[1]・作業の標準化[3]とOJT等による教育[3]②総菜製造班を前処理〜包装の機能別に分け、専門化し、専門性・生産性を向上[3]③全体の生産計画立案[1]、進捗等の生産統制を行い、供給力を高める。	11	96

C	対応策は①総菜の製造工程の一部に**機械を導入し手作業を削減**[3]し人手不足を軽減②<u>社内で統一した**生産計画**[1]を**週次**[2]で立案</u>し、製造日毎の作業負荷を平準化する。これより、**稼働率向上を図り**[3]、**受注増加に対応する**[1]。	8	96

事例Ⅲ

●解答のポイント

①販売先料理長の指示が口頭であるため変更指示や仕様変更確認の発生、②レシピがメモ程度で整理されていないこと、③従業員への加工方法の指示が直接行われていること、④工程図から手作業が多いことなどの非効率な点に着目し、人手不足という制約および第3問との切り分けを意識しつつ、課題に対する対応策を挙げられたかがポイントだった。

【生産面で非効率な点】

先生：さて第2問です。生産の効率化をどのように図りますか？

足尾：従業員が退職しているから人材育成が必要で、となると解答キーワードは標準化・マニュアル化・OJTによる教育でしょ！　あとは生産計画短サイクル化と生産統制！　これで決まりっすね！

地明：ヒロヤ、あなたの解答は与件文に関係ないじゃないの。もっと与件文や社長の思いに寄り添うべきだわ。

先生：地明さんのおっしゃるとおりです。まずは与件文に沿って考えていきましょう。受注増に対応するための生産面の対応策を問われていますので、まずは与件文からC社の生産面で非効率な点を探すとよさそうですね。

足尾：勇み足しちゃいました。そうですね、レシピがメモ程度で整理されていないこと、課長から従業員への加工方法指示が直接行われていること、このあたりは非効率です。動画で共有して指示すればいちいち口頭で指示する必要ないし効率的じゃないっすか？　あとは、販売先料理長の仕様についての指示が口頭ベースであり、変更が発生していること、変更指示のたび製品仕様や変更内容の確認を行っていることも非効率じゃないですか？

地明：工程図がわざわざ掲載されていて、しかも手作業がメインのように見受けられました。現実的に考えて手作業は非効率です！

先生：2人ともよい着眼点です。ほかに見逃している要素はないでしょうか。

足尾：事例Ⅲの効率化の観点といえば、SLPによるレイアウト変更やECRS（排除・結合・代替・簡素化）っしょ！　与件文には製品ごとに複数の厨房があるレイアウトと書いてあるけど、各厨房で同じ工程を別々にやっているって非効率じゃないっすか？！

~診断士の勉強が仕事に活かせた瞬間~

経営陣向けの発表で、彼らに刺さるような内容でまとめられた。

地明：C社の強みが、社長や工程管理者の現場でのマネジメント経験だったから、レイアウトを変更しちゃうと強みが弱まるわ。それに交差汚染を防ぐゾーニングも強みだったはずだから、社長の思い的にレイアウト変更はあり得ないわ。

先生：地明さん、さすがです。足尾さんの考えは一般論としては間違っていないのですが、実際にレイアウト変更を指摘した答案は少なく、点数となった可能性は低いです。

足尾：強みが弱まる対応策は避けるのがベターってことっすね！

地明：何いい感じにまとめてカッコつけているのよ……。

【具体的な対応策】

先生：それでは、具体的な対応策はどうでしょうか。

足尾：まずはメモを整理して、そのうえで標準化、そしてマニュアル化。レシピをDBで共有し、OJTによる教育。工程も多数あるから多能工化！　決まったっすね！

地明：あたしはメモの整理、標準化・マニュアル化、教育のほかに手作業については専用器具による機械化と販売先料理長の指示が口頭なので製造指示書などのフォーマット化を書きました。機械化で作業時間は確実に短縮できます。フォーマット化で口頭指示そのものが減りますし、変更指示の回数も少なくなり、効率化になります。

先生：2人ともよいですね。まず、メモの整理、標準化・マニュアル化、OJTについては多くの合格答案が言及していました。機械化や口頭指示のフォーマット化については、メモの整理ほど言及されていませんでしたが、点数につながったものと思います。なお、足尾さんの言う多能工化はAAA答案で多く言及されていました。

足尾：先生！　あとは生産面の対応策だから、キーワードは生産計画の短サイクル化でしょ！　実際、月ごとに策定されているみたいだし。

地明：先生、あたしは生産計画の短サイクル化については書くとしても第3問の解答かなと判断して第2問では書きませんでした。実際に文字数もキツかったですし、生産計画が月次であることの具体的問題点が与件文には書いてなかったので。事例Ⅲは設問間の解答の切り分けにいつも悩んでいます。

先生：地明さんの悩み、よくわかります。生産計画については悩ましいところです。実際に、本設問で生産計画に言及した答案は一定数ありましたが、やはりメモの整理ほど言及されていませんでした。生産計画の短サイクル化については第3問で言及した答案が多かったようです。それでも、間違ってはいないので点数にはなったと思います。

足尾：オレはあんまり悩まなかったです。迷ったらとりあえず書いとく、ダブっても問題ないっしょ！

先生：足尾さんのおっしゃるとおり、リスクヘッジの観点から切り分けを気にせず書くというスタイルもあるかと思います。

地明：ヒロヤは悩みが少なそうでいいわね……。

~診断士の勉強が仕事に活かせた瞬間~

子会社の財務諸表を読んだとき。

第3問（配点20点）【難易度　★☆☆　みんなができた】

　C社では、最近の材料価格高騰の影響が大きく、付加価値が高い製品を販売しているものの、収益性の低下が生じている。どのような対応策が必要なのか、120字以内で述べよ。

●出題の趣旨

　最近の材料価格高騰に対応するため、C社の資材調達管理、在庫管理、製造工程管理の課題を整理し、その対応策について、助言する能力を問う問題である。

●解答ランキングとふぞろい流採点基準

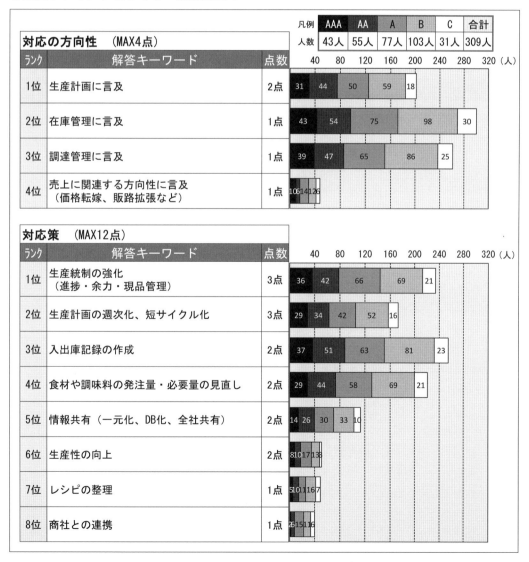

　ある社長との会話で、1次試験で勉強した知財の話が役に立った。

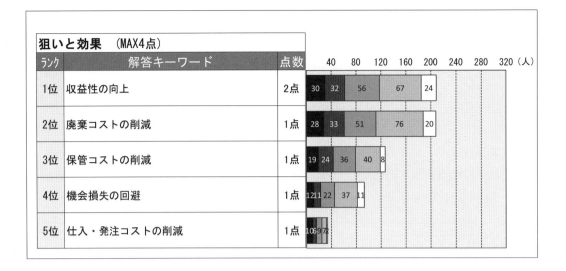

●再現答案

区	再現答案	点	文字数
AA	対応策は①生産計画を週次化し全社で共有し生産統制を徹底する②食材や調味料の入出庫管理を徹底し、パートリーダーの経験値でなく適正な発注基準に基づく発注とし、過剰在庫と廃棄ロスを抑制する。以上で納期を守り機会損失を削減し収益性を高める。	20	116
A	対応策は生産計画と生産管理の強化。具体的には①月次の生産計画を短サイクル化し適宜見直し②食材や調味料の発注を標準化・マニュアル化し適正量発注し③入出庫記録をつけて消費期限を考慮した管理で廃棄を減らし、在庫管理コストを減少し収益性改善する。	18	119
A	対応策は、生産計画の精緻化と在庫管理である。具体的には①生産計画を週次化し生産統制を実施する②パートリーダーが経験値で見積もっている食材・調味料の必要量を定量情報化する③入出庫記録もつける。以上で在庫コスト・廃棄コストを削減する。	16	115
B	対応策は、①食材や調味料の入出庫の際に入出庫記録を作成し、資材管理部で管理し在庫を適量に保ち廃棄をなくす。②パートリーダーが月末に食材や調味料の発注を行う際に経験値でなく基準値を設けて行う。以上で在庫増や廃棄ロス納期遅れを防止しコスト削減。	12	120
C	①配送を行う部署の新設もしくは外部委託で営業課の負荷を削減し、顧客との情報交換を増やし製品仕様情報を早期に入手して製造部と共有②発注量を経験値で見積もっているので発注基準を明確化③入出庫記録を作成して全社で共有する等で在庫と廃棄ロス低減。	9	119

●解答のポイント

> 　廃棄の減少のみにとらわれることなく、収益性に関わる要素を多面的に抽出し、具体的な対応策と、それらがどのように収益性に影響するかを記述することがポイントだった。

【在庫を管理すれば廃棄は減少する？】

先生：第2問に引き続き対応策が問われました。第3問は収益性に関してですが、2人はどう考えましたか？

足尾：入出庫記録がないって書いてあったから解答はこれっすね！　事例ⅢといえばDRINK（D：データベース・R：リアルタイム・I：一元管理・N：ネットワーク・K：共有化）なんで、入出庫記録をデータベース化して一元管理してリアルタイムに共有化すれば廃棄問題は解決ですね！

地明：ちょっと待って、入出庫記録を共有しただけでどうして廃棄を減らせるの。記録があっても、それが適正な量かわからなければ意味がないわ。

先生：素晴らしい観点ですね。与件文にある入出庫記録と廃棄は大半の受験生が着目していたようですが、もう一歩踏み込む必要がありそうです。どのように在庫を適正化していけばよいでしょうか？

足尾：現品管理の徹底ってことっすか？

地明：必要量の見積精度を上げないと、在庫が足りているのかがわからないわ。

足尾：パートリーダーがしっかり見積もっているじゃないですか。

地明：確かにベテランの勘はよく当たるわね……。

先生：仮に経験値による見積もりが正しいとしても、属人的であることには変わりませんよね。ほかの人が見積もっても問題がない体制のほうが効率的で持続可能なのではないでしょうか。

地明：でも先生、C社は週初めに納品数が修正されるので、その修正の程度も織り込んで発注する経験値が必要です。そんな簡単に形式知化できないのではないですか？

足尾：時代はAIっすよ？　過去のデータ揃えてAIに学習させればいいんですよ！

地明：そんな簡単にAI人材は雇用できないし、そもそもC社にはメモ程度のレシピしか残っていないじゃない。

先生：AIを使うかどうかはともかく、標準化の際には過去の実績は重要ですね。レシピの整理に言及した答案も一定数ありました。第2問との切り分けで悩んだ受験生も多いかもしれませんが、それぞれ目的が異なるので、加点された可能性はあると考えます。ところで、AIを使わずに納品数の修正に対応する方法はないでしょうか。

足尾：週次で生産計画を立案すれば、もう変わることはないので発注量も確定ですね。

地明：あたしも生産計画の週次化を書こうとしたけれど、実務的には週次の発注で納品が

間に合うとは思えないのよね。

先生：何事も決めつけないのが重要です。月次で大まかな数字は提示しておき、週次で確定発注にするなど、対応方法はありそうです。生産計画以外にも、発注頻度や食品商社との連携に言及した答案も一定数あり、加点対象であったと考えられます。

足尾：廃棄を減らすだけかと思ったのに、いろんな話がつながりましたね。

先生：詰み筋が見えてきましたね。

【設問文に書かれている問題点を取り上げるか】

先生：ほかに見逃している要素はないでしょうか？

足尾：そもそも材料価格高騰が問題なんだから安い材料に変えたらどうっすか？

地明：販売先は高級ホテルや旅館なのよ。経営者も材料の品質は妥協したくないはずよ。

先生：与件文だけでなく、設問文からも要素を見出そうとする姿勢は素晴らしいですね。品質の観点は大変重要ですが、相見積もりの取得など、品質を下げずに材料価格を低減するためのキーワードも少数ながら出ていましたので、仕入価格の見直しに関しても内容によっては、加点された可能性はあると思います。

足尾：じゃあ価格転嫁はどうっすか？　付加価値が高い製品を販売してるんだから、ちゃんと説明すれば理解してもらえますよ。

地明：それが簡単にできれば社長は悩んでないと思うのよ……。

先生：諦めたらそこで試合終了ですよ？　2022年版『中小企業白書』第3章に価格転嫁の状況が記載されており、製造業では仕入価格の変動は比較的価格転嫁できているとされています。普段からしっかり納品できているなどの信頼関係があれば交渉の余地はありそうです。

地明：納期遅延を起こさないことは、こういうところでも重要になるのね！

【効果に言及するか】

先生：この設問で直接問われていたのは「対応策」でしたが、解答要素としてほかに書くべきことはあったでしょうか？

足尾：効果への言及っすね！　「コスト削減」って書かないと収益性の低下に対応してるかわかんないっすからね！

地明：でも社長が知りたいのは、とりあえず対応策なんじゃないかしら。

先生：出題の趣旨を見てください。この問題は「助言する能力を問う問題」となっていますね。対応策の効果についても言及することで、より社長の要望に沿えるのではないでしょうか。また、そのためにどういった要素が収益性の向上に寄与しているかに言及できていると、さらにわかりやすい助言になったと思われます。

～診断士の勉強が仕事に活かせた瞬間～

顧客との雑談中にコンサルティングができ、付加価値が高まる。

第4問（配点20点）【難易度　★☆☆　みんなができた】

　C社社長は受注量が低迷した数年前から、既存の販売先との関係を一層密接にするとともに、他のホテルや旅館への販路拡大を図るため、自社企画製品の製造販売を実現したいと思っていた。また、食品スーパーX社との新規事業でも総菜の商品企画が必要となっている。創業から受託品の製造に特化してきたC社は、どのように製品の企画開発を進めるべきなのか、120字以内で述べよ。

●出題の趣旨

　自社企画製品の販売を実現するために、創業から受託品の製造に特化してきたC社の製品企画開発の課題を整理し、そのために必要となる社内対応策について、助言する能力を問う問題である。

●解答ランキングとふぞろい流採点基準

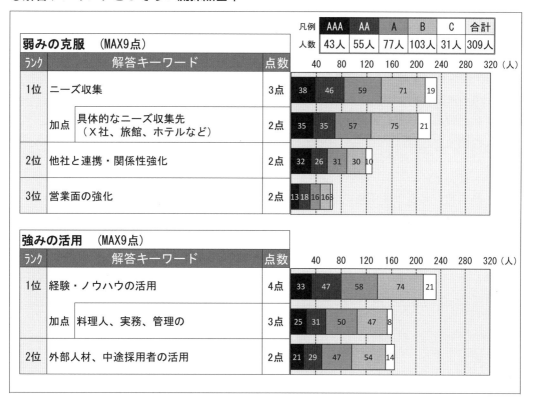

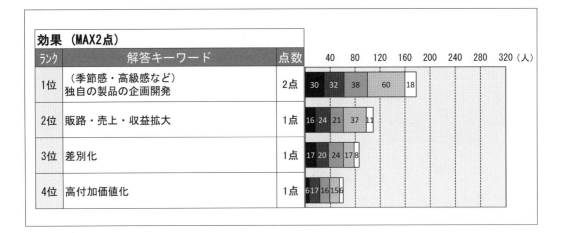

効果（MAX2点）			
ランク	解答キーワード	点数	
1位	（季節感・高級感など）独自の製品の企画開発	2点	30 32 38 60 18
2位	販路・売上・収益拡大	1点	16 24 21 37 11
3位	差別化	1点	17 20 24 17 8
4位	高付加価値化	1点	6 17 16 15 6

●再現答案

区	再現答案	点	文字数
AAA	<u>営業部を専任化</u>し、<u>X社やホテル、旅館等</u>から顧客<u>ニーズを収集</u>する。そのニーズに基づき<u>製品開発部の中堅食品製造業で開発経験等のある人材を活用</u>し、共同企画開発による<u>連携を強化</u>し、<u>季節性、高級感、地元食材等で差別化した総菜</u>商品の企画開発を進める。	18	119
AA	<u>①営業体制を強化</u>して顧客<u>ニーズを収集</u>し②製品開発部が<u>中途採用者の知識経験</u>を活かし、そのニーズに基づき新製品を企画し③<u>製造部が料理人経験を持つ工場管理者の技術力を用いて</u>自社企画製品を試作する。以上でX社との新規事業推進や<u>新規販路の拡大</u>を図る。	15	120
A	C社はホテルや旅館の料理長と<u>協業</u>し、季節ごとの総菜の商品企画を行うことでノウハウを獲得し、製品開発部の<u>外部人材</u>に伝え、<u>製品開発の実務や管理経験</u>とのシナジー効果で<u>高付加価値した季節性・高級感のある和食や洋食</u>の自社企画製品の製造販売をする。	13	118
B	①営業担当者が<u>販売先と連携</u>を密にして、顧客<u>ニーズの把握</u>に努める。②販売先ホテルの関係者等を集め、試食会を実施し、感想を製品開発に活かす。③<u>地元食材を使った特色あるメニュー</u>開発を行いオンリーワンを目指す。以上により、提案型の企画開発を行う。	7	119
C	製品企画は①これまでの受託製品のレシピをデータベース化した上で分析し売れ筋商品から製品企画する、②季節ごとの売れ筋商品も分析し季節ごとの製品企画を実施する、③<u>地元の食材を使った特色あるメニュー</u>の製品企画を進め更なる高付加価値化を図る。	2	117

●解答のポイント

> 製品企画開発におけるC社の「弱みの克服」と「強みの活用」を踏まえた対応策を、与件文や設問文から整理し、多面的に記述できたかどうかがポイントであった。

【製品企画開発における弱み】

先生：第4問では「どのように製品の企画開発を進めるべきなのか」について問われていますね。C社の製品企画開発の課題を整理し、対応策を考えていきましょう。

地明：C社の製品企画開発の弱みを整理して、それを克服するための対応策を考えていくということでしょうか？

足尾：地明さん、「弱みの克服」ときたら「強みの活用」もセットじゃないっすか？

先生：そのとおりです。2人とも、素晴らしいですね。課題を整理するときは、弱みと強みの両面で考えることが重要です。まずは弱みについて考えていきますよ。

足尾：レシピが整理されずにいる、入出庫記録がない、納期遅れが判明、って与件文に書いてあったから解答キーワードはこれっすね！

地明：ちょっと待ってヒロヤ、そのキーワードは第3問でも使っていなかった？　それと、今回の「製品企画開発」という言葉には当てはまらないと思う。

先生：地明さんのおっしゃるとおり、今回は生産面ではなく製品開発面について答えることが大切です。足尾さん、ほかにわかることはないでしょうか？

足尾：設問文に、C社が受託品の製造に特化してきた会社だって書いてあります。製品企画開発の経験が少ないこと、それが弱みっす！

先生：足尾さんも素晴らしいですね。もう少し掘り下げて考えてみましょう。製品開発の経験が少ないことで、どのようなデメリットがありそうですか？

地明：顧客ニーズを収集しそれを生かす機会が少ないこと、で合ってますか？

先生：素晴らしい観点です。実際に、合格答案の6割以上が顧客のニーズ収集について触れていました。また、中堅食品スーパーX社や高級ホテルなど、具体的なニーズ収集先について言及することが加点につながったと考えられます。

地明：先生！　C社社長は、既存販売先と関係をより密接にしたいという思いがあります！　社長の思いに寄り添うと、X社や高級ホテルとの共同開発、製品の試食会や食育イベントの共同開催……いろいろ考えられそうです。

足尾：地明さん、ちょっと待ってください。設問文には、販促方法について助言してほしいとは一言も書いてないっすよ？

地明：また思いが先行してしまったのね……。

先生：少し道を外してしまいそうですね。今回はあくまでも企画開発の方法を考える問題です。ただ、地明さんのおっしゃるとおり、既存取引先との関係性の強化は非常に大切です。関係性を強化することで、円滑なニーズ収集にもつながりますからね。

~診断士の勉強が仕事に活かせた瞬間~

中期経営計画の作成に関わり、企業経営理論や財務・会計の知識が活かせた。

実際に、既存取引先との関係性強化に言及した答案に加点があったと考えられます。

足尾：あれ？　よく見ると、与件文の1段落目に営業部6名が配送業務を兼務しているって書いてあります。これだと、営業部がニーズ収集に集中できないっす！

先生：足尾さん、与件文をよく読めていますね。営業部の兼務解消など、営業面の強化について言及するとよいでしょう。

地明：現実的に考えて、ニーズ収集のために、C社の体制を見直すことも重要なんですね。

【製品企画開発における強み】

先生：「弱みの克服」に続いて「強みの活用」について考えていきますよ。

足尾：これは簡単っすよ。第1問で答えたC社の強みをそのまま使えばいいっす！

地明：ヒロヤ、第1問は生産面の強みだったよね？　今回は当てはまらないと思うわ。

先生：何事も決めつけないのが重要です。第1問で製品企画開発における強みとしても捉えられるキーワードがありませんか？

足尾：経営者の料理人経験、で間違いないっす！

先生：素晴らしい観点です。経営者や管理者の料理人経験を生かした商品開発について言及していた合格答案は6割以上ありました。ほかに与件文からわかる強みはないでしょうか？

地明：あたしは、外部人材の活用がポイントだと考えました。与件文の13段落目に「外部人材は、中堅食品製造業で製品開発の実務や管理の経験がある」と記載があるので、活用しない手はないと思うんですよね。

先生：地明さん、そのとおりです。よく読めていますね。合格答案の半数以上が外部人材のキーワードを使用しており、加点された可能性があります。

足尾：しまった！　そのキーワードは見逃してた……。

先生：最後まで気を抜かず与件文をしっかり読んで、強みを抜き出すことが大切ですね。

【効果への言及】

足尾：弱みの克服と強みの活用、これさえ書けばばっちりっす！

地明：ヒロヤ、第3問で「効果への言及」って言っていたじゃない。効果について触れていない解答では、社長は納得しないと思う。あたしは、設問文に販路拡大を図るためにって記載があったから、それを効果として書いたわ。

先生：地明さん、素晴らしいですね。製品企画開発を行うことでどのような効果が生まれるのか、ここまで書くことで社長の思いに寄り添った解答になります。

~診断士の勉強が仕事に活かせた瞬間~

企業の成長戦略等の理論は、会社でのマネジメント研修の資料作成や発表時に活用できた。

第5問（配点30点）【難易度　★★☆　勝負の分かれ目】
　食品スーパーX社と共同で行っている総菜製品の新規事業について、C社社長は現在の生産能力では対応が難しいと考えており、工場敷地内に工場を増築し、専用生産設備を導入し、新規採用者を中心とした生産体制の構築を目指そうとしている。このC社社長の構想について、その妥当性とその理由、またその際の留意点をどのように助言するか、140字以内で述べよ。

●出題の趣旨

　工場増築などの設備投資によって生産体制を構築し、新規事業の生産に対応しようとするC社社長の構想の妥当性とその理由、またその際の留意点について、助言する能力を問う問題である。

●解答ランキングとふぞろい流採点基準

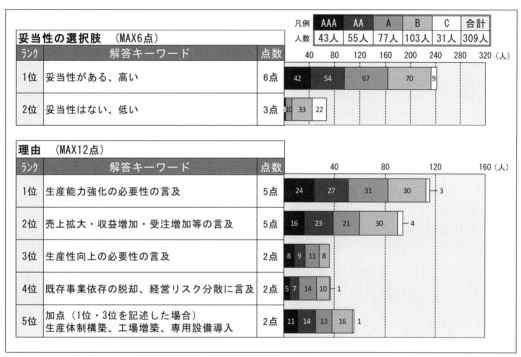

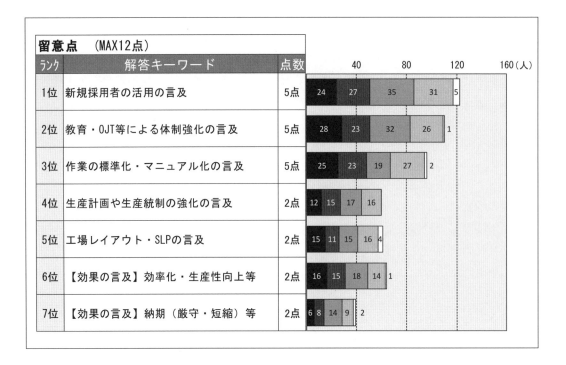

留意点　（MAX12点）			40	80	120	160（人）
ランク	解答キーワード	点数				
1位	新規採用者の活用の言及	5点	24　27　35　31　5			
2位	教育・OJT等による体制強化の言及	5点	28　23　32　26　1			
3位	作業の標準化・マニュアル化の言及	5点	25　23　19　27　2			
4位	生産計画や生産統制の強化の言及	2点	12　15　17　16			
5位	工場レイアウト・SLPの言及	2点	15　11　15　16　4			
6位	【効果の言及】効率化・生産性向上等	2点	16　15　18　14　1			
7位	【効果の言及】納期（厳守・短縮）等	2点	6　8　14　9　2			

●再現答案

区	再現答案	点	文字数
AAA	C社社長の構想は<u>妥当性がある</u>[6]。理由は<u>工場の増築</u>[2]で<u>生産能力が高まり</u>[5]、増加する受注や10数店舗の受注に対応でき、<u>売上を拡大</u>[5]できる為。留意点は工場管理者やパートリーダーの<u>作業標準化</u>とOJT[5]による<u>新規採用者</u>[5]の育成を行い、生産設備の導入による自動化を進め<u>生産効率を高める</u>[2]事である。	30	139
AA	新規事業推進には<u>工場増築</u>[2]が必要で<u>妥当性あり</u>[6]。理由は、新規事業の機会を捉え、<u>生産性向上</u>[2]し今後の発展に繋げる為。留意点は①従来の多品種少量生産と新事業の量産を併存する体制を取り、②各作業を<u>標準化</u>[5]して<u>従業員に教育</u>[5]し多能工化を図り、<u>生産性を向上</u>[2]。③X社以外からの受注を目指す。	22	140
B	助言は①<u>妥当である</u>[6]。②理由は、C社の強みである総菜製造力を強化、維持し活用でき、高付加価値を図れ、<u>売上向上</u>[5]に資するからである。③留意点は、新設備が、X社の専用設備化で他に転用できなくなる懸念、<u>新規採用者が作業方法を継承</u>[5]して強みの強化・維持、活用ができるようにする点、である。	16	140

| C | <u>妥当性はない</u>[3]。理由は①<u>現工場の人手不足対応</u>[3]として設備投資等の対応がまず必要②新設した製造開発部にX社スーパーの顧客ニーズに合う製品開発ノウハウが無い③今後のX社取扱い店舗拡大が不透明な為。留意点は、新規・既存顧客の対応のため現工場生産現場の<u>効率化</u>[1]とコスト削減を行うこと。 | 7 | 138 |

※「妥当性なし」の答案についても、ふぞろい流キーワード評価に基づき一部加点しています。

●解答のポイント

> 　C社社長の新規事業構想について妥当性を肯定したうえで、現状の受注生産体制の生産面の課題を踏まえて、新規事業の留意点を多面的に指摘できたかがポイントであった。

【新規事業を推進するための生産体制構築の妥当性の有無は……】

先生：さぁ、いよいよ最後の問題です。C社の新規事業における社長の構想に対して、妥当性とその理由、および留意点が問われていますが、妥当性はどう答えましたか？

足尾：妥当性はあるわけないですよ。与件文を読む限り食品スーパー向け製品を生産できる工場もない、生産設備もない、人員もいないですもん！　ないない尽くしで新規事業なんてできっこないですよ。妥当性なしで決まりっすね！

地明：ヒロヤ、社長の思いは新規事業推進なの！　社長の思いを頭ごなしに否定するのではなくて、構想を実現するために尽力していくのが中小企業診断士の役割じゃないの！？

先生：地明さん、素晴らしい観点ですね。原則、社長の思いに寄り添う。そのうえでリスクの指摘や実現方法を適切に助言できるのが優秀な中小企業診断士ですね。実際、A答案以上の90％が妥当性ありを選択しました。また、妥当性なしと指摘した答案の82％がB答案以下という極端な結果でした。

地明：社長の思いに寄り添うと、構想の妥当性は「あり」で、留意すべき点を多面的に助言するのが大切なのですね！

先生：そのとおりです！　では、新規事業を行ううえで、工場増築、専用生産設備導入、新規採用者中心の体制を構築する理由は、どのように考えられますか？

足尾：現在は、ホテルや旅館5軒からの多品種少量の受託生産体制しか持ち合わせてないですから、生産能力がそもそも足りないっすよね？　コロナ禍の従業員退職によって人員も不足となると、生産能力を上げないと新規事業が立ち行かないっす！

先生：足尾さん、よく読めていますね！　ほかに見逃している要素はないでしょうか？

地明：中堅食品スーパーX社からの受注が間違いなく増加します。生産体制を整えてその受注増加に対応できるようになると、売上向上に直結します！

先生：そのとおりです！

【留意点は何か？】

先生：では社長の構想を進めるうえで、留意点はどう整理できるでしょうか？

足尾：工場といえば、第1問で触れたとおりQCDで決まりっす！　品質を上げ、コスト管理を行い、納期厳守が留意点です。

先生：品質、コスト、納期を全体的に管理することは非常に重要ですね。しかし、C社に寄り添ってもう少し踏み込んだ視点から考えることはできないでしょうか？

地明：C社社長の構想の中で、新規採用者中心の生産体制っていうのがポイントなんじゃないかしら？　実際社長は新規事業に取り組む人員の不足に悩んでいると思うんですよね。

足尾：だとすると、解答キーワードは「作業の標準化・マニュアル化」、「新規採用者へのOJT・教育」っすね！

先生：2人ともよい指摘ですね。現在の工場では作業方法を直接口頭で指示していますが、このようなやり方ではスーパー向けの量産には対応できないですね。

足尾：それは気づかなかったです。確かに生産性向上を図らないとスーパー向けにはちょっときついかもっすね！

先生：生産性向上。よいキーワードが出てきましたね。その観点で、ほかに留意すべき要素はないでしょうか？

地明：経験上は、新工場、新設備と来たら、レイアウト・SLPが重要だけど……。

足尾：工場内のオペレーションで重要なのは、生産計画と生産統制っす！

先生：そのとおりです。工場内レイアウトも生産管理の徹底も生産性に大きな影響を与えるため、これらも留意点ですね。

地明：そっか！　留意点は幅広い視点で多面的に指摘するのがいいのよね。

先生：これで第5問も、詰み筋が見えてきましたね。

Column

Studyplusのススメ

　受験生活の中で使ってよかったと思うStudyplusのおすすめポイントを2つ紹介します。1つ目は、勉強記録管理機能です。本命の機能ですね。私は予実管理を勉強時間でするタイプだったので、これは大いに役立ちました。科目ごとのトータル勉強時間が見られたり、積み重ねを振り返って自信にしたりとかなり有用でした。2つ目は、SNS機能です。フォローしている人の勉強記録がタイムラインで確認できます。「この人はこんなに勉強しているのか」「どの時期にどんな勉強をしているのか」など、刺激や情報をもらえるのが独学の身には非常に助かりました。道半ばで倒れていく人も一定数いましたが、それすらも「自分はこうはなるまい」とモチベの材料にしていました。　　　　　（みやけん）

継続である。

▶事例Ⅲ特別企画

製造業における技術継承の課題と道しるべ
～中小製造業の明日への一歩～

【人材育成は中小企業にとって大きな課題】

足尾：令和５年度の第２問は、コロナ禍からの再興を目指す日本社会において、今の中小製造業の状況を表したリアルで根深い問題ですね。

地明：ヒロヤの言うとおりね。中小企業の事業拡大にとって、事業を牽引する人材の不足や新規採用した人材にどのようにして技術やノウハウを継承していくのかなど、問題や課題が山積みだわ。

足尾：若手人材・新規採用者の育成に関する対応策を助言する問題が令和元年度から、毎年出題されているっすね！

先生：２人ともよい着眼点ですね。まずはしっかりと社会背景を押さえることが大事です。まずはこのデータを見てください。

図表1　中小企業経営者が重視する経営課題

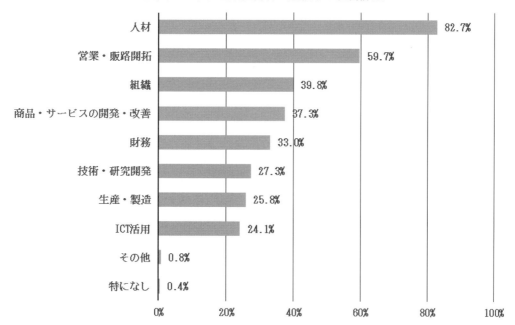

資料：（株）帝国データバンク「中小企業の経営力及び組織に関する調査」
（注）複数回答のため、合計は必ずしも100%にならない。（n＝4,300）
（出所：「2022年版中小企業白書」　第2-2-16図）

先生：図表1を見て、2人はどのような感想を持ちましたか？

足尾：中小企業の経営者は、実際に令和5年度の第2問で言及された「人材の確保・育成」への課題意識が強いっすね！

地明：それだけじゃないわよ、ヒロヤ。営業・販路開拓や商品・サービスの開発・改善、生産・製造など第4問や第5問と関連性の高い経営課題も重要視されているみたい。

先生：2人とも鋭い視点ですね。中小企業診断士試験の事例Ⅲでは、製造業が今まさに直面している経営課題に対する診断や助言を求められる問題が頻出していると思いませんか？

足尾：つまり、試験勉強を進めるうえで製造業の現状にも注目しておいたほうがいいってことっすね！？

先生：はい。そういうことです。では、本題に入っていきましょう。

【事例Ⅲの過去問に見る技術継承の課題と背景・対応策】

先生：ここからは事例Ⅲの過去問より、製造業における技術継承に関する出題を確認していきましょう。

地明：先生、あたしなりに技術継承に関する出題をまとめてみたので、ちょっと見てほしいです。

図表2　近年の事例Ⅲにおける「技術継承」に関連した主な出題

年度	第〇問	設問の背景・内容	ふぞろい流の答案例
令和元年度	3-①	C社社長の新工場計画についての方針に基づいて、新規受託生産の実現に向けた、生産性を高める量産加工のための新工場の在り方を述べよ	熟練作業者の個人技能を標準化、マニュアル化する。新工場要員をOJTで教育し技術継承することで、早期育成を行う
令和3年度	4	C社社長は、自社ブランド製品の直営店事業を展開する上で、熟練職人による高級感か、若手職人も含めてアイテム数を増やすか検討している。最大の効果を得る選択肢と対応策を助言せよ	事業展開は、熟練職人の手作りで高級感を出すべき。対応策として、OJTで教育することで若手職人へ技術継承を図る
令和4年度	1	難易度の高いプレス金型製作技術を蓄積してきたC社における、今日までの外部経営環境の変化（コロナ禍）の中での、生産面の課題を述べよ	生産面での課題は若手の育成であり、OJTによるベテラン従業員からの技術継承を図ること

~試験に持って行ってよかったもの~
　　セロテープ。受験票を固定してしまってストレス原因を1つ排除。

足尾：図表2を見ると、令和4年度の事例では正面から経営課題として問われたのですね。解答キーワードは「OJTでベテラン従業員から技術継承する」っすね！

地明：単純かもしれないけれど、ヒロヤの言うとおりだと思うわ。しかも令和3年度や令和元年度の問題では、新規事業における人材育成の観点を問われていて、そこでもOJTで熟練作業者から若手人材や新規採用者へ技術継承することが解答の方向性になっているわ。

先生：2人とも、技術継承の方法に関してはよいところまできていますね。もう1つ加点要素を狙うとしたら、各熟練作業者の技術を標準化・マニュアル化したうえでOJTすることにより、若手人材や新規採用者を多能工化する。それによって中小企業において限られた人的資本の最大化を図り、事業を拡大するというストーリーが描けそうですね。

足尾：外部環境の変化によって、事業転換や新規事業展開をするために既存の人的資本の充当も必要。技術を保有した人材も不足しているため、熟練作業者の技術をしっかりと若手人材や新規採用者などの次世代に伝えていくことが大事ってことっすね！次世代の人材を多能工化して、さまざまな事業に挑戦できる土台を築いてほしいっす！

地明：あたしは与件文から、企業の現状と社長の思いを汲み取って事例企業に適した技術継承の進め方を解答できるように努力します！

先生：製造業の根幹は技術力といっても過言ではありません。与件文を丁寧に読み、その企業の核となるところを外さないように気をつけて、技術継承を進めるということを忘れないようにしてくださいね。

Column

家族からのプレッシャー

　3回も2次試験に落ちていると、妻の期待値がどんどん下がり、試験の合格について無関心になります。「勉強しなくて大丈夫なの？」と言われることもなくなりました。関心がなくなるのならまだ全然よいです。しかし、試験2か月前になりようやく勉強を始めると「今年もまたこの季節が来たか」と言われ、ネタにされます。妻の知人が家に来たときなどに診断士受験のことを「1次試験のプロ」「かれこれ4年目のライフワークとなっている」とネタにされます。試験後合格発表までは「どうせ落ちてるって」とネタにされます。合格後、得点開示までは「ギリギリのラッキー合格でしょ」とまたもやネタにされます。このようなプレッシャーのかかり方だったため「まぁ落ちても来年受ければいいか。いつか受かるやろ」という境地で試験に臨みました。そのせいか特段、受験のストレスはありませんでした。2次試験を目指す動機や真剣さの度合いはさまざまですが、受験し続ければいつか合格する試験です。

(なおふみ)

~試験に持って行ってよかったもの~

高カカオチョコ、紙が破りやすい物差し。

ふぞろい流ベスト答案 ───── 事例Ⅲ

第1問（配点10点）　40字　　　　　　　　　　　　　　　【得点】10点

①	社	長	や	管	理	者	は	料	理	人	の	経	験⁵	が	あ	り	現	場	を
熟	知³	②	加	工	室	を	ゾ	ー	ニ	ン	グ	し	交	差	汚	染⁵	を	防	止。

第2問（配点20点）　100字　　　　　　　　　　　　　　　【得点】20点

対	応	策	は	①	レ	シ	ピ	整	理¹	、	作	業	標	準	化²	・	マ	ニ	ュ
ア	ル	化³	、	DB	化¹	で	共	有¹	、	OJ	T³	で	多	能	工	育	成²	②	手
作	業	を	専	用	調	理	器	具¹	で	一	部	自	動	化³	③	口	頭	指	示
を	製	造	指	示	書	で	書	面	化³	④	生	産	計	画	週	次	化²	に	よ
り	生	産	性	を	向	上²	さ	せ	、	受	注	量	増	加	に	対	応	す	る。¹

第3問（配点20点）　120字　　　　　　　　　　　　　　　【得点】20点

対	応	策	は	、	①	生	産	計	画²	の	週	次	化³	、	②	食	材	や	調
味	料	の	必	要	量	の	標	準	化²	に	よ	り	在	庫	量¹	や	発	注	量¹
を	適	正	化	し	、	入	出	庫	記	録²	を	つ	け	て	全	社	で	共	有²
し	生	産	統	制	を	徹	底³	す	る	。	以	上	で	過	剰	在	庫	に	よ
る	保	管	費	用¹	や	廃	棄	ロ	ス¹	、	納	品	遅	れ	に	よ	る	機	会
損	失	を	抑	制	す	る	こ	と	で	収	益	性	を	向	上²	さ	せ	る	。

第4問（配点20点）　118字　　　　　　　　　　　　　　　【得点】20点

①	既	存	販	売	先	と	の	関	係	性	を	強	化²	し	、	②	営	業	部
門	の	専	任	化²	で	X	社	や	高	級	ホ	テ	ル²	か	ら	ニ	ー	ズ	収
集³	を	行	い	、	③	外	部	人	材²	の	開	発	経	験	や	経	営	者	の
料	理	人³	経	験	を	十	分	に	生	か⁴	し	、	製	品	開	発	力	向	上
を	図	る	。	以	上	に	よ	り	、	季	節	性	や	高	級	感	の	あ	る
製	品²	を	企	画	開	発	し	、	販	路	拡	大	を	目	指	す	。		

第5問（配点30点）　140字　　　　　　　　　　　　　　　　　　　【得点】30点

C	社	社	長	の	構	想	は	妥	当	。	理	由	は	①	工	場	や	専	用
設	備	導	入	に	て	量	産	可	能	な	生	産	能	力	が	強	化	さ	れ
②	X	社	か	ら	の	受	注	増	加	に	対	応	で	き	売	上	拡	大	を
図	れ	る	た	め	。	留	意	点	は	①	作	業	の	標	準	化	②	新	規
採	用	者	の	活	用	と	OJ	T	教	育	③	生	産	管	理	（	計	画	・
統	制	）	の	徹	底	④	工	場	レ	イ	ア	ウ	ト	最	適	化	等	に	よ
り	生	産	性	向	上	と	納	期	厳	守	体	制	を	構	築	す	る	事	。

ふぞろい流採点基準による採点

100点

事例Ⅲ

第1問：「生産面」という制約条件を踏まえ、4Mの観点でQCDを高められる強みを抽出し、記述しました。

第2問：生産性向上の対応策を多面的に記載し、効果に言及しました。

第3問：適正在庫と現品管理を主な課題として具体的な対応策を多面的に記載するとともにそのねらいと効果を記述しました。

第4問：製品企画開発におけるC社の強みと弱みを、与件文や設問文から多面的に記述し、効果について言及しました。

第5問：社長の新規事業による成長戦略への思いを肯定したうえで、現在のホテル・旅館向けの受注生産体制とは異なる量産体制に対応し得るよう、留意点を多面的に記述しました。

〜試験に持って行ってよかったもの〜
座布団、スリッパ、保湿グッズ。

▶事例Ⅳ（財務・会計）

令和5年度　中小企業の診断及び助言に関する実務の事例Ⅳ
（財務・会計）

　D社は、資本金1億円、総資産約30億円、売上高約45億円、従業員31名の、化粧品を製造する創業20年の企業である。D社は独自開発の原料を配合した基礎化粧品、サプリメントなどの企画・開発・販売を行っており、製品の生産はOEM生産によっている。

　同社は大都市圏の顧客をメインとしており、基本的に、卸売会社を通さずに、百貨店やドラッグストアなどの取り扱い店に直接製品を卸している。また、自社ECサイトを通じて美容液の定期購買サービスも開始している。

　直近では、実店舗やネット上での同業他社との競争激化により販売が低迷してきており、このままでは売上高がさらに減少する可能性が高いと予想される。また、今後は、輸送コストが高騰し、原材料等の仕入原価が上昇すると予想される。しかし、D社では、将来の成長を見込んで、当面は人件費等の削減は行わない方針である。

　D社の主力製品である基礎化粧品は、従来、製品のライフサイクルが長く、新製品開発の必要性もそれほど高くなかった。しかし、高齢化社会の到来とともに、近年では、顧客の健康志向、アンチエイジング志向が強まったため、他のメーカーが次々に新製品を市場に投入してきており、競争が激化している。

　こうした状況に対応するため、D社では男性向けアンチエイジング製品を新たな挑戦として開発し販売することを検討している。男性向けアンチエイジング製品は、これまでD社では扱ってこなかった製品分野であるが、バイオテクノロジーを用いて、同製品の基礎研究を進めてきた。

　化粧品業界を取り巻く環境は、新型コロナウイルスの感染拡大などにより厳しい状況にあったが、中長期的には市場の拡大が見込まれている。しかし、当該男性向けアンチエイジング製品は、今までにない画期的な製品であり、市場の状況が見通せない状況であるため、慎重な検討を要すると考えている。

　D社では、この新製品については、技術上の問題からOEM生産ではなく自社生産を行う予定であり、現在、そのための資金の確保を進めている。D社社長は、同業他社との競争が激化していることもあり、早急にこの設備投資に関する意思決定を行うことが求められている。

　D社の直近2期分の財務諸表は以下のとおりである（令和3年度、令和4年度財務諸表）。D社社長は、自社が直面しているさまざまな経営課題について、特に財務的な観点から中小企業診断士に診断・助言を依頼してきた。

貸借対照表

（単位：千円）

	令和3年度	令和4年度		令和3年度	令和4年度
〈資産の部〉			〈負債の部〉		
流動資産	2,676,193	2,777,545	流動負債	851,394	640,513
現金等	593,256	1,133,270	買掛金	191,034	197,162
売掛金・受取手形	1,085,840	864,915	短期借入金	120,000	70,000
製品・原材料等	948,537	740,810	未払金	197,262	104,341
その他の流動資産	48,560	38,550	未払法人税等	250,114	184,887
固定資産	186,973	197,354	その他の流動負債	92,984	84,123
建物・工具等	64,524	63,256	固定負債	22,500	27,153
無形固定資産	37,492	34,683	長期借入金	22,500	24,360
投資その他の資産	84,957	99,415	リース債務	—	2,793
			負債合計	873,894	667,666
			〈純資産の部〉		
			資本金	100,000	100,000
			資本剰余金	—	—
			利益剰余金	1,889,272	2,207,233
			純資産合計	1,989,272	2,307,233
資産合計	2,863,166	2,974,899	負債・純資産合計	2,863,166	2,974,899

損益計算書

（単位：千円）

	令和3年度	令和4年度
売上高	5,796,105	4,547,908
売上原価	2,185,856	1,743,821
売上総利益	3,610,249	2,804,087
販売費及び一般管理費	2,625,222	2,277,050
営業利益	985,027	527,037
営業外収益	368	11,608
営業外費用	2,676	1,613
経常利益	982,719	537,032
特別利益	—	—
特別損失	—	—
税引前当期純利益	982,719	537,032
法人税等	331,059	169,072
当期純利益	651,660	367,960

（以下、設問省略）

~試験に持って行ってよかったもの~
エナジードリンク（集中力の底上げ）。

第1問（配点20点）
（設問1）【難易度　★☆☆　みんなができた】

　D社の2期間の財務諸表を用いて経営分析を行い、令和3年度と比較して悪化したと考えられる財務指標を2つ（①②）、改善したと考えられる財務指標を1つ（③）取り上げ、それぞれについて、名称を(a)欄に、令和4年度の財務指標の値を(b)欄に記入せよ。解答に当たっては、(b)欄の値は小数点第3位を四捨五入して、小数点第2位まで表示すること。また、(b)欄のカッコ内に単位を明記すること。

●出題の趣旨

　D社の財務諸表を用いて、診断及び助言の基礎となる財務指標を算出する能力を問う問題である。

●解答ランキングとふぞろい流採点基準

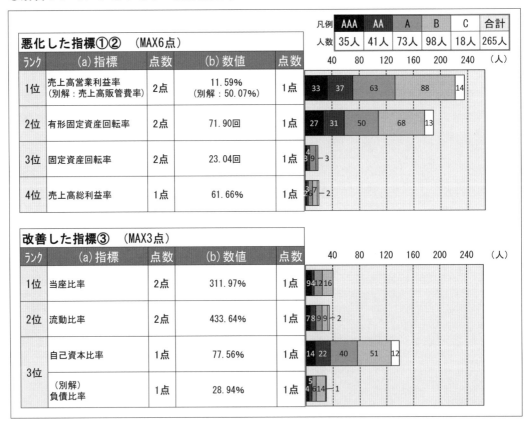

凡例	AAA	AA	A	B	C	合計
人数	35人	41人	73人	98人	18人	265人

悪化した指標①②　（MAX6点）

ランク	(a) 指標	点数	(b) 数値	点数
1位	売上高営業利益率（別解：売上高販管費率）	2点	11.59%（別解：50.07%）	1点
2位	有形固定資産回転率	2点	71.90回	1点
3位	固定資産回転率	2点	23.04回	1点
4位	売上高総利益率	1点	61.66%	1点

改善した指標③　（MAX3点）

ランク	(a) 指標	点数	(b) 数値	点数
1位	当座比率	2点	311.97%	1点
2位	流動比率	2点	433.64%	1点
3位	自己資本比率	1点	77.56%	1点
	（別解）負債比率	1点	28.94%	1点

●解答のポイント

> 診断と助言のために指摘すべき指標を財務諸表から適切に選択し、正しい算出方法により求めることがポイントだった。

【与件文＋財務諸表計算の基本技】

先生：さぁ、ついに最後の事例ですね。今年度は奇をてらった（設問1）ではありませんでしたが、2人は悩まずに指標を選べましたか？

足尾：オレはもうへとへとですよ……。でも指標は簡単！　悪化したのは、売上高営業利益率と固定資産回転率、改善したのは自己資本比率で決まりですね。ただ疲れで電卓を打ち間違えて計算ミスをしてしまいました……。

先生：最近の事例Ⅳの財務諸表は数値が細かくなってきていますからね。地明さんはどうでしたか？

地明：あたしも悪化した指標の1つは売上高営業利益率を選んだけど、もう1つは有形固定資産回転率にしたわ。そして、改善した指標は当座比率を選んだ。だって与件文には「新製品の自社生産を行うために資金確保を進めている」とあるから、現金が増えている理由と合致するもの。ところで、ヒロヤはどうして固定資産回転率を選んだの？

足尾：オレは与件文の「ECサイト」に注目しました。ECサイトは基本的に無形固定資産っすからね。「ネット上での販売も低迷」と書いてあったので、無形固定資産も含めた固定資産全体の回転率が悪化していると考えました。

先生：2人とも、素晴らしい着眼点です。答案全体では、足尾さんの「固定資産回転率」や地明さんの「当座比率」の解答数は少ないものの、合格答案には比較的数多く見られました。また、悪化した指標として売上債権回転率や総資産回転率、改善した指標として棚卸資産回転率や固定比率を解答した答案もありました。2期間の数値上の比較結果としては間違っていないので得点は入っていると思いますが、与件文に照らし合わせると優先度は低かったかもしれません。

地明：与件文を素直に捉え、ミスなく計算できるかどうかが重要だったということね！

> **（設問2）【難易度　★☆☆　みんなができた】**
> 　設問1で解答した悪化したと考えられる2つの財務指標のうちの1つを取り上げ、悪化した原因を80字以内で述べよ。

●出題の趣旨

　設問1で算出した財務指標をもとに、D社の財務的問題点とその要因を分析する能力を問う問題である。

〜試験に持って行ってよかったもの〜
ウィダーインゼリー、カロリーメイト、ミルキー（ゲン担ぎで1次〜口述まで全て同じ）。

●解答ランキングとふぞろい流採点基準

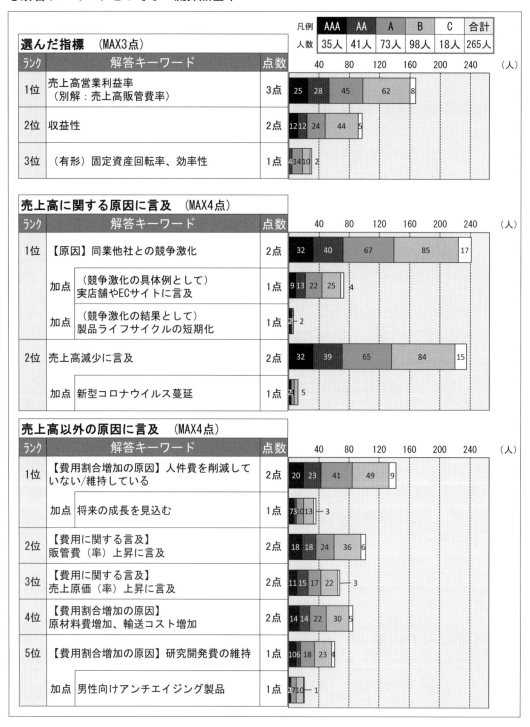

凡例	AAA	AA	A	B	C	合計
人数	35人	41人	73人	98人	18人	265人

選んだ指標 （MAX3点）

ランク	解答キーワード	点数
1位	売上高営業利益率 （別解：売上高販管費率）	3点
2位	収益性	2点
3位	（有形）固定資産回転率、効率性	1点

売上高に関する原因に言及 （MAX4点）

ランク		解答キーワード	点数
1位		【原因】同業他社との競争激化	2点
	加点	（競争激化の具体例として）実店舗やECサイトに言及	1点
	加点	（競争激化の結果として）製品ライフサイクルの短期化	1点
2位		売上高減少に言及	2点
	加点	新型コロナウイルス蔓延	1点

売上高以外の原因に言及 （MAX4点）

ランク		解答キーワード	点数
1位		【費用割合増加の原因】人件費を削減していない/維持している	2点
	加点	将来の成長を見込む	1点
2位		【費用に関する言及】販管費（率）上昇に言及	2点
3位		【費用に関する言及】売上原価（率）上昇に言及	2点
4位		【費用割合増加の原因】原材料費増加、輸送コスト増加	2点
5位		【費用割合増加の原因】研究開発費の維持	1点
	加点	男性向けアンチエイジング製品	1点

●再現答案

区	再現答案	点	文字数
AAA	<u>売上高営業利益率が悪化</u>した原因は①<u>競争激化</u>による<u>売上高の減少</u>、②原材料等の<u>仕入原価の上昇</u>、③新製品の<u>基礎研究費用の増加</u>、④<u>人件費削減を行っていない</u>こと。	11	76
AA	<u>売上高営業利益率</u>について、<u>同業他社との競争激化</u>により<u>販売が低迷</u>して<u>売上が減少</u>、一方、<u>将来の成長を見込んで</u><u>人件費等の削減は行わない方針</u>でコストは微減となったため。	10	80
A	<u>収益性が悪化</u>している。理由は①実店舗やネット上の<u>同業他社との競争激化</u>により<u>売上高低下</u>②<u>原材料や輸送コスト高騰</u>により売上に対する<u>原価</u>と<u>販管費比率が上昇</u>している為。	10	80
B	<u>同業他社との競争激化</u>により販売数、販売価格の低下により<u>売上高が低下</u>。また、<u>原材料費や輸送費については変わりは無い</u>ので<u>収益性は悪化</u>している。	8	69
C	<u>有形固定資産回転率が悪化</u>。原因は高齢社会の到来に伴い顧客の健康志向、アンチエイジング志向が高まり、<u>他メーカーが次々と新製品を市場に投入</u>。<u>競争が激化</u>し<u>売上が減少</u>。	5	80

●解答のポイント

> 　選んだ指標を（設問1）の解答から明記したうえで、売上高・売上原価・販管費など多面的に解答できたかがポイントだった。

【問いに正面から答えたか？】

足尾：オレは悪化した指標として収益性を指摘しました！　やっぱ第1問（設問2）は収益性・効率性・安全性の観点から答えるのがテッパンっすよね！

地明：ちょっと待ってよ、ヒロヤ。設問文には「設問1で解答した悪化したと考えられる2つの財務指標のうちの1つを取り上げ」と書かれているのよ。「収益性」だけじゃ何の指標かわからないじゃない！

先生：地明さん、ごもっともです。今回の問題では明らかに指標を1つ選ばせているので、（設問1）の①か②のどちらを選んだか明示することは重要だったと考えられます。

足尾：気がつかなかった……。焦らずしっかり設問文は読まなきゃですね。

【与件文から多面的に書こう！】

足尾：地明さんはどの指標を選んだんすか？

地明：あたしは有形固定資産回転率を選んだわ。経験上、収益性の問題点は経営者もよく気がつくけど、効率性の悪化は見過ごしがちなの。だからあえてこちらを選択した

わ。

足尾：え、でも与件文には売上原価や人件費などの費用についてのほうが多く書かれてますよ？

先生：足尾さんのおっしゃるとおり、基本的には与件文に対して忠実に答えていくことが社長の思いに答える第一歩です。

地明：そっか……。また思いが先行してしまったわ。

先生：では、売上高営業利益率を悪化した指標として取り上げる場合、どのような観点で悪化した原因を書けそうですか？

足尾：売上高営業利益率の悪化を分解すると、「売上高減少」「売上原価の上昇」「販管費の維持・上昇」の3つが挙げられます。簡単なフレームワークですね。

地明：そうね。特に販管費のうち人件費は、「将来の成長を見込んで減らしていない」と明記されているし、社長だって簡単には従業員を減らしたくないはず。研究開発にも力を入れているようだし、このあたりも販管費の増加につながっていそうだわ。

先生：その調子です。ほかにはどうでしょうか？

足尾：売上高減少は、同業他社との競争激化が直接的な原因っぽいですね。また、売上原価は原材料費高騰や輸送コスト増加の可能性があると書かれていたので、ここも原因になると思います。

地明：輸送コストの高騰による仕入原価の上昇は、「今後予想される」と書いてあるわよ。財務諸表の数値にすでに現れているのかしら？

先生：2人とも素晴らしいですね！　売上原価の上昇について、地明さんのご指摘のとおりまだ悪化しているとは言い切れませんが、合格答案にも比較的含まれていたキーワードなので加点はされているでしょう。また、売上高減少について、競争激化の結果として製品ライフサイクルの短期化に言及している合格答案がいくつかありました。加点はされていると思いますが、文字数とのバランスで記載すべきか検討が必要だったでしょう。

足尾：こうやって考えると候補となるキーワードがかなり多いっすね……。

先生：そうですね。高得点の答案ほど、売上高・売上原価・販管費に関してバランスよく言及できていました。重要な要素を見極め、簡潔に、かつ多くのキーワードを盛り込んでいけるようになるとよいですね。

地明：問題の難易度自体は高くないから、キーワードの数とバランス、文章としての一貫性で差がつくのね。そうすると、より一層「どの指標を取り上げるか」が重要だったってことね……。

先生：やはり社長の立場でも、より多面的に考察してもらえたほうが納得感は高まります。

第2問（配点30点）

（設問1）【難易度　★★☆　勝負の分かれ目】

　D社の2期間の財務データからCVP分析を行い、D社の収益性の分析を行う。原価予測は営業利益の段階まで行い、2期間で変動費率は一定と仮定する。

　以上の仮定に基づいてD社の2期間の財務データを用いて、(1)変動費率および(2)固定費を求め、(3)令和4年度の損益分岐点売上高を計算せよ。また、(4)求めた損益分岐点売上高を前提に、令和3年度と令和4年度で損益分岐点比率がどれだけ変動したかを計算せよ。損益分岐点比率が低下した場合は、△を数値の前に付けること。

　解答に当たっては、変動費率は小数点第3位を四捨五入して、小数点第2位まで表示すること。また、固定費および損益分岐点売上高は、小数点第2位まで表示した変動費率で計算し、千円未満を四捨五入して表示すること。

●出題の趣旨

　D社の2期間の財務データをもとに原価分解（予測）を行い、損益分岐点売上高を算出したうえで、2期間で損益分岐点比率がどれだけ変動したかを算出する能力を問う問題である。

●解答ランキングとふぞろい流採点基準

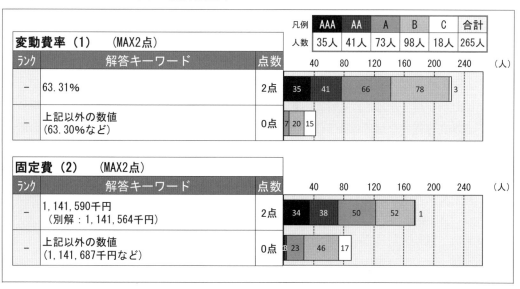

凡例	AAA	AA	A	B	C	合計
人数	35人	41人	73人	98人	18人	265人

変動費率（1）　（MAX2点）

ランク	解答キーワード	点数				
−	63.31％	2点	35	41	66	78	3
−	上記以外の数値（63.30％など）	0点	7	20	15		

固定費（2）　（MAX2点）

ランク	解答キーワード	点数				
−	1,141,590千円（別解：1,141,564千円）	2点	34	38	50	52	1
−	上記以外の数値（1,141,687千円など）	0点	B	23	46	17	

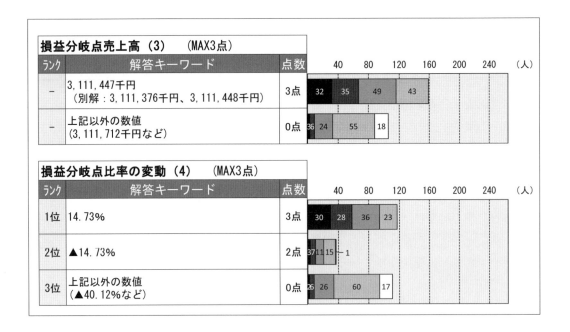

●解答のポイント（1）〜（3）

> 変動費率、固定費、損益分岐点売上高を確実に短時間で算出することができたか。

【前提条件をしっかりチェック】

先生：さて、第2問の（設問1）はCVP分析の計算問題です。基本的な問題なので確実に点数を稼げるようにしましょう。

足尾：公式を使えばちょろいですね。令和3年度と令和4年度の売上高と営業利益をもとにそれぞれ【売上高】×（1－【変動費率】）－【固定費】＝【営業利益】で式を作って連立方程式を解けばオッケー！　さらっと問題読んで、ぱっぱと答えて次の設問に行きました！

先生：事例Ⅳは時間との勝負です。短時間で解くことはとても大事ですが、ほかに見逃している要素はないでしょうか？

地明：「解答に当たっては」のところ、細かい前提条件が示されていますね。

足尾：あっ、ほんとだ。『小数点第2位まで表示した変動費率で計算し』って書いてある。オレ、見逃してたけど、ちょっと減点されるぐらいっすよね？

先生：ここまで明確に示されている場合、それを無視した解答では点数はもらえないと思ったほうがよいかもしれません。ここを明確にしないと、どこまで正解にするか採点が難しくなるから書いているのでしょう。しっかりマーカーを引くなど見落としがないようにして、確実に指示に従うようにしましょう。

足尾：キビシー！

地明：先生、変動費率を四捨五入すると、令和4年度の式をもとに固定費を求めた場合と令和3年度の式をもとにした場合で、少し金額が変わってしまうのですが、令和4年度の数値をもとにして求めないと加点されないのでしょうか。

先生：変動費率を小数点第2位までとしなければ、固定費も損益分岐点売上高も令和3年度と令和4年度では同じ結果になるはずです。前提条件に記載もないため、どちらの解答でも問題ないとは思いますが、念のため、新しい年度、今回の場合は令和4年度で求めておくと安心でしょう。

●解答のポイント（4）

> 損益分岐点比率を正しく算出できたか。
> 令和4年度の損益分岐点比率から令和3年度の損益分岐点比率を引き、正しい符号で解答できたか。

【売上高が下がったら、損益分岐点比率は上がる】

先生：次に、（設問1）（4）は損益分岐点比率の問題です。2人は、損益分岐点比率の算出方法は覚えていますね？

足尾：あれ？【売上高】を【損益分岐点売上高】で割るんだっけ？

地明：ヒロヤ、逆よ！　【損益分岐点売上高】÷【売上高】×100よ。

先生：地明さん、正解です。損益分岐点比率は、「分母」が【売上高】です。基本的に損益分岐点は一定なので、売上高が下がれば損益分岐点比率は上がります。今回の問題は、令和3年度よりも令和4年度のほうが売上高は下がっていますね。そのため、令和4年度のほうが損益分岐点比率は高いということになります。

足尾：つまり、符号はプラスってことだ！

先生：そのとおりです。この問題、せっかく計算結果は正しいのに符号を間違えた人が一定数いました。合計得点が低い人のほうが符号を間違っている傾向が強かったので、こういうところを確実に取っていくことが高得点につながっていきます。最後まで油断せずに解いていきましょう。

足尾：「あれ？　分母と分子どっちだっけ？」って迷ったときの対処法とかないっすか？

地明：私は安全余裕率と損益分岐点比率はセットで覚えるようにしているわよ。というのも、【損益分岐点比率】＋【安全余裕率】＝100％が成り立つからね。そして、安全余裕率は、（【売上高】－【損益分岐点売上高】）÷【売上高】で、損益分岐点売上高までどれだけ余裕があるかを表していて、名前から比較的イメージしやすい指標だと思う。

先生：よいですね。確かに、安全余裕率はイメージしやすいでしょう。

足尾：安全余裕率も一緒に覚えておけば、一石二鳥っすね。

~試験1週間前からの過ごし方~

　2次試験関連のキーワードを書いた単語帳を繰り返す。

（設問 2 ）【難易度　★★☆　勝負の分かれ目】

　D社のサプリメントの製品系列では、W製品、X製品、Y製品の 3 種類の製品を扱っている。各製品別の損益状況を損益計算書の形式で示すと、次のとおりである。ここで、この 3 製品のうち、X製品は営業利益が赤字に陥っているので、その販売を中止すべきかどうか検討している。

製品別損益計算書

（単位：万円）

	W製品	X製品	Y製品	合計
売上高	80,000	100,000	10,000	190,000
変動費	56,000	80,000	6,000	142,000
限界利益	24,000	20,000	4,000	48,000
固定費				
個別固定費	10,000	15,000	1,500	26,500
共通費	8,000	10,000	1,000	19,000
計	18,000	25,000	2,500	45,500
営業利益	6,000	△5,000	1,500	2,500

　X製品の販売を中止してもX製品に代わる有利な取り扱い製品はないが、その場合にはX製品の販売によるX製品の個別固定費の80％が回避可能であるとともに、X製品と部分的に重複した効能を有するY製品に一部の需要が移動すると予想される。

　（1）需要の移動がないとき、X製品の販売を中止すべきか否かについて、カッコ内の「ある」か「ない」に○を付して答えるとともに、20字以内で理由を説明せよ。さらに、（2）X製品の販売を中止した場合に、現状の営業利益合計2,500万円を下回らないためには、需要の移動によるY製品の売上高の増加額は最低いくら必要か。計算過程を示して答えよ。なお、割り切れない場合には、万円未満を四捨五入すること。

●出題の趣旨

（1）D社が扱っている製品について、生産・販売中止の可否の意思決定の知識を用いて、的確な意思決定を行う能力を問う問題である。

（2）ある製品（X製品）の販売を中止し、需要移動や回避不能固定費がある場合に、現状の営業利益を維持するために必要な他製品（Y製品）の売上高増加額を的確に算定できる能力を問う問題である。

●解答ランキングとふぞろい流採点基準

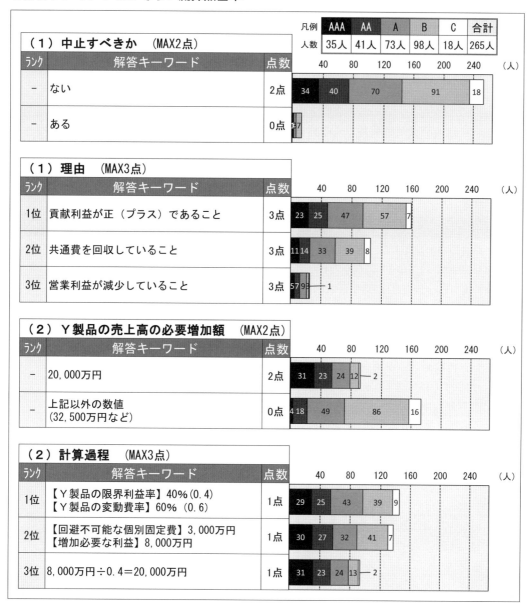

凡例	AAA	AA	A	B	C	合計
人数	35人	41人	73人	98人	18人	265人

（１）中止すべきか　（MAX2点）

ランク	解答キーワード	点数	
－	ない	2点	34 / 40 / 70 / 91 / 18
－	ある	0点	1 7

（１）理由　（MAX3点）

ランク	解答キーワード	点数	
1位	貢献利益が正（プラス）であること	3点	23 / 25 / 47 / 57 / 7
2位	共通費を回収していること	3点	11 14 / 33 / 39 / 8
3位	営業利益が減少していること	3点	5 7 9 — 1

（２）Ｙ製品の売上高の必要増加額　（MAX2点）

ランク	解答キーワード	点数	
－	20,000万円	2点	31 / 23 / 24 / 12 — 2
－	上記以外の数値（32,500万円など）	0点	4 18 / 49 / 86 / 16

（２）計算過程　（MAX3点）

ランク	解答キーワード	点数	
1位	【Ｙ製品の限界利益率】40%（0.4）【Ｙ製品の変動費率】60%（0.6）	1点	29 / 25 / 43 / 39 / 9
2位	【回避不可能な個別固定費】3,000万円【増加必要な利益】8,000万円	1点	30 / 27 / 32 / 41 / 7
3位	8,000万円÷0.4＝20,000万円	1点	31 / 23 / 24 / 13 — 2

●再現答案（1）

区	再現答案	点	文字数
AAA	**貢献利益が5,000万円で正[3]**であるため。	3	19
A	**営業利益が8,000万円減少[3]**するため。	3	18
B	製品Xを製造中止で25百万円の赤字になる為。	0	20
C	17,000万円の貢献利益で全社利益に寄与	0	20

●再現答案（2）

区	再現答案	点	文字数
AAA	X製品の製造中止による回避不能個別固定費 15,000万円×0.2＝**3,000万円[1]** W製品とY製品に必要な貢献利益 共通費19,000万円＋X製品回避不能個別固定費3,000万円＋営業利益2,500万円＝24,500万円 Wの貢献利益が14,000万円なので、Yの貢献利益は10,500万円必要。 新たに稼ぐ必要がある貢献利益 10,500万円－2,500万円＝8,000万円 **限界利益率40%[1]**より**20,000万円[1]**の売上増が必要。	3	－
A	Y製品の変動費率 6,000÷10,000＝**60%[1]** 必要売上高をYとすると （1－60%）Y－10,000＝0 Y＝25,000	1	－
B	回避不可能な個別固定費＝15,000×0.2＝**3,000[1]** 増加額をx万円とすると x × 48,000÷190,000＝10,000＋3,000＝13,000	1	－

●解答のポイント

　　X製品の販売を中止すべきでない理由は貢献利益がプラスであることを述べるか、全体の営業利益が減少するという直接的な内容で解答できたか。
　　追加で必要となる利益が、中止した場合のX製品の個別固定費3,000万円と共通費10,000万円、営業利益▲5,000万円を合計した8,000万円分と算出できたか。

【キーワードは貢献利益】

先生：（設問2）はX製品の販売中止の意思決定を行う問題です。2人はどのように考えましたか？

地明：共通費はX製品の販売を中止しても減らないわ。販売を中止したとしても、X製品が負担していた10,000万円の共通費は他の製品が負担することになるわね。

足尾：そうっすね。しかも、個別固定費の80％が回避可能ってことは、20％は固定費として残ってしまうはずです。

先生：2人ともしっかりと考えられていますね。では、ひとつ伺ってもよいですか。理由は、どのように答えればよいでしょうか。

足尾：合計の営業利益が現在の営業利益よりも少なくなって、赤字になってしまうことを答えればいいんじゃないっすか？

先生：そうですね。それも1つの方法だと思います。ほかに考えられることはないでしょうか。

地明：貢献利益はどうかしら？

先生：そうです！　やはりここは貢献利益というキーワードを使って解答するのがスマートでしょう。

足尾：貢献利益か！　しっかり使えるようにしておきます！

先生：計算問題も「回避不可能な個別固定費」を求めて、追加で必要な利益を求め、Y製品の変動費率から売上高を逆算すればよいので、冷静に考えれば解答できる問題ですよ。

地明・足尾：はい。確実に得点できるようにしておきます！

（設問3）【難易度　★★☆　勝負の分かれ目】
　D社では、売上高を基準に共通費を製品別に配賦している。この会計処理の妥当性について、あなたの考えを80字以内で述べよ。

●出題の趣旨

　共通費の配賦を売上高で行う場合の会計情報の有用性について、的確な理解を問う問題である。

事例
Ⅳ

●解答ランキングとふぞろい流採点基準

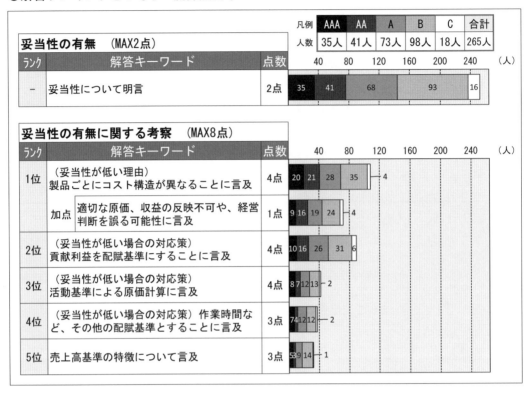

凡例	AAA	AA	A	B	C	合計
人数	35人	41人	73人	98人	18人	265人

妥当性の有無　（MAX2点）

ランク	解答キーワード	点数	グラフ
－	妥当性について明言	2点	35 41 68 93 16

妥当性の有無に関する考察　（MAX8点）

ランク	解答キーワード	点数	グラフ
1位	（妥当性が低い理由）製品ごとにコスト構造が異なることに言及	4点	20 21 28 35 4
	加点 適切な原価、収益の反映不可や、経営判断を誤る可能性に言及	1点	9 16 19 24 4
2位	（妥当性が低い場合の対応策）貢献利益を配賦基準にすることに言及	4点	10 16 26 31 6
3位	（妥当性が低い場合の対応策）活動基準による原価計算に言及	4点	8 7 12 13 2
4位	（妥当性が低い場合の対応策）作業時間など、その他の配賦基準とすることに言及	3点	7 4 12 12 2
5位	売上高基準の特徴について言及	3点	5 3 9 14 1

●再現答案

区	再現答案	点	文字数
AAA	製品が多様で<u>費用構造が異なる</u>[4]ので<u>妥当ではない</u>[2]と考える。<u>活動基準原価計算による配賦</u>[4]のほうが、多様な製品ごとの実態に則した意思決定ができる会計処理だと考える。	10	77
AA	製品別の<u>費用構造の特性の違い</u>[4]が加味されておらず、適切な評価や<u>経営判断ができなくなる</u>[1]ため<u>妥当ではない</u>[2]。売上高比ではなく、<u>人員数や材料費等を基に配賦</u>[3]すべきである。	10	79
A	<u>妥当ではない</u>[2]。売上高が一番高いのは 100,000 万円のX製品だが、貢献利益は 5,000 万円でW製品の方が高い。固定費の回収に寄与する<u>貢献利益別に配賦</u>[4]すべき。	6	77
C	3つの製品は同一カテゴリーに属しているため、<u>売上高の数字は各製品の実力値を示している</u>[3]と考えられる。従って売上高を基準に共通費を製品別に配賦するのは<u>妥当</u>[2]。	5	76

●解答のポイント

> 　共通費の配賦について、妥当性を明確に評価しているか。
> 　基本的には妥当でない方向の解答が正解と想定するが、なぜ妥当でないかをキーワードを用いて示すことができたか。

【問われたことにしっかりと答えよう】

先生：（設問3）は記述問題です。（設問1）、（設問2）ができなくても答えられる問題なので、必ず解答しましょう。

足尾：でも、会計処理の妥当性っていわれても何答えたらいいかわからないっすよ。

先生：足尾さん、問われたことに答えることが大切です。ここでは妥当性について問われています。こういうときは、「妥当性はある」か「妥当性はない」とはっきりと答えることが大切です。これだけでも部分点をもらえる可能性はあります。

足尾：え————、本当っすか！　それだけで！

先生：問われていることに確実に答えること。これが点数につながるのです。

地明：経営者は事業の収支を適切に把握したいと思うので、売上高基準で共通費を配賦するのは妥当とはいえないですね。

先生：そうですね。「妥当性はない」のほうが正解の可能性が高いと思います。ただ、会社ごとに事情は異なりますので、「妥当性がある」というのも間違いとは言い切れないと思いますよ。

地明：確かに、実務上は売上基準で簡易的な配賦を行うってことは往々にしてあり得ますね。

先生：そう思います。ただ、今回のケースでは、「妥当性はない」の方向で解答した再現答案が大多数を占めていました。

足尾：じゃあ、妥当性はない。理由は○○である。対応策は○○である。っていうフレームで解答するのがいいんすかね。

先生：そうですね。そのように解答すれば満点が見えてきますね。妥当でない理由は、製品ごとにコスト構造が異なることを解答するのがよいでしょう。

地明：対応策としてはどのような配賦基準が考えられるのでしょうか。

先生：機械の運転時間や作業時間などに基づく操業度基準や、間接費を活動単位に分けて原価を計算する活動基準は、一般的に適切であるといわれています。そのほか、貢献利益や直接作業時間により配賦する、という方法でも得点できたと思われます。

足尾：操業度基準や活動基準のような言葉、しっかり使えるように勉強しておきます！

先生：はい、頑張ってください！

～試験1週間前からの過ごし方～
　特に変わりなく淡々と過去問演習。勉強時間は増やさない。睡眠時間も削らない。

第3問 （配点30点）

　D社は、研究開発を行ってきた男性向けアンチエイジング製品の生産に関わる設備投資を行うか否かについて検討している。

　以下の資料に基づいて各設問に答えよ。解答に当たっては、計算途中では端数処理は行わず、解答の最終段階で万円未満を四捨五入すること。また、計算結果がマイナスの場合は、△を数値の前に付けること。

〔資料〕

1．新製品の製造・販売に関するデータ

　現在の男性向けアンチエイジング市場の状況から、新製品の販売価格は1万円であり、初年度年間販売量は、0.7の確率で10,000個、0.3の確率で5,000個の販売が予想される。また、同製品に対する需要は5年間を見込み、2年度から5年度の年間販売量は、初年度の実績販売量と同数とする。

　単位当たり変動費は0.4万円であり、毎年度の現金支出を伴う年間固定費は2,200万円と予想される。減価償却費については、次の「2．設備投資に関するデータ」に基づいて計算する。

　初年度年間販売量ごとの正味運転資本の残高は、次のように推移すると予測している。運転資本は、5年度末に全額回収するため、5年度末の残高は「なし」となっている。なお、初年度期首における正味運転資本はない。

初年度販売量	初年度から4年度の各年度末残高	5年度末残高
10,000個	800万円	なし
5,000個	400万円	なし

2．設備投資に関するデータ

　設備投資額は11,000万円であり、初年度期首に支出される。減価償却は、耐用年数5年で、残存価額をゼロとする定額法による。また、5年度末の処分価額は取得原価の10％である。

3．法人税等、キャッシュフロー、割引率に関するデータ

　法人税等の税率は30％であり、D社は将来にわたって黒字を確保することが見込まれている。なお、初期投資以外のキャッシュフローは年度末に生じるものとする。

　本プロジェクトでは、最低要求収益率は8％と想定し、これを割引率とする。利子率8％の複利現価係数と年金現価係数は次のとおりであり、割引計算にはこの係数を適用する。

	1年	2年	3年	4年	5年
複利現価係数	0.926	0.857	0.794	0.735	0.681
年金現価係数	0.926	1.783	2.577	3.312	3.993

（設問1）【難易度　★★☆　勝負の分かれ目】

　年間販売量が(1)10,000個の場合と、(2)5,000個の場合の正味現在価値を求めよ。(1)については、計算過程も示すこと。そのうえで、(3)当該設備投資の正味現在価値の期待値を計算し、投資の可否について、カッコ内の「ある」か「ない」に○を付して答えよ。

●出題の趣旨

　将来キャッシュフローの予測情報をもとにしたD社の新規の設備投資プロジェクトの評価と意思決定について、正味現在価値（NPV）の期待値に関する計算能力を問う問題である。

●解答ランキングとふぞろい流採点基準

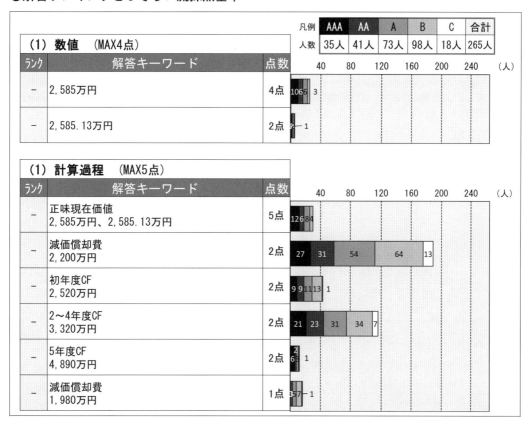

とにかく過去問高速回転！　寝る時もずっとYouTubeで過去問解説動画を流していました。お陰で睡眠不足。

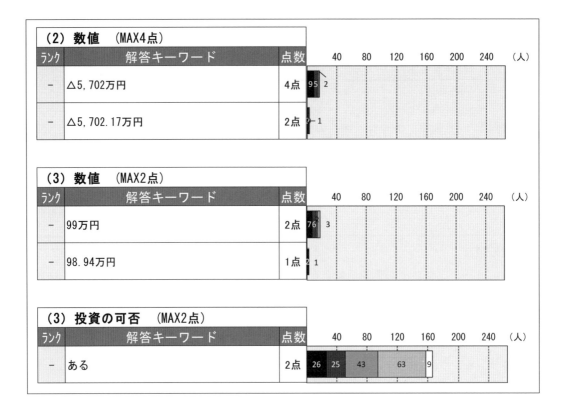

（2）数値　（MAX4点）

ランク	解答キーワード	点数	40	80	120	160	200	240	（人）
−	△5,702万円	4点	95 2						
−	△5,702.17万円	2点	2 1						

（3）数値　（MAX2点）

ランク	解答キーワード	点数	40	80	120	160	200	240	（人）
−	99万円	2点	76 3						
−	98.94万円	1点	2 1						

（3）投資の可否　（MAX2点）

ランク	解答キーワード	点数	40	80	120	160	200	240	（人）
−	ある	2点	26 25	43	63	9			

●再現答案（計算過程のみ。MAX5点）

区	再現答案	点	文字数
AAA	年間販売量が10,000個のとき売上高は10,000万円 変動費は4,000万円、固定費は2,200万円、減価償却費は2,200万円[2] CFは 1年目：（10,000−4,000−2,200−2,200）×0.7+2,200−800=2,520万円[2] 2〜4年目：（10,000−4,000−2,200−2,200）×0.7+2,200=3,320万円[2] 5年目：（10,000−4,000−2,200−2,200）×0.7+2,200+800+1,100−330=4,890万円[2] 正味現在価値は2,520×0.926+3,320×（0.857+0.794+0.735）+4,890×0.681−11,000=2,585.13万円[5]	5	−
AA	減価償却費2,200万円/年[2]、5年度末の処分価額1,100万円 正味運転資本800万円 単位当たり限界利益0.6万円 （0.6×10,000個−2,200−2,200）×0.7+2,200=3,320万円[2] （営業CF）3,320×3.993+1,900×0.681−11,000−800=2,750.66万円	4	−

B	設備の減価償却費は 1,980 万円/年 各年の CF＝{(1−0.4)×10,000−2,200−1,980}＋1,980＝3,254 初年度は在庫増で CF が−800 5年度は在庫減で CF が＋800 となる これらを足し合わせ現在価値に割引くと 1,797 万円	1	−

●解答のポイント

減価償却費をしっかりと算出できていたか。
NPV における正味運転資本の扱いを把握できていたか。

【いかに情報を整理し、部分点を稼ぐことができたか】

先生：第3問は定番の NPV の問題ですね。手ごたえはどうだったでしょうか。

足尾：やばいっす！　唐突の正味運転資本の出現で大パニックっす！

地明：正味運転資本については、頻度は少ないものの過去問や模試で触れる機会があった
　　　わ。でもやっぱり難しかったな……。

先生：詳しくはこの後の特別企画でも触れますが、今回は年間販売量によって正味運転資
　　　本が変わるという条件も付いたことで、多くの受験生が困惑したようですね。

足尾：身につけてきた公式が通用しないときは、やっぱり捨て問にするしかないですよね。

先生：足尾さん、諦めたらそこで試合終了ですよ？　今回の問題は最終的な解答までたど
　　　り着けた受験生は少なかったものの、計算過程において減価償却費や各年の CF
　　　（キャッシュフロー）算出でしっかり稼げたかが1つのポイントであったといえま
　　　す。

足尾：減価償却費の算出だけなら楽勝ですよ。年間1,980万円っすよね？

地明：ちょっと、焦りは禁物よ。「5年度末の処分価額は取得原価の10％である」につら
　　　れて残存価額を10％にしていたでしょ。「残存価額はゼロである」と書いてあるじゃ
　　　ない。だから年間の減価償却費は2,200万円なの。経験上、減価償却費を間違えると、
　　　そのあとの計算も狂ってしまうので慎重にいきたいところね。

先生：素晴らしい観点ですね。実際ここで引っかかった受験生も一定数いたようです。部
　　　分点を狙うからには、一つひとつ丁寧にいきましょう。

足尾：先生……NPV ができるようになりたいです。

（設問2）【難易度　★★★　難しすぎる】

(1)初年度末に2年度以降の販売量が10,000個になるか5,000個になるかが明らかになると予想される。このとき、設備投資の実行タイミングを1年遅らせる場合の当該設備投資の正味現在価値はいくらか。計算過程を示して答えよ。1年遅らせる場合、初年度の固定費は回避可能である。また、2年度期首の正味運転資本の残高はゼロであり、その後は資料における残高と同様である。なお、1年遅らせる場合、設備の耐用年数は4年になるが、その残存価額および処分価額は変化しないものとする。

(2)上記(1)の計算結果により、当該設備投資を初年度期首に実行すべきか、2年度期首に実行すべきかについて、根拠となる数値を示しながら50字以内で説明せよ。

●出題の趣旨

(1) 当該設備投資において、設備投資の実行タイミングを1年遅らせる場合の正味現在価値を算出する能力を問う問題である。

(2) 投資プロジェクトの前提条件の変更がある場合について、延期オプションの価値に関する理解をもとに意思決定させる問題である。

●解答ランキングとふぞろい流採点基準

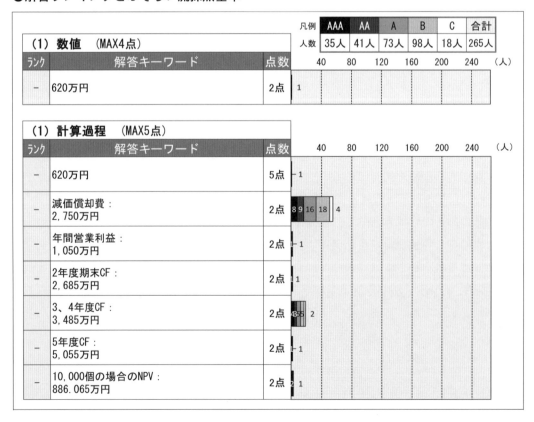

凡例	AAA	AA	A	B	C	合計
人数	35人	41人	73人	98人	18人	265人

(1) 数値　（MAX4点）

ランク	解答キーワード	点数	
－	620万円	2点	1

(1) 計算過程　（MAX5点）

ランク	解答キーワード	点数	
－	620万円	5点	1
－	減価償却費：2,750万円	2点	8 9 16 18 4
－	年間営業利益：1,050万円	2点	1
－	2年度期末CF：2,685万円	2点	1
－	3、4年度CF：3,485万円	2点	4 3 5 2
－	5年度CF：5,055万円	2点	1
－	10,000個の場合のNPV：886.065万円	2点	2 1

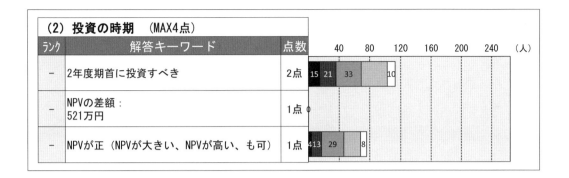

ランク	解答キーワード	点数	40 80 120 160 200 240 (人)
－	2年度期首に投資すべき	2点	15 21 33 10
－	NPVの差額： 521万円	1点	0
－	NPVが正（NPVが大きい、NPVが高い、も可）	1点	413 29 8

（2）投資の時期　（MAX4点）

●再現答案

区	再現答案	点	文字数
AAA	単位：万円 $\blacktriangle 11,000 \times 0.926 + (825 + 2,660 - 800) \times 0.857 + (825 + 2,660) \times (0.794 + 0.735) + (825 + 2,660 + 800 + 770) \times 0.681 = \underline{886.065}^{2}$ 5,000個の場合には投資しないため　$886.065 \times 0.7 = 620.2455 \cdots \underline{620}^{5}$	5	－
AA	減価償却費は $11,000 \div 4 = \underline{2,750万円}^{2}$ 営業CFは $(10,000 \times 1 - 10,000 \times 0.4 - 2,200 - 2,750) \times (1 - 0.3) + 2,750$ $= \underline{3,485万円}^{2}$ $NPV = -11,000 \times 0.926 + 3,485 \times 3.312 \times 0.926 - 800 \times 0.857 + 800 \times 0.681 + 1,100 \times (1 - 0.3) \times 0.681 = 886万円$	4	－

区	再現答案	点	文字数
AAA	2年度期首に実行すべき。理由は、期待値が正の値となり経済性が高いため。	3	35
AA	2年度期首に実行すべき。	2	12
C	初年度期首に投資すべきである。	0	15

●解答のポイント

減価償却費を正しく算出できていたか。
5,000個の場合は投資を実施しないと判断し、正味現在価値をゼロとしていたか。
（マイナスとしていないか）

〜試験前日の過ごし方〜
ファイナルペーパーの印刷。

【あまり深入りしすぎずに】

先生：（設問 2）の（1）はさらに NPV の応用ですね。出来を伺ってもよいですか？

足尾：先生、いじわるっすよ！　こんなの空白に決まっているじゃないですか！？　さすがに限られた時間では厳しすぎますって！

地明：確かに（設問 1）ができていることが前提で、さらにデシジョンツリー的な要素も含んでいるので難易度としてはかなり高めよね。あたしも多年度生の意地を見せようとして、気がついたら深みにはまっていたわ。

先生：この状況、どう切り抜けますか？

足尾：とりあえず計算過程があるからここで部分点を稼げばよかったんすかね。

先生：そうですね、この設問は計算結果の正答は、265 人中たったの 1 人だけでした。そのため、差がつくポイントとしてはやはり計算過程とそのあとの記述問題かと推測されます。なお、計算過程においても 265 人中 122 人が空白で出していました。たとえば、減価償却費だけでも書けていれば十分点数につながった可能性がありますよ。

足尾：減価償却費、侮れないですね。諦めが早かったです。

先生：（2）の記述はどうでしたか？

足尾：時間が足りなくなったので、とりあえず「2 年度期首に投資を実行する」だけ書きましたよ。半分勘です。

先生：よいですね。この問題も 265 人中 76 人が空欄で出していました。それに加えて「NPVが正」、「NPV が大きい」など、何かしら書くことでも加点された可能性は十分にあります。計算過程や記述問題の空白提出を回避する工夫を身につけることで、詰み筋が見えてきそうですね。

Column

社会で戦う武器を手にするために

　ある年、仕事を猛烈に頑張り結果も出していたのに、それが期末の考課に反映されませんでした。これ以上、どう頑張ったらいいのかわからなくなり、仕事を辞めようと思いました。しかし、名刺をやぶり捨てても自分には何も武器がないことに気がついたのが、資格取得の勉強を始めたきっかけです。最初は違う資格を勉強しましたが、新型コロナウイルスが蔓延し、生活リズムが一気に崩れて勉強を断念。数か月が経ち、これではいけないと思い直し FP の勉強を開始。その後、経営企画の部署に異動となり、経営に関する知識を全体的に学ぶことができること、FP とのダブルライセンスでも相性が良かったことから中小企業診断士の勉強を開始しました。

　2 次試験は何が正解かわからないため、悩みや不安を抱えたり、モチベーションが上がらなかったりする時もあろうかと思います。そんな時は、ぜひ、勉強を始めたきっかけや合格後に診断士として活躍する自分をイメージしてみてください。　　　　　　（よしかず）

〜試験前日の過ごし方〜

　仕事の疲れを取るためにあまり勉強はしませんでした。

第4問（配点20点）

（設問1）【難易度　★☆☆　みんなができた】

　D社は、基礎化粧品などの企画・開発・販売に特化しており、OEM生産によって委託先に製品の生産を委託している。OEM生産の財務的利点について50字以内で述べよ。

●出題の趣旨

　OEM生産の財務的特性について問う問題である。

●解答ランキングとふぞろい流採点基準

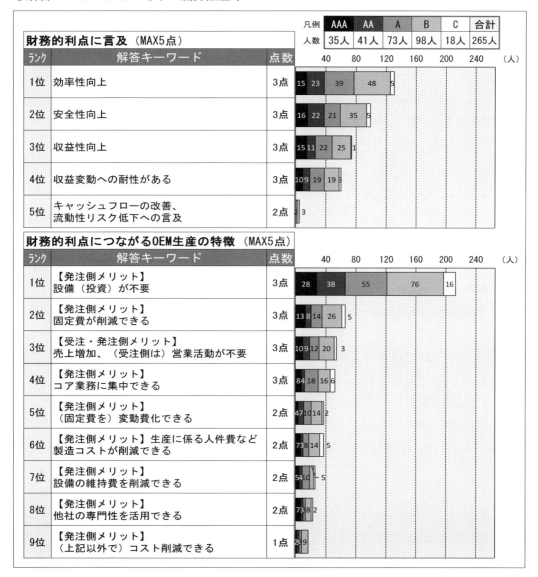

凡例	AAA	AA	A	B	C	合計
人数	35人	41人	73人	98人	18人	265人

財務的利点に言及（MAX5点）

ランク	解答キーワード	点数
1位	効率性向上	3点
2位	安全性向上	3点
3位	収益性向上	3点
4位	収益変動への耐性がある	3点
5位	キャッシュフローの改善、流動性リスク低下への言及	2点

財務的利点につながるOEM生産の特徴（MAX5点）

ランク	解答キーワード	点数
1位	【発注側メリット】設備（投資）が不要	3点
2位	【発注側メリット】固定費が削減できる	3点
3位	【受注・発注側メリット】売上増加、（受注側は）営業活動が不要	3点
4位	【発注側メリット】コア業務に集中できる	3点
5位	【発注側メリット】（固定費を）変動費化できる	2点
6位	【発注側メリット】生産に係る人件費など製造コストが削減できる	2点
7位	【発注側メリット】設備の維持費を削減できる	2点
8位	【発注側メリット】他社の専門性を活用できる	2点
9位	【発注側メリット】（上記以外で）コスト削減できる	1点

●再現答案

区	再現答案	点	文字数
AAA	利点は①**製造設備がない**³ため設備の**効率性**³が高い、②設備の**維持費**²や**製造人件費等**²の**固定費がなく収益性が高い**³。	10	50
AA	①**専門化**³による品質向上と**製造コスト削減**²により**収益性向上**³②**製造設備なし**³で固定資産少なく**安全性向上**³。	10	48
A	**自社は企画等に特化**³し、委託先にて生産するため**設備投資の必要がなく**³固定資産を削減でき**効率性を向上**³できる。	8	50
B	生産に必要な**設備の導入が不要**³となり**固定費を削減**³できる。生産終了時に廃棄費用が無い。**工具の確保も不要**²。	5	50
C	**生産機械を保有しなくてすむ**³ので、債務超過に陥るリスクが回避できる事。	3	34

●解答のポイント

> OEM生産の特徴を発注側企業（または受注側企業）の観点から正確に捉え、財務的なメリットにつなげて考えられたか、がポイントだった。

【問われているのは一般論？】

先生：いよいよ最後の問題、第4問です。（設問1）は、OEM生産の利点として、財務諸表に与える影響を考慮する必要がありましたが、2人はどのように解きましたか？

足尾：OEM生産のメリットといえば、「受注の安定化による売上増加」「広告・営業費用の削減」「稼働率の向上」です。これらを解答キーワードとして盛り込みました。本職に近いので書きやすかったですね。

地明：それってOEM生産の受注側のメリットよね？　今回、D社はOEMを「発注」する側の企業なのよ？　社長に寄り添うならば、発注する側のメリットとして「設備がいらない」ことや「コア業務に集中できる」「固定費が削減できる」などをOEMの特徴として挙げるべきだと思うわ。

足尾：言われてみれば……。でも設問文には、そんな制約書いてなかったっすよ。

先生：そうですね。今回の設問文からは、D社について聞かれているのか、一般論として聞かれているのか、判断が難しいところでした。答案の多くはD社が該当する「発注者」側のメリットを挙げるケースが多かったですが、合格答案の中には「受注者側」メリットに言及した答案も見られましたので、どちらを記載しても妥当性があれば点数は獲得できたでしょう。

【確実なキーワードを選び得点を稼ごう】

足尾：そういうことですね。オレは受注者側として OEM 生産の特徴を書いたので、財務的利点としても「収益性向上」をメインで書きました。発注者側のメリットとしても、D 社ならコア業務の企画・販売・開発に集中することで付加価値が高まり、収益性が向上するって書けばよさそうっすね！

地明：それだけでは視野が狭いと思うわ。OEM 生産によって固定費が少なくて済むから、営業レバレッジが低くなり、販売や収益の減少に対して強い利益構造になる。投資規模も少なくなることで、安全性が向上するわ！

先生：素晴らしい！　営業レバレッジに言及した解答はいくつかありましたが、おっしゃるとおりですので加点されたでしょう。財務的利点は OEM 生産の特徴と合わせて、一貫した解答を作ることが重要です。ほかに発注者側の利点はありそうでしょうか？

足尾：固定資産が少ない分、効率性は向上するはずっすよね！

地明：設備管理コストや労務費減少は収益性の向上につながるわね。生産設備分の減価償却費が計上されなくなる、というのも収益性に関係するかもしれないわ。

足尾：設備投資が不要なら、借入金も不要で安全性が向上するって考え方はどうっすか？

先生：設備投資を行わないからといって借入金が不要、とも言い切れません。また、生産設備分の減価償却費は当然設備がなければ発生しませんが、回答者は少なかったため点数は入りづらかったでしょう。ほかの確実な要素を盛り込むほうが安全策だったと思います。

地明：OEM によって在庫を保有する必要がないから、流動性リスクが低くなったり、CF が改善したりする、ということも考えられない？

先生：確かに一般的な OEM の委託メリットの観点として考えられるので得点できていたかもしれませんね。

地明：考えられる観点はいくつもあるけど、迷ったときは確実性の高いキーワードを書くことで点数につながりやすくなりそうね。

先生：おっしゃるとおりです！　2人ともよく考えられましたね！　50字と限られていますが、落ち着いて丁寧に答えることができれば、高得点を狙えるはずですよ。

（設問2）【難易度　★☆☆　みんなができた】
　D 社が新たな製品分野として男性向けアンチエイジング製品を開発し販売することは、財務的にどのような利点があるかについて50字以内で述べよ。

●出題の趣旨
　D 社について、新たな製品分野に進出する財務的利点について問う問題である。

~試験前日の過ごし方~
軽く体を動かし、消化のいいものを食べ、早寝早起き。

●解答ランキングとふぞろい流採点基準

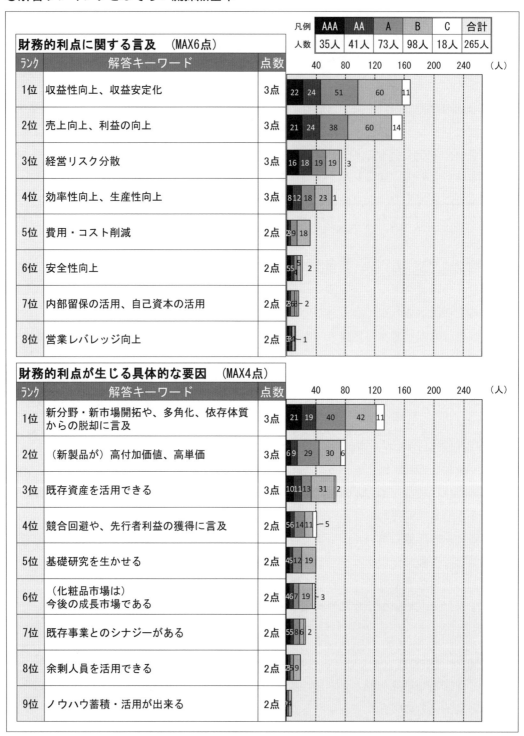

凡例	AAA	AA	A	B	C	合計
人数	35人	41人	73人	98人	18人	265人

財務的利点に関する言及　（MAX6点）

ランク	解答キーワード	点数
1位	収益性向上、収益安定化	3点
2位	売上向上、利益の向上	3点
3位	経営リスク分散	3点
4位	効率性向上、生産性向上	3点
5位	費用・コスト削減	2点
6位	安全性向上	2点
7位	内部留保の活用、自己資本の活用	2点
8位	営業レバレッジ向上	2点

財務的利点が生じる具体的な要因　（MAX4点）

ランク	解答キーワード	点数
1位	新分野・新市場開拓や、多角化、依存体質からの脱却に言及	3点
2位	（新製品が）高付加価値、高単価	3点
3位	既存資産を活用できる	3点
4位	競合回避や、先行者利益の獲得に言及	2点
5位	基礎研究を生かせる	2点
6位	（化粧品市場は）今後の成長市場である	2点
7位	既存事業とのシナジーがある	2点
8位	余剰人員を活用できる	2点
9位	ノウハウ蓄積・活用が出来る	2点

●再現答案

区	再現答案	点	文字数
AAA	利点は①化粧品市場の拡大²が見込め新分野進出³で売上高増加³が期待でき収益性改善³②多角化で経営リスク分散³。	10	50
AA	利点は①基礎化粧品依存から脱却³し安全性向上²②既存事業とシナジー²で収益性改善³③固定資産共有³で効率性改善³。	10	50
A	利点は、売上が拡大する³ものの、余剰人員を活用²して人件費の増加は抑えられるため、収益性が向上³すること。	8	50
B	中長期に市場が拡大²する中今までにない画期的な新製品³を他社に先駆けて販売³し競争優位の売上向上³が見込める。	7	50
C	先発企業²として男性向けアンチエイジング製品の販売に成功すれば長期的に収益性を高められる³。	5	44

●解答のポイント

> 　D社における新製品販売による財務的なメリットを、D社の今後の戦略面や、販売面、生産面など多面的な観点から分析できているか、がポイントだった。

【他の設問と組み合わせ、D社に寄り添った解答を！】

先生：今回は出題の趣旨でも明確に「D社について」と書いてあるので、D社に寄り添った解答が求められましたが、どのように解答を組み立てましたか？

地明：やっぱり売上高向上による収益性向上よね！　現実的に考えて、これまでにない商品を開発するのだから相当な覚悟があるはず。化粧品市場は中長期的には成長していくと与件文に書かれていたし、新たな挑戦をするには妥当よね。創業20年とまだ若い会社だし、これからもっと成長していきたいと考えているに違いないわ！

先生：本当にそれだけでしょうか？

足尾：オレは、多角化による経営リスク分散がメリットだと考えました。D社の主力商品の基礎化粧品は競争が激化している一方で、男性向けアンチエイジング製品は「今までにない画期的な製品」と与件文に書かれているので、異なる需要を取り込もうとしているんじゃないですかね。

先生：その観点もありますね。合格答案の中には、単一市場依存からの脱却という点まで言及している答案もありました。経営リスク分散の具体的な内容として加点されたでしょう。別の観点として、第1問との関連性は考えられないでしょうか？

地明：D社の主要な課題は収益性と効率性に集中していました。……そうか！　これから「自社生産」で男性向けアンチエイジング製品を開発しようとしているということ

は、D社は既存の固定資産や人材をこの新規事業で生かそうとしているのね。つまり効率性の改善につながりそう！

足尾：ターゲットと商品は違えど、ECサイト活用などは既存事業とのシナジーもあるかもしれないですね。与件文には化粧品市場の中長期的な拡大についても言及がありますし、新分野にいち早く進出することで先行者利益を獲得して収益拡大、なんてストーリーも描けそうっす！

先生：詰み筋が見えてきましたね。特に第4問は、第1問などほかの設問との関連性を意識して書かれた答案であると、より答案全体の一貫性が出てきます。

地明：安全性の観点からいえることはないのでしょうか？　確かに現状のD社の安全性は高い傾向にありますが、経営層としては今後もよい状態を維持したいと考えるはずです。また、自社生産のために現在保有している現金を設備購入に充てることになるため、安全性が低下する原因になることはありませんか？

先生：素晴らしい着眼点です。将来にわたりD社の安全性が良好かは不透明ですので、安全性に関する財務的利点を解答しても、点数を獲得できる可能性は十分にあるでしょう。安全性の観点では具体的に何がいえそうでしょうか？

足尾：たとえば、新しい収益源ができることで内部留保を増加させることもできるので、資本構造の安全性が高まる、というロジックはありそうですね。

先生：よいですね。そのような考え方も妥当性は十分あるでしょう。ただ、合格答案では収益性や効率性、経営リスク分散に関する言及が多かったため、事例全体の一貫性を鑑みると、安全性以外の財務的利点を指摘するほうが優先度は高かったといえるかもしれませんね。

地明：第1問では財務的な課題を検討し、第2問や第3問で施策の方向性を考えて、第4問はそれらも踏まえて最終的な提案を社長にする、というイメージかもしれないわね！　とてもスッキリした！

足尾：事例全体のフレームワークとして捉えられそうっす！　次回から使ってみます！

先生：これですべての事例が終了しましたね。お疲れさまでした。さぁ、今回の経験を踏まえて復習し、次回の事例ではより高い点数が取れるように取り組んでいきましょう！

地明・足尾：はい！

〜試験前日の過ごし方〜

当日長丁場のため、特別なことをせず規則正しく過ごす。

▶事例Ⅳ特別企画

事例Ⅳ攻略のカギは計算力？
～出題傾向から見る対策～

【計算ミスを侮るな！】

先生：令和5年度の事例Ⅳは、与えられた財務諸表の数値が下一桁まで細かく表示されていました。桁数も多く、計算に時間がかかった方も多いのではないでしょうか？

地明：あたしは実務で数字に触れる機会も多いので、なんてことありませんでした。

足尾：オレも、仕事で経理をやっている身として間違えるはずない！と思っていたのに、電卓の打ち間違いをしてしまいました。

先生：事例Ⅳは疲労困憊の中で受ける事例ですから、とにかく落ち着いて解くことが重要です。実は、再現答案の中でもちょっとしたミスが散見されました。令和5年度で実際にあった計算ミスの一部をまとめたので、一緒に見ていきましょう。

第1問

【四捨五入の処理ミス】

正：売上高営業利益率　　　11.59%　　　　誤：売上高営業利益率　　　11.58%

正：有形固定資産回転率　　71.90回　　　　誤：有形固定資産回転率　　71.89回

【単位のミス】

正：自己資本比率　　　　　77.56%　　　　誤：自己資本比率　　　　　77.56回

第2問（設問1（4））

【単純な計算ミス】

正：損益分岐点比率の変化　14.73%　　　　誤：損益分岐点比率の変化　△14.73%

　（令和4年度－令和3年度）　　　　　　　　（令和3年度－令和4年度）

第3問

【設問文を読み間違えて計算】

正：設備投資11,000千円の残存価額　ゼロ

　→減価償却費2,200万円（11,000千円÷5年）

誤：設備投資11,000千円の残存価額　取得価額の10%

　→減価償却費1,980万円（11,000千円×90%÷5年）

足尾：こうやって見ると、注意するべきポイントって意外と多いっすね！

先生：いつもなら間違えないようなものでも、疲労と緊張でうっかり……なんてこともあり得ます。そして、そこで失った1点が合否を分けるかもしれません。

地明：そのとおりですね……。事例Ⅳはとにかく時間が足りないから、効率的かつ、ミス

をしないことが大事ね！　何かいい方法はないのかしら。

先生：これについては、唯一の答えはありません。事例Ⅳが得意な人、苦手な人でもやり方は変わってくるでしょうから、自分なりのルールを決めておくことが重要ですね。

　　ここでは、ふぞろいメンバーがどのように事例Ⅳの計算問題に取り組んでいたのか、簡単にご紹介します。自分に合う方法を見つけて、参考にしてみてくださいね！

【設問文の条件への対応】

・四捨五入の単位を間違えないよう、自分でルール化した数値を書いておく。
　例）小数点第3位を四捨五入→③、4のように解答欄の横に記入。（ぴろ）

・四捨五入、税率、単位、計算に使用する条件などに決まった色でマーカーをして目立たせる。（サエコ）

・設問文の計算条件には、マーカーと①②③のような番号をつける。計算メモ欄で使用した条件に対応する番号を記入し漏れを防ぐ。（おかなつ）

【電卓の使い方】

・メモリー機能を活用し、打ち間違い防止と入力回数削減。（多数）

・小数点セレクター、ラウンドセレクターを駆使し四捨五入ミスを防止。（よしかず）

・スピードより正確性を重視。電卓の画面、キーから目を離さず、確実に計算。（みやけん、かれん）

・第1問は、自分で決めた経営指標を先に計算。その際に売上高をメモリーし、収益性、効率性の指標を一気に計算してしまう。（ぐっさん、かれん、たく）

・利き手と反対の手でブラインドタッチ。（いっちー、たく）

【運転資本の極意】

先生：ところで、令和5年度は第3問で運転資本を考慮する問題が出題されました。令和4年度も第3問で「在庫投資」という用語で出題されましたが、意味合いは同じですので、実質的に2年連続での登場となりました。

足尾：今までって、「運転資本の増減は考慮しない」っていう過去問が多かったから深く考えたこともなくて、本番でパニックになっちゃいました。そもそも運転資本って何なんっすか？

先生：運転資本とは、事業活動に必要となる資金のことで、一般に「運転資本＝売上債権＋棚卸資産－仕入債務」で求められます。運転資本が増加するということは、CFがその分だけマイナスになるということです。

足尾：……？？

先生：少し悩ませてしまいましたね。簡単にするために、先ほどの式の売上債権と仕入債務をゼロと考えましょう。すると、棚卸資産だけになりますよね。ということは、

「運転資本の増加」＝「棚卸資産の増加」となります。棚卸資産（在庫）を買った分だけ手元の現金が減る、つまり CF がマイナスになるわけですね。

地明：逆に、「運転資本の減少」＝「棚卸資産の減少」なので、棚卸資産（在庫）を売却した分、CF がプラスになる（現金が増える）ってことですね！

先生：そのとおりです！　これで、運転資本の詰み筋が見えてきましたね。

足尾：でも先生、設問文を読むと、2年度末〜4年度末も初年度と同じ金額の運転資本があります！　これはどう考えればいいっすか？

先生：運転資本は増減があった場合にのみ考慮します。今回の問題は初年度末から4年度末まで増減がありませんので、2年度末〜4年度末の CF はゼロということになります。イメージしづらい方は、CIF（プラスの CF）と COF（マイナスの CF）を、「2年度末は初年度末で買った在庫を売却して（CIF：800）、同じだけの在庫を購入した（COF：800）」と考えるとよいかもしれません。この考え方でも、CIF と COF が相殺されてゼロとなります。

地明：先生の解説を図で表してみました！　こんな感じでしょうか？

第3問　初年度販売量10,000個の運転資本のキャッシュフロー

	初年度期首	初年度末	2年度末	3年度末	4年度末	5年度末
						単位：万円
CIF			運転資本 800	運転資本 800	運転資本 800	運転資本 800
COF		運転資本 800	運転資本 800	運転資本 800	運転資本 800	

CIF：キャッシュインフロー　COF：キャッシュアウトフロー　　相殺されて実質ゼロ

先生：地明さん、さすがです。意味さえわかってしまえば、計算自体は簡単ですね！

【さいごに】

先生：令和5年度は、問題自体はオーソドックスな印象でしたが、①財務諸表の桁数が多い②計算結果のみを答える問題が例年より多い③計算過程を記述する欄が小さいといった変化が見られました。もしかすると、純粋な計算力を高めてほしいという中小企業診断協会からのメッセージだったのかもしれません。

地明：来年度がどうなるかはわからないけれど、計算力を高めておいて損はないですね。今日からコツコツ頑張ります！

足尾：オレも地明さんに負けてられないっす！　うおおおお！

~試験前日の過ごし方~
どこのコンビニでお昼ご飯を買うかシミュレーション（会場付近は混雑の恐れあり）。

ふぞろい流ベスト答案 ━━━━━━━━━━━━ 事例Ⅳ

第1問（配点20点）

（設問1）　　　　　　　　　　　　　　　　　　　　　　　　　　【得点】9点

	(a)	(b)
①	売上高営業利益率[2]	11.59（％）[1]
②	固定資産回転率[2]	23.04（回）[1]
③	当座比率[2]	311.97（％）[1]

（設問2）　　　　　　　77字　　　　　　　　　　　　　　　　【得点】11点

売	上	高	営	業	利	益	率	が	悪	化[3]	し	た	原	因	は	①	同	業	他
社	と	の	競	争	激	化[2]	に	よ	り	売	上	高	が	減	少[2]	②	原	材	料
費	が	高	騰[2]	し	た	こ	と	に	よ	り	売	上	原	価	増	加[2]	③	人	件
費	を	維	持[3]	し	販	管	費	率	が	上	昇[2]	し	た	た	め	。			

第2問（配点30点）

（設問1）　　　　　　　　　　　　　　　　　　　　　　　　　　【得点】10点

(1)	63.31％[2]
(2)	1,141,590千円[2]
(3)	3,111,447千円[3]
(4)	14.73％[3]

（設問2）　　　　　　　　　　　　　　　　　　　　　　　　　　【得点】10点

(1)	中止すべきで（ある・**ない**[2]）

	貢	献	利	益	が	50	00	万	円	あ	り	プ	ラ	ス	で	あ	る	た	め	。

(2)	20,000万円[2]
	必要なY製品の利益の増加額：10,000＋15,000×0.2－5,000＝**8,000万円**[1]
	Y製品の変動費率：6,000÷10,000＝**0.6**[1]
	Y製品の売上高の増加額：8,000÷（1－0.6）＝**20,000万円**[1]

（設問3）　　　　　　　76字　　　　　　　　　　　　　　　　【得点】10点

製	品	ご	と	に	コ	ス	ト	構	造	が	異	な	る[4]	た	め	妥	当	で	は
な	い[2]	と	考	え	る	。	製	品	に	か	か	る	共	通	費	を	適	切	に
反	映	す	る	た	め	に	は	、	**活**	**動**	**基**	**準**	で	**原**	**価**	**計**	**算**[4]	し	、
配	賦	す	る	会	計	処	理	が	妥	当	と	考	え	る	。				

~試験前日の過ごし方~
いつもどおり過ごす。少しだけ早寝、お酒は控えめ。

第3問（配点30点）

（設問1） 　　　　　　　　　　　　　　　　　　　　　　　　　【得点】17点

<table>
<tr><td rowspan="2">(1)</td><td colspan="2">2,585万円[4]</td></tr>
<tr><td>売上高：1万円×10,000個＝10,000万円
変動費：4,000万円
固定費：2,200万円
減価償却費：11,000万円÷5年＝**2,200万円**[2]
各年度のCFは
1年目：(10,000−4,000−2,200−2,200)×0.7+2,200−800＝**2,520万円**[2]
2〜4年目：(10,000−4,000−2,200−2,200)×0.7+2,200＝**3,320万円**[2]
5年目：(10,000−4,000−2,200−2,200)×0.7+2,200+800+1,100−330
＝**4,890万円**[2]
正味現在価値は
2,520×0.926+3,320×(0.857+0.794+0.735)+4,890×0.681−11,000
＝**2,585.13万円**[2]　　∴**2,585万円**</td></tr>
<tr><td>(2)</td><td colspan="2">△5,702万円[5]</td></tr>
<tr><td>(3)</td><td colspan="2">99万円[2]</td></tr>
<tr><td>(4)</td><td colspan="2">（ある[2]・ ない）</td></tr>
</table>

（設問2） 　　　　　　　　　　　　　　　　　　　　　　　　　【得点】13点

<table>
<tr><td rowspan="2">(1)</td><td colspan="2">620万円[4]</td></tr>
<tr><td>減価償却費：11,000÷4＝**2,750万円**[2]
タックスシールド：2,750×0.3＝825万円
2年度末のCF：825+2,660−800＝**2,685万円**[2]
3、4年度CF：825+2,660＝**3,485万円**[2]
5年度CF：825+2,660+800+770＝**5,055万円**[2]
▲11,000×0.926+2,750×0.857+3,485×(0.794+0.735)+5,055×0.681
＝**886.065万円**[2]
5,000個の場合には投資しないため886.065×0.7＝620.2455…**620万円**[5]</td></tr>
<tr><td>(2)</td><td colspan="2">2年度期首に投資を実行すべき[2]である。理由はNPVが正[1]であり、初年度に投資する場合より521万円[1]高い為。</td></tr>
</table>

〜試験前日の過ごし方〜

図書館で勉強して帰った後は、夜に自分を奮い立たせる音楽（ロック系）を聴いていた。

第4問 （配点20点）

（設問1） 50字 【得点】10点

利	点	は	①	設	備	不	要³	な	た	め	コ	ア	業	務	に	集	中³	で	き
安	全	性	が	高	く³	②	固	定	費	の	変	動	費	化²	に	よ	り	販	売
低	迷	時	に	柔	軟	性³	が	あ	る	。									

（設問2） 50字 【得点】10点

利	点	は	①	新	分	野	進	出³	に	よ	る	売	上	向	上³	で	収	益	性
改	善³	②	既	存	資	産	を	活	用³	で	き	効	率	性	改	善³	③	経	営
リ	ス	ク	を	分	散³	で	き	る	事	。									

ふぞろい流採点基準による採点

100点

第1問（設問1）：与件文および財務指標から得られる情報に基づいて指標を選択しました。

第1問（設問2）：（設問1）で指摘した指標のうち、与件文での言及が多い売上高営業利益率を選択し、悪化した要因を多面的に解答しました。

第2問（設問1）：前提条件に従って、算出した結果を解答しました。

第2問（設問2）：貢献利益をもとに販売中止すべきか判断し、中止した場合の他製品の売上高の増加額を条件に従って算出した結果を解答しました。

第2問（設問3）：妥当性がない理由と代替となる配賦基準として活動基準を挙げて解答しました。

第3問（設問1）：減価償却費の計算や運転資本の増減に注意して、正味現在価値を算出しました。

第3問（設問2）：（設問1）との関連性や、耐用年数や減価償却費、運転資本の変化に注意して、正味現在価値を算出しました。

第4問（設問1）：D社目線でOEM生産の「発注者」側のメリットを多面的に記載しました。

第4問（設問2）：第1問を踏まえて、多角化による収益性や効率性の改善とともに、化粧品市場の不安定さを踏まえて経営リスク分散に言及しました。

失敗したっていいじゃない
～ふぞろいメンバーが経験した失敗やその克服方法をさらす!!!～

　「私の最大の光栄は、一度も失敗しないことではなく、倒れるごとに起きるところにある」。これはホンダの創業者、本田宗一郎の名言です。この企画は、先輩たちの失敗談やその乗り越え方を紹介します。特に、正解や設問ごとの得点開示がなされない2次筆記試験はどうしても情報戦になりやすく、あとで知って「ああしておけばよかった」、「こうしておけばよかった」というようなことが多々あります。また、8割の受験生が悔しい思いをする試験です。試験の不合格を知ったとき、先輩たちは何を思ってどう行動したか、そのような部分も体験談を踏まえてご紹介いたします。ぜひ、参考にしていただければと思います。

【ふぞろいメンバーの失敗談の分布】
　まずは、ふぞろいメンバーの受験生活における失敗談の内訳をご紹介します。どのようなシチュエーションでの失敗が多かったのでしょうか？　ふぞろいメンバーへのアンケート結果（複数回答可）をご覧ください。

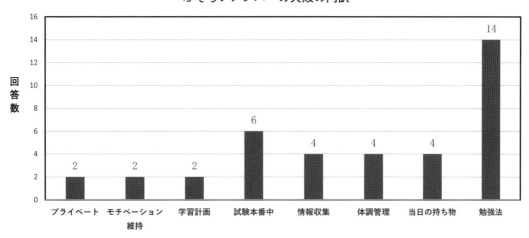

ふぞろいメンバーの失敗の内訳

　上記のとおり、勉強法を中心として多彩な失敗が見受けられます。このコーナーではふぞろいメンバーに、彼らが経験した失敗談、それを乗り越えた秘訣や失敗を踏まえた反省点、後輩受験生へのメッセージを語ってもらいます。
　司会進行は、企画チームのオスカル（以下、オス）＆もろで、お届けします。ぜひとも私たちの失敗を踏まえ、ふぞろいキャラクターたちと一緒に学びとしていただければと思います。

～試験の朝の過ごし方～
　早め早めで焦らないように。

【テーマ１：情報収集、学習計画、勉強法編】

オス：それでは、最初の失敗から。ゲストはひろしさん（以下、ひろ）、よろしくです。

ひろ：よろしくです。

足尾：どんな失敗したんすか？　フレームワーク忘れとか？

地明：ヒロヤうるさい。あなたの失敗はそのフレームワーク依存よ。

ひろ：私の失敗は……「２次試験の問題演習時に制限時間を計っての演習をほとんどしなかった」ことです！！

足尾：えぇ！　時間なんて適当でいいんじゃないの？　キーワード拾えれば秒殺でしょ！

地明：現実的に考えて時間配分のミスは試験本番では致命的よ。設問解釈、与件文の読み込み、転記の時間……私も経験があるからわかるわ。

先生：これはいい失敗ですね。どうやってカバーしたんですか。

ひろ：はい、私は確実に取れるところを取りに行くために、答案用紙への解答転記はこまめに行うようにしました。試験当日も『ふぞろい』の時間配分を参考にして細かくタイムスケジュールを区切って、見通しのつかないものは割り切って、わかったところまでをまとめて書くようにしました。

足尾：やっぱり現場での対応力も大事なんですね。キーワードをフレームワークに当てはめることに夢中であまり意識したことなかったっす。

地明：そうね、試験本番は独特の緊張感もあって普段どおりの力を出し切れないことも多いのよ。少なくとも時間を計って自分のペース配分をつかんでおくことは重要ね。

先生：確かにそうですね。でも諦めずに最後まで戦ったひろしさんは素晴らしいですね。諦めたらそこで試合終了ですので。ひとつの対策としては、模試の会場受験を行ってみると緊張感や現場対応を体験することができますよ。

足尾：模試かぁ、受ける気なかったけど受けてみようかな。

地明：再現答案作成を意識するのであれば、試験後に再現しやすいメモ作りも意識しなければいけないでしょ？　タイムマネジメントといっても意識することが多いのよ。

足尾：それは気づかなかったっす。

もろ：ほかにも、情報収集、学習計画、勉強法を反省する声は多かったようですね。

> ・初見過去問は希少価値が高いのに無駄に消費してしまった（サエコ）
> ・解答の転記方法が本番３日前まで固まらなかった（むらまさ）
> ・『ふぞろい』、めちゃ売り切れてるやん（たべちゃん）
> ・試験直前１か月が結構な激務で時間がなさすぎた（あーや）
> ・２年計画にしていて２次試験学習開始時に知識が不足（よっしー）

オス：勉強法はふぞろいメンバーの一番多い失敗でした。ぜひご参考としてください。

【テーマ２：試験本番中、当日の持ち物編】

オス：はい、では次にまいりましょう。次は「試験本番中、当日の持ち物編」、ゲストは
　　　この方、ぴろさんです。

ぴろ：はい、よろしくお願いいたします。僕の失敗はですね……<u>「日頃スマートウォッチ</u>
　　　<u>を使っており、試験用に昔使っていた腕時計を使おうとしたら太陽光に触れてなさ</u>
　　　<u>すぎて壊れていた」</u>ことです……。焦って前日に修理に持ち込んだら３万円かかる
　　　と言われてしまい驚きました。

足尾：えぇ、スマートウォッチだめなんすか？　俺ずっとスマートウォッチっすよ！　時
　　　代はデジタル化！　DRINKっすよ！

地明：ヒロヤ、試験案内見てないでしょ。ウェアラブル端末を身に着けていたら一発アウ
　　　トよ。試験監督がいつも言いにくそうに説明してくれるからやけに覚えているわ。

先生：時計がない会場も多いので、このあたりの準備も徹底しておかないといけませんね。

足尾：それでどうなったの？

ぴろ：結局、1,000円均一の腕時計を購入しに走りました。<u>何事も余裕をもって取り組む</u>
　　　<u>ことが大事だなと思いましたよ。</u>

地明：スマートウォッチのまま試験に突入しなかっただけせめてもの救いね。大型の置き
　　　時計も指摘される場合があるから注意が必要よ。

足尾：1,000円均一のショップに今からダッシュっすよ。

もろ：このほかにも、当日の持ち物に関する失敗は、多かったようですね。

> ・消しカスが最強にまとまる消しゴムを用意しておけばよかった（あーや）
> ・試験直前にお気に入りの電卓に√キーがないことに気づいた（けんけん）
> ・でかい鉄の定規を持っていき試験中に落としてしまった（しず）

もろ：また、試験本番中に関する反省はこちらになります。やはり本試験会場では何が起
　　　こるかわかりませんね。

> ・終了時間を10分早く勘違いして解答の精度が落ちてしまった（たく）
> ・会場でのほかの受験生同士の会話が気になってしまった（おかなつ）

先生：事前準備と当日のイメージトレーニングを念入りにすることで詰み筋が見えてきそ
　　　うですね。

オス：私は５年連続で受験会場に足を運びましたが、毎回何かしらの予想外は起きていま
　　　した。大事なのは何があっても平気なフリをし続けることかもしれませんね。

~試験の朝の過ごし方~ ──────
　試験会場近くのカフェにオープンと同時に入店して、全事例のファイナルペーパー確認。

【テーマ３：落ちたときの立て直し方編】

オス：最後は少し趣向を変えて、司会、そして受験歴５年の私オスカルから、「落ちたときの立て直し方」をお伝えしますね。

地明：現実的に考えて多年度生の身としては興味あるわね。

足尾：オレの最強フレームワークがあれば不合格なんてあり得ないっすよ。

先生：足尾さん、いけませんね。何事も決めつけないのが重要です。

オス：私は２次試験に落ちたとき、中小企業診断士が一気に遠ざかった気がして絶望のどん底でした。そのときに役立ったのがオンラインの受験支援団体で見つけた同じ境遇の勉強仲間の存在でした。それでも決して諦めようとしない彼らの行動や発言に刺激されて、もうちょっと頑張ってみようという気になりましたね。

足尾：SNS戦略！！！　双方向コミュニケーションっすね！

地明：そういうアイデアもあるのね。でも彼らが５年間も付き合ってくれたとは思えないわ！　ほかにも何かあるのかしら。

オス：あとはメンタルトレーニングですかね。合格発表直後ってSNSが合格報告で溢れるんですよ。「落ちたと思ってたけれど受かってた」みたいな。不合格者にとっては結構それが辛くて。でも考え方を変えて自分と彼らを比較するんじゃなくて、自分と何もしていなかった場合の今の自分を比較したときに、ちょっと視界が明るくなったんですよね。今自分めちゃくちゃ前進しているじゃん、みたいな感じで。その発想の転換はよかったです。

足尾：わお、その強メンタル、負けてられないっす。

地明：確かに経験上、合格者と比較したときの劣等感はわかる気がするわ。

先生：オスカルさん、素晴らしい発想ですね。

もろ：ほかの多年度生メンバーもさまざまな工夫をし、逆境から合格をつかみ取ったようです。

> ・勉強習慣継続のため、試験後にファイナンシャルプランナー試験にチャレンジ（たく）
> ・パートナーと一緒に勉強してモチベーション維持（おかなつ）
> ・２次試験対策講座を申し込んだ（ぐっさん）
> ・ここまで勉強したのに「もったいない」という貧乏根性（なおふみ）

オス：皆さま、いかがだったでしょうか。ふぞろいメンバーの失敗を参考としていただき、失敗の回避やその克服に生かしていただければと思います。失敗は成功するまでの過程にすぎません。皆さまの合格を心よりお祈り申し上げます。

〜試験の朝の過ごし方〜
　　会場１時間前に会場に行き、近くのコンビニで朝食。

第3章

合格者による、ふぞろいな再現答案
～80分間のドキュメントと合格者再現答案～

　得点は開示されても、模範解答は相変わらず公表されない2次試験。

　何に向かってどう努力すればよいのか、ふぞろいメンバーたちも雲をつかむような思いでもがいてきました。

　第3章では、さまざまな属性やバックグラウンドを持つ6名のふぞろい合格者メンバーによる再現答案を掲載します。自分なりに確立してきた、「80分という時間の制約の中で、得点を最大化するための方法」はそれぞれどのようなものだったのか。また彼らはどのような1年を過ごして2次試験を迎え、試験当日にはどのような心情だったのかなど、赤裸々に余すところなくお伝えします。

　なお、再現答案にはふぞろい流採点による得点だけではなく、本試験での実際の得点も記載しております。

　ふぞろいな合格者たちのふぞろいな方法から、参考になることを積極的に取り入れたりアレンジしたりして、あなただけの「ふぞろい」な活用方法を見つけてください。本書が「合格」の手助けとなれば幸いです。

第3章のトリセツ

第3章では、再現答案チーム6名の各メンバーが2次試験当日までどのような勉強をしてきたのか、当日は何を考えどのように行動したのかを詳細に紹介しています。ご自身と属性の近い合格者を探し、合格のヒントとしてご活用いただければ幸いです。

第1節　80分間のドキュメントと再現答案

1．再現答案チーム6名のご紹介

　　　各メンバーの年齢や職業といった属性のほか、受験回数、勉強時間、2次試験攻略法などを一覧で紹介します。

2．勉強方法と合格年度の過ごし方

　　　各メンバーの勉強への取り組み方、合格のために重視していたこと、勉強スケジュールなどを詳細なコメント付きで紹介します。

3．80分間のドキュメントと合格者の再現答案

　　　6名の合格者が2次試験本番にどのように臨み、どのように合格答案に至ったのかを、ドキュメント形式でお伝えします。予想外の難問・奇問や思わぬハプニングに翻弄されつつも、なんとか合格をつかみ取ろうとする6名の姿を、当日の間違った思い込みやリアルな感情の動きも含め記録しています。また、実際に当日作成した答案を後日再現し、ふぞろい流採点と実際の得点を添えて掲載しています。

第2節　【特別企画】ふぞろいメンバーに聞いた！　2次試験「合格」のつかみ方

　　中小企業診断士試験の2次試験は模範解答が公表されていません。また、各予備校や参考書に掲載されている模範解答の内容は異なっています。最近では参考書だけでなくYouTubeでも模範解答や解説を確認することができるようになりました。ストレート受験生は1次試験から2次試験まで3か月という短い時間に集中して学習する必要があります。また、多年度生はこれまでの学習方法でよいのか、もっと違う学習方法を試したほうがよいのではないかなど悩まれる方もいます。そして、情報過多によって結局何をやればよいのかわからず、不安になる受験生も多いと思います。

　　そこで、ふぞろいメンバー23名に「学習スタイルと活用した参考書」、「利用したWEBコンテンツ」、「過去問演習後の復習方法＆受験生同士の交流」、「隙間時間の学習方法」、「直前期の学習方法＆前日の過ごし方」、「ファイナルペーパー」、「模試」についてアンケートを取りました。これらの情報と再現答案チーム6名の実体験を紹介します。

第1節

80分間のドキュメントと再現答案

1．再現答案チーム6名のご紹介

再現答案を活用するために自分と似たタイプの合格者を一覧表から見つけてください！

	かーず	かれん	かんのり	たべちゃん	なおふみ	よしかず
年齢	47歳	34歳	28歳	32歳	34歳	38歳
性別	男	女	男	女	男	男
業種	小売・サービス	金融	メディア・小売	製薬	士業	団体職員
職種	経営管理全般	営業企画	マーケティング	MR	弁護士	経営企画
2次受験回数	1回	1回	1回	1回	4回	2回
2次勉強時間	220時間	350時間	542時間	280時間	600時間	660時間
学習形態	独学	ほぼ独学	独学	予備校通学	独学	独学
2次模試回数	1回	0回	1回	1回	0回	0回
模試成績	CBDC	—	BDCC	総評D	—	—
得意事例	事例Ⅳ	事例Ⅳ	事例Ⅱ	事例Ⅰ	事例Ⅰ	事例Ⅲ
苦手事例	事例Ⅲ	事例Ⅱ・Ⅲ	事例Ⅳ	事例Ⅳ	事例Ⅳ	事例Ⅱ
文系／理系	文系	理系	文系	文系	文系	理系
過去問の取り組み方	質を重視	量を重視	量を重視	質を重視	質を重視	量を重視
取り組み事例数	60事例	113事例	196事例	72事例	32事例	244事例
ふぞろい流採点結果 実際の得点 Ⅰ	86/70	75/66	63/59	79/73	78/69	50/42
Ⅱ	53/52	53/55	64/60	49/61	69/72	55/59
Ⅲ	60/69	79/66	53/66	59/62	64/59	76/72
Ⅳ	58/63	68/73	67/56	57/59	63/51	60/67
2次試験攻略法	・80分の時間マネジメント ・『ふぞろい』を信じる	・事例パターンの習得 ・過去問演習＆『ふぞろい』で採点	・図解で知識インプット ・過去問演習でプロセス定着	・情報収集 ・『ふぞろい』で解答の方向性を研究	・過去問演習 ・『ふぞろい』で確認し思考方法を定着	・過去問演習を通じて知識と解法プロセスを定着
事例を解くのに有利な経験や資格	ビジネス会計簿記、ファイナンシャル・プランナー	業務経験が事例Ⅳに有利	—	—	—	—

〜試験の朝の過ごし方〜
解いた問題を再確認。

2. 勉強方法と合格年度の過ごし方

勉強方法と解答プロセス ＊ ━━━━━━━━━━ かーず 編

（再現答案掲載ページ：事例Ⅰ p.156 事例Ⅱ p.180 事例Ⅲ p.204 事例Ⅳ p.228）

私の属性

【年　　齢】	47歳	【性　　別】	男
【業　　種】	小売・サービス業	【職　　種】	経営管理全般
【得意事例】	事例Ⅳ	【苦手事例】	事例Ⅲ
【受験回数】	1次：1回　　2次：1回		
【合格年度の学習時間】	1次：350時間　　2次：220時間		
【総学習時間】	1次：630時間　　2次：220時間		
【学習形態】	独学		
【直近の模試の成績】	上位39％	【合格年度の2次模試受験回数】	1回

私のSWOT

S（強み）：早朝からフルパワー　　**W**（弱み）：夜は晩酌の誘惑に勝てず勉強できない

O（機会）：子会社出向　　**T**（脅威）：飲み会と二日酔い

効果のあった勉強方法

①YouTubeフル活用（耳勉）

　毎日往復3時間以上かかる通勤時間をフル活用です。2次試験の解説動画（野網先生の『まとめシート流！絶対合格チャンネル』など）や、一問一答動画（『ダンシ君のサブノート_中小企業診断士合格Channel』（以下、『ダンシくん』）など）を歩きながらインプット。

②80分時間厳守の過去問演習

　過去問演習では80分以内で解くことを徹底しました。そのために80分間の使い方のルールを定めて厳守しました。過去問を解きながら、設問解釈→与件文→メモ→解答作成の時間配分を微調整していきました。そうすることで本番でも時間内に全問解答を書けるという状態に仕上がりました。

③知識整理（一問一答形式）

　過去問を解いたあとはミスした事柄や必要知識などをExcelに入力して整理しました。それを蓄積していき自己流一問一答が完成。直前は録音アプリに吹き込んで歩きながら耳勉。事例Ⅰ～Ⅲの企業にはあるべき姿と現実があり、そこにギャップがあります。それを助言で埋めていくのが解答ですね。あるべき姿（知識）を試験前から自分の中に定着させておくと、そのギャップ（課題）が特定しやすいため効果的です。

私の合格の決め手

　私は当初、解答記入前のメモ書きに時間がかかっていました。そのため、設問ごとに蛍光ペンの色を決め、与件文のキーワードに蛍光ペンで派手にマーカーしていました。そうすると視覚的に見分けやすいので最小限のメモで済んで大幅な時短に成功し、常に80分間ですべての設問を解答できるようになりました。

~試験の朝の過ごし方~

いつもどおり。

合格年度の過ごし方～初年度受験生～

1次試験の勉強中も2次試験のことを意識して情報収集をしていましたが、1次試験終了までは勉強はできなかったです。1次試験までは1次7科目に没頭し1次試験翌日から2次対策開始！とシンプルな戦いでした。

前年4月～前年9月	課題：1次試験の前提知識の習得　～急がば回れ作戦！～		取り組み事例数：0事例
	学習内容	中小企業診断士1次試験の前提知識になりそうな、ビジネス会計検定2級、ビジネス実務法務検定2級、ファイナンシャル・プランニング技能検定2級を取得しました。	2次平均学習時間平日：0時間休日：0時間
前年9月～5月	課題：1科目ごと着実に積み上げ　～広く浅く作戦！～		取り組み事例数：0事例
	学習内容	1科目1～1.5か月のペースで1次試験7科目を独学。基本的に『スピードテキスト』・『スピード問題集』と『過去問』で広く浅く網羅するイメージ。財務・会計はFASS（財務経理スキルスタンダード）検定取得。	2次平均学習時間平日：0時間休日：0時間
5月～8月	課題：1次試験過去問フル回転　～苦手科目を作らない足切り回避作戦！～		取り組み事例数：0事例
	学習内容	1次試験直前の過去問演習期に突入。全科目過去問5年分と予備校模試を約2～3回転反復演習。この頃、2次試験を意識して『ふぞろいな合格答案』などの2次試験用教材を購入するも手はつけられず。	2次平均学習時間平日：0時間休日：0時間
1次試験！			
8月	課題：2次試験攻略法の確立　～80分を制する者が2次試験を制する作戦！～		取り組み事例数：5事例
	学習内容	1次試験終了後から2次試験対策開始。やみくもに過去問に手を出さず、2次試験攻略法について主にYouTubeから情報収集。80分間の時間コントロールが最重要だと思い、自分なりに時間管理法を確立してから過去問に着手。	2次平均学習時間平日：2時間休日：4時間
9月～10月	課題：過去問の徹底　～信じるのは過去問と『ふぞろい』だけ作戦！～		取り組み事例数：55事例
	学習内容	土日祝の勉強スケジュールを明確に定め、ひたすら過去問事例演習（7年分×2回転）と、演習後まとめた備忘録や知識は録音して通勤中などに耳勉。ファイナルペーパーも日々ブラッシュアップ。	2次平均学習時間平日：2時間休日：8時間
2次試験！			

学習以外の生活

勉強は完全な朝型なので、土日も日中は子どもたちと出かける時間は確保していました。しかし、2次試験だけは土日も早朝から夕方まで勉強に没頭でした。夜は勉強できない人間なので、家族と外食したり、家で晩酌したりしてリラックスしていました。でも夜の晩酌タイムも診断士のYouTubeを視聴して情報収集は欠かさなかったです。

仕事と勉強の両立

中小企業の管理系（人事・経理・法務・企画など）の仕事なので、受験勉強で学習したことと実務内容がリンクすることが多く、仕事も勉強も両立して楽しめました。徹底していたことは通勤中などの隙間時間でのインプットです。また、覚えたことを隣の席の部下にアウトプットして定着を図っていました（迷惑上司。笑）。

～試験の朝の過ごし方～

試験会場まで電車で1時間かかるため、少し早めの電車に乗って座席を確保し、座って移動して体力温存。

勉強方法と解答プロセス ＊ ━━━━━━━━━ かれん 編

（再現答案掲載ページ：事例Ⅰ p.160　事例Ⅱ p.184　事例Ⅲ p.208　事例Ⅳ p.232）

私の属性

【年　　齢】	34歳	【性　　別】	女
【業　　種】	金融業	【職　　種】	営業企画
【得意事例】	事例Ⅳ	【苦手事例】	事例Ⅱ、事例Ⅲ
【受験回数】	1次：1回　　2次：1回		
【合格年度の学習時間】	1次：500時間　　2次：350時間		
【総学習時間】	1次：500時間　　2次：350時間		
【学習形態】	ほぼ独学（1次で活用した通信講座は2次では有志勉強会のみ活用）		
【直近の模試の成績】	―	【合格年度の2次模試受験回数】	0回

私のSWOT

S（強み）：根性、財務や経営の基礎知識　　W（弱み）：読解力や文章力が低い
O（機会）：育休取得、我が子の癒し　　　　T（脅威）：育児の不透明さ、産後メンタル

効果のあった勉強方法

①マイベスト答案の作成

　自分で『ふぞろい』を使って採点した後、自分なりのベスト答案をExcelで作成していました。ポイントは、<u>①自分で再現できる言い回しにすること</u>、<u>②得点できなかったキーワードを赤字太字、参考になる表現（カタカナの漢字化など）を黒字太字にし、弱点を見える化すること</u>です。事例を解くごとに更新していました。

②『ふぞろい』を使った相互採点

　方眼ノートに書いた自分の答案の写真をチャットアプリで投稿し、有志勉強会の他メンバーに『ふぞろい』で採点してもらい、可能な範囲でアドバイスをもらっていました。メリットは、<u>①客観的な視点が得られること</u>（同じ『ふぞろい』に基づく採点でも人によって点数が全然違う！）、<u>②時間を有効活用できること</u>（大きな有志勉強会のようにExcelフォーマットへの解答転記や指定時間の集合が不要）、<u>③自分が他メンバーの採点をする時に事例を読み込むため、理解の深化が進むこと</u>です。

③ファイナルペーパー（FP）の読み漁り、作成

　ネット上の過去の合格者のFPを見ることで、事例ごとの特徴や関連知識を体系的に捉えることができました。過去の合格者のFPに追記していく形で、自分でもFPを作成しました。

私の合格の決め手

　各事例のパターンをつかんだことです。たとえば、事例Ⅰの経営戦略は①コア事業がない場合は「強みを生かしてニッチに経営資源を集中し、差別化・高付加価値化」、②すでにコア事業がある場合は「強みを生かして多角化し、経営リスク分散・シナジー創出」など。もちろん個別事例に寄り添うことは大前提ですが。

～試験の朝の過ごし方～
早く起きる。

合格年度の過ごし方〜初年度受験生〜

産後4か月となる3月から勉強開始し、1次試験の自己採点後でまさかの合格が判明してから2次試験対策に着手しました。お盆期間に休息しつつ情報収集し、売り切れるという噂を見て『ふぞろい』や『30日完成！事例Ⅳ合格点突破計算問題集』（同友館、以下『30日完成』）、『事例Ⅳ（財務・会計）の全知識＆全ノウハウ』（同友館、以下『事例Ⅳ全知ノウ』）を急いで購入しました。また金融業での業務経験から事例Ⅳを強みとし、不慣れな事例Ⅱ・Ⅲをカバーする戦略を立てました。

3月〜5月	課題：1次試験の全体像の把握＆勉強習慣の定着		
	学習内容	1科目当たり2週間のペースで通信講座の講義と過去問を一巡しました（中小企業経営・政策は7月に詰め込みました）。この時期は覚えることよりも理解することを優先していました。	取り組み事例数：0事例 / 2次平均学習時間 平日：0時間 休日：0時間
6月〜8月	課題：1次試験の知識インプット		
	学習内容	講義ノートの確認と過去問演習を繰り返し、知識の定着を図りました。	取り組み事例数：0事例 / 2次平均学習時間 平日：0時間 休日：0時間
1次試験！			
8月	課題：2次試験の概要把握		
	学習内容	ブログやYouTubeで情報収集し、8/16から事例演習に着手しました。合格者は80事例以上解いているという情報を得て、事例Ⅰ〜Ⅲの1事例（復習込みで3時間）＋事例Ⅳ問題集（『30日完成』や『事例Ⅳ全知全ノウ』を1時間）を当面の1日のノルマとして設定しました。	取り組み事例数：15事例 / 2次平均学習時間 平日：4時間 休日：4時間
9月	課題：2次試験の傾向把握		
	学習内容	事例Ⅰ〜Ⅲは、平成25年度〜令和3年度までの過去問9年分を解きました（事例ごとの縦解き→年度ごとの横解き）。事例Ⅳは、『30日完成』と『事例Ⅳ全知全ノウ』を2周しました。	取り組み事例数：34事例 / 2次平均学習時間 平日：4時間 休日：4時間
10月	課題：各事例のパターン習得＆80分間のタイムマネジメント		
	学習内容	初見として取っておいた直近令和4年度の過去問を解くも結果が微妙で凹みました。その後、前頁勉強方法②を導入し、事例Ⅰ〜Ⅲの3周目（縦解き）で各事例パターンが見えてきました。事例Ⅳは過去問演習＋『30日完成』の3周目に取り組みました（『30日完成』は令和4年度の労働生産性や令和5年度の活動基準原価計算など過去問でカバーできない範囲も対策可）。80分に収めるべく最後まで解答プロセスを試行錯誤しました。	取り組み事例数：64事例 / 2次平均学習時間 平日：5時間 休日：5時間
2次試験！			

学習以外の生活

1次試験勉強中（3月〜8月）は、月に1日だけ勉強しない日を作ってリフレッシュしていました。また、9月下旬に1泊2日で温泉旅行に行ったのが、モチベーション維持にとても役立ちました！

仕事と勉強の両立

日中、子どもを見ながら勉強するときは、事例Ⅳの問題集演習や前日に解いた事例の採点＆マイベスト答案の作成を行っていました。子どもを寝かしつけてから80分での過去問演習を行っていました。

〜試験の朝の過ごし方〜

シャワーを浴びて早めに家を出ました。例年の道中がかなり混雑するという情報を得ていたため。

勉強方法と解答プロセス　＊━━━━━━━━━━━━●かんのり 編

（再現答案掲載ページ：事例Ⅰ p.164　事例Ⅱ p.188　事例Ⅲ p.212　事例Ⅳ p.236）

私の属性

【年　　齢】	28歳	【性　　別】	男
【業　　種】	メディア・小売	【職　　種】	マーケティング
【得意事例】	事例Ⅱ	【苦手事例】	事例Ⅳ
【受験回数】	1次：1回　　2次：1回		
【合格年度の学習時間】	1次：1,500時間　　2次：542時間		
【総学習時間】	2,042時間		
【学習形態】	独学		
【直近の模試の成績】	BDCC　　【合格年度の2次模試受験回数】　1回		

私のSWOT

S（強み）：自分の方法にこだわる性格　　W（弱み）：小売以外の知識不足、暗記が苦手

O（機会）：Xで情報収集、フレックスで生み出した時間　　T（脅威）：特になし

効果のあった勉強方法

①2次試験知識を図解してインプット

【暗記が苦手な方にオススメ！】

2次試験で重要視されるフレームワークや知識を、事例ごとに頂点を「経営理念」、底辺を「具体策」としたピラミッド型としてまとめていました（具体例は右記）。戦略と具体策までの縦の位置関係が覚えられるので解答に一貫性が生まれますし、横の位置関係により解答の要素に抜け漏れが無くなりました。

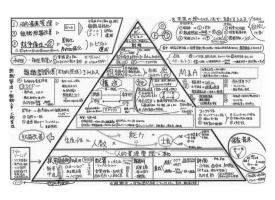

②事例Ⅲの頻出論点は、単語アプリで一問多答を自作し、読み上げ機能で覚える

【「事例Ⅲ苦手」「80分は時間が足りない」という方にオススメ！】

どうしても苦手だったので、線形思考的に覚えようと思い、事例Ⅲの過去の事例に出てきた問題点とその解決策をまとめ、一問多答形式で毎日聞いていました（例：問題点／生産計画策定頻度は月に1回→解決策／計画策定サイクルの短期化）。

③設問解釈トレーニング

【解答の論点のズレを無くしたいという方にオススメ！】

各設問が、SWOTのどの要素を使って答えるべきかを、徹底的に練習しました（例：A社が○○した理由は？／①Sを使ってOを掴みたいから②Wを補いたいから③Sを使って差別化しTを退けたいから）。

私の合格の決め手

時間を作ったことと、自分のやり方を確立し、反復練習により習熟させたこと。

~試験の朝の過ごし方~

朝5時に起き、駅に向かい、電車で2時間30分かけ試験会場へ。電車の中でテキストを確認。

合格年度の過ごし方～初年度受験生～

2022年11月から勉強スタート！　まずは、1次試験、2次試験ともに、この試験に合格しているであろう自分の姿を設定して、その状態になるには何が必要かという視点から勉強内容を決定し、あとは量をこなして、反復練習を続けていきました。具体的には圧倒的に過去問を解くことです。個人の考えとしては、中小企業診断士試験は範囲が広すぎるため、全網羅は不可能。そのため、せめて過去問の内容だけは完璧にマスターしなければならないという発想でした。

11月～2月	課題：知識ゼロから始める中小企業診断士の知識インプット		
	学習内容	1次試験対策のみ。財務・会計は、まず簿記3級テキストから、そのほかは『中小企業診断士1次試験一発合格まとめシート』（KNS出版）で学習しつつ、同時に過去問演習を開始しました。	取り組み事例数：0事例 2次平均学習時間 平日：0時間 土曜：0時間
3月～8月	課題：過去問を100%答えられるために、知識を定着させること		
	学習内容	1次試験対策は、診断協会の過去10年分の過去問PDFをDLして、iPadのノートアプリに入れ、問題の次のページに自分で解答を作成。1日2年分と前日誤答した問題の解き直しを続けました。2次試験対策は、ブログやXの情報を参考に、知識の図解だけをやっていました。	取り組み事例数：0事例 2次平均学習時間 平日：0時間 土曜：1時間
1次試験！			
8月	課題：2次試験で必要な知識とコツをつかむこと		
	学習内容	まずは、書籍やブログ、Xなどから情報収集を進めました。同時に事例Ⅳだけ『30日完成』を2周終えた後、毎日昼休みに『事例Ⅳ全知全ノウ』の経営分析を解きました。	取り組み事例数：0事例 2次平均学習時間 平日：5時間 休日：8時間
9月～10月	課題：解答プロセスのルーティーン化と知識の定着化		
	学習内容	平日1日3事例・休日1日5事例を掲げて、過去問演習と『ふぞろい』採点を繰り返しました。また、同時に通勤時間を駆使して、設問解釈トレーニングを行いました。事例Ⅳは、『80点突破！事例Ⅳ攻略マスターガイド』（中小企業戦略研究所）を使って、計算方法を定着させ、その後は毎日寝る前に1事例を解くようにしていました。事例Ⅲは苦手だったので、通勤中と入浴時、在宅勤務中などに、アプリの単語帳の読み上げを聞きました。	取り組み事例数：約196事例 2次平均学習時間 平日：5時間 休日：8時間
2次試験！			

学習以外の生活

漫画、ゲーム、テレビの時間を極力捨て、友達との飲み会も結婚式の誘い以外は全て断り、勉強に全てを捧げました。唯一の息抜きは、2キロ程度のランニング。ただし、YouTubeの『ダンシくん』を聴き、一問一答をしながら走っていたので、学習といえば学習です（笑）。お風呂でも『ダンシくん』を聞いていました。

仕事と勉強の両立

個人業務が多いため、コントロールはしやすかったです。その中で、Excelの関数や、無料WEBサービスなどを駆使して、極力仕事を標準化・自動化させました。フレックスにもかかわらず定時出社・定時退勤を貫き通し、勉強時間を捻出しました。

～試験の朝の過ごし方～

普段どおり。起きて、ご飯食べて、FP見ながら会場へ。

勉強方法と解答プロセス ＊━━━━━━━━━━━━━→ **たべちゃん 編**

（再現答案掲載ページ：事例Ⅰ p.168　事例Ⅱ p.192　事例Ⅲ p.216　事例Ⅳ p.240）

【 私の属性 】

【年　　齢】	32歳	【性　　別】	女
【業　　種】	製薬	【職　　種】	MR
【得意事例】	事例Ⅰ	【苦手事例】	事例Ⅳ
【受験回数】	1次：2回　　2次：1回		
【合格年度の学習時間】	1次：500時間　　2次：280時間		
【総学習時間】	1次：800時間　　2次：280時間		
【学習形態】	予備校通学、ふぞろいの活用		
【直近の模試の成績】	総合D	【合格年度の2次模試受験回数】	1回

【 私のSWOT 】

S（強み）：短期突破力＆情報収集力＆執念　　W（弱み）：体調不良、コツコツが苦手

O（機会）：SNS、予備校のつながり、有休取得　　T（脅威）：遊びの誘い

【 効果のあった勉強方法 】

① **【事例Ⅳ】論点絞り、単語ノート作成、繰り返し学習**

出題頻度の低い論点は後回しとし、経営分析、CVP、NPVを最優先で学習するようにしました。また認識が曖昧な用語については都度ノートにまとめすぐに見返せるようにすることで知識の定着化を図りました（営業レバレッジ、売却損や除去損など）。その他は『中小企業診断士第2次試験事例Ⅳの解き方』（TAC出版、以下『事例Ⅳの解き方』）を4周し短時間で解ける練習を積み重ねました。

② **【事例Ⅰ～Ⅲ】与件文無しトレーニング、ファイナルペーパー（FP）作成**

設問文だけ見て解答メモを記載→『ふぞろい』を見てキーワードを記載→抜けている知識を補充、の流れで過去問5年分を実施。解答作成メモの精度を向上させました。また、使えそうなフレームワークやFPはさまざまなところ（『ふぞろい』のAAA答案、ブログの記事など）から拝借し自分のノートに記載しました。

③ **【全事例】「間違い記載ノート」の作成**

iPadのアプリ『Goodnotes 6』を使い、全事例で「間違い記載ノート」を作成していました。

【 私の合格の決め手 】

1次試験は科目合格の活用と短期決戦です。暗記系科目（法務・情報・中小）を1年目に受験し科目数を減らしておくことで2年目の学習にゆとりができました。また長くコツコツ続けることが難しい性格のため、直前期に点差を埋める学習を行いました。焦りと諦めない執念が原動力になったのだと感じています。2次試験は光の見えないトンネルを走る感覚でしたが、高得点者の解答を分析することで「これが求められていることか！」と1週間前ぐらいに開眼することができた気がします。

合格年度の過ごし方～初年度受験生～

１次試験の自己採点が終わり合格確実！を確認してから２次試験の勉強を始めました。まずは敵を知るためSNSやブログなどで２次試験の情報収集を実施。合格率や目安となる勉強時間＆事例数、参考書やお作法などを確認しました（確か初学者の目安の勉強時間が200時間以上、平均63事例とあり、そのラインを目標にした気がします）。前半はとにかく実践経験を積むため過去問５年分と事例Ⅳの参考書を解き、後半は解答の精度向上を意識し勉強を実施しました。『ふぞろい』をまとめ買いしたのは９月中旬です。在庫が一気になくなるので、早めの準備をおすすめします。笑

前年9月～5月	課題：仕事とプライベートを維持しながら５科目学習		取り組み事例数：0事例
	学習内容	予備校の1.5年コースに通学。１年目に２科目合格を果たし残り５科目を勉強。４月頃まで基礎講義＋演習。わからない論点は講義動画を繰り返し視聴し理解。過去問で実践経験を積む。	2次平均学習時間 平日：0時間 休日：0時間
6月～8月	課題：短期決戦！１か月で合格ライン突破へ		取り組み事例数：0事例
	学習内容	７月頭の１次試験模試の点数に驚愕！崖っぷちであることを悟る。有休取得と残り１か月の勉強可能時間を計算し、科目ごとの苦手論点を整理。解く順番や時間配分も意識、過去問の縦横解き、単語や公式暗記を徹底。諦めないを連呼。	2次平均学習時間 平日：0時間 休日：0時間
１次試験！			
8月	課題：２次試験というものを知る		取り組み事例数：4事例
	学習内容	自己採点終了後からネットで情報収集。前年度合格者のブログを中心に基準勉強時間と事例数・お作法・参考書を調べる。予備校の授業を受け事例Ⅳの注力ポイントを聞く（経営分析、CVP、NPV）。『事例Ⅳの解き方』にて基礎学習を開始し令和４年度の過去問を解く。	2次平均学習時間 平日：2時間 休日：6時間
9月	課題：実践経験を積む		取り組み事例数：20事例
	学習内容	事例Ⅳの基礎学習と並行して過去問演習開始。直近５年分をiPadのGoodnotes 6に入れてキーワードなどを書き込む。	2次平均学習時間 平日：5時間 休日：5時間
10月	課題：解答の精度を上げる		取り組み事例数：48事例
	学習内容	『ふぞろい』を活用し、高得点者と比較しながらキーワード分析。事例Ⅲの書き分けについて研究。ネット上にあるFPを参考に知識整理→設問だけで解答作成。事例Ⅳは難問を除き満点が取れるまで繰り返す。	2次平均学習時間 平日：6時間 休日：6時間
２次試験！			

学習以外の生活

直前期以外（５月頃まで）は旅行や飲み会、サークル活動、イベントなどを楽しんでいました。
勉強は毎週末にある予備校の講義のみでメリハリをつけていました。通学のメリットを活かし、前方の席で聴講し、なるべく質問をたくさんして理解を深める工夫を行っていました。

仕事と勉強の両立

直前期に焦ることを予想していたので、６～７月に多く有休が取得できるように調整を行いました。飲み会が入ると平日夜間の勉強ができない＋QOLが低下するので、その時期は飲み会が苦手なキャラを徹底していた気がします……。

～試験の朝の過ごし方～

遠方なので頑張って始発で出発。遅延リスクの低減はしなかった。

勉強方法と解答プロセス　＊ ■──────────── ・なおふみ 編

（再現答案掲載ページ：事例Ⅰ p.172　事例Ⅱ p.196　事例Ⅲ p.220　事例Ⅳ p.244）

私の属性

【年　　齢】 34歳	【性　　別】 男
【業　　種】 士業	【職　　種】 弁護士
【得意事例】 事例Ⅰ	【苦手事例】 事例Ⅳ
【受験回数】 1次：2回　　2次：4回	
【合格年度の学習時間】 1次：0時間（1次免除）　　2次：120時間	
【総学習時間】 1次：100時間　　2次：600時間	
【学習形態】 独学	
【直近の模試の成績】 ―	【合格年度の2次模試受験回数】 0回

私のSWOT

S（強み）：割り切り力、謎の自信　　W（弱み）：育児と仕事で勉強時間の確保が困難

O（機会）：顧問先からの経営相談　　T（脅威）：勢いのある2次受験生、飲酒のお誘い

効果のあった勉強方法

①早朝の勉強（早朝しか時間を確保できない）

　過去問はまとまった時間が必要になると思います。私の場合、仕事と育児（20時過ぎには寝かしつけ、夜泣き対応、習い事送迎、食事準備）のため、日中夜間の勉強時間を確保するのが困難でした。そのため、子どもがまだ寝ている朝5時から2時間勉強しました。寝かしつけ後の勉強は眠いので不可能だと割り切り、夕方以降は子育てをしながら晩酌を嗜み、細切れで朝の復習をしていました。

②事例Ⅳは『30日完成』と『事例Ⅳ全知全ノウ』しかしない

　弁護士はなぜか1次試験の財務・会計が免除されていますが仕訳もわかりません。事例Ⅳは過去2回足切り、前年は41点でした。前年度の試験で、『30日完成』1周と過去問5年分に取り組み挑んだところ41点という私にとっては上出来の点数が取れたので、「この勉強方法に＋αすれば50点は堅いな」と気づき、『事例Ⅳ全知全ノウ』にも取り組みました。それぞれ2周回しました。その結果、51点を獲得できました。

③過去問は5年分しかしない。制限時間を短くする。ふぞろいキーワードの確認

　過去問は5年分でよい、という謎の理論を持ち、70分で解いていました。前年度から『ふぞろい』にお世話になり、本番の事例Ⅰ～Ⅲの点数が比較的良かったので今回は熟読しました。合格答案のキーワード選定を特に参考にし、相場観を学びました。

私の合格の決め手

　①事例Ⅳで50点取る、②事例Ⅰ～Ⅲはキーワードを明確にし、可能な限り盛り込む、③落ちてもまたやればよい、と割り切ったことです。「だから多年度なんだよ！」と思われるかもしれませんが、ぐうの音も出ません。敗因の詳細分析と危機感の醸成、早期の2次試験対策着手に取り組んでいれば、オール70点台は堅かったはずです（謎の自信）。

～会場で緊張をほぐす方法～
チョコを食べる。

合格年度の過ごし方～多年度受験生～

自分が好きにやっていることなので、家族には基本的に迷惑はかけられません。また、本業に影響があってはいけません。これらの大義名分に加え、多年度受験生あるあるの「まだ勉強始めなくてもなんとかなるやろ」という謎の自信から勉強開始がズルズル先延ばしになり、2か月前まで全く勉強ができませんでした。2か月前になってようやく危機意識が醸成されたため、毎朝2時間勉強しました。事例Ⅳでの最低限の基礎力の育成、事例Ⅰ～Ⅲは過去問とふぞろいに取り組みました。

1月～7月	課題：危機感の醸成（結果：まったく醸成されず）		
	学習内容	言うてもまだ○月だし。 【やればよかったこと】事例Ⅳを毎日1問でもやっておけばよかった。	取り組み事例数： 0事例
			2次平均学習時間 平日：0時間 休日：0時間
	1次試験！（受験せず）		
8月	課題：危機感の醸成（結果：醸成に至らず）		
	学習内容	そろそろやらんといかんな（でもやらない）。 【やればよかったこと】①『事例Ⅳ全知全ノウ』などでの1次知識の復習。②古い過去問を解く。	取り組み事例数： 0事例
			2次平均学習時間 平日：0時間 休日：0時間
9月	課題：知識を取り戻す、事例Ⅳ対策		
	学習内容	事例Ⅰ～Ⅲ『全知識』を熟読し知識を思い出す。 事例Ⅳ『30日完成』『事例Ⅳ全知全ノウ』を回す。 事例Ⅳは毎日取り組み、知識と感覚を身につける。	取り組み事例数： 12事例
			2次平均学習時間 平日：2時間 休日：2時間
10月	課題：過去問演習		
	学習内容	過去問演習と『ふぞろい』で採点・復習。 70分で解く。すぐに『ふぞろい』でキーワードを確認。ほかの予備校の解説は見ない。『ふぞろい』でキーワードに抜け漏れないか確認。ふぞろい流採点基準の確認。再現答案編をざっと見て、上から目線で「ふーん。この答案で○点なのね」という相場観を勝手に身につける。事例ごとのよい言い回しは心に留めておく。言うまでもなく、FPを作る時間などない。	取り組み事例数： 20事例
			2次平均学習時間 平日：2時間 休日：3時間
	2次試験！		

学習以外の生活

プライベートは特に制限はしていません。飲み会や家族旅行も普通に行きました。仕事以外はほとんど家事や育児に充てていました。隙間時間も直前期以外Ｘを見たり好きなことをしたりしていました。本業に影響が出ると困るので、睡眠時間を削ることもしませんでした。

仕事と勉強の両立

直前期以外は仕事と育児しかしていませんでした。結局、妻に子どもを押し付けるか、子どもが起きていない時間に勉強するしかありません。子どもの生活リズムに合わせ、家事も行い、かつ睡眠時間を確保する、となると20時過ぎには寝て、朝5時起床という結果となりました。おかげで2次試験直前期の健康状態は良かったです。

～会場で緊張をほぐす方法～

深呼吸して冷静になること。

勉強方法と解答プロセス ＊ ──────────→よしかず 編

（再現答案掲載ページ：事例Ⅰ p.176　事例Ⅱ p.200　事例Ⅲ p.224　事例Ⅳ p.248）

私の属性

【年　　齢】 38歳		【性　　別】 男
【業　　種】 団体職員		【職　　種】 経営企画
【得意事例】 事例Ⅲ		【苦手事例】 事例Ⅱ
【受験回数】 1次：1回　　2次：2回			
【合格年度の学習時間】　1次：　 0時間　　 2次：660時間（1次免除）			
【総学習時間】　　　　　1次：550時間　　 2次：810時間			
【学習形態】 予備校以外の通信（1次）／独学（2次）			
【直近の模試の成績】 ―　　　　　【合格年度の2次模試受験回数】　0回			

私のSWOT

S （強み）：勉強が習慣化している　　　　W （弱み）：解説をよく読まない
O （機会）：在宅勤務で勉強時間を確保　　T （脅威）：コロナ感染で試験が受けられない

効果のあった勉強方法

①事例ⅠからⅢは『ふぞろい』を活用した過去問演習

　試験の時間どおりに問題を解き、『ふぞろい』で採点しました。その際、自分が拾いきれなかったキーワードに対して、どうして拾いきれなかったのか理由を分析し、解答に入れるためにはどうすればよいのかを考えました。直近10年度分を3周以上解いたことで、より多くのキーワードを解答に入れることができるようになりました。

②事例Ⅳは『30日完成』『事例Ⅳ全知全ノウ』を活用した問題演習

　『30日完成』を3周した後に、『事例Ⅳ全知全ノウ』も3周しました。キャッシュフロー計算書やプロダクトミックスの問題など、過去問演習だけでは対応できない問題の解き方も身につけることができました。

③ YouTubeの解説動画を視聴

　YouTubeで公開されている2次試験の解説動画を5～6月に確認しました。設問文の解釈の重要性や与件文から答案を作成する方法、答案作成に必要な基礎知識を学ぶことができました。

私の合格の決め手

　1年目は、直近5年度分の事例を3回解くというスタイルでした。しかし、公表されている予備校の答案を確認する程度で、自分の答案を分析していませんでした。2年目は『ふぞろい』を活用したことで、多面的に考え、より多くのキーワードを入れることを意識して答案を作成するようになりました。また、問題を繰り返し解き、知識とプロセスを定着させたこと、事例Ⅳで空欄にしないと意識したことも要因だと感じています。

〜会場で緊張をほぐす方法〜 ────────────
　自分より緊張していそうな人を見つける。

合格年度の過ごし方～多年度受験生～

1回目の受験直後からファイナンシャル・プランナーの勉強を開始してしまい、6月まではファイナンシャル・プランナーと中小企業診断士の勉強を並行して進めました。1月に不合格通知を受け取ってからほかの方の勉強方法や受験生支援団体の情報を参考に、事例Ⅰ～Ⅲは『ふぞろい』を活用した過去問演習、事例Ⅳは『30日完成』と『事例Ⅳ全知全ノウ』を4回繰り返しました。そのほかに、隙間時間を活用して基礎的な知識を一問一答形式で暗記もしました。

2月～4月	課題：『ふぞろい』とその他書籍の準備、情報収集		
	学習内容	『ふぞろい』を活用して事例Ⅰ～Ⅲの過去問演習を実施。この時期は解答メモの作成まで行い、与件文からキーワードが抽出できているかの確認。 事例Ⅳは『30日完成』を1日1問解き、3周する。	取り組み事例数：60事例
			2次平均学習時間 平日：2時間 休日：2時間
5月～7月	課題：解答方法の学習		
	学習内容	事例Ⅰ～Ⅲは過去問を解き、YouTubeで公開されている予備校の解説動画を視聴し、設問文の解釈や解答方法を確認。『ふぞろい』も活用し、採点。 事例Ⅳは毎日『事例Ⅳ全知全ノウ』を1問解く。	取り組み事例数：70事例
			2次平均学習時間 平日：3時間 休日：3時間
1次試験！（受験せず）			
8月～10月上旬	課題：過去問演習の継続		
	学習内容	事例Ⅰ～Ⅲは『ふぞろい』を活用し、平成25年度から令和4年度までの過去問演習を繰り返し実施。 事例Ⅳは毎日『事例Ⅳ全知全ノウ』を1問解く。	取り組み事例数：110事例
			2次平均学習時間 平日：3時間 休日：3時間
10月中旬	課題：知識・プロセスの整理		
	学習内容	これまでの過去問演習や受験生支援団体の情報を参考に、FPを作成。事例Ⅳは『30日完成』『事例Ⅳ全知全ノウ』からNPVを中心に1問解く。	取り組み事例数：0事例
			2次平均学習時間 平日：3時間 休日：3時間
10月下旬	課題：最終仕上げ		
	学習内容	最終仕上げとして令和4年度の問題を解く。	取り組み事例数：4事例
			2次平均学習時間 平日：3時間 休日：3時間
2次試験！			

学習以外の生活

平日は仕事と家事・育児、勉強の生活。休日も図書館やカフェにこもって勉強することはなく、家族と一緒に過ごしていました。休日だからといって勉強時間や量を増やすことはせず、1日のノルマをこなし、ペースを崩さないように生活していました。

仕事と勉強の両立

仕事は在宅勤務で残業もほとんど無いため、勉強時間を確保しやすい環境でした。家族が起きる前の早朝に事例Ⅰ～Ⅲの過去問を1事例解き、始業前や終業後から子どもたちを迎えに行く前の時間に事例Ⅳに関する問題集を1問解くなど、時間を確保して、集中して勉強していました。

～会場で緊張をほぐす方法～

会場内をプチ散歩。

3．80分間のドキュメントと合格者の再現答案

■ 80分間のドキュメント　事例Ⅰ

かーず 編（勉強方法と解答プロセス：p.142）

1．当日朝の行動と取り組み方針

　試験数日前から体調を崩していた私。試験前夜の就寝前は解熱剤を飲んで発熱しないよう祈る気持ち。当日朝、発熱なく立ち上がれて一安心。解熱剤を3錠持って試験会場へ。移動中は耳勉（ファイナルペーパーを自分の声で録音したもの）で最後のインプットをしながら会場へ。1時間以上前に到着しお手洗いを済ませ、あとはコーヒーを飲みながらまったりとファイナルペーパーと向き合う。この場に来られたことに安堵の気持ちがあふれる。

2．80分間のドキュメント

手順0　開始前（～0分）
持参した受験票はセロハンテープで机に貼りつけ、受験票が動くストレス要因を排除。隣の席が空いている。広々と机が使えるぞ！と喜んでいたら試験直前、年配の男性が登場。そしてこの日、この受験生に何度も動揺させられることに……。

手順1　準備（～1分、1分間）
まずは名前と受験番号を書く。そして持参した定規で問題用紙をザクっと切断。緊張の瞬間だがうまく切れて一安心。しかし、与件文がやたら長いことに気づき少々動揺。

手順2　設問解釈（～10分、9分間）
第1問：強み・弱みをピックアップする比較的取り組みやすそうな問題。ただ、「統合前のA社の……」とある制約条件は厳守する必要があるため、大きく丸印をつけた。 **第2問**：先代から事業承継した現経営者が実施した「戦略上の差別化とその狙い」。「戦略上」とあるので、2次試験の鉄板である「差別化」、「集中」とメモを記入。 **第3問**：第3問と第4問はチラッと見た限り「経営統合」の問題なのね。M&Aの知識を思い出しながら設問解釈が必要。第3問は「経営統合に先立って」、「X社の留意点」が重要。経営統合前の話、留意点はX社に関することを書く制約条件が重要だ。 **第4問（設問1）**：「X社との経営統合過程」について。経営統合の途中、買収側と被買収側企業には数々の違いがあるため、さまざまな「コンフリクト」が当然生まれる。それにどう対処していくのか？　ポイントは組織活性化の自己流フレームワーク「モネコ（モチベーション・ネットワーク・コミュニケーション）」にありそうな予感。 **第4問（設問2）**：最終問題は「競争戦略」と「成長戦略」の観点からの助言問題。競争戦略はポーター（差別化集中戦略・高付加価値化）で決まり。成長戦略はアンゾフ（市場浸透・新商品開発・新市場開拓・多角化）のどれかを見定めて使おうとメモ。

手順3　与件文読解（〜40分、30分間）

1周目は薄い黄色マーカーを手に持ち重要そうなワードに印をつけながらさっと一読。2周目は設問ごとに決めた色の蛍光マーカーで各設問の重要要素に印をつけに行く。これが、かーず流読解30分間の過ごし方。

1〜4段落目：蕎麦屋登場。商品や地域顧客の記述が多く、なんか事例Ⅱのようだ。

5〜6段落目：事業承継の話っぽくなってきた。現経営者が行った改革についてのキーワードが多い。従業員の業務負荷や離職などの記述もあり事例Ⅰっぽくなってきた。

7段落目：ここから現経営者へ事業承継後の話。設問を解くのに時代の切り分けはとても重要なので、左側余白に「現、2010年〜」とメモ。先代から引継ぎ後の取り組みについて多くの情報があり、この段落は解答要素の宝庫だ。

8〜9段落目：A社の組織や人材についての記述。A社、よい会社じゃん！という印象。原材料高騰や顧客高齢化など「脅威」は見つかるも「弱み」が見いだせない。

10〜12段落目：いよいよ経営統合の話。「X社の留意点」や「経営統合プロセス」が問われているため、X社の状況を慎重にピックアップしながら読む。X社ってA社と真逆で一体感なくサバサバした雰囲気。この辺の風土統合がポイントだろうね。

13段落目：例年より1ページ分はみ出して4ページ目まで進出している13段落目の与件文。事例Ⅱのような記述だけれど、今後の事業展開が問われた最後の設問で絶対に解答要素になるだろうな。

全　体：各設問と与件文段落が対応させやすく解答はまとめやすそう。第1問の弱みに苦戦しそうな印象。

手順4　解答作成（〜79分、39分間）

第1問：強みは即答。特に社内の一体感や定着度についてはマスト。逆に弱みが難しい。情報が少ないので外部環境（脅威）っぽい「顧客の高齢化」や、「新規メニュー開発力」って少し古い時代の記述からキーワード引っ張ってきてしまった。

第2問：この設問は5〜7段落目に重要な解答要素が詰まっているのでそこを整理するだけ。「差別化」とか「集中」というワードはマストで解答に盛り込む。

第3問：X社の情報は10〜12段落目にある。そこからA社との違いにフォーカスを当ててX社の特徴を抽出。その中でA社と違う点が、まさに留意点なのだろうと仮説を立てる。

第4問（設問1）：設問解釈時点でメモした「モネコ」に沿ってA社ができそうなことを整理し解答。理念浸透、人材交流してコミュニケーション活性化を盛り込む。

第4問（設問2）：競争戦略視点では、何で「差別化」するかを明記し、成長戦略視点では、立地や新規顧客層の話があるので「新市場開拓」で組み立て。

手順5　見直し（〜80分、1分間）

余った時間は覚えていないが残りわずか。誤字脱字をチェックするくらい。

３．終了時の手ごたえ・感想

80分間の時間コントロールもバッチリで、第1問の弱み以外は全問自信あり。

ところで試験開始から50分くらいで途中退出していった隣の席の年配男性は何者なんだ？　冷やかしなのか？　それとも天才なのか？　試験途中に集中力を削がれて運の無さを感じると同時に、男性への好奇心が増す事例Ⅰでした。

〜会場で緊張をほぐす方法〜
いつもやっている過去問演習どおりのことをする。

合格者再現答案＊（かーず 編）　　事例Ⅰ

第1問 （配点20点）

強み　　　　　　　　29字

①	コ	シ	の	強	い	蕎	麦4	②	相	互	に	助	け	合	う	風	土4	③	従
業	員	の	定	着	の	良	さ2	。											

弱み　　　　　　　　30字

①	原	材	料	の	仕	入	れ	が	不	安	定4	②	新	規	メ	ニ	ュ	ー	の
開	発	力	③	顧	客	の	高	齢	化。										

【メモ・浮かんだキーワード】 商品力、相互に助け合う企業風土、従業員定着率の良さ

【当日の感触など】 弱みの抽出に苦戦。顧客高齢化って脅威じゃないの？ メニュー開発力
　が弱かったのは古い時代の話じゃないの？と少々混乱気味に解答した感触。

【ふぞろい流採点結果】 強み　10/10点　　　弱み　8/10点

第2問 （配点20点）　　100字

先	代	の	拡	大	路	線	や	総	花	的	な	メ	ニ	ュ	ー	を	見	直	し3
①	効	率	重	視	し	出	前	を	廃	止2	②	強	み	の	蕎	麦	に	資	源
を	集	中3	し	③	客	層	を	絞	り	込	み4	④	原	材	料	厳	選1	し	価
格	引	上	げ	⑤	商	品	と	サ	ー	ビ	ス	の	質	を	高	め4	差	別	化
狙	い	は	①	競	合	回	避3	②	サ	ー	ビ	ス	の	質	低	下	の	改	善。

【メモ・浮かんだキーワード】 高付加価値化、差別化集中戦略、蕎麦へリソース集中

【当日の感触など】 与件文から素直に解答要素を抜き出したら得点できそう。ただし「狙い」
　について字数も不足し熟慮できなかったか。

【ふぞろい流採点結果】 19/20点

第3問 （配点20点）　　100字

留	意	点	は	①	客	単	価	を	抑	え4	て	接	客4	や	サ	ー	ビ	ス2	を
省	力	化	す	る	戦	略	の	違	い	②	従	業	員	の	横	の	つ	な	が
り	が	少	な	く4	一	体	感3	や	連	携	力	の	不	足	と	離	職	率	の
高	さ4	③	駅	構	内	の	大	手	外	食	チ	ェ	ー	ン	と	の	価	格	競
争	に	留	意	し	、	慎	重	に	経	営	統	合	を	進	め	る	べ	き	。

【メモ・浮かんだキーワード】 低価格路線で価格競争、サービス省力化、淡泊な社風で退職
　率高い

【当日の感触など】 与件文の情報を整理して盛り込めた。最後の一文（「慎重に～」）は字数
　が余ったので苦し紛れな一文。

【ふぞろい流採点結果】 20/20点

第4問（配点40点）

（設問1） 79字

①	A	社	の	目	指	す	方	向	性	や	目	的	意	識	を	共	有6	し	②
店	舗	間	の	配	置	替	え1	や	社	内	行	事3	に	よ	り	人	材	交	流
を	活	発	に	し	コ	ミ	ュ	ニ	ケ	ー	シ	ョ	ン	活	性	化2	を	図	り
コ	ン	フ	リ	ク	ト	を	回	避	し	円	滑	な	統	合3	を	図	る	。	

【メモ・浮かんだキーワード】 モネコ（モチベーション・ネットワーク・コミュニケーション）、
　茶化（採用・配置・報酬・育成・評価）、コンフリクト回避
【当日の感触など】 A社の良い社風をX社にいかに広めていくかについてきちんと書けた。
【ふぞろい流採点結果】 15/20点

（設問2） 100字

展	開	す	る	事	業	は	、	高	品	質	な	原	材	料3	と	質	の	高	い
商	品2	・	サ	ー	ビ	ス1	で	差	別	化2	し	、	地	域	の	食	べ	歩	き
を	目	的	と	し	た	公	共	交	通	機	関	を	利	用	す	る	外	国	人
観	光	客	や	若	者2	に	向	け	て	、	駅	構	内	へ	の	新	規	出	店
な	ど	新	市	場	を	開	拓3	す	る	な	ど	シ	ナ	ジ	ー	発	揮1	す	る。

【メモ・浮かんだキーワード】 差別化、新市場開拓
【当日の感触など】 事例Ⅱのダナドコみたいな問題だなぁと思いつつも、設問要求どおり競
　争戦略と成長戦略の切り口から書けて満足。
【ふぞろい流採点結果】 14/20点

【ふぞろい流採点結果】 86/100点 **【実際の得点】** 70/100点

　本人の手ごたえどおり、すべての設問において設問要求に沿ったキーワードを多く盛り込
め、特に難問だった第3問でも多面的な解答ができており、ふぞろい流採点でも高得点とな
りました。

Column

再現答案作成のススメ

　2次試験終了後、ほとんどの人は当分の間試験のことなんて考えたくもない、与件文を
読むなんてまっぴらだ、という心境に陥ると思います（私もそうでした）。帰りの電車の
中でも各予備校が配っていた模範解答に目を通す気にもなれず、「お酒飲みたい」とだけ
考えていました。帰宅後、すぐに缶ビールを開け飲み始めましたが、なぜか美味しくあり
ません。あれだけ楽しみにしていたのに。そう、胸の中のモヤモヤ感がお酒をまずくして
いたのです。このまま試験内容を忘れてしまっては、今までの苦労が水の泡になる気がし、
ほろ酔い頭ですべての再現答案を作りました。酔っていたせいもあり、3時間もかかって
しまいましたが、作成して本当に良かったと思っています。自分の答案を客観視でき、満
足いく内容ではないものの予備校模範解答と比べてそこまで絶望的な内容でないと確認で
きたことと、もし今年落ちても今の自分の実力を把握できることで来年の勉強開始の際、
スムーズにスタートできるさ！という気持ちになれました。　　　　　　（むらまさ）

~会場で緊張をほぐす方法~
　深呼吸と瞑想、ストレッチ、呼吸によいマッサージ等を開始時間直前までやっていました。

かれん 編（勉強方法と解答プロセス：p.144）

1．当日朝の行動と取り組み方針

　持ち物を最終確認して家を出発（腕時計は予備を含め2個。電卓必須！）。試験会場近くのコンビニは混んでいるかもしれないので、家の最寄りのコンビニで朝のエナジードリンクと昼食を入手。直前にエナジードリンクを飲むと試験中にお手洗いに行きたくなるので、会場へ向かいながら飲んでしまう。会場で、通信講座の勉強仲間と10分ほど談笑し、緊張をほぐす。ファイナルペーパーの確認よりも、体力の温存を優先。

2．80分間のドキュメント

手順0　開始前（～0分）
自席にシャーペン、カラーペン、消しゴムを置き、落ちないように定規でブロックする。受験票はテープで貼って落ちないように工夫。問題用紙配布後は、受験番号を書き忘れないよう受験票を見つめる。「頑張ったから大丈夫！」と言い聞かせる。時間切れで解答を書ききれないことが一番NGなので、落ち着きつつも急ぐことをイメージ。

手順1　準備（～1分、1分間）
時間を節約したいので、問題用紙は破らないし、段落番号もつけない派。1段落目を読み、蕎麦屋の話だと理解したうえで設問解釈へ。身近な業種でよかった。

手順2　設問解釈（～5分、4分間）
第1問：統合前の「前」にぐるぐる丸をつけ、時制に注意。解答対象である「強み」と「弱み」を四角で囲む。 **第2問**：解答対象である「どのような戦略上の差別化」と「狙い」を四角で囲む。 **第3問**：制約条件である「X社の」にアンダーライン。解答対象である「留意」と「助言」を四角で囲み、「助言」の横に「＋K」（効果の意、以下同様）と書く。 **第4問（設問1）**：制約条件である「経営統合過程」にアンダーライン。解答対象である「組織の統合」と「助言」を四角で囲み、「助言」の横に「＋K」と書く。 **第4問（設問2）**：制約条件である「経営統合過程」が（設問2）にもかかることを忘れないよう、「経営統合過程」と（設問2）冒頭を結ぶ形で「→」を書く。解答対象である「どのような事業」と「助言」を四角で囲み、「助言」の横に「＋K」と書く。制約条件である「競争戦略や成長戦略の観点から」にアンダーライン。事例Ⅰの競争戦略は「強みを生かして経営資源を集中し差別化・高付加価値化」か「強みを生かして多角化し、リスク分散・シナジー創出」だから簡単にメモする。成長戦略ってなんだっけ……（アンゾフの成長ベクトルはど忘れ）。

手順3　与件文解釈（～17分、12分間）
1～4段落目：いつもどおり、最初はよかったけどバブル崩壊くらいで厳しくなってく

るパターンね。時制に注意したいから年号にはシャーペンで丸。強みや機会は赤、弱み
や脅威は青でアンダーラインしていく。

5〜8段落目：現経営者がテコ入れと。先代からの変更点が結構具体的にたくさん書か
れているな。ここら辺を抽出すればよさそう。7段落目「新たな供給先の確保が必要」
は対策に言及する必要がありそうだから、ぐるぐる丸囲みっと。

9段落目：「原材料高騰で収益が圧迫されたこと」も対策が必要そうだからぐるぐる丸
囲みっと。

10段落目：出た、X社。ここから統合フェーズか。統合前後をわかりやすくするために、
9段落目と10段落目の間に線を引こう。時制に注意だ！

11〜12段落目：個人店っぽい雰囲気のA社に対して、X社はチェーン店に近い雰囲気
か？　全然違うなあ。課題も山積っと。でもシナジーはすごくありそう。ここら辺を答
えればいいのかな？

13段落目：お！ページめくったら与件文がまだあった！

手順4　骨子作成　（〜32分、15分間）

第1問：たくさん引いた赤・青ラインのうち、強み・弱みの候補となる箇所にマークし
よう。強みは「コシの強い蕎麦」「原材料も厳選」「オリジナルメニュー」「土壌、風土」
と候補が多いな。「原材料高騰で収益が圧迫されたこと」は統合直前には解消されてい
るから書かない。「原材料仕入」や「顧客高齢化」だな。

第2問：先代からの変更点をとりあえず列挙。狙いは差別化集中戦略か？　過去問で似
たようなのあったな（平成30年度）。ラッキー。

第3問：「留意点」って難しいんだよなあ。「気をつけること」だから……X社はA社と
全然違うからそこに気をつけて経営戦略を立てないとダメだよな。それかな？

第4問（設問1）：組織の話だから「毛深い猫」かな？　コミュニケーション……人材
交流で文化融合か。あ、その前にビジョン明確化で一体感醸成だな。X社社員の不安に
も対応しないと。雇用継続で士気向上、不安解消かな。この3本立てで行こう！

第4問（設問2）：A社の強みである蕎麦や高単価なオリジナルメニューと、X社の強
みである仕入先を活用してシナジー創出か。立地も違うしカニバリ回避もできる。

手順5　解答作成　（〜72分、40分間）

やばい時間ない！　あれ？　試験時間すぎている？　いや、10分勘違いしていた！　終
了時刻も覚えておけばよかった！　まあいいや、落ち着いて見直ししよう。

手順6　見直し　（〜80分、8分間）

あれ！　最後の段落忘れてた！　外国人観光客と若者、SNSとか絶対得点キーワード
じゃん！　何か消してねじ込まないと！！

3．終了時の手ごたえ・感想

　はあ。あんまり書けた感じしないけれど、これが今の実力って感じだな。まあ足切りは
回避できてそうだから、次の科目っと。

〜会場で緊張をほぐす方法〜
　ある程度緊張はするものと思って臨む。

合格者再現答案＊（かれん 編） ──────── 事例Ⅰ

第1問 （配点20点）
強み　　　　　　　　30字

コ	シ	の	強	い	蕎	麦⁴	。	独	自	商	品	。	商	品	・	サ	ー	ビ	ス
の	高	さ	。	自	発	的	な	風	土⁴	。									

弱み　　　　　　　　28字

原	材	料	の	高	騰⁴	・	仕	入	先	が	不	安	定⁴	。	顧	客	の	高	齢
化⁴	。	立	地	の	悪	さ	。												

【メモ・浮かんだキーワード】　蕎麦、オリジナルメニュー、商品やサービスの質の高さ、相
　　互に助け合う土壌、自主的に問題点を解決する風土。原材料の高騰、顧客の高齢化。
【当日の感触など】　強みは字数足りない。弱みは字数に余裕あるから立地も書いちゃった。
【ふぞろい流採点結果】　強み　8/10点　　　　弱み　10/10点

第2問 （配点20点）　　　100字

①	標	的⁴	を	地	元	家	族	層¹	へ	絞	込	み	②	低	効	率	な	メ	ニ
ュ	ー	や	出	前	を	廃	止²	し	③	強	み	の	蕎	麦	や	独	自	商	品
に	限	ら	れ	た	資	源	を	集	中³	さ	せ	④	商	品	・	サ	ー	ビ	ス
の	高	品	質	化⁴	で	差	別	化	・	高	付	加	価	値	化³	を	図	り	⑤
大	手	と	競	合	回	避³	し	、	競	争	優	位	性	を	確	保	す	る	為。

【メモ・浮かんだキーワード】　経営資源の集中、差別化・高付加価値化、大手との競争回避
【当日の感触など】　差別化集中戦略については書けた！
【ふぞろい流採点結果】　18/20点

第3問 （配点20点）　　　98字

留	意	点	は	①	一	見	客	等	の	標	的⁴	②	駅	前	の	立	地²	③	省
力	的	な	接	客⁴	・	サ	ー	ビ	ス²	④	横	断	的	な	意	思	疎	通	の
欠	如⁴	⑤	低	価	格⁴	。	A	社	と	の	違	い	を	踏	ま	え	経	営	戦
略	を	立	て	、	商	品	・	サ	ー	ビ	ス	の	高	品	質	化	で	大	手
と	の	価	格	競	争	を	回	避	し	売	上	拡	大	を	図	る	。		

【メモ・浮かんだキーワード】　ターゲット、立地、サービス、社風などA社とX社を対比。
【当日の感触など】　後半が第2問と同じになってしまった。やっぱり留意点苦手。10点も行
　　かなそう。
【ふぞろい流採点結果】　14/20点

第4問（配点40点）

（設問1）　　　　　80字

進め方は①ビジョンの明確化[6]で一体感醸成[2]②社内交流促進[3]で自主的な組織風土への統合[3]③研修[3]で従業員の士気向上[1]・不安解消[2]・離職回避[2]。以て活性化し、円滑な経営統合[3]を図る。

【メモ・浮かんだキーワード】（幸の日も）毛深い猫、一体感醸成、組織活性化、円滑な統合

【当日の感触など】　よくわからないけど、思いつくもの書いた。大外しはしてないと願う。

【ふぞろい流採点結果】　17/20点

（設問2）　　　　　100字

①A社の蕎麦、高単価な独自商品、自発的な風土と②X社の高品質な原材料の仕入力を活かし、シナジー創出[1]し③商品[2]・サービス[1]の高品質化で差別化[1]を図り、④立地の違いで経営リスク分散を図り、若者[2]の取込みで売上拡大[2]。

【メモ・浮かんだキーワード】　シナジー、カニバリズム回避、経営リスク分散、若者、外国人観光客、SNS

【当日の感触など】　外国人観光客とSNS入れられなかった。あまり点数伸びなそう。

【ふぞろい流採点結果】　8/20点

【ふぞろい流採点結果】　75/100点　　　**【実際の得点】**　66/100点

　第4問（設問2）で強みを効果的に書ききれず点数が伸びませんでしたが、それ以外の答案はポイントを押さえてキーワードを多面的に盛り込めたことで、得点を伸ばすことができました。

Column

こんなに愛用したのに……

　私の勉強スタイルは外で勉強することでした。家に帰って勉強しようとすると、仕事の疲れでほぼ100%やりませんでした。

　そのため、これも未来への投資だ！と思い、平日は週5で仕事終わりに、某有名チェーン店のカフェに通って勉強習慣を作りました。職場から自宅までの間にある各店舗のカフェを網羅し、店員さんに覚えてもらえるぐらい活用させていただきました。貯めたポイントでそのカフェで交換できるグッズの一番よいものを3回交換できるぐらい、愛用させていただきました。1次試験の勉強した用語でいえば、真のロイヤルティに位置づけられるぐらい貢献をしていたと自負しています。その年の年末、3年連続で外れていた某カフェの人気福袋。さすがに今年は当たるでしょう。だって真のロイヤルティなんだから（自称調べ）と意気揚々と応募したら、、、4年連続で外れました。まだまだ見せかけのロイヤルティだと思われているみたいです（涙）。そろそろ当てさせて。。。　　　（ぴろ）

かんのり 編（勉強方法と解答プロセス：p.146）

1．当日朝の行動と取り組み方針

　朝勉派だったので、いつもどおり5時に起床。スッキリ起きられた。単語帳アプリの読み上げ機能を使い、自作の一問一答を聞きながら会場へ移動。会場入り1時間前に最寄り駅に到着。近くのコンビニのイートインで、ファイナルペーパーを片手に朝食を摂る。が、ファイナルペーパーの内容はもう頭に入っていたのですぐに飽き、Xで勉強仲間のポストを確認。開場時間前にコンビニを後にして、会場入り。お手洗いを済ませて席に着くと、時計・電卓・受験票（テープで貼付）・筆記用具・定規（紙やぶり用）を準備して、深呼吸。「まぁ、なんとかなるでしょ」と言い聞かせる。

2．80分間のドキュメント

手順0　開始前（～0分）
定規・シャーペン・蛍光ペンをいつもの位置に、使える状態で置く。

手順1　準備（～1分、1分間）
まずは、表紙と2枚目を破いてメモ用紙を作り、定規で縦に4本線を引く。そして、問題数を5問と確認して、横に4本線を引いて問題ごとのスペースを確保。

手順2　設問解釈（～13分、12分間）
第1問：「統合前」ね。時制は、青で囲もう。聞かれていることは、強みと弱みね。解答メモに「S」と「W」と記載。「W」には発生要因として脅威の「T」の可能性もあるから、「T」の項目も入れよう。 **第2問**：「現経営者」を青で囲んで。差別化の内容と狙いか。狙いのために、「S」を使って、競合とどのように差別化したって形の解答になるかな。 **第3問**：出た！　留意点。あいまいな表現だから難しいんだよなぁ。ていうか「統合」？！　M&Aするのか！　予備校などの予想どおりか。となると、みんな点数取れそうだな。ちょっと心配。とりあえず、X社の「W」と「T」の対策を書くか。 **第4問（設問1）**：統合過程のマネジメント？！　PMIの知識を問う問題？　あれ？　第3問と何が違う？　統合することで生じるデメリットに気をつけつつみたいな話か？ **第4問（設問2）**：「今後」は青文字で囲もう。競争戦略だと「S」を使って競合と差別化？　成長戦略だとアンゾフの成長ベクトルか。ターゲットか製品を押さえないと。

手順3　与件文読解（～40分、27分間）
1～4段落目：なるほど。創業から軌道に乗るまではブルーオーシャンだったが、競合参入で、価格競争が発生。品質までも落ちていったのか。 **5～6段落目**：おっ。現経営者登場。でも、まだ経営は引き継いでいない。第2問は言葉のトリックで、時制を惑わす問題か？

7～9段落目：いよいよ、現経営者に引き継ぎか。家族層に集中して、そのために店舗を改装しているし、標的顧客に向けた強みを整備している。そして、活性化された組織があるのか。これはかなり強みだな。反対に、仕入れ面での弱みと、常連客の高齢化の脅威も出てきているな。

11～13段落目：出た！　統合するX社！　なるほど。価格競争に巻き込まれて……。ん？　これほとんど、以前のA社と一緒……？　A社が乗り越えてきた過程を辿れば、再建しやすいのでは？　最後は、X社に対する機会か。

全　体：よし！　全体的なストーリーはそんなに難しくないな。

手順4　解答作成（～79分、39分間）

第1問：統合はこれからだから、強みは、家族層に集中した後のA社の強みを書こう。字数が短いから、ちょっと抽象的に。弱みは書いてあるとおり。いけたかな。

第2問：うーん、時系列の切り分けが難しい。でも、蕎麦に集中などした時、現経営者は入社したけれど、経営者にはなってない。つまり、前経営者の時の話だよね。ということは、前経営者は蕎麦に集中したけれど、現経営者は客単価上げて売上拡大のために家族層を狙った。そのために、商品とサービスの質を上げたってストーリーかな。

第3問：結局、次の第4問（設問1）と切り分けが難しい。あまり迷っている時間ないな。設問的に、第3問はX社の「W」「T」とその対策を書こう。

第4問（設問1）：第3問はX社の対策書いたから、こっちは、統合した後のPMIの話を書くのか？　いや、そんな知識問題なことある？　第3問はX社の「W」「T」を書いたから、この問題はA社を含めた「W」「T」を書くか。

第4問（設問2）：X社の競合との差別化は、A社の強み。ただ、A社の強みは、仕入れ環境的に難しくなりそうだから、対策は必要だな。そして、成長戦略。まずは、商品は？　A社の自慢の商品！　価格競争のものと差別化できるな。次、市場。誰に対して？　……ん？　おい！ちょっと待てぇ！　ターゲットがいなくね？　え？どこ？……うわあ！　最後の段落が次のページにあった！　これだ、これ！　外国人と若者！　時間は……？　あと5分？！　とにかく入れよう。落ち着け。書ける。できるだけ字数を縮めよう。

手順5　見直し（～80分、1分間）

やば！　ほとんど時間がない！　とりあえず、受験番号を見直そう！　OK！　内容を直せる時間は……ないな。最後に最終段落に気づいてよかった……。

3．終了時の手ごたえ・感想

　大外ししてないと思うけれど、PMIやっぱり出たな……。付け焼き刃で書いても仕方がないから、詰め込みはしなかったけれど、ちゃんとPMIについて見直しておけばよかった。なんか今年、問題の雰囲気が違う気がする……。今までの方法でよいのか……？アドリブ力が必要なのか？　でも、この後の科目に関して今更方向転換はできないから、とにかく今までのやり方を信じよう。

合格者再現答案＊（かんのり 編） ──────── 事例 I

第1問（配点20点）
強み　　　　　　　　30字

①	高	品	質	な	商	品⁴	と	サ	ー	ビ	ス⁴	②	目	的	共	有	や	自	発
的	問	題	解	決	可	能	な	組	織⁴										

弱み　　　　　　　　30字

①	原	材	料	の	仕	入	れ	が	不	安	定⁴	か	つ	高	騰	し	収	益	性
低	い	事²	②	常	連	の	高	齢	化⁴										

【メモ・浮かんだキーワード】　組織活性化・高付加価値化・原材料高騰・市場衰退
【当日の感触など】　弱みはほぼ完璧かな？　強みがもう少し具体的に書きたいけど字数が足りない！
【ふぞろい流採点結果】　強み　10/10点　　　　弱み　10/10点

第2問（配点20点）　　99字

先	代	は	コ	シ	の	強	い	自	家	製	蕎	麦	で	**差**	**別**	**化**¹	し	た	が、
現	経	営	者	は	地	元	の	**家**	**族**	**層**	**獲**	**得**⁵	し	売	上	拡	大³	す	る
為	に、		①	厳	選	の	原	材	料	②	オ	リ	ジ	ナ	ル	メ	ニ	ュ	ー
開	発	③	個	室	等	の	客	席	設	置	等	の	**高**	**品**	**質**	**な**	**商**	**品**	と
サ	ー	ビ	ス⁴	で	差	別	化	し	競	争	優	位	を	獲	得	し	た。		

【メモ・浮かんだキーワード】　差別化集中戦略・集中戦略
【当日の感触など】　時制のトリックは、回避したつもり！　要素は抜け漏れなく盛り込めているはず！
【ふぞろい流採点結果】　13/20点

第3問（配点20点）　　99字

①	売	上	回	復	す	る	為	に、		駅	構	内	の	大	手	外	食	チ	ェ
ー	ン	と	の	**商**	**品**²	や	サ	ー	ビ	ス	の	**差**	**別**	**化**	・	高	付	加	価
値	化	が	必	要	と	な	る	事	②	業	務	環	境	の	見	直	し	や	権
限	委	譲、		採	用	強	化	を	通	し	て、		**従**	**業**	**員**	**の**	**離**	**職**	**率**
低	**下**⁴	、	人	手	不	足	へ	の	対	応	が	必	要	と	な	る	事。		

【メモ・浮かんだキーワード】　差別化・高付加価値化、権限委譲、士気向上
【当日の感触など】　第4問（設問1）と合わせて、20点取れれば良いほうかな。
【ふぞろい流採点結果】　6/20点

~試験の休憩時間の過ごし方~
次の科目のファイナルペーパーを熟読。　※SNS見るのは厳禁。

第 4 問（配点40点）

（設問 1 ）　　　　　80字

①	A	社	の	自	発	的	に	問	題	解	決	が	図	れ	る	組	織	を	参
考	に³	X	社	の	従	業	員	へ	の	権	限	委	譲³	し	士	気	向	上¹	を
図	る	事	②	A	社	の	高	品	質	商	品	を	X	社	で	販	売	し	、
大	手	外	食	チ	ェ	ー	ン	と	差	別	化	等	、	シ	ナ	ジ	ー	発	揮 。

【メモ・浮かんだキーワード】　PMI（戦略的・業務的・文化的）

【当日の感触など】　PMI を書くべきだったかな。第 3 問と合わせて、20点取れれば良いかな。

【ふぞろい流採点結果】　7/20点

（設問 2 ）　　　　　100字

中	堅	食	品	卸	売	業	者²	か	ら	高	品	質	な	原	材	料³	を	直	接
仕	入	れ	、	原	材	料	コ	ス	ト	低	減	し	た	上	で	、	X	社	の
駅	前	の	立	地	と	A	社	の	商	品	開	発	力²	を	活	用	し	大	手
チ	ェ	ー	ン	と	差	別	化²	し	、	外	国	人	観	光	客	と	若	者²	等
新	市	場	に	、	新	製	品	開	発³	す	る	多	角	化	戦	略³	を	実	行 。

【メモ・浮かんだキーワード】　差別化競争戦略・多角化戦略

【当日の感触など】　時間はかかったけど、結果的に要素は抜け漏れなく盛り込めているはず！

【ふぞろい流採点結果】　17/20点

【ふぞろい流採点結果】　63/100点　　　　**【実際の得点】**　59/100点

　第 1 問で確実に得点し、第 4 問（設問 2 ）では多面的にキーワードを盛り込めたことで、合格点に届きました。第 2 問、第 3 問、第 4 問（設問 1 ）でより効果的にキーワードを盛り込むことができればもっと得点が伸びたと思われます。

Column

試験場での昼休みルーティーン

　私は試験を受ける時いつもチョコレートを持っていきます。一口サイズでトレーに乗っているようなものです。試験では頭を酷使するので、休憩時間中の糖分補給が重要になります。 2 次試験は記述式で、 1 次試験と比較して考える時間が長いため、より多くの栄養を脳に供給する必要があります。そのような環境でチョコレートは最適です。ちなみに私は終日試験がある際に食べるものをいつも同じにしています。先述のチョコレートに加えておにぎり 2 つと焼き菓子です。私は今までさまざまな試験を受けてきましたが、試験場での過ごし方のルーティーンを確立しています。皆さんも気が向いた時に試験場での試験時間以外の過ごし方について考えてみてはいかがでしょうか。もし模擬試験を受ける機会があれば、ぜひ試験そのもの以外の部分の過ごし方も意識してみてください。より一層模擬試験の意味が出てきますよ。

（いっちー）

たべちゃん 編（勉強方法と解答プロセス：p.148）

1．当日朝の行動と取り組み方針

【行動（＆心境)】「開場30分前到着目標」で起床し出発。ファイナルペーパーを入れたiPadと用語を書き留めたルーズリーフ、電卓2個、筆記用具、受験票、そしておにぎり2つと糖分補給用のチョコ、眠気防止のコーヒーを準備し出陣。会場の最寄り駅に到着すると座布団を持った強者がいて「ああ、2次試験の会場に来たのだな」と実感する。会場の門の所にほらっち先生が受験生激励にいらっしゃっていて、1次試験の時に続き2回お見かけしたご縁とパワーを感じる。開場までは中に入れないため立ちながらiPad確認。体温が下がる。もう少しゆっくりでもよかったかなと後悔する。

【方針】過度に緊張せず成果を出し切る。

2．80分間のドキュメント

手順0　開始前（～0分）
精神統一。電卓を2つ机上に置き注意される（予備は置いちゃだめ！)。

手順1　準備（～1分、1分間）
受験番号を記載。メモしやすいように縦半分の折り目をつける。

手順2　設問一読（～5分、4分間）
第1問：「統合前」の時制に注意。強み・弱み。 **第2問**：先代と現経営者の対比。「戦略の差別化」「狙い」が出てくるらしい。 **第3問**：統合をする企業がX社で、「留意点」だからデメリットが出てくるのかも。 **第4問（設問1)**：組織統合の具体的な進め方……戦略→組織→風土醸成。 **第4問（設問2)**：競争戦略と成長戦略の違いってなんだっけ。

手順3　与件文読解（～25分、20分間）
1～3段落目：【創業期】統合前の強みを聞かれていたので、「自前のコシの強い蕎麦、県道沿いの立地」を赤ペンでマーク。出前による商圏拡大とまちの食堂的役割も特徴かな。 **4段落目**：【低迷期】脅威を青ペンでマーク。脅威：ファミレス、チェーン店などの競合、それによる正社員の離職、サービスの質低下。 **5～6段落目**：【現経営者の登場】ヒーロー現る！（感情移入スイッチON）　資源を集中させて危機を乗り切ろうとしている。 **7段落目**：経営方針見直しが本格化。客層の絞り込み（ファミリー層）、価格の引き上げ、ということは「高付加価値差別化」戦略！　「原材料仕入不安定」は弱みで使おう。 **8段落目**：【組織人事】事例Ⅰの醍醐味登場。3部構成の確認、「方向性や目的の共有」

~試験の休憩時間の過ごし方~

参考書を読む。

で「自主的な助け合う風土」が醸成し売上も拡大、と。

9段落目：【課題】新規仕入れ先確保（原材料高騰）、新規顧客取込み（常連高齢化）

10〜12段落目：【Ｘ社登場】シナジー効果を見込めそう！　強みと弱みを整理しよう。

強み：中堅の食品卸売業者、駅前の立地。

弱み：差別化不十分な低価格商品、従業員の横のつながりが少ない、経営者自らが意思疎通に介入、従業員の負荷が高い。

13段落目：【機会と社長の思い】「食べ歩き目的の外国人観光客」は使えそう。従業員の離職を防ぎ、円滑な経営統合を進めることが社長の一番の思いかな。

手順4　解答メモ作成（〜55分、30分間）

第1問：強み：コシの強い蕎麦、県道沿いの立地、看板メニュー、質の高い商品サービス、自主的な風土、地域住民の固定客→ここから4つに絞る。

弱み：原材料の仕入れ不安定、常連の高齢化→言い換えて「常連以外の集客ができていない」。

第2問：①戦略上の差別化、②狙いの順に書こう。

①見直したもの→総花的メニュー・出前・顧客層

　やりたかったこと→経営資源の選択と集中

②近隣競合との差別化による売上回復、負荷軽減による売上回復（因果を意識！）

第3問：①留意点、②その理由の順に書こう。

①客単価を下げ接客サービスが省力化、横のつながりが少ないこと

②競合との価格競争激化、オペレーションに忙殺され従業員の士気低下につながる

第4問（設問1）：①経営戦略を統一、②組織風土を融合、③効果の順に書こう。

①Ａ社の高付加価値差別化戦略に足並みを揃える

②目的共有、Ａ社リーダーによるOJT、チーム編成による横のつながり

③従業員の士気向上、離職防止、円滑な統合

第4問（設問2）：①強み、②新規ターゲット、③事業の戦略、④効果の順に書こう。

①看板メニューの蕎麦、接客力

②食べ歩き目的の外国人観光客や若者

③新市場開拓戦略

④SNSの口コミやグルメアプリ活用→新規顧客獲得＆売上拡大

手順5　解答用紙記載（〜80分、25分間）

解答メモに従って作成。なるべく消しゴムを使わないように記載。

3．終了時の手ごたえ・感想

　事例Ⅰは組織・人事がテーマなのに戦略のことばかり書いたような……。

合格者再現答案＊（たべちゃん 編）　　　　　　　　　　　事例Ⅰ

第1問（配点20点）

強み　　　　　　　30字

拘	り	の	そ	ば	⁴	、	県	道	沿	い	の	立	地	、	地	元	住	民	の	固
定	客	²	、	自	主	的	な	風	土	⁴	。									

弱み　　　　　　　30字

原	材	料	の	仕	入	れ	が	不	安	定	⁴	で	、	常	連	客	以	外	の	集
客	が	で	き	て	い	な	い	事	²	。										

【メモ・浮かんだキーワード】　（強み）商品と立地、組織風土や顧客獲得に関する強み　（弱み）原材料の仕入れ不安定、常連の高齢化。

【当日の感触など】　強みはたくさんキーワードがあり、弱みは少ないというお決まりパターン。強みはなるべく多くの要素を入れて加点を狙いたいな。弱みは新規顧客獲得力が低いことを入れよう。

【ふぞろい流採点結果】　強み　10/10点　　　弱み　6/10点

第2問（配点20点）　　93字

総	花	的	な	メ	ニ	ュ	ー	を	見	直	し	³	そ	ば	に	資	源	を	集	中	³
し	、	顧	客	を	絞	る	³	こ	と	で	宴	会	等	の	負	担	を	軽	減	し	
商	品	と	サ	ー	ビ	ス	の	質	を	高	め	た	⁴	。	狙	い	は	近	隣	の	
競	合	店	と	の	高	付	加	価	値	³	・	差	別	化	¹	に	よ	る	売	上	の
拡	大	³	と	従	業	員	の	定	着	で	あ	る	。								

【メモ・浮かんだキーワード】　メニューと顧客層を絞ること、それによって得られること（商品やサービスの質の向上）、それによる狙い（高付加価値・差別化、売上の拡大、従業員の定着）を記載。

【当日の感触など】　設問に「差別化」とあるのに再び差別化を入れることについて少し悩んだ。売上拡大だけではなく、従業員の定着も要素としては入れたほうがよいかと思い最後にねじ込む。

【ふぞろい流採点結果】　18/20点

第3問（配点20点）　　98字

客	単	価	⁴	を	下	げ	接	客	⁴	サ	ー	ビ	ス	²	が	省	略	化	さ	れ	て	い
る	点	、	部	門	ご	と	の	横	の	つ	な	が	り	が	少	な	い	⁴	点	に		
留	意	す	る	。	理	由	は	競	合	店	と	の	価	格	競	争	に	繋	が			
り	、	オ	ペ	レ	ー	シ	ョ	ン	に	忙	殺	さ	れ	る	こ	と	で	従	業			
員	が	疲	弊	²	し	士	気	が	低	下	³	す	る	た	め	で	あ	る	。			

【メモ・浮かんだキーワード】　省人化、低価格、価格競争、オペレーション忙殺、士気低下

【当日の感触など】　企業体質の違い、X社のデメリットを軸に書こう。

【ふぞろい流採点結果】　19/20点

~試験の休憩時間の過ごし方~

　深呼吸、キャンパス内を散歩、脳にいい食べ物（ナッツ類、バナナ、ハイカカオチョコ）をつまむ。

第4問（配点40点）

（設問1）　　　　　　　　80字

A	社	の	高	付	加	価	値	差	別	化	戦	略	に	足	並	み	を	揃	え
る	。	そ	の	上	で	A	社	リ	ー	ダ	ー	に	よ	る	**OJT**³	を	行	い
目	的	意	識	を	共	有⁶	、	横	の	交	流³	も	深	め	る	。	従	業	員
の	士	気	向	上¹	で	離	職	を	防	ぎ²	統	合	を	円	滑	に³	進	め	る	。

【メモ・浮かんだキーワード】　高付加価値差別化戦略、接客リーダー、OJT、横の交流、士気向上、離職防止、円滑な統合

【当日の感触など】　第3問と第4問（設問1）は表裏のような感じかな。

【ふぞろい流採点結果】　17/20点

（設問2）　　　　　　　　100字

強	み	で	あ	る	看	板	メ	ニ	ュ	ー	の	そ	ば	と	接	客	力	を	活
か	し	、	地	域	の	食	べ	歩	き	を	目	的	と	し	た	**外**	**国**	**人**	**観**
光	**客**	**や**	**若**	**者**²	を	対	象	に	し	た	新	市	場	開	拓	戦	略	を	行
う	。	丁	寧	な	接	客	で	**SNS**	や	グ	ル	メ	ア	プ	リ²	で	の	口
コ	ミ	を	獲	得	し	**新**	**規**	**顧**	**客**	**獲**	**得**³	・	**売**	**上**	**拡**	**大**²	を	図	る	。

【メモ・浮かんだキーワード】　強み×ターゲット、新市場開拓戦略、アプリの活用、最後に効果。

【当日の感触など】　解答の型も決まっているし、要素は拾えているから堅い解答が書けたかな。

【ふぞろい流採点結果】　9/20点

【ふぞろい流採点結果】　79/100点　　　【実際の得点】　73/100点

　全体を通して多面的にキーワードを盛り込むことができ、高得点を獲得できました。第4問（設問2）では、強みに関するキーワードを効果的に盛り込むことができればさらに得点が伸びたと考えられます。

Column　勉強時間は記録しない

　これは人によって好みが分かれると思いますが、私は中小企業診断士試験やほかの資格試験も含めて、勉強時間を記録したことがありません。理由は、勉強時間を達成することが目標になって中身が伴わなくなるのではないか、と感じるからです（ずぼらといわれればそれまでですが……（笑））。もちろん、勉強時間を記録しトータルで何時間勉強したかが可視化されれば、自信がつくし、「あと○○時間で目標の勉強時間だ！」と、モチベーションの維持に効果はあるのでしょう。ただ、資格試験の勉強で重要なのは「何時間やった」かではなく、「自分がどこまで理解できたか」ではないでしょうか。一般的に中小企業診断士試験の勉強時間は1,000時間といわれていますが、自身のキャリアや本業との関連性によっても必要な勉強時間が大きく変わる試験だと思います。目安の勉強時間にとらわれすぎず、理解できるまで徹底的にやることが、合格への一歩だと思います。　（たく）

~試験の休憩時間の過ごし方~
Xで解答を検索。

なおふみ 編（勉強方法と解答プロセス：p.150）

1．当日朝の行動と取り組み方針

　今回は初めて名古屋で受験。駅から徒歩で行けるため、ツイていると確信。家事育児があるため前乗りはせず。

2．80分間のドキュメント

手順0　開始前（～0分）
いよいよ始まるな、と。時間不足だけは気をつけること。それ以外は何も考えず。

手順1　準備（～1分、1分間）
受験番号記入、問題用紙を破る、段落にシャーペンで線を引く。

手順2　設問解釈（～5分、4分間）
第1問：SとW、時制に注意。30字と少ないな。 **第2問**：比較の視点を入れて現経営者の戦略内容を。狙いなので効果も。 **第3問**：時制に注意。助言なので効果も。 **第4問（設問1）**：文字数的に（設問1）と（設問2）で4：5か。助言なので効果も。「どのように進める」だから「段階的に何かする」のだろう。 **第4問（設問2）**：競争戦略と成長戦略を。各戦略を下にメモ（設問1）との整合性も。 **全　体**：経営統合で弱み克服。シナジーかな。

手順3　与件文読解その①（～15分、10分間）
流し読み。気になった部分、SWOTめいたもの、接続詞、時制はシャーペンで下線や囲む。内容の大まかな把握。今年は、A社は蕎麦屋で過去克服・経営資源も顧客も集中して高単価でよい感じだが、常連高齢化と仕入れに難ありか。X社は士気低下、大量離職の危機。統合でよいとこ取りして、外国人や若者を取り込むのがテーマっぽい。

手順4　与件文読解その②（～40分、25分間）
精読。SWOT、経営者の思いについて、マーカーを使う。 **1～4段落目**：過去。自前蕎麦人気。地域住民リピーター。競合なし。規模拡大。競合進出、正社員独立、重要ポストの離職、サービス低下、と脅威と弱みのオンパレード。 **5段落目**：現経営者。メニュー変更、蕎麦に集中。効率化か。第2問はこの段落だな。 **6～7段落目**：業務負荷からの離職率、開発力とサービス弱い。家族連れに絞り込み、原材料厳選で価格上げ、ということは高付加価値・高単価路線か。独自メニュー開発により商品の質とサービスの質を高めることでの差別化で弱み克服か。これも第2問かな。ただし、商品の質はわかるがサービス品質の向上には直ちにつながらんなぁ。仕入先高齢化、原材料仕入れ不安定、供給先確保は弱み、どこかで使う。

~試験の休憩時間の過ごし方~
　お手洗いにダッシュ。早めに行って早めに席に帰るようにしていました。

8段落目：「社内に関して」なので組織人事戦略か。接客リーダーの独立志向は第4段落にも正社員独立で危機になったから防がないといけないでしょう。独立志向なら権限大幅に委譲すればよいのかな？　厨房リーダーはベテランで、この人が誰かを育成・能力開発すればよいだろう。「目的意識の共有」「意思の統一」ってまんまキーワードじゃん。「相互助け合う土壌」つまり組織文化か。自主的問題解決風土醸成も組織文化。成功体験ですな。どこかで使う必要あるな。

9段落目：コロナ禍でも売上増加はすごいな。原材料高騰は脅威、顧客高齢化は弱み。

10段落目：経営統合ですか。2023年という時制に注意。売上増を目指す。

11段落目：X社の情報チェック。A社と同じ点・違う点の確認。中堅食品卸売業者を使えば原材料高騰と仕入業者高齢化を克服できるじゃん。M&Aで欠点を補うのだから使わない手は無し！　シャーペンで第9段落とつなぐ。

全　体：事例ⅠだからA社の組織づくりの成功体験をX社に導入してモチベーション上げて、外国人や若者を取り込み、A社は仕入強化と新常連客獲得、ということか。

手順5　解答骨子作成（～75分、35分間）

第1問：編集してなるべく多く盛り込もう。接客リーダーの独立志向は弱みだよな。書くのは第4問の解答が固まった後で。

第2問：先代は無差別型と現経営者は差別化集中型。キーワードをたくさん使うこと。商品と顧客にも言及したほうがよいか。

第3問：X社の問題点を書けばよいか。「留意点」で「助言」だから問題点を書いて、問題解決したときの効果を書けばよいのだろうな。大きく分けて①従業員のモチベが低いことと②価格競争だろうな。

第4問（設問1）：人事戦略だろうから、とりあえず切り口を①動機づけ要因、②衛生要因、③能力開発で分けよう。接客リーダーの独立志向に対応するにはここしか書く場所がないから、オペレーションを任せて好きにさせたらよいのでは？　でもどうやって書こうか。（設問2）を書いてからにしよう。

第4問（設問2）：競争戦略は差別化集中、成長戦略は①新商品開発と②新規顧客開拓か。新規顧客は外国人と若者。効果として弱み克服（仕入れ先確保、既存顧客高齢化対応）か。外国人と若者をまとめてよいのか？　SNS対応は？　カニバリ対応は？　外国人と若者は別の切り口で考えたほうがよいのだろうな。でも思いつかないから分けずに書こう。SNS対応は事例Ⅱの気がするし書かなくてよいか。

第4問（設問1）：接客リーダーについての文字数がやはり厳しい。仕方ないからとりあえず派遣するだけ書いておこう。

手順6　見直し（～80分、5分間）

誤字脱字、汚い字の修正。字が汚い。

3．終了時の手ごたえ・感想

60点は取れているはず。出だしとしては悪くない。次に備えよう。

~試験の休憩時間の過ごし方~ ─────────

休む。糖分摂取。散歩。目を瞑って5分ほど瞑想。Xで情報確認

合格者再現答案＊（なおふみ　編）　　　　　　　　事例Ⅰ

第1問（配点20点）
強み　　　　　　　　　30字

| ① | 相 | 互 | 扶 | 助 | 風 | 土⁴ | ② | 接 | 客 | の | 自 | 主 | 的 | 問 | 題 | 解 | 決 | 風 | 土 |
| ③ | 高 | 品 | 質 | な | 商 | 品⁴ | と | 接 | 客。| | | | | | | | | | |

弱み　　　　　　　　　29字

| ① | 原 | 材 | 料 | 高 | 騰⁴ | ② | 地 | 元 | 常 | 連 | 客 | の | 高 | 齢 | 化⁴ | ③ | 接 | 客 | リ |
| ー | ダ | ー | の | 独 | 立 | 志 | 向。| | | | | | | | | | | | |

【メモ・浮かんだキーワード】　同上

【当日の感触など】　外してはいないはず。編集は少し怖いけれど文字数のために止むを得ない。ベテラン従業員は入れたかったけれど文字数的に無理だし、①と②で汲み取ってくれないかな。

【ふぞろい流採点結果】　強み　10/10点　　　弱み　8/10点

第2問（配点20点）　　100字

先	代	の	拡	大	ニ	ー	ズ	全	対	応	に	対	し、		現	経	営	者	は
地	元	家	族	層¹	に	絞	り⁴、	蕎	麦	に	限	定³、	出	前	廃	止²、			
席	数	減	少²、	高	品	質	な	商	品	と	サ	ー	ビ	ス⁴・	高	単	価¹		
で	競	合	と	差	別	化。	狙	い	は	経	営	資	源	集	中³	で	効	率	
化、	負	荷	減	で	離	職	防	止、	収	益	性³・	開	発	力	向	上。			

【メモ・浮かんだキーワード】　経営資源の集中、高品質高単価で競合との差別化、効率化、離職防止、収益性向上、開発力向上。

【当日の感触など】　注目すべき段落はわかりやすいから、みんな書けているはず。どこまで要素を盛り込めるかが勝負なのだろうか。それにしても文字数が足りない。

【ふぞろい流採点結果】　19/20点

第3問（配点20点）　　84字

①	価	格	競	争・	商	品	差	別	化	未	対	応⁴	②	定	型	的	業	務	
・	横	の	つ	な	が	り	が	な	い⁴、	繁	忙	に	よ	り	士	気	が	低	
く³、	離	職	率	が	高	い⁴	た	め、	コ	ミ	ュ	ニ	ケ	ー	シ	ョ	ン		
や	業	務	効	率	化	に	よ	る	士	気	向	上・	離	職	防	止	に	留	
意	す	る。																	

【メモ・浮かんだキーワード】　価格競争、商品開発力、定型的業務、業務効率化、士気向上

【当日の感触など】　X社の弱みと考えたが、自信はない。

【ふぞろい流採点結果】　14/20点

第4問（配点40点）

（設問1）　　　　80字

段	階	的	に	①	業	務	効	率	化	で	負	荷	削	減	に	よ	る	衛	生
要	因	整	備	②	全	社	的	目	的	共	有[6]	・	交	流[3]	で	動	機	付	け
③	接	客	リ	ー	ダ	ー[3]	を	店	舗	責	任	者[3]	と	し	て	派	遣	し	、
厨	房	リ	ー	ダ	ー	に	よ	る	O	J	T[3]	に	よ	る	能	力	向	上	。

【メモ・浮かんだキーワード】　効率化、負荷削減、衛生要因、全社的目的共有、貢献意欲、
　　動機付け、OJT、能力向上

【当日の感触など】　接客リーダーの派遣は書いたけれど効果について言及ができなかった。
　　6割は取れているはず。

【ふぞろい流採点結果】　15/20点

（設問2）　　　　100字

外	国	人	観	光	客	や	若	者[2]	を	標	的	に	、	オ	リ	ジ	ナ	ル	商
品	を	開	発[3]	し	新	規	顧	客	獲	得[3]	。	サ	ー	ビ	ス[1]	と	商	品[2]	の
質	を	向	上	し	競	合	と	差	別	化[1]	。	X	社	社	長	の	つ	な	が
り	を	活	用	し	高	品	質	な	原	材	料	を	確	保	す	る	。	以	上
で	既	存	顧	客	高	齢	化	と	原	材	料	高	騰	リ	ス	ク	対	応	。

【メモ・浮かんだキーワード】　新規顧客獲得、差別化、既存顧客高齢化

【当日の感触など】　外国人観光客と若者を分けずに書いてしまったことが気がかり。カニバ
リゼーションにも言及できなかった。書いていることは間違っていないから6割は取れて
いるはず。

【ふぞろい流採点結果】　12/20点

【ふぞろい流採点結果】　78/100点　　　**【実際の得点】**　69/100点
　　全体を通して設問要求に沿ったキーワードを盛り込み、確実に得点を重ねました。難問
だった第3問でも多面的な解答ができており、ふぞろい流採点では高得点となりました。

Column

『ふぞろい』に出会っていれば。

　正直なところ、2次試験の勉強方法がまったくわからず、なんとなく過去問を解いて2
次試験を受験していました。もうそろそろ合格したいと思っていた時、1次試験で配って
いたビラを見て、通信教育の講座に申し込みました。通信教育の講座では多額の合格祝い
金により、合格すれば実質的にはかなり安い金額になることから、それを活用し無事に合
格することができました。やっぱり試験には傾向があり、その対策をすることが合格への
近道だということを実感しました。もしかしたら、『ふぞろい』に出会って2次試験の勉
強方法がわかっていれば、もっと早く合格できたのかもしれないと思うと、悔しいです。
私は『ふぞろい』を使っていないですが、私の経験を少しでも盛り込んでいければと思っ
ています。

（ぐっさん）

~試験の休憩時間の過ごし方~

長時間座りっぱなしのため、少しでも身体を動かすために試験会場を散歩する。

よしかず 編（勉強方法と解答プロセス：p.152）

1．当日朝の行動と取り組み方針

　前日の就寝前に栄養ドリンクを飲んだことで、緊張もあってかなかなか寝つけなかった。当日はいつもどおり5時前に起床し、『ふぞろい』やファイナルペーパーを確認。眠くならないように朝食は軽く済ませる。電車が遅延した場合でも間に合うように、開場の30分以上前には試験会場の最寄り駅に到着するよう電車で移動する。開場後、自分の席に荷物を置いてから、まずはお手洗いの位置確認。男性用お手洗いは混雑するため、ほかの階も確認。そして、筆記用具、電卓を準備して、受験票は試験中に動かないように簡単に剥がせる両面テープで固定。これで準備は完璧。

2．80分間のドキュメント

手順0　開始前（〜0分）
問題、解答用紙が配布される。解答用紙は解答欄がうっすらと透けて見えるため、設問数や文字数を確認。試験開始1分前になったら深呼吸をして集中する。

手順1　準備（〜1分、1分間）
まずは、解答用紙に受験番号と名前を記入。紙がキレイに切れる定規を使用して白紙部分を切り離し、メモ用紙を確保する。

手順2　設問解釈（〜5分、4分間）
第1問：SWOT分析の強みと弱みで、統合前のA社という時制に注意。 **第2問**：A社の現経営者が行った差別化の内容と、その狙いの2点を書くことと理解。「戦略上の差別化」という表現に戸惑いつつ、差別化集中戦略を意識する。 **第3問**：経営統合の留意点だから、組織間のコミュニケーションや従業員のモラール低下の防止が解答の中心になるか。助言問題だから効果を記入する。 **第4問（設問1）**：「どのように」と聞かれているため具体的な施策を記入するのか。これも助言問題だから効果を記入する。 **第4問（設問2）**：「競争戦略や成長戦略の観点」のため、競争戦略はポーターの競争戦略から差別化集中戦略を、成長戦略はアンゾフの成長ベクトルから多角化戦略を意識。助言問題のため、効果を記入する。 **全　体**：経営統合に関する問題が多く、組織や人事に関する問題が少ないような印象を受ける。

手順3　与件文読解（〜20分、15分間）
4色ボールペンを使用して、強みや機会は青、弱みや脅威は赤、よくわからないけれど、解答時に使うかもしれないところは緑で下線や記号を記入。社長の思いは黄色マーカーで強調する。

1～4段落目：創業時は事業をどんどん拡大するも、その後は経営が苦しくなることが段落ごとに分かれて書かれている。

5～6段落目：現経営者が登場。現経営者が取り組んだ経営改革が書かれているため、第2問で使用するかもしれないことを意識する。

7～9段落目：現経営者に経営が引き継がれたため、時制が変わったことを意識する。引き続き経営改革の内容が書かれているため、第2問で使用する可能性があることを意識。

10段落目：ここで唐突にX社が登場。A社の内容と明確に区別するため、9段落と10段落の間に大きく線を引く。

11～13段落目：X社のことが書かれている。原材料の調達に強みがあり、A社は原材料調達が弱みだったため、これはシナジー効果が狙えそう。それ以外、X社は課題が多い。13段落で唐突に機会に関することがあるため、これも解答で使用するかもしれないことを意識する。

全　体：時制は過去から現在で整理されているが、X社に関する内容の多さに戸惑う。

手順4　解答作成（～75分、55分間）

全問の解答メモを作成してから解答を記入すると、解答記入時にもいろいろと考えて時間が足りなくなるため、与件文読解後、すぐに解答を作成していく。

第1問：6段落目でも弱みが記載されているが、2005年までの状況と現経営者に引き継がれる前のことのため、解答からは外す。7段落目以降で解答をまとめる。

第2問：5～7段落目の内容をまとめる。差別化の具体的内容を記入し、その後に狙いを記入する。

第3問：経営統合時の留意点のため、X社の弱みに関する課題を中心に記入。助言問題のため効果（10段落目：売上の向上）を記入することを忘れないようにする。

第4問（設問1）：X社は組織・人事に問題があり、経営統合に不安を抱えている。そのまま経営統合しては両社の従業員の士気が低下する恐れがあるため、組織・人事を中心に解答を作成。

第4問（設問2）：11段落目の機会を活用し、A社とX社で顧客を分けて多角化を図り、顧客ニーズに合わせてメニューを絞り込むことで差別化集中戦略を図ることを記入。

手順5　見直し（～80分、5分間）

細かな部分を消すことができるペンタイプの消しゴムを使用しながら、誤字や読みにくい文字がないかを確認。試験終了1分前のアナウンスで、受験番号と名前が記入されているか最終確認。

3．終了時の手ごたえ・感想

　極限の緊張状態の中、まずはしっかりと全問解答を記入できたことに一安心。経営統合に関する問題の割合が多かったため手ごたえはないが、設問を解釈して、与件文の内容を活用して解答を作成するという、過去問演習で身につけたプロセスどおりに対応できたと思う。

~試験の休憩時間の過ごし方~

　会場内の喫煙コーナーでひたすらタバコ。

合格者再現答案＊（よしかず 編）　　事例Ⅰ

第1問（配点20点）
強み　　　　　　　　30字

商	品	4	と	サ	ー	ビ	ス	4	が	高	品	質	、	チ	ー	ム	と	し	て	助	け
合	い	、	従	業	員	が	定	着	。												

弱み　　　　　　　　29字

仕	入	先	の	確	保	力	、	原	材	料	高	騰	4	で	収	益	性	が	低	い	2
顧	客	開	拓	力	が	低	い	。													

【メモ・浮かんだキーワード】　SWOT分析、統合前という時制
【当日の感触など】　統合前という時制に注意する必要があるが、時系列に沿って書かれており、強み・弱みともに、抜き出す部分は間違いないと思う。30字と少ない中で、できるだけ多くの要素は入れられたと思う。
【ふぞろい流採点結果】　強み　8/10点　　　弱み　6/10点

第2問（配点20点）　　97字

現	経	営	者	は	顧	客	層	、	メ	ニ	ュ	ー	、	出	前	か	ら	店	舗
で	の	経	営	に	差	別	化	集	中	戦	略	を	採	用	し	た	。	狙	い
は	①	蕎	麦	の	み	に	メ	ニ	ュ	ー	を	絞	り	込	む	3	こ	と	で	効
率	的	な	運	営	を	行	い	、	②	高	付	加	価	値	3	な	メ	ニ	ュ	ー
を	提	供	す	る	こ	と	で	競	合	と	差	別	化	1	し	た	。			

【メモ・浮かんだキーワード】　ポーターの競争戦略
【当日の感触など】　戦略上の差別化だから、差別化集中戦略だと思う。先代経営者との違い、そして狙いを明確に書けたと思う。
【ふぞろい流採点結果】　7/20点

第3問（配点20点）　　100字

留	意	点	は	①	従	業	員	間	の	コ	ミ	ュ	ニ	ケ	ー	シ	ョ	ン	を
活	性	化	さ	せ	、	一	体	感	を	醸	成	3	し	、	②	競	合	と	差	別
化	を	行	い	、	低	価	格	競	争	を	回	避	し	、	③	従	業	員	の
能	力	開	発	や	優	秀	な	職	員	を	リ	ー	ダ	ー	に	す	る	等	モ
ラ	ー	ル	を	向	上	3	し	て	定	着	率	を	向	上	1	さ	せ	る	こ	と	。

【メモ・浮かんだキーワード】　M&A、コミュニケーション、モラール向上
【当日の感触など】　X社では従業員間のコミュニケーションに課題があったことから、X社の組織・人事に関する問題点に着目して記入するも手ごたえはない。
【ふぞろい流採点結果】　7/20点

第4問（配点40点）
（設問1）　　　　　　77字

A	社	と	X	社	で	共	同	で	採	用	、	評	価	制	度	を	設	け	る	。
共	**通**	**の**	**目**	**標**	**を**	**共**	**有**[6]	し	、	一	体	感	を	醸	成[1]	す	る	。	両	
社	間	で	**交**	**流**	**を**	**活**	**性**	**化**[3]	さ	せ	、	モ	ラ	ー	ル	向	上[1]	と	組	
織	**活**	**性**	**化**[1]	さ	せ	、	組	織	を	統	合	し	て	い	く	。				

【メモ・浮かんだキーワード】　M&A、コミュニケーション、モラール向上
【当日の感触など】　第3問の留意点を活用すればよかったのかもしれないが、うまく考えが
　まとまらず、令和2年度の事例Ⅰの過去問演習を思い出しながら解答をまとめる。手ごた
　えはない。
【ふぞろい流採点結果】　12/20点

（設問2）　　　　　　100字

A	社	は	フ	ァ	ミ	リ	ー	層	、	X	社	は	地	域	の	食	べ	歩	き
を	目	的	と	し	た	**外**	**国**	**人**	**観**	**光**	**客**	**や**	**若**	**者**[2]	を	対	象	に	し
た	**多**	**角**	**化**	**戦**	**略**[3]	を	採	用	し	、	**高**	**付**	**加**	**価**	**値**	**製**	**品**[2]	を	提
供	す	る	**差**	**別**	**化**	**集**	**中**	**戦**	**略**[1]	を	採	用	す	る	。	す	み	分	け
を	行	い	グ	ル	ー	プ	企	業	と	し	て	**売**	**上**	**を**	**増**	**加**[2]	す	る	。

【メモ・浮かんだキーワード】　多角化戦略、差別化集中戦略
【当日の感触など】　A社とX社で顧客を分けることで多角化を図り、メニューを絞り込むこ
　とで差別化集中戦略を意識して書けたのではないかと思う。しかし、原材料の共同調達な
　どシナジーの発揮について記入することができなかった（解答記入時に思いつかなかっ
　た）。
【ふぞろい流採点結果】　10/20点

【ふぞろい流採点結果】　50/100点　　　　**【実際の得点】**　42/100点
　　第2問で先代経営者と比較した戦略上の差別化ポイントをまとめすぎたこと、第3問で留
意点ではなく対応策を中心にまとめてしまったことが、得点が伸びなかった原因と考えられ
ます。他方で第1問と第4問では着実に得点を重ね、40点を超えました。

Column

憧れの先輩が企業内診断士

　企業内診断士とは、勤務先企業で診断士の知識やスキルを生かして働いている人のこと
です。中小企業診断協会の調査によると、資格取得者のうち、なんと46%が企業内診断士
です。私の所属部署にも企業内診断士の先輩がいます。その先輩とは子会社の立ち上げプ
ロジェクトに一緒に参画しました。誰も会社設立の経験がなく手探りの状態のなか、資格
取得によって得た法務や財務の知識をフル動員してテキパキ仕事をこなし、周囲から頼ら
れる先輩を見て、自分も先輩のような社会人になりたいなと感じたことを覚えています。
学んだ知識やスキルを勤務先企業に還元して貢献する。そんな働き方も素敵だなと思った
経験でした。
　　　　　　　　　　　　　　　　　　　　　　　　　　　　　　　　　　（しゅんいち）

~試験の休憩時間の過ごし方~
　ラムネとカロリーメイトを食べて、糖分補給と小腹を満たす。

80分間のドキュメント　事例Ⅱ

かーず 編（勉強方法と解答プロセス：p.142）

1．休み時間の行動と取り組み方針

　隣席の年配の男性受験生がなんと50分くらいで解き終えて早期退出するという事態に動揺するも、結果的に事例Ⅰは手ごたえ抜群。心地よい達成感を感じている。おにぎりを1個、口に入れた後に解熱剤を飲んで発熱予防。緑茶とコーヒーが美味しい。事例Ⅱのファイナルペーパーでダナドコのフレームワークの最終確認。お手洗いも行って準備万端。

2．80分間のドキュメント

手順0　開始前（～0分）
ルーティーンをこなす。シャーペンや消しゴムの位置。そして7色用意した蛍光ペンも設問の順番どおりに並べる。心の中で「まず名前と受験番号を書け！」と唱える。

手順1　準備（～1分、1分間）
いつもどおり、名前と受験番号を記入し、問題用紙を定規で切断。事例Ⅰ同様、「与件文4ページって今年は長文化したの！？」と少々動揺気味。

手順2　設問解釈（～10分、9分間）
ダナドコ問題（第2～4問）は別紙に「ダナドコ」マトリクス表を作成のうえ整理。 **第1問**：去年に続いて3C分析登場。カンパニー（自社）は強みと弱みを書くと4等分なので150÷4≒38文字ずつ。答案用紙に目安として斜め線を引く。 **第2問**：野球用品の買い替え時の金銭的負担を減らしたいニーズにどう対応するか？　ダナドコの「ド（どのように）」だね。プライシング戦略が出題されるのは初めてじゃない！？と戸惑いを感じながらも、まぁ与件文読んでから考えよう。 **第3問**：女子野球チームメンバー増員を目的としたダナドコの「ド」。設問要求どおりプロモーションとイベントに関する解答作成が必須。「コ（効果）」は、女子メンバーの増員、女子チームの顧客開拓、新規顧客獲得あたり。 **第4問**：長期的売上向上のためのダナドコの「ダ（誰に）」と「ド（どのように）」。「コ（効果）」は、愛顧向上して固定客化のうえ長期関係性強化。

手順3　与件文読解（～40分、30分間）
1周目は薄い黄色マーカーを手に持ち重要そうなワードに印をつけながらさっと一読。2周目は設問ごとに決めた色の蛍光マーカーで各設問の重要要素に印をつけに行く。これが、かーず流読解30分間の過ごし方。 **1段落目**：会社概要。さらっとポイントワード的な箇所にマーカー。 **2～3段落目**：出た、地域情報！　連携相手が潜んでいることが多いので要チェック。

〜試験の休憩時間の過ごし方〜

　部屋の外に出て直前の80分のことを忘れる。

4～9段落目：Ｂ社の事業展開の変遷が多くの段落をとって記述されている。第1問の３Ｃ分析の解答要素も結構描写されているので蛍光マーカーでしっかりチェック。
10段落目：競合について。緑色の大型店 vs 街の小さな用品店の構図が頭に浮かぶ。
11～12段落目：強みについてたくさん記述あり。第1問は大丈夫そうな印象。
13～14段落目：第2問につながる保護者の悩み・ニーズ。価格は安いほうがそりゃよいよねと思いながらも、高付加価値化ばかり学習してきた身としては、やはり戸惑い。
15段落目：おっ、女子メンバー募集の段落来た。この段落は第3問に直結。
17～22段落目：２代目社長の方針。第3問・第4問の情報量が多くて書きやすそう。
全　体：第2問以外は与件文に情報が多くあり解答作成はそう難しくなさそう。でも第2問は過去問でも触れたことが無く、とても厄介そう。最後に取り組もうと後回し。

手順4　解答作成（～78分、38分間）

第1問：第1問はオレンジ色のマーカーで与件文の重要ワードに色をつけたのでそこから解答を拾ってくる。３Ｃの（顧客）と（競合）は即答。自社は、強みがたくさんあるので少し言葉を組み合わせるなど工夫して解答記入。特段、目立った弱みへの記述がなかったので、カンパニー（自社）は強みを記述するだけにした。
第2問：サブスクや中古レンタルと悩んだ挙句、金銭的負担を減らしたいニーズには、FSP導入によってポイント還元や関連用品提供のサービス追加など昨今の小売店がやっていそうな施策を思いつく。RFM分析と絡めてFSP導入によってリピート率向上、関係性強化という効果を記述。完全なる思いつき答案で設問要求に応えていない……。
第3問：15段落と20段落に解答要素があるので、地域資源である「河川敷の野球場」を活用したイベントや、掲示やSNSを活用したプロモーションの方向性で、そんな時間をかけることもなく当たりさわりなく解答を作成。
第4問：与件文終盤の２代目社長の方針の記述に多くの解答要素があるのでそれを使うのだが、監督、保護者、メンバーと対象顧客が複数出てくるので少し複雑。
ここは、ダナドコを細分化して組み立てようと判断。監督にはスマホアプリ、保護者やメンバーにはSNSやHPというように各々のニーズに沿った施策を記述。我ながらうまくまとめられたんじゃない？という答案。

手順5　見直し（～80分、2分間）

誤字脱字チェックと第2問の読み返し。やはり答案が少しズレてる感じがするが、野球グローブやスパイクなどの汚れ物で、かつ数年に1度しか買い替えない物に対して、定額の月額費用を払うイメージがまったく湧かない。サブスク使い放題というのは自分的には絶対ないわ、という自己正当化を行っていたところで試験時間終了。

3．終了時の手ごたえ・感想

　第4問のオンライン・コミュニケーションでアプリ開発！という新物に驚くも、HP、SNS、スマホアプリの各々についてダナドコで結びつけられたことが大きな手ごたえ。配点が30点もある第1問と第4問がしっかり解けたので大丈夫！という感触。
　第2問はモヤモヤが残る。野球グッズに月額費用を払って使い放題なんてあり得ない！という思考回路を否定できずまったく違うことを書いたけれど、書いた解答が設問要求に応えられていないということは自分自身が一番よくわかっていた……涙。

〜試験の休憩時間の過ごし方〜 ─────────

　試験会場がビルの5階で、トイレと会場の外通路があったため、気持ちいい風を浴びていた。

合格者再現答案＊（かーず 編）　　　　　　　　事例Ⅱ

第1問（配点30点）　142字

顧	客	は	①	近	隣	の	公	立	小	中	学	校³	②	複	数	の	少	年	野
球	チ	ー	ム⁴	③	個	別	に	買	い	物	に	来	る	客	。	競	合	は	①
サ	ッ	カ	ー	や	バ	ス	ケ	ッ	ト	ボ	ー	ル	用	品	の	専	門	店³	②
低	価	格²	な	大	型	ス	ポ	ー	ツ	用	品	量	販	チ	ェ	ー	ン	店³	。
自	社	は	①	有	名	ス	ポ	ー	ツ	ブ	ラ	ン	ド	用	品	を	取	り	揃
え	②	ユ	ニ	フ	ォ	ー	ム	加	工	技	術²	や	一	括	納	品	の	確	か
さ¹	③	野	球	用	品	の	商	品	カ	ス	タ	マ	イ	ズ	提	案	力¹	が	好
評	。																		

【メモ・浮かんだキーワード】　顧客、競合、強み・弱み
【当日の感触など】　弱みの記述が無かったので自社は強みのみ書いたが、概ね網羅的に書けた。
【ふぞろい流採点結果】　19/30点

第2問（配点20点）　95字

今	ま	で	の	購	買	履	歴	よ	り	R	F	M	分	析	を	行	い	、	購
買	間	隔	や	頻	度	、	購	入	額	か	ら	F	S	P	を	導	入	し	、
買	い	替	え³	時	に	、	ポ	イ	ン	ト	制	や	関	連	用	品	の	サ	ー
ビ	ス	提	供	を	行	い	、	愛	顧	向	上²	を	図	っ	て	リ	ピ	ー	ト
率³	を	上	げ	顧	客	関	係	性	強	化	を	図	る	。					

【メモ・浮かんだキーワード】　月額定額サービス、サブスク、レンタル
【当日の感触など】　最も葛藤した問題。モヤモヤ感が残った。
【ふぞろい流採点結果】　6/20点

第3問（配点20点）　99字

女	子	軟	式	野	球	チ	ー	ム	と	連	携²	し	、	河	川	敷	の	野	球
場	で	野	球	教	室³	や	体	験	イ	ベ	ン	ト	を	行	い	、	そ	の	前
後	に	、	ポ	ス	タ	ー	掲	示³	や	チ	ラ	シ	配	布	に	加	え	、	S
N	S	で	の	告	知²	や	動	画	共	有	な	ど	に	て	、	女	子	メ	ン
バ	ー	の	増	員	に	貢	献	し	新	規	顧	客	獲	得	を	図	る	。	

【メモ・浮かんだキーワード】　野球教室、SNSでの動画共有
【当日の感触など】　連携すべき地域資源をもう少し書けると良かったが、まぁ及第点な答案は書けた。
【ふぞろい流採点結果】　10/20点

第4問（配点30点）　147字

①	チ	ー	ム	の	監	督³	に	対	し	ス	マ	ー	ト	フ	ォ	ン	ア	プ	リ
を	開	発	し	様	々	な	デ	ー	タ	管	理⁶	を	可	能	に	し	②	メ	ン
バ	ー	や	保	護	者³	に	対	し	Ｓ	Ｎ	Ｓ	で	双	方	向	に	や	り	と
り	し	ニ	ー	ズ	の	把	握⁶	を	行	い	製	品	提	案	に	生	か	し	、
③	Ｈ	Ｐ	に	は	問	い	合	わ	せ	フ	ォ	ー	ム	を	作	成	し	相	談
へ	の	ア	ド	バ	イ	ス	対	応	を	行	い	多	様	な	ニ	ー	ズ	に	対
応	し	て	愛	顧	向	上	を	図	り	固	定	客	化	し	、	長	期	関	係
性	強	化	を	図	る	。													

【メモ・浮かんだキーワード】　双方向、ニーズ把握、問い合わせフォーム
【当日の感触など】　監督と、メンバーや保護者それぞれに提案施策を切り分けできたので満
　足いく出来。
【ふぞろい流採点結果】　18/30点

【ふぞろい流採点結果】　53/100点　　　【実際の得点】　52/100点
　　第1問は自社の弱みが抜けていたものの、顧客、競合、自社がバランスよく記載されてお
り合格ラインでした。第2問は顧客ニーズ、第3問はB社の強みを生かした具体的な施策も
合わせて記載できていれば、より高得点になったものと思われます。

> ## Column
> ### 人との出会いに感謝
>
> 　この資格を目指して驚いたのが、本当にいろんな方々がさまざまな理由で挑戦している
> ということでした。私は予備校に通いながら試験にチャレンジしたのですが、その教室だ
> けでも年齢も20代〜70代ぐらいの方々がいました。職業もサラリーマンの方もいれば個人
> 事業主、士業の方と本当にさまざまでした。
> 　そんな方々と試験勉強を通じて知り合い、励まし合う仲間が作れたのは私にとって大変
> 貴重な財産になりました。きっかけは、予備校で居残り勉強していたときに、先生が残っ
> ていた生徒に声をかけてくださったことでした。「長い受験期間に一緒に励まし合える仲
> 間ができると一層頑張れる、お互い自己紹介しましょう」と場を作ってくれたのです。立
> 場や年齢、職業もさまざまですが、この試験を通して励まし合い、悩みを言い合える仲間
> をこの年になって作れるとは思っていなかったのです。そしてそんな場を作ってくれた先
> 生、資格取得を目指してつながった仲間とも、いつか一緒にお仕事ができるかもしれませ
> ん。この資格の魅力は、知識やノウハウはもちろんですが、こうしてつながった人の輪が
> いつか、困っている企業の支援をするための仲間になるかもしれない。それが一番の魅力
> ではないかと思います。そう思うと、頑張る価値のある資格だなとより一層感じます。こ
> の出会いに感謝です！
> 　　　　　　　　　　　　　　　　　　　　　　　　　　　　　　　　　　　（ぴろ）

〜当日、試験終了後の過ごし方〜
家族に感謝を伝える。

事例Ⅱ

かれん 編（勉強方法と解答プロセス：p.144）

1．休み時間の行動と取り組み方針

　まずは急いでお手洗い。男性側は激混みだけれど、女性側は空いているから助かる。小腹が空いたのでバナナを食べる（恥ずかしさ＜実益）。ファイナルペーパーを軽く見返す。事例Ⅱはターゲットのニーズに応えることが重要で、経営資源が限られているからコラボして、社長の思いや地域活性化でゴールや！　あとはもう1回お手洗い行って体力温存っと。

2．80分間のドキュメント

手順0　開始前（〜0分）
問題用紙配布後は、受験番号を書き忘れないよう受験票を見つめる。「頑張ったから大丈夫！」と言い聞かせる。時間切れで解答を書ききれないことが一番NGなので、落ち着きつつも急ぐことをイメージ。

手順1　準備（〜1分、1分間）
時間を節約したいので、問題用紙は破らないし、段落番号もつけない派。1段落目を読み、スポーツ用品店の話だと理解したうえで設問解釈へ。

手順2　設問解釈（〜5分、4分間）
第1問：3C分析か。書きやすいからラッキー。ここは落とせない。 **第2問**：「金銭的負担を減らしたい」はターゲットのニーズだから大事。解答対象である「販売方法」と「助言」を四角で囲み、「＋K」（効果の意、以下同様）と書く。制約条件である「プライシングの新しい流れを考慮して」にアンダーライン。「正しい流れ」ってなんだ？（※設問文を読み間違い。練習ではこのような経験はなかったのに、本番では緊張＆焦りから、想定外のハプニングも起こりうるため、意識的に落ち着く必要がある！） **第3問**：「メンバーの獲得」もターゲットのニーズか。解答対象である「プロモーション」「イベント」「助言」を四角で囲み、「＋K」と書く。 **第4問**：150字きた！　解答対象である「誰に」「どのような対応」「助言」を四角で囲み、「＋K」と書く。効果は設問文にあるとおり「関係性の強化」「売上向上」かな。そのためには顧客満足度の向上も必要だな。

手順3　与件文読解（〜20分、15分間）
1〜2段落目：立地はよい。「各種専門店や飲食店」がコラボ候補か？ **3段落目**：恵まれた環境と、「強豪社会人野球チーム」はわざとらしい記述だな。こっちがコラボ対象か？　使ってほしそう。

〜当日、試験終了後の過ごし方〜
　あまりおもしろくないですが、次の日も仕事があったため何もせずにのんびりしていました。

4段落目：「加工技術」、こういう一朝一夕では身につけられないものは強みだよね。

5～9段落目：外部環境も追い風と。

10段落目：ここで厳しくなってくると。いつものパターンね。

11～12段落目：「品揃え」「提案力」「加工技術」など、強みが明確に列挙されている！

13～16段落目：今度は弱みや課題がいっぱい書いてある。

17～22段落目：テコ入れの方向性が具体的に列挙されている。過去問に似たようなのあったなぁ（令和元年度事例Ⅲ）。こういうのは社長の思いみたいなものだから、それぞれ肉づけして解答に活用すればよかったよね。

手順4　骨子作成（～35分、15分間）

第1問：顧客は冒頭にあった「公立小中学校」と「少年野球チーム」かな。競合は10段落目から抽出しよう。野球用品に特化したから専門店は競合じゃないのかなあ。自社の強みは11～12段落目から抽出しよう。「品揃え」「提案力」「加工技術」はマストで、他はスペースの限り極力書こう。弱みは10段落目の競合対比での「品揃え見劣り」や「価格面の弱さ」かな。

第2問：低価格で提供するには……、品揃えの絞込みや一括仕入でのコストダウンか？ PB商品つくる？　下取りや会員価格もあるけれど、これは違うか？　プライシングってコストプラス法か競合に合わせる方法か顧客需要に合わせる方法だっけ。何を答えればよいかさっぱりや……。

第3問：ここでコラボか？　商店街より社会人チームっぽいな。人気あるみたいだし交流会しよう。プロモーションは与件文にある「ポスター」「チラシ」を小中学校でやって認知度向上。「SNS」は双方向コミュニケーションで野球の魅力発信＆顧客ニーズ収集で関係性強化・口コミ醸成や。HPも生かしたいみたいだから、メンバー募集の情報発信をしよう。

第4問：あ、ここでもHPとSNSか。第3問と被るなあ。17～21段落目を素直に生かしつつ解答作成しよう。まず、顧客データのDB化かな。そして関係性強化といえば、過去問（令和元年度事例Ⅱ、平成29年度事例Ⅱ）みたいに、購入履歴を踏まえ、タイミングを捉えて、DMで個別提案？　これがアプリってこと？　他はHPでのB社の強みの訴求や、SNSでの双方向コミュニケーションかな。150字埋まりそう。

手順5　解答作成（～77分、42分間）

とりあえず、解答欄を埋める！　第2問はしっくりきてないけれど、しょうがない。

手順6　見直し（～80分、3分間）

句読点をきれいにして、読みにくい字は書き直す。

3．終了時の手ごたえ・感想

　……やらかしたかもしれん。でも第1問は大外ししてないだろうし、第3問と第4問も得点できるキーワードはあるはず。意外にいけていると信じて、次の科目や！

～当日、試験終了後の過ごし方～
　ずっと行きたかったお店に行って、浴びるように酒を呑んだ！

合格者再現答案＊（かれん 編） ————————— 事例Ⅱ

第1問（配点30点）　149字

顧	客	は	①	業	者	指	定	を	受	け	る	公	立	小	中	学	校³	②	取
引	が	長	い	少	年	野	球	チ	ー	ム⁴	。	競	合	は	自	動	車	で	15
分	程	の	大	型	ス	ポ	ー	ツ	用	品	量	販	店	チ	ェ	ー	ン³	で	、
低	価	格²	販	売	。	自	社	の	強	み	は	①	有	名	ブ	ラ	ン	ド	野
球	用	品	の	品	揃	え²	②	ユ	ニ	フ	ォ	ー	ム	加	工	技	術²	③	納
品	の	確	か	さ	④	独	自	用	品	の	対	応	力	⑤	体	格	・	技	術
毎	の	提	案	力¹	の	顧	客	評	価	の	高	さ	。	弱	み	は	高	価	格³
野	球	以	外	の	品	揃	え²	。											

【メモ・浮かんだキーワード】　自社は強みだけでなく弱みも複数書く。

【当日の感触など】　ここは8割くらい稼ぎたいところ。

【ふぞろい流採点結果】　22/30点

第2問（配点20点）　93字

金	銭	的	負	担	を	減	ら	し	た	い³	保	護	者	に	対	し	、	①	一
括	仕	入	や	②	独	自	商	品	開	発	で	原	価	低	減	し	、	③	会
員	価	格	を	設	定	し	、	顧	客	の	要	望	水	準	を	見	極	め	価
格	を	見	直	し	、	顧	客	満	足	度	向	上²	に	よ	り	固	定	客	化³
を	図	り	、	売	上	拡	大²	に	繋	げ	る	。							

【メモ・浮かんだキーワード】　ダナドコ、下取り、会員価格

【当日の感触など】　全然ダメだ。やらかした。

【ふぞろい流採点結果】　6/20点

第3問（配点20点）　100字

指	定	先	の	公	立	小	中	学	校²	を	標	的	に	①	チ	ラ	シ³	・	ポ
ス	タ	ー	配	置	②	社	会	人	野	球	チ	ー	ム	と	連	携²	し	た	試
合	観	戦	や	交	流	会	の	開	催	③	HP	や	SNS	で	の	野	球	の	
魅	力	発	信¹	、	提	案	力²	の	訴	求	、	口	コ	ミ	醸	成	に	よ	り、
認	知	度	・	満	足	度	向	上	し	、	メ	ン	バ	ー	増	員	を	図	る。

【メモ・浮かんだキーワード】　交流会、HP、SNS、口コミ

【当日の感触など】　第4問との重複が気になる…。あまり得点できていないかも。

【ふぞろい流採点結果】　10/20点

~当日、試験終了後の過ごし方~ —————————————
　ゾンビ状態。再現答案は明日以降でいいや……。

第4問（配点30点）　148字

買替ニーズある野球チームの保護者[3]を標的に、①顧客要望のDB化を行い、②HPで品揃えや独自用品、提案力の強みを訴求し③SNSでの双方向接触で顧客ニーズを収集[6]し品揃えや独自用品開発に反映し④アプリで買換時を捉えたDMで、購入履歴や体型・技術に合う個別提案[6]を行う。以て顧客満足度向上で関係性強化し固定客化を図る。

事例Ⅱ

【メモ・浮かんだキーワード】　ダナドコ、DB化、SNS、双方向コミュニケーション、DMでの個別提案、顧客満足度向上→関係性強化→長期的な売上拡大
【当日の感触など】　キーワード詰め込みっぽくなってしまったけど、得点はできていそう。
【ふぞろい流採点結果】　15/30点

【ふぞろい流採点結果】　53/100点　　　【実際の得点】　55/100点
　第1問は顧客、競合、自社の強み、弱みをバランスよく記載できており高得点でした。第2問は、販売方法の記載があるものの、価格の見直しの施策に留まり、ふぞろい流では得点要素にはなりませんでした。第3問についてはイベントの具体的な施策の記載はあるものの、ふぞろい流では加点になるキーワードでなく、得点要素になりませんでした。

Column

挑戦と諦め

　私が中小企業診断士の勉強を開始したのは産後4か月、子供が少しまとまって寝てくれるようになったときだった。ゆっくり休めばよかったのかもしれないけれど、ふと今後の子供の成長をイメージしたときに「今後5年間で今が一番暇かもしれない」と思い立ち、以前から気になっていたこの資格に挑戦することに決めた。最初は2か年計画にしようと思っていたけれど、「頑張ればストレートで行けるかもしれない」とだんだんと欲が出てきて、そうするとこれまでの育児スタイルを見直す必要が出てきた。散歩や子供との触れ合いは減らしたくなかったので、自己満足でやっている部分を省略した。モチベーションが下がったときには「誰に資格取るよう言われたわけでもないのに、育休中に自分は何をやっているんだろう」「子供にもっと向き合うべきではないのか」と何度も思った。この資格への挑戦者は30～40代がボリュームゾーンで、次いで50代、20代。さまざまなライフステージにある年代だ。きっとこれを読んでいるあなたも、この挑戦にあたって、いろんなことを諦めたのではないでしょうか。時には挑戦が正しかったのか、自問自答しているのではないでしょうか。正直。後悔がゼロとは言えませんが、2次試験後には「全力でやった！と言い切れるくらい頑張ってよかった」と心から思い、救われました。ぜひ最後まで諦めずに全力疾走しましょう。応援しています！！　　　　　　　（かれん）

~当日、試験終了後の過ごし方~
　通信講座の勉強仲間と打ち上げ。自信ある人はほぼ皆無だったけど、みんな達成感に溢れていた。

かんのり 編 （勉強方法と解答プロセス：p.146）

1．休み時間の行動と取り組み方針

　事例Ⅰ終了後、ひとまずお手洗いを済ませ、着席。持参の高カカオチョコレートを食べ、体力回復を図る。一応、タブレットのファイナルペーパーに目を通すが、個人的に事例Ⅱは知識を重視していなかったため、早々に片付けた。Ⅹでほかの人には事例Ⅰがどう映ったのか確認したい衝動に駆られたが、ショックを受けると今後の科目が苦しくなりそうだったので、やめておいた。とりあえず、音楽を聴いて、体力回復に努めた。

2．80分間のドキュメント

手順0　開始前（～0分）
いつもどおり、定規とシャーペンと蛍光ペンを使える状態に準備。

手順1　準備（～1分、1分間）
まずは、表紙と2枚目を破いてメモ用紙を作り、定規で、縦に4本線を引く。そして、問題数を4問と確認して、横に3本線を引いて問題ごとのスペースを確保。

手順2　設問解釈（～13分、12分間）
第1問：「現状」ね。時制は青文字で。3C分析だから、顧客は「O」、競合は「T」、自社は「S」と「W」で書こう。おおむね文字数も均等になるように分けるか。 **第2問**：「プライシングの新しい流れ」？！　あー、「サブスク」を書いてほしそうだな。とりあえず「ダナドコ」の中で埋められそうなところは埋めておこう。ターゲットは「金銭的負担を減らしたい保護者のニーズ」。使えそうな「S」と「O」は設問には記載なし。4Pは「価格」の指定はありだな。割賦販売は無しってことは分割払いは無しね。効果は、ニーズを満たすから「顧客満足」は得られそうかな。 **第3問**：女子野球のメンバーのPR……？！　自社のマーケティングではないのか……！こちらも、「ダナドコ」の中で埋められそうなところは埋めておこう。ターゲットは「女子の軟式野球をしたい人」。4Pは「プロモーション」で、「イベント」と「プロモーション」は指定かな。そのほかは不明だね。 **第4問**：まず、効果（目的）は「関係性強化」による「売上拡大」。4Pは「プロモーション」の中で「オンライン・コミュニケーション」を使うか。そのほか、ターゲットも含めて不明。「ジオ・デモ・サイコ」で漏れなく探せるようにしよう。

手順3　与件文読解（～40分、27分間）
1～2段落目：B社の説明パート。いわゆる地域のスポーツ店って感じ。立地もよい。 **3段落目**：地域資源パートね。今回だと、プロモーションが多いから使いそう。「近隣の強豪社会人野球チーム」「地域の野球熱が高い」「野球場の数が多い」は使えそう。 **4～10段落目**：B社の成長遷移か。衣料品から始まって、その縫製技術を活用して、地域の子ども向けのスポーツ用品市場を開拓。顧客要望に対応することで、拡大成長して

きたけれど「サッカーとバスケは専門店に専門性で勝てない」「価格面では大型スポーツ用品量販店には勝てない」ってところが課題か。

11〜12段落目：そして、社長の方向性としては「品揃えと提案力に自信がある野球用品へ専門化」と。つまり、競合に差別化するには、「加工技術の高さ」、野球用品の「品揃えの深さ」「個別提案力」が強みってところかな。

13〜14段落目：ただ市場としては、価格面で負けているから競争不利が生まれているので、新たなニーズである「買い替えの負担の軽減」に対してアプローチを取りたい。これが第2問につながっているのか。価格で争っている、量販店と差別化はしたいな。

15段落目：「子どもの野球人口の減少」が課題か。これは「T」だな。少年野球市場が減っているから、女子野球の新市場を開拓か？　ポスター、チラシ、SNSで、もうすでに対応しているのか？　これって書いても点にならない……？　うーん、わからん！

16〜17段落目：チームデータをDB管理ね。長男は貴重な経営資源だな。DB管理して、何になるのか？　オンライン・コミュニケーションと関連させたいけれど……。

18〜22段落目：おおむねストーリーとしては、①個別提案で量販店と差別化しつつ、野球用品強化して市場浸透力を高めたい②顧客とオンライン・コミュニケーションして価格面など顧客要望対応をして関係性強化③女子野球向けの新市場を開拓ってところ。あと、オンライン資源は活用できてない。

手順4　解答作成（〜79分、39分間）

第1問：顧客は事業別にもれなく出そう。「野球用品」と「そのほかのスポーツ」もか？あとは「学校指定の運動靴や体操服」を買いに来る顧客も。競合はわかりやすいな。強みは「加工技術」「野球用品の品揃えの幅と提案力」。弱みは「サッカーとバスケの専門性の低さ」「量販店に比べ価格競争力は劣る」。「オンラインツールの未活用」もあるけれど、書けないな。

第2問：当初の想定どおり、サブスクであれば解決できそう？　あとはレンタルか？目的も、差別化と要望対応で顧客関係性強化は入れておこう。

第3問：これなぁ……迷う……。女子と接点がある？　イベントは「社会人チーム」と「野球場」使って体験イベントはできそう。ほかは、近隣の学校から生徒が買いに来るから、そこにアプローチか？　くそ！　時間使ってしまった！

第4問：思ったより時間ないな……。アプリを作りたいけれど、思い浮かばないな。ひとまず、DB管理ができれば、個別提案力は上がる。SNSを通じてニーズ吸い上げもできる。個別提案力で量販店と差別化して、関係性強化を図ろう。

手順5　見直し（〜80分、1分間）

時間がない！　受験番号見直し！　OK！　……終了！

3．終了時の手ごたえ・感想

　好感触とはいえないけれど、最低限は書けた……！　でも、価格面の知識問題と、市場開拓のために顧客のプロモーションを手伝うなんて、前代未聞の問題が多くないか？！これは、Xが荒れそうだな……（笑）。

〜当日、試験終了後の過ごし方〜
　スマホで漫画を読む。

合格者再現答案＊（かんのり 編） ——————— 事例Ⅱ

第1問（配点30点）　150字

顧	客	は	①	少	年	野	球	チ	ー	ム⁴	②	個	別	に	買	い	に	来	る
顧	客	③	近	隣	の	公	立	小	中	学	校³	に	通	学	、	地	域	で	ス
ポ	ー	ツ	す	る	、	子	供	や	そ	の	家	族	。	競	合	は	、	付	近
の	サ	ッ	カ	ー	や	バ	ス	ケ	用	品	専	門	店³	、	低	価	格²	チ	ェ
ー	ン	大	型	ス	ポ	ー	ツ	量	販	店³	。	自	社	は	①	野	球	用	品
の	品	揃	え²	②	オ	リ	ジ	ナ	ル	用	品	の	対	応¹	③	個	別	対	応
の	野	球	用	品	提	案	力¹	④	専	門	店	と	比	べ	品	揃	え	が	劣
る²	⑤	価	格	競	争	力	が	低	い³	。									

【メモ・浮かんだキーワード】　SWOT分析

【当日の感触など】　もう少し書きたい内容はあったけど、概ね網羅的に書けているかな？

【ふぞろい流採点結果】　24/30点

第2問（配点20点）　99字

野	球	用	品	の	品	揃	え	と	個	別	提	案	力	を	活	用	し	て	、
顧	客	に	合	っ	た	野	球	用	品	を	レ	ン	タ	ル³	で	貸	出	す	、
定	額	制	サ	ブ	ス	ク	リ	プ	シ	ョ	ン⁶	サ	ー	ビ	ス	を	行	う	。
以	上	で	、	大	手	チ	ェ	ー	ン	ス	ポ	ー	ツ	用	品	量	販	店	と
差	別	化	、	買	替³	費	用	低	減³	で	顧	客	満	足	度	向	上²	。	

【メモ・浮かんだキーワード】　サブスクリプション、リユース、レンタル、ダナドコフレームワーク

【当日の感触など】　概ね的外れな解答はしていないはず！

【ふぞろい流採点結果】　16/20点

第3問（配点20点）　96字

B	社	の	女	子	用	の	野	球	用	品	を	品	揃	え	し	た	上	で	①
B	社	内	に	勧	誘¹	ポ	ス	タ	ー³	や	チ	ラ	シ	を	掲	載	②	近	隣
の	強	豪	社	会	人	野	球	チ	ー	ム	と	協	力²	し	、	女	子	野	球
体	験	教	室³	を	実	施	。	以	上	で	、	女	子	野	球	の	参	加	ハ
ー	ド	ル	を	下	げ	、	メ	ン	バ	ー	増	加	図	る	。				

【メモ・浮かんだキーワード】　ダナドコフレームワーク

【当日の感触など】　さっぱり思い浮かばなかった。社会人野球チームを活用できたから点数はあるか？

【ふぞろい流採点結果】　9/20点

第4問（配点30点）　148字

野	球	チ	ー	ム	の	メ	ン	バ	ー	や	保	護	者³	向	け	に	、	SN	S
を	通	じ	て	①	顧	客	ニ	ー	ズ	を	収	集⁶	し	個	別	提	案	力	を
活	か	し	た	提	案	販	売	し	、	そ	の	要	望	を	DB	化	し	よ	り
詳	細	な	野	球	用	品	の	個	別	提	案	を	行	え	る	体	制	構	築
②	品	揃	え	強	化	し	た	野	球	用	品	の	紹	介	情	報	を	発	信⁶
以	上	で	、	大	手	チ	ェ	ー	ン	ス	ポ	ー	ツ	用	品	量	販	店	と
差	別	化	し	顧	客	満	足	度	を	向	上	さ	せ	、	顧	客	と	の	関
係	性	強	化	を	図	る	。												

【メモ・浮かんだキーワード】　ダナドコフレームワーク、双方向コミュニケーション

【当日の感触など】　大枠は書きたい内容だけど、抽象的すぎる。活用資源をもっと書きたかった。

【ふぞろい流採点結果】　15/30点

【ふぞろい流採点結果】　64/100点　　　【実際の得点】　60/100点

　第1問、第2問は各要素をバランスよく記載できており合格点でした。第3問は、プロモーションの内容に関する記載、B社の強みを生かしたサービスに対する記載があれば、もう少し加点された可能性がありました。

Column

どんな時間も勉強のチャンス！　タイムスケジュールの見直しのススメ

　「よくそんなに勉強時間があったね」。合格後、いろいろな方とお話しして最も言われた言葉です。通常勤務しながら、毎日平均6時間程度の勉強時間。もちろん、フレックス勤務や定時退社などの恩恵、妻の協力もありましたが、特別苦しい思いをしたという印象はありません。ただ、思い返すと「隙間時間で勉強をする」という意識は強かったのかもしれません。たとえば、入浴中・歩行中・歯磨き・皿洗い中は、単語帳アプリに入れた一問多答の音声を聴く。通勤電車内では、設問解釈の練習をする。会社の昼休み中に、おにぎり片手に事例Ⅳの経営分析をする。など、空いた時間をすべて勉強に集中させました。さらに、ただ勉強することに甘えないために、定期的に「合格ビジョンと現状のSWOT分析の見直し」は欠かさず行っていたことも効果的な学習につながった印象です。具体的には、強みとして、今自分ができていること。弱みとして、できていないこと。機会として、活用可能なネット上の情報や参考書は何か、またどの隙間時間が活用可能か。このSWOT分析から得た対策を隙間時間の勉強に転用すると、空いた時間でもかなり効果的に勉強できました！　働きながらの資格勉強は大変ですが、時間を戦略的に活用すると、学習余力を捻出することはできるかもしれません（これぞ、経営資源を巧みに活用する診断士の真骨頂！）。ぜひ、1日のタイムスケジュールの見直しを検討してはいかがでしょうか！

（かんのり）

事例Ⅱ

たべちゃん 編（勉強方法と解答プロセス：p.148）

1. 休み時間の行動と取り組み方針

事例Ⅰの手応えはまずまず。1試合目を終え、少し落ち着いた気持ちでお手洗いへ。女性側はあまり混んでなくて快適。予備校で同じクラスだった同期と遭遇しテンションが上がる。外では伸びをしている人、参考書をひたすら読んでいる人などさまざま。教室は空気が澱んでいるので外でリフレッシュ大事！　チョコで糖分補給も実施。

2. 80分間のドキュメント

手順0　開始前（～0分）
今回はどのような企業だろう。方向性だけは間違えないようにしよう。ダナドコ！！

手順1　準備（～1分、1分間）
設問文の間に解答メモを記載するスタイルだったけれど、思ったより用紙が小さくスペースがきつかったので事例Ⅱでは問題用紙を解体する。

手順2　設問解釈（～5分、4分間）
第1問：現状について3C分析。150字多いな。 **第2問**：プライシングの新しい流れを考慮した販売？　サブスク？　いや違う？ **第3問**：女子野球チームの増員のためのプロモーションとイベント。 **第4問**：関係性マーケティング！　強みを生かすべし。オンラインも活用するみたい。

手順3　与件文読解（～25分、20分間）
黄色ライン→会社概要＆社長の思い、ピンクライン→顧客、赤ペン→強み・機会、青ペン→弱み・脅威、緑ペン→設問に関係しそう、黒ペン→時制など。 **1～3段落目**：河川敷が近いこともあり、地域住民の野球熱が高いエリア。 **4段落目**：公立小中学校の指定業者となったことで加工技術力が高まったのかな。 **5～6段落目**：少年野球チームが主な顧客になりそう。 **7段落目**：少年野球チームの指定業者となっている。買い替え需要や個別顧客も獲得できている。 **10～11段落目**：脅威をチェック：近隣のサッカーやバスケ専門店の開業、大型スポーツ用品量販店、社長の思いをチェック：品揃えと提案力に自信のある野球用品に特化。 **12段落目**：強みをチェック：ユニフォーム加工技術、納品の確かさ、オリジナル用品への対応力、野球用品の提案力→高評価。 **13～14段落目**：保護者の悩み：子供の成長に合わせた野球用品の買い替え時の金銭的負担（第2問） **15段落目**：野球をやりたい子どもの確保、特に女子軟式野球の集客が課題（第3問） **16段落目**：スマートフォンを活用したデータ管理（第4問）

〜当日、試験終了後の過ごし方〜
予備校の解答速報を見て打ちひしがれる。

17段落目：ICT 企業に勤めている30代の長男、は強みで記載できそう。

18〜21段落目：事業内容の見直しについて「社長の思い」がたくさん書かれているので黄色マーカーでチェック。野球用品の強化、野球チームのデータ管理には ICT 企業勤務経験のある長男の力を借りてアプリ開発できそう。買い替えニーズを充足する販売方法は第2問で、女子野球メンバーの集客については第3問で聞かれていたな。HP 充実の内容も第4問に関連。

手順4　解答メモ作成（〜55分、30分間）

第1問：顧客の中には小中学校なども考えられるけれど、会社の方針が「野球用品にシフト」とあったので、野球に関連する顧客に絞ることがよさそう。少年野球チーム、女子軟式野球チームのメンバーと保護者にしよう。文字数の関係から、顧客の課題（部員獲得、金銭負担による野球離れ防止）も書いておこう。競合は大型スポーツ用品量販店一択かな。低価格商品と品揃えの豊富さが特徴、と。自社は強み弱みの観点で。強みは子供の体格や技術に合わせた野球用品の提案力・加工技術力、弱みは価格以上の価値を保護者に訴求できていないこと。

第2問：（葛藤）金銭的負担を減らしたいニーズを充足する販売方法なら、普通に考えるとサブスクかな。プライシングの新しい流れっていうのが気になるな。そのような単純な話ではないのかな……（混乱）。メモに書いていたサブスクの文字を消す。

ダ（誰に）：金銭負担を減らしたい保護者
ナ（何を）：より長く使用でき買い替えの回数を減らせる商品
ド（どのように）：強みである商品カスタマイズ力を生かし
コ（効果）：金銭負荷軽減、ニーズ充足

第3問：イベントでは自社の商品を提供すると愛顧向上しそう。
プロモーション：店内にポスターやチラシを設置、SNS 発信
イベント：近隣の河川敷で体験入部イベント、野球用品やオリジナルユニフォーム提供
効果：部員獲得、増員

第4問：ダナ、と3媒体（HP、SNS、アプリ）に触れることを意識。
①野球チームの監督：データ管理を行うアプリ開発
②メンバーや保護者：HP →野球用品の詳細情報、お客様の声、野球チーム情報、SNS →メンテナンス相談、各野球チームのイベントや練習動画
③効果：関係性強化、長期的売上拡大

手順5　解答記載（〜80分、25分間）

第2問のサブスクを入れるか入れないかでかなり悩む。その部分だけ書いては消し、を3回繰り返す。

3．終了時の手ごたえ・感想

　テーマも内容もわかりやすかったけど、サブスクの一件だけすごく悩んでしまった。4文字なのでなんとか盛り込んでもよかったのではと反省。

→教訓：迷ったらキーワード記載せよ！

〜当日、試験終了後の過ごし方〜
　手応えを感じたため、再現答案を作成。

合格者再現答案＊（たべちゃん 編）　　事例Ⅱ

第1問（配点30点）　　147字

顧	客	は	少	年	野	球	チ	ー	ム	・	女	子	軟	式	野	球	チ	ー	ム
の	メ	ン	バ	ー	と	保	護	者	で	、	部	員	獲	得	と	金	銭	負	担
に	よ	る	野	球	離	れ	防	止	が	課	題	で	あ	る	。	競	合	は	大
型	駐	車	場	を	持	ち	低	価	格	商	品	を	揃	え	る	大	型	ス	ポ
ー	ツ	用	品	量	販	店	。	自	社	は	子	供	の	体	格	や	技	術	に
あ	わ	せ	た	野	球	用	品	の	提	案	力	と	加	工	技	術	力	が	強
み	で	あ	る	が	、	価	格	以	上	の	価	値	を	保	護	者	に	訴	求
で	き	て	い	な	い	。													

【メモ・浮かんだキーワード】　少年野球チーム・女子軟式野球チームのメンバーと保護者、大型スポーツ用品量販店、野球用品の提案力、加工技術力

【当日の感触など】　ここの解答は堅いと思われる。

【ふぞろい流採点結果】　18/30点

第2問（配点20点）　　100字

販	売	方	法	は	、	よ	り	長	く	使	用	で	き	る	商	品	を	勧	め
買	い	替	え	の	回	数	を	減	ら	す	提	案	を	行	う	事	。	強	み
で	あ	る	商	品	カ	ス	タ	マ	イ	ズ	力	を	活	か	し	子	供	の	体
格	や	技	術	力	に	あ	わ	せ	た	商	品	を	勧	め	る	こ	と	で	総
合	的	な	金	銭	負	担	を	軽	減	、	ニ	ー	ズ	を	充	足	す	る	。

【メモ・浮かんだキーワード】　サブスク、長く使用できる商品、野球用品提案力、金銭負荷軽減

【当日の感触など】　サブスク問題で書いては消し、を繰り返し混乱した一問。

【ふぞろい流採点結果】　7/20点

第3問（配点20点）　　100字

店	内	に	ポ	ス	タ	ー	や	チ	ラ	シ	を	置	き	女	子	軟	式	野	球
チ	ー	ム	の	イ	ベ	ン	ト	等	を	告	知	す	る	。	ま	た	近	隣	の
河	川	で	体	験	入	部	イ	ベ	ン	ト	を	行	い	野	球	用	品	や	オ
リ	ジ	ナ	ル	ユ	ニ	フ	ォ	ー	ム	を	提	供	、	そ	の	様	子	を	SN
S	に	投	稿	す	る	こ	と	で	部	員	獲	得	、	増	員	に	繋	げ	る	。

【メモ・浮かんだキーワード】　店内ポスター＆チラシ、SNSイベント告知、河川敷で体験入部、オリジナルユニフォーム

【当日の感触など】　プロモーションは書くこと限られるけど、イベントはいろいろ書けそう。

【ふぞろい流採点結果】　12/20点

第4問（配点30点）　　150字

少	年	野	球	チ	ー	ム	の	監	督³	に	チ	ー	ム	メ	ン	バ	ー	の	デ
ー	タ	管	理	を	行	う	ア	プ	リ	開	発⁶	の	提	案	を	行	い	メ	ン
バ	ー	や	保	護	者³	に	む	け	野	球	用	品	の	相	談	や	メ	ン	テ
ナ	ン	ス	方	法	の	相	談	を	SN	S	で	対	応	、	顧	客	か	ら	の
声	を	HP	に	掲	載	す	る	。	ま	た	各	野	球	チ	ー	ム	の	イ	ベ
ン	ト	や	練	習	動	画	等	を	SN	S	に	投	稿	す	る	こ	と	で	部
員	獲	得	に	貢	献	、	以	上	よ	り	関	係	性	を	強	化	し	長	期
的	な	売	上	拡	大	に	繋	げ	る	。									

【メモ・浮かんだキーワード】　対象：野球チームの監督、野球チームのメンバーと保護者　取るべき対応：アプリ開発、HPの充実、SNSで野球チーム応援、野球用品相談対応

【当日の感触など】　野球監督に対するアプリは堅い。HPに何を載せるか、SNSの発信とどう書き分けるか悩みました。

【ふぞろい流採点結果】　12/30点

【ふぞろい流採点結果】　49/100点　　　**【実際の得点】**　61/100点

　第1問、第3問は各要素をバランスよく記載できており合格点でした。第2問は、プライシングの新しい流れを考慮した記載ができれば、ふぞろい流採点結果でも得点が伸びていたものと思われます。第4問はB社の強みや顧客ニーズを汲み取って多角的に対策を記載すると得点が伸びたでしょう。

Column

何があっても諦めない！！

　私は実は1次試験受験後、がんが見つかりました。自己採点で合格が確実となり、「これから2次試験の勉強だ！」と意気込んでいる最中に、突然医師から呼び出され「9月にオペして10月から抗がん剤ね」と言われ、頭が真っ白になりました。嘘でしょ？　嘘だと言ってくれ。診断協会に「病気で受験できなかった場合は、受験資格延長はできないでしょうか？」と確認してみたところ、「それはできないです」とのこと。せっかくここまで頑張ってきたのに。それでも受験を諦める選択肢はありませんでした。診断協会に「特別措置」を申請、入院する病院に過去問と電卓を持参し「できるところまでやってやる！」の勢いで勉強しました。あとは抗がん剤、正直勉強できる状況ではなくなるかもしれない。でも後悔だけは絶対したくない。そうこうしているうちに病理結果が出ました。主治医より一言、「想定外に良かったので手術して終わりです！」なんと！　そんなことってあるの？　ヅラ買っちゃったんだけど（笑）。さすがに泣きました。そこからは怒涛の勢いで勉強しました。2週間ぐらいペンを握れなかったので、寝る以外ずっと勉強していた気がします。試験当日は「健康になって受験できるだけでありがたいんだ」そんな気持ちで臨みました。そのあとの2次試験合格は人生で一番嬉しい日になりました。どんな困難があっても最後まで諦めなければきっと成果がついてくる、そう身をもって実感しています。

（たべちゃん）

～当日、試験終了後の過ごし方～
　遠方なのでダッシュで駅に向かう。電車の中で飲酒しながら再現答案作成。

なおふみ 編 （勉強方法と解答プロセス：p.150）

1．休み時間の行動と取り組み方針

名古屋会場のお手洗いはものずごくキレイ。なぜか景色もよい。名古屋会場にしてよかった。ゼリーで糖分補給。まだカフェインは摂取しない。

2．80分間のドキュメント

手順0 開始前（〜0分）
事例Ⅱも大外ししなければ問題ない、時間に気をつけて、ダナドコを死守しよう。

手順1 準備（〜1分、1分間）
受験番号記入、問題用紙破る。段落区切りに線を引く。

手順2 設問解釈（〜5分、4分間）
第1問：3C。顧客はマクロとミクロ、自社は競合との比較で強みと弱みを書く。 **第2問**：買替えの金銭負担を減らす販売方法と効果を書けばよいと判断。「プライシングの新しい流れ」については不明。反射的に大手テレビ通販や音楽配信サービスが頭に浮かんだ。下取り割、アウトレット、サブスク、セット割を横に書く。 **第3問**：①プロモーションと②イベントの2つの切り口。地域振興の観点かな。 **第4問**：150字で文字数多い。① HP ② SNS ③アプリの3つの切り口で3つの顧客にできればダブリもモレもなく書けそう。

手順3 与件文読解①（〜15分、10分間）
流し読み。気になるところ、SWOTっぽいもの、接続詞についてはシャーペンでチェック。野球用品店が、顧客の金銭的負担減、女子を取り込む、SNSやHPの活用で何とかする話と理解。

手順4 与件文読解②（〜35分、20分間）
1段落目：スポーツ用品店か。「また、……小中学校の体操服や運動靴も扱っている」というのは「わざわざ表現」（出題者がわざわざ記載している文章。以下略）っぽいな。きっと使えそうだな。 **2〜3段落目**：スポーツ施設、野球熱、強豪チーム、野球場の数、わざわざ表現が多いな。第3問のイベントで野球教室の開催を書けと言っているようなものなのでは？ **4〜6段落目**：加工技術と技術の継承が強みか。 **7段落目**：買い替えか。第2問に関連しそう。固定客化のチャンスか。 **8〜11段落目**：「しかし」以下は競合か。競合の結果、経営判断で野球に特化した、と。その時点での強みは品揃えと提案力か。 **12段落目**：強み。第1問か。うまくまとめる必要がありそう。 **13段落目**：競合と弱み。そりゃあ安いほうを買うよね。

～当日、試験終了後の過ごし方～
勉強仲間と集まって一杯やりました。

14段落目：「また」で始まるからネガティブな情報。買い替えの金銭的負担か。第2問だな。買い替えニーズは①成長と②より良い用品、つまりアップセルなのか？

15段落目：「さらに」から始まるのでネガティブな情報。①SNSを用いた募集活動の強化と②女子チームの獲得か。女子チームは第3問だな。

16段落目：顧客の声として、データ管理のニーズがある。

17段落目：SNSとかデータ管理が書いてあった以上、「ICT企業」はわざわざ表現と判断。ニーズに対応できる源泉だから強み、と判断。

18段落目以降：社長の思いが露骨に書いてある。これらを切り分けて設問の解答にするのだろうな。モレなくダブりなく書かないといけないな。

全　体：第2問はよくわからない。それ以外で点数を取るべき、と判断。

手順5　解答作成（〜75分、40分間）

第1問：全体を通して野球がメインだから、文字数確保のために競合にサッカーなどの専門店は書かないと判断。その分自社・強みはすべて競合との差別化要因だから編集して全部盛り込みたい。HP未充実は弱みだろうな。技術承継は高齢化などの記述がないからまだ弱みではないと判断。

第2問：プライシングの新しい流れについては何のことを言っているのかわからない。金銭負担を軽減するためだから安価な用品を売ることに間違いないはず。悩んでも無駄だから、思いついたサブスク、下取り割、アウトレット、セット割を全部書こう。実現可能性の話も一応言及するか。調達ルートは確保しているから、業者とのつながりもあるし実現はできる。効果は利益を減らさずに、顧客の金銭負担を減らすこと。

第3問：イベントは野球場での野球教室一択。競合チームとのコラボ。道具もB社が無償提供すれば宣伝にもなる。これは定石パターン。プレーすることで野球の楽しさを訴求できる。あとはプロモーション。野球教室でもプロモーションできるが文字数とリスクヘッジ的にそれ以外の方法にしたい。プロモーションといえばSNS、与件文にもSNSは課題とあったから、「映え」の観点がいけるのかも。となると強みである加工力や刺繍技術を生かした映えるユニフォームやバッグを発信して野球に魅力をもってもらうことが有用ではないか。SNSでの発信もよいし、学校の指定業者であれば学校用品を買いにくるだろうか、店頭で飾ってもよいか。

第4問：①HP②SNS③アプリの切り口。顧客も監督、潜在顧客、既存顧客の3つに分けられる。監督は各種データのアプリ。SNSは双方向コミュニケーションで関係性強化だから既存顧客、残ったHPでは新規顧客にしよう。

手順6　見直し（〜80分、5分間）

誤字脱字、汚い字の修正。第3問の日本語が不自然だが修正の時間はない。

3．終了時の手ごたえ・感想

　第2問はわからないが65点は堅いはず。前半2科目は十分な結果なはず。

　ここからが本番。しっかり休んで後半に臨もう。

〜当日、試験終了後の過ごし方〜
受験生仲間と打ち上げ！！！　2人とも受かっていてよかった…。

合格者再現答案＊（なおふみ 編） ──────── 事例Ⅱ

第1問（配点30点）　150字

①	B	社	購	入	を	推	奨	で	き	な	い	少	年	野	球	チ	ー	ム⁴	監
督	②	金	銭	的	負	担	で	減	少	す	る	個	別	の	野	球	用	品	顧
客	③	公	立	小	中	学	校³	の	体	操	服	や	運	動	靴	の	顧	客	。
競	合	：	低	価	格²	な	大	型	ス	ポ	ー	ツ	用	品	量	販	店³	。	自
社	：	①	有	名	ブ	ラ	ン	ド	用	品	の	品	揃	え	②	ユ	ニ	フ	ォ
ー	ム	の	加	工	技	術²	③	オ	リ	ジ	ナ	ル	商	品	の	対	応	力¹	④
体	格	や	技	術	に	応	じ	た	提	案	力¹	⑤	I	C	T	企	業	勤	務
の	長	男	⑥	H	P	未	充	実²	。										

【メモ・浮かんだキーワード】　同上

【当日の感触など】　専門店は排除したが、問題の本質的にこれでよかったはず。強みは全部盛り込むべきと判断し全部盛り込んだ。技術承継は悩んだ末与件文のヒントが少なく排除したが不安。

【ふぞろい流採点結果】　18/30点

第2問（配点20点）　90字

①	複	数	商	品	の	セ	ッ	ト	販	売¹	②	サ	ブ	ス	ク	リ	プ	シ	ョ
ン⁶	販	売	③	ア	ウ	ト	レ	ッ	ト	品	の	販	売	④	中	古	品	の	下
取	り⁵	値	引	き	を	、	仕	入	れ	と	中	古	品	処	分	体	制	を	整
え	、	収	益	を	悪	化	さ	せ	ず	に	、	顧	客	の	総	合	的	な	金
銭	負	担	の	軽	減³	を	図	る	。										

【メモ・浮かんだキーワード】　セット販売、サブスクリプション、アウトレット、中古品下取り値引き

【当日の感触など】　まったく感触がないが、利益を悪化させずに安売りする方法はこれくらいだろうと割り切った。

【ふぞろい流採点結果】　15/20点

第3問（配点20点）　98字

プ	ロ	モ	ー	シ	ョ	ン	は	高	加	工	技	術	力	を	活	か	し	た²	ユ
ニ	フ	ォ	ー	ム	を	店	頭	展	示²	、	S	N	S³	発	信	し	、	学	用
品	を	購	入	し	に	来	店	す	る	顧	客	や	利	用	者	に	魅	力	を
訴	求¹	。	イ	ベ	ン	ト	は	地	元	社	会	人	チ	ー	ム²	と	野	球	教
室³	を	開	催	、	用	具	を	提	供²	し	楽	し	さ	を	訴	求	。		

【メモ・浮かんだキーワード】　加工技術、野球の魅力や楽しさの訴求、野球教室

【当日の感触など】　見直し時、「野球の」魅力や楽しさを訴求と書きたかったが、文字数の関係上断念した。少し気持ち悪さが残った。

【ふぞろい流採点結果】　15/20点

~当日、試験終了後の過ごし方~ ──────────
　帰宅後すぐに再現答案作成。各予備校の採点サービスに申し込みまくり。Xは怖くて見られなかった。

第4問（配点30点）　147字

①	少	年	野	球	チ	ー	ム	監	督³	に	対	し	、	チ	ー	ム	の	デ	ー
タ	管	理	・	保	護	者	の	要	望	・	QA	リ	ス	ト	を	D	B	化	
し	た	ア	プ	リ	を	開	発⁶	。	②	H	P	に	こ	だ	わ	り	の	品	揃
え	や	地	元	野	球	チ	ー	ム	の	情	報	を	掲	載⁶	し	ブ	ラ	ン	ド
価	値	や	野	球	の	楽	し	さ	を	訴	求	し	新	規	顧	客	を	得	る。
③	S	N	S	で	双	方	向	コ	ミ	ュ	ニ	ケ	ー	シ	ョ	ン	に	よ	り
ニ	ー	ズ	を	把	握⁶	し	商	品	提	案	力	の	強	化	。	以	上	で	顧
客	関	係	性	強	化	。													

【メモ・浮かんだキーワード】　データ管理、要望・QA リストの DB 化、アプリ、HP、
　　SNS、双方向コミュニケーション、商品提案力の強化、顧客関係性強化
【当日の感触など】　ブランド価値を訴求、がズレているのではないか、不安になった。
【ふぞろい流採点結果】　21/30点

【ふぞろい流採点結果】　69/100点　　　【実際の得点】　72/100点
　事例全体を通して設問要求に沿った解答ができており、満遍なく点数を重ね高得点となり
ました。第2問は複数の販売方法を併記したために、顧客ニーズや効果への記載が不足して
います。販売方法を絞ったうえでニーズ、効果について深掘りできていれば、さらなる得点
の上積みも期待できたと思います。

事例Ⅱ

Column　模試の活用方法

　私は診断士合格まで5年かかりました。その中でさまざまな予備校の模試を何度も受け
てきました。模試を受けるべきかそうでないか、本番との相関はあるかないかなど、いろ
いろな論争はあるかと思いますが、その中でも模試を受けたことでよかったことをお伝え
します。まず1次試験の模試においては、経営法務や情報システム、中小企業経営・政策
などのそのときの法令改正などのトレンドに左右されるような科目から情報を得られるこ
とです。これらは過去問からは得られない情報であったので、非常に重宝していました。
情報収集目的でしたので、1次試験の模試は自宅受験でかつ提出はしないというスタンス
でした。また、2次試験については、①会場受験で本番の雰囲気を味わえること、②初見
の問題への対応力がつくこと、③受験生内での自分のポジションが把握できること、④長
期に及ぶ受験期間のマイルストーンとなること、が大きいメリットです。予備校の判定は
本番とあまり関係ないともいわれており、確かに実力以上の評価が出てしまうことや、そ
の逆もあるかとも思います。ただし、事例Ⅳについては答えもブレることが少なく、実際
の判定が本番と近くなりやすいです。また、ほかの事例についても安定して上位10%に入
ることができれば、本番でも十分通用する実力が身についているといえるでしょう。ぜひ
とも模試をうまく活用してみてください。

（オスカル）

よしかず 編（勉強方法と解答プロセス：p.152）

１．休み時間の行動と取り組み方針

　まずはラムネ菓子で糖分を補給。カロリーメイトを1/2箱食べ、小腹を満たす。その後にお手洗いに行きながら軽くストレッチをして体を動かす。席に戻ったらファイナルペーパーを最終確認。

２．80分間のドキュメント

手順0　開始前（～0分）
問題、解答用紙が配布される。事例Ⅰと同様に、透けて見える解答用紙の解答欄から設問数や文字数を確認。第1問が150字のため、令和4年度と同様に3C分析がくると予想。試験開始1分前になったら深呼吸をして集中する。

手順1　準備（～1分、1分間）
まずは、解答用紙に受験番号と名前を記入。紙がキレイに切れる定規を使用して白紙部分を切り離し、メモ用紙を確保する。

手順2　設問解釈（～5分、4分間）
第1問：2年連続の3C分析。「B社の現状」という時制に注意。 **第2問**：ダナドコで整理する問題だろうか？　「プライシングの新しい流れを考慮（ただし、割賦販売による取得は除く）」という制約条件に注意。プライシングの新しい流れとは？　1次試験で出題されたのだろうか？　ダイナミックプライシングしか思いつかない。 **第3問**：女子野球チームのメンバー獲得のための「プロモーション」と「イベント」策を検討するのか。助言問題だから効果を書くことを忘れない。 **第4問**：「誰にどのような対応」と聞かれているから、これもダナドコで整理ができる問題。オンライン・コミュニケーションだから双方向交流の記述が必要か。

手順3　与件文読解（～20分、15分間）
1段落目：近隣の公立小中学校の体操服や運動靴の取り扱いは顧客としてチェック。 **2～3段落目**：機会の記載。「近隣の強豪社会人野球チーム」や河川敷が近く、野球場の数も多いのは何かで使えるか。 **4～6段落目**：刺繍の加工技術力とそれが継承されていることは強み。少年野球チームに関する記述は強み・機会としてチェック。 **7段落目**：野球用品の買い替えは第2問で関係があるかもしれない。買い替え需要に対応していくことが重要か。 **8～9段落目**：サッカーやバスケットボールの取り扱いを増やすなど、機会を捉えて成

長していることを確認。

10段落目：「しかし」の接続詞に注意。弱みや脅威に関することが記述されている。

11〜12段落目：B社は、品揃えと提案力を生かして野球用品を専門的に取り扱うことを強みに、差別化を図っている。この強みはしっかりと確認。

13〜14段落目：ここでも「しかし」の接続詞に注意。金銭的な負担は第2問に関係があるかもしれないから要注意。

15段落目：野球をやりたい子どもの確保や、女子の軟式野球チームへの参加募集については第3問と関係があるかもしれない。

16〜17段落目：データ管理やスマートフォンの活用など、急にデジタル化に関する記述が出てくる。第4問と関係があるかもしれない。また、17段落目の事業内容の見直しは、B社の経営方針のため、この内容に沿って解答を記述する必要がある。

手順4　解答作成（〜75分、55分間）

第1問：3C分析は顧客・競合・自社の強み、弱みを各50字で記入すると決めていたため、そのとおりに書こう。顧客、競合は対象を記述し、自社は強みと弱みで整理。

第2問：「プライシングの新しい流れを考慮し」がわからないため、スキップ。

第3問：イベントは、女子の軟式野球が盛んになったことと、河川敷の野球場が近いことを生かして、女子野球大会の開催だろうか。それをSNSなどで発信して接点を作り、女子向けの野球用品の提案力を高めれば、新規顧客が獲得できるのではないだろうか。

第4問：スマートフォンのアプリ開発はICT企業に勤めている30代長男の強みが発揮できる。オンライン・コミュニケーションだから、双方向交流によって顧客ニーズを収集し、関係性を強化できる。「誰に、何を、どのように＋効果」のダナドコのフレームワークを活用して解答を記述。

第2問：どんなに考えてもダイナミックプライシングしか思いつかない。顧客ニーズは買い替えによる金銭的負担を減らしたいことで、与件文に「特性に応じた商品カスタマイズの提案力をより強化」とあるため、高性能高価格な商品ではなく、顧客に合った商品提案によって顧客満足度を高めることが重要かもしれない。

手順5　見直し（〜80分、5分間）

誤字や読みにくい文字がないかを確認。試験終了1分前のアナウンスで、受験番号と名前が記入されているか最終確認。受験番号と名前は最初にも確認したけれど、最後にも絶対に確認。

3．終了時の手ごたえ・感想

　「プライシングの新しい流れを考慮し」に悩みつつも、ダナドコフレームワークを活用して、ドメインを意識しながら与件文に沿って強み・機会の活用について記述できたと思う。しかし、手ごたえはまったく感じられない。

〜当日、試験終了後の過ごし方〜
すべてを忘れてパーっとね。

合格者再現答案＊（よしかず 編）　　　　事例Ⅱ

第1問（配点30点）　149字

顧	客	は	①	近	隣	の	公	立	小	中	学	校³	②	中	学	の	部	活	動
や	少	年	野	球⁴	・	サ	ッ	カ	ー	チ	ー	ム	の	メ	ン	バ	ー	や	保
護	者²	③	最	終	消	費	者	。	競	合	は	①	サ	ッ	カ	ー	や	バ	ス
ケ	ッ	ト	ボ	ー	ル	用	品	専	門	店³	②	大	型	ス	ポ	ー	ツ	商	品
量	販	店³	。	自	社	は	野	球	用	品	の	品	揃	え²	力	、	ユ	ニ	フ
ォ	ー	ム	の	加	工	技	術²	力	、	用	品	の	提	案	力	、	オ	リ	ジ
ナ	ル	用	品	の	対	応	力¹	が	高	い	。	価	格	面³	や	野	球	以	外
の	品	揃	え	力²	が	低	い	。											

【メモ・浮かんだキーワード】　３Ｃ分析、自社の強み・弱み

【当日の感触など】　令和4年度は顧客が多く、結局どのように整理すればわからないまま試験当日を迎えたが、令和5年度は顧客や競合も明確で、しっかりと書けたのではないかと思う。

【ふぞろい流採点結果】　25/30点

第2問（配点20点）　100字

低	学	年	か	ら	野	球	を	始	め	た	子	供	や	保	護	者	を	対	象
に	、	顧	客	ニ	ー	ズ	を	収	集	し	、	用	品	提	案	力	を	活	か
し	て	、	機	能	と	価	格	の	要	望	に	あ	っ	た	用	品	を	提	案
す	る	。	安	価	で	も	カ	ス	タ	マ	イ	ズ	提	案²	を	行	い	、	顧
客	満	足	度	を	高	め²	、	固	定	客	化³	と	売	上	を	増	加²	す	る	。

【メモ・浮かんだキーワード】　ダイナミックプライシング、ダナドコ、商品のカスタマイズ、提案力

【当日の感触など】　「プライシングの新しい流れを考慮し」が最後までわからず、どのように書いたらよいか悩む。自分の知識で書くことを避けるために、とにかく与件文に書かれた情報をもとに、顧客ニーズに応えるために自社の強み・機会を活用できる施策と効果までを記述。

【ふぞろい流採点結果】　5/20点

第3問（配点20点）　100字

女	子	の	軟	式	野	球	の	大	会	を	開	催	し	、	Ｈ	Ｐ	や	Ｓ	Ｎ
Ｓ³	で	広	報	を	行	い	、	認	知	度	を	高	め	る	。	用	品	提	案
力²	を	活	か	し	て	Ｈ	Ｐ	で	女	子	用	の	用	品²	の	提	案	や	、
掲	示	板	や	Ｓ	Ｎ	Ｓ	の	双	方	交	流	で	選	び	方	の	助	言	を
行	い	、	顧	客	満	足	度	を	高	め	、	新	規	顧	客	を	開	拓	。

【メモ・浮かんだキーワード】　マーケティングの4Ｐ、ダナドコ

【当日の感触など】　ダナドコフレームワークを活用しながら、与件文で書かれている事業内容の見直しに沿って、プロモーションとイベントについて解答をまとめられたと思う。

【ふぞろい流採点結果】　7/20点

～私の周りのツワモノぶりエピソード～

試験終了の合図があっても記述を止めない猛者がいました。

第4問（配点30点）　　149字

各少年野球チームの監督[3]やメンバー[3]を対象に、長男のICT企業での経験を活かしてチームメンバーの様々なデータを管理するスマホアプリを開発[6]する。アプリで双方向交流を行い顧客ニーズを収集[6]し、提案力を活かして用品を個別に定期的に提案、顧客満足度を高め固定客化する。SNSで取り組みを紹介し、新規顧客を開拓する。

【メモ・浮かんだキーワード】　売上＝客数×客単価、双方向交流、ダナドコ

【当日の感触など】　HP、SNS、スマートフォンアプリの開発はICT企業に勤めている30代の長男の経験を生かすこと、インターネットを活用した双方向交流で顧客ニーズを収集すること、事業内容の見直しに書かれていた内容を活用して解答をまとめられたと思う。

【ふぞろい流採点結果】　18/30点

【ふぞろい流採点結果】　55/100点　　　【実際の得点】　59/100点

　第1問は、顧客、競合、自社の強み、弱みをバランスよく記載できており、高得点につながっています。第2問は具体的な販売方法の記載が弱く、第3問ではイベントとプロモーション双方を記載できているにもかかわらず、それぞれ幅広い解答ができなかったため、ふぞろい流採点結果は厳しい結果となりました。

Column

親子で受験生

　私が診断士試験を受験した年は、娘が中学受験生でした。正確にいうと、娘が中学受験対策のために塾に行っている時間や部屋で勉強している時間を持て余し、私も何か勉強するかと思い立ち、始めたのが診断士の勉強でした。娘も、休憩のために部屋から出てくるたびに母親が勉強している姿を見て、子どもにありがちなダラダラ休憩をせず、適度に休んでまた勉強部屋に戻っていきました。こうして親子で相互によい勉強環境を作り合ってきました。

　ただし、診断士2次試験は10月で、結果発表は1月。娘の入試本番は2月。もし私が診断士不合格になったら、娘は「不合格」という縁起の悪い単語を目にして自分の入試本番を迎えることになってしまう。これは間違いなく良くない影響を与える。私の診断士試験は何年かけてもよいのだけれど、娘の中学受験は1回限り。ここはひとつ、母親の「合格」を見せて入試本番を迎えさせたい。よい流れで娘に試験本番のバトンを渡したい。

　そう強く思い勉強を続け、私は無事に合格することができました。そして娘も、無事に合格することができました。春からは親子揃って新生活。努力が実った喜びを胸に、これからも学びを続けていきます。

（サエコ）

〜私の周りのツワモノぶりエピソード〜

　自分事で恐縮ですが初めての2次試験はノー勉で臨んで220点くらいで落ちました。（今年は勉強しました）

80分間のドキュメント　事例Ⅲ

かーず 編（勉強方法と解答プロセス：p.142）

1. 昼休みの行動と取り組み方針

　事例Ⅱは第2問のプライシング問題が怪しい解答になったが、配点が30点ある第1問と第4問ができたはずなので、悲観的な感覚はない。お昼ご飯はおにぎり1個と緑茶。

　さぁ次は苦手な事例Ⅲ。ファイナルペーパーで生産計画や生産統制のキーワードを最終確認。直前数分前にお手洗いに行くのもルーティーン。

2. 80分間のドキュメント

手順0　開始前（〜0分）
身体に異変は感じながらもなんとか体調は維持できている。このまま最後までやり遂げさせてほしいと祈る気持ち。「発熱しなければ戦える、あと少し頑張るぞ」。隣の男性は試験中に颯爽と退出し、気がつけば次の試験開始直前にいつのまにか着席している。この人は何者なの！？ということを考えるのも楽しめるようになってきた。

手順1　準備（〜1分、1分間）
事例Ⅰ・Ⅱとまったく同様。名前と受験番号を書いて問題用紙をビシッと切断。

手順2　設問解釈（〜10分、9分間）
第1問：強み2つのシンプル問題。「生産面の……」というマストな制約条件に要注意。 **第2問**：人手不足のところに最近受注量増加で対応苦慮。で、どうするか？の問題なので、題意は生産性向上で決まり。対応策を与件文から検討し、効果は「生産性向上して受注量増加への体制構築」という解答構成をメモ。 **第3問**：コストアップによる収益性の低下が書かれているので、題意は収益性の改善で決まり。第2問同様、対応策を与件文から検討し、効果は「製造コスト削減と売上拡大で収益性の改善」という解答構成をメモ。 **第4問**：設問文が長くて嫌だ（笑）。要するに初めて自社企画の製品を開発する際にどう進めていきますか？ってことよね。「ニーズ収集」というキーワードはすぐ思い浮かぶ。あとは、どういう商品？　どういう強みが生かせる？　そんな視点かな。 **第5問**：新規事業の是非を問う設問。スケールが大きな意思決定だな。 **全　体**：第1〜3問は、解答構成はシンプルなので与件文から根拠を拾い出してくる感じ。第4・5問は少し複雑そう。与件文と関連知識からしっかり検討しないと。

手順3　与件文解釈（〜40分、30分間）
1周目は薄い黄色マーカーを手に持ち重要そうなワードに印をつけながらさっと一読。 2周目は設問ごとに決めた色の蛍光マーカーで各設問の重要要素に印をつけに行く。こ

れが、かーず流読解30分間の過ごし方。

1〜2段落目：企業概要の説明。特に何の感想もなく淡々と読み進める。

3〜4段落目：C社の強み部分の記述あり。コロナ禍明けで受注量増加という内容で、過去問ばかり解いていた身からすると時代の変化を感じる。

5〜6段落目：いつもだけれど、各々の製造課の説明とかややこしくて苦手。

7〜10段落目：製造工程図の掲載があるが活用の仕方が思いつかず。「手作業」や「口頭での指示」、「レシピの未整理」などは第2問（生産性向上の問題）で活用できそう。

11〜12段落目：生産計画のサイクル、食材や調味料の発注頻度、在庫管理の問題により廃棄や納品遅れが発生。課題が多い企業だな。第2問、第3問で切り分けて使えそう。

13〜15段落目：新規事業の段落へ。生産上の問題点が多い企業なのに多角化構想のスケールはでかい。この3段落分で第4問と第5問に対応するのだが、情報が少なすぎる。

全　体：第1〜4問は与件文の情報を素直に抜き出せば対応できそう。しかし、第5問については与件文に情報がなさすぎ。これは苦戦しそうという印象。

手順4　解答作成（〜78分、38分間）

第1問：強みの記述は少ないが、素直に強みと考えてよさそうな2点を解答。

第2問：生産性を下げている要因を洗い出して各々に対応策をつけていくイメージで、簡単にメモを作って解答。第3問との解答要素の切り分けには注意しよう。

第3問：コストアップ要因を洗い出し第2問同様に各々に対応策をつける。売上拡大策も入れ、売上向上とコスト削減の両面から収益性改善という効果記述につなげる。

第4問：「ニーズ収集」、「強みを生かした高付加価値商品」、未活用資源である「レシピ活用」の3つの視点で、高付加価値化＆差別化につなげ、まとまった解答ができたぞ。ここまでの対応はシンプル。さあいよいよ、くせ者の第5問。

第5問：これは難しい……。C社の内部課題のあまりの多さに「妥当性無し」に傾きかけている。でも「妥当性無し」にすると「留意点」が書きづらい。また新規事業は社長がやりたい構想なので、中小企業診断士の立場として「No」はないんじゃない？という直感が働き、構成としては「妥当性はあり、理由を述べ、問題点を留意点という表現で助言する」という形に。ただ、第5問は戦略レイヤーの設問なので、問題点については個別具体的に書くのではなく「内部課題の改善」とか「ノウハウの蓄積」などの表現で抽象的に記述。あとは設備投資なので財務リスクについても記述して解答作成。

手順5　見直し（〜80分、2分間）

いつもどおり誤字脱字、修正部分の消し忘れチェックなどを実施し終了。

3．終了時の手ごたえ・感想

　事例Ⅲってどの年もだいたい同じような解答キーワードを使う傾向だけれど、今年は鉄板の生産統制とかDRINKとか業務標準化とかSLPとか全然使わなかった……。ホテルや旅館の厨房レベルの受託生産工場が舞台で、そもそもイメージしづらい。

　第2問（生産性向上）と第3問（収益性向上）の切り分けはうまくできた。

　第5問の妥当性有無による分岐は少し焦ったが、妥当性有りを選んだうえで、内部課題を留意点に書けたので、出来上がった答案にはそこそこ自信あり。

〜私の周りのツワモノぶりエピソード〜
総勉強時間2,103時間（1年間）。

合格者再現答案＊（かーず 編） ──────── 事例Ⅲ

第1問（配点10点）　40字

工	場	管	理	者	の	ホ	テ	ル	や	旅	館	で	の	**料**	**理**	**人**	**経**	**験**⁵	と
食	品	衛	生	管	理	上	**交**	**差**	**汚**	**染**	を	**防**	**ぐ**	**ゾ**	**ー**	**ニ**	**ン**	**グ**⁵	。

【メモ・浮かんだキーワード】　ゾーニング

【当日の感触など】　交差汚染を防ぐゾーニングが強みなのかに少し迷った。

【ふぞろい流採点結果】　10/10点

第2問（配点20点）　100字

対	応	策	は	①	手	作	業	の	総	菜	製	造	工	程	の	**機**	**械**	**化**³	②
販	売	先	料	理	長	か	ら	の	製	品	仕	様	**レ**	**シ**	**ピ**	の	**整**	**理**²	と
共	**有**¹	③	**生**	**産**	**計**	**画**	の	**短**	**サ**	**イ**	**ク**	**ル**	**化**²	と	④	生	産	統	制
の	徹	底	⑤	食	材	や	調	味	料	の	必	要	量	の	基	準	化	で	、
生	**産**	**性**	**向**	**上**³	を	図	り	、	**受**	**注**	**増**	**加**	へ	の	**体**	**制**	**を**	**構**	**築**¹。

【メモ・浮かんだキーワード】　生産性向上、手作業の機械化、レシピ

【当日の感触など】　第3問との切り分けがポイント。うまくできたのではないかと思った。

【ふぞろい流採点結果】　11/20点

第3問（配点20点）　119字

対	応	策	は	①	販	売	先	料	理	長	と	の	**製**	**品**	**仕**	**様**	**確**	**認**	の
精	**度**¹	を	上	げ	変	更	指	示	の	削	減	②	食	材	や	調	味	料	の
入	**出**	**庫**²	と	**在**	**庫**	**管**	**理**¹	を	**徹**	**底**³	し	て	**在**	**庫**	**量**	**適**	**正**	**化**	と
廃	**棄**	**削**	**減**¹	③	営	業	体	制	強	化	に	よ	る	他	の	ホ	テ	ル	や
旅	館	へ	の	販	路	拡	大	に	て	、	製	造	コ	ス	ト	の	低	減	と
売	**上**	**向**	**上**¹	を	図	っ	て	、	**収**	**益**	**性**	**の**	**改**	**善**	を	図	る	。	

【メモ・浮かんだキーワード】　売上アップ、コスト削減、廃棄削減

【当日の感触など】　こちらも第2問との切り分けが重要でしっかり対応できた。

【ふぞろい流採点結果】　12/20点

第4問（配点20点）　111字

企	画	開	発	は	①	ホ	テ	ル	や	旅	館	で	の	最	終	消	費	者[2]	の
声	や	ニ	ー	ズ	を	収	集[3]	し	て	製	品	開	発	に	生	か	す	②	地
元	食	材	を	使	っ	た	季	節	性	や	高	級	感	あ	る	特	色	あ	る
メ	ニ	ュ	ー[2]	の	開	発	③	今	ま	で	の	製	品	で	好	評	を	得	た
レ	シ	ピ	の	活	用[4]	に	よ	り	、	高	付	加	価	値	で	差	別	化	さ
れ	た	企	画	開	発	を	進	め	る	。									

【メモ・浮かんだキーワード】　ニーズ収集、季節性・高級感、レシピ活用
【当日の感触など】　解答の方向性として大外しはしていない感触。
【ふぞろい流採点結果】　11/20点

第5問（配点30点）　140字

中	食	需	要	へ	の	対	応	で	あ	り	妥	当	性	は	あ	る[6]	。	X	社
と	の	新	規	事	業	は	新	た	な	販	路	拡	大[5]	に	つ	な	が	り	、
新	た	な	成	長	戦	略	と	な	り	得	る	。	留	意	点	は	①	工	場
や	設	備	へ	の	投	資	に	対	す	る	財	務	リ	ス	ク	へ	注	視	②
生	産	面	の	内	部	課	題	の	改	善	③	量	産	体	制	の	ノ	ウ	ハ
ウ	蓄	積	④	量	産	体	制	に	向	け	た	社	員	教	育[5]	に	留	意	し
X	社	と	の	共	同	新	規	事	業	を	成	功	さ	せ	成	長	を	図	る	。

【メモ・浮かんだキーワード】　中食需要、販路拡大、成長戦略、財務リスク、量産体制構築
【当日の感触など】　与件文からキーワードを拾う問題ではないので、難解だった。とりあえず書いたが何点の得点になるかは未知数で不安な状態。
【ふぞろい流採点結果】　16/30点

【ふぞろい流採点結果】　60/100点　　【実際の得点】　69/100点
　設問内容に対して、結論から述べる解答の書き方をしており、非常に読みやすい文章構成となっていました。ふぞろい流採点結果では60点となりましたが、文章構成がよく、点数が伸びた可能性があります。
　また第4問と第5問で、外部で製品企画開発・マネジメント経験を持つ中途採用者の活用に関して言及できていれば、さらなる高得点が見込めたでしょう。

Column　集中力が切れやすい人のモチベーションの維持方法

　私は、長時間机に座って集中するのが苦手で、何かご褒美がないと集中力が持たないタイプでした。某ドーナツ屋さんへ勉強しに行き、ポンデ環ドーナツを購入し、設問1つ解くごとに1粒食べるというのを、平日のお昼休みに毎日していました。その結果、LDLコレステロール値が異常値となり、20代にして要精密検査となりましたが試験には合格できました。受験生の皆さまには、自分へのご褒美と健康面のバランスを考えていただければと思います。

（しず）

かれん 編（勉強方法と解答プロセス：p.144）

1．昼休みの行動と取り組み方針

　とりあえずお手洗い。残りのバナナとパンを食べる。おにぎりもあるけれど、眠くなるので腹6分目でやめる。昼休憩が1時間もあるので、外を散歩しに行く。会場敷地内で観音堂を発見し、もはや神にすがるしかできず、お参りする。外のベンチで寝ころびながら、ファイナルペーパーを読む。事例Ⅲは頻出キーワードが決まっているから、ひたすら暗唱。生産計画、生産統制で生産性（P）・納期（D）・コスト（C）改善、小ロット化！　強みや機会の活用・弱みの克服で、品質（Q）向上・新製品開発で差別化・高付加価値化や！

2．80分間のドキュメント

手順0　開始前（～0分）
問題用紙配布後は、受験番号を書き忘れないよう受験票を見つめる。勉強会で合格者の方が「事例Ⅲは書くことを決めていった」と言っていたように、だいたい書く内容のイメージは持っている。「頑張ったから大丈夫！」と言い聞かせる。

手順1　準備（～1分、1分間）
時間を節約したいので、問題用紙は破らないし、段落番号もつけない派。1段落目を読み、業務用食品メーカーの話だと理解したうえで設問解釈へ。身近な業種でよかった。

手順2　設問解釈（～5分、4分間）
第1問：制約条件である「生産面」「2つ」にアンダーライン。解答対象である「強み」を四角で囲む。 **第2問**：制約条件である「生産面」にアンダーライン。解答対象である「対応策」を四角で囲み、「＋K」（効果の意、以下同様）と書く。人が足りないなら生産性向上かな。 **第3問**：解答対象である「対応策」を四角で囲み、「＋K」と書く。今年は資材高騰を踏まえた価格転嫁が予想テーマだといわれていたが、コスト削減の方向性か？ **第4問**：解答対象である「どのように製品の企画開発を進めるべき」を四角で囲み、助言系なので「＋K」と書く。これまではいわれたとおり受託生産してきたけれど、「企画」にも手を伸ばすことで高付加価値化を図るんだなぁ。 **第5問**：解答対象の「妥当性」「理由」「留意点」「助言」を四角で囲み、「＋K」と書く。

手順3　与件文読解（～17分、12分間）
1～4段落目：「最近新設した製品開発部」は強みになりそう。「料理人経験」や「マネジメント熟知」も強みかな。コロナ禍明けで機会に恵まれている。 **5～6段落目**：「ベテランのパートリーダー」「料理人の経験」は強みでしょ。「ゾーニング」は強みなのかな？ **7～12段落目**：課題が山積だなぁ。「手作業」→「機械化」、「口頭で直接指示」→「作

業方法の標準化・マニュアル化」、「メモ程度のレシピ」→「整理」、「月度」→「短期化」、「経験値で見積もり」→「基準を決める」、「月末に定期発注」→「短サイクル化」、「入出庫記録なく」→「記録して在庫量把握」、週次の確定納品情報を生かす。あれ、でもなんか過去問で見たことないパターンが多いなあ。（※頻出キーワードが出てくる想定をしすぎて、過去問との違いに焦る。）

13〜14段落目：X社きた！　「多店舗展開」いいね。「中食需要」は取り込みたい。「季節性があり高級感のある」「差別化が可能な」提案ができているならいいじゃん！　「外部人材」の前職経験は強み。納品確定情報が2日前なら短納期化かな。

14〜15段落目：「拡大したい考え」「新規事業に積極的に取り組む方針」は社長の思いだな。やっぱ投資はやる方向だ！

手順4　骨子作成（〜35分、18分間）

第1問：外部人材の前職経験に基づく、季節性があり高級感のある総菜の提案力は明らかに強みだが……制約条件である「生産面」には合致しない？　「製品開発部」と「製造部」で部署を分けているから生産と開発は区分してそう。そうすると強みは「工場管理者の料理人経験」と「ベテランパート」か？　「ゾーニング」は？　40字もあるし入れてみるか。

第2・3問：書き分けが難しい。わかりやすい第3問から取り組もう。

第3問：コスト削減には、「生産計画の週次化」、「発注量の基準を決める」、「発注頻度向上・精緻化」、「入出庫記録とって在庫管理強化」あたりかなあ。人材を有効活用すれば人件費も削減できる。

第2問：人や技術が足りないから生産性向上するには、「機械化」、「作業方法の標準化・マニュアル化・OJT・多能工化」、「レシピ整理・DB化」あたりかなあ。

第4問：どうすれば企画力が高まるんだろうか……。外部人材がキーパーソンだから、社内研修で開発力の底上げ？　そもそもC社は顧客ニーズを把握できてないから顧客接点がある既存販売先から情報収集か？　強みを生かして差別化・高付加価値化するのが基本だから、料理人経験を生かして季節性・高級感ある総菜？　与件文のまますぎて得点にならないかな。

第5問：社長の思いを尊重すると、やる方向だよね。強みを生かせて採算が見込めるから妥当というしかない。でも専用設備だと新規事業がうまくいかなかった場合、汎用性なく不良資産になっちゃうし、新規採用者も育成が大変そう。留意点はそんな感じかな。

手順5　解答作成（〜79分、44分間）

やばい、本当時間ない。手が震えて消しゴムで必要なところも消してしまう。

手順6　見直し（〜80分、1分間）

誤字の確認くらいしかできなかった……。

3．終了時の手ごたえ・感想

　事前に書くと決めてきたことを、ほぼ使わなかった。事例Ⅲでは60＋a点で少し稼ぐつもりだったのに、60点切りそうだな。

〜私の周りのツワモノぶりエピソード〜
座布団を背中に背負ってくる人がいた。

合格者再現答案＊（かれん 編） ———————— 事例Ⅲ

第1問（配点10点）　39字

①	ベ	テ	ラ	ン	パ	ー	ト	の	経	験	や	工	場	管	理	者	の	**料**	**理**
人	**経**	**験**⁵	に	よ	る	季	節	表	現	力	②	食	品	衛	生	管	理	。	

【メモ・浮かんだキーワード】　ベテランパート、料理人経験、食品衛生管理上のゾーニング。
　　季節性があり高級感のある総菜の商品企画力は「生産面」の強みではない。
【当日の感触など】　SWOT って確実に得点すべき設問なのに、自信ない。
【ふぞろい流採点結果】　5/10点

第2問（配点20点）　100字

対	応	策	は	①	**全**	**社**	**的**	**生**	**産**	**計**	**画**¹	の	短	サ	イ	ク	ル	策	**定**²
②	製	造	加	工	方	法	の	**標**	**準**	**化**³	・	マ	ニ	ュ	ア	ル	化	・	O JT³
に	よ	る	**多**	**能**	**工**	**化**²	③	製	品	仕	様	や	レ	シ	ピ	の	**整**	**理**¹	・
標	準	化	・	DB	一	元	化	に	よ	る	社	内	情	報	共	有	の	円	滑
化	④	加	工	の	**機**	**械**	**化**³	。	以	て	**生**	**産**	**効**	**率**³	を	図	る	。	

【メモ・浮かんだキーワード】　生産性向上、短サイクル化、標準化・マニュアル化・OJT、
　　多能工化、DRINK
【当日の感触など】　第3問との書き分けに悩んだ。とりあえず思いつくキーワードは盛り込
　　めた！
【ふぞろい流採点結果】　20/20点

第3問（配点20点）　119字

対	応	策	は	①	**全**	**社**	**的**	**生**	**産**	**計**	**画**²	の	短	サ	イ	ク	ル	策	**定**³
②	**食**	**材**	・	調	味	料	の	**必**	**要**	**量**	の	**標**	**準**	**化**²	、	入	出	庫	記
録²	、	**発**	**注**¹	**頻**	**度**	**向**	**上**¹	に	よ	る	資	材	・	在	庫	水	準	適	正
化¹	③	**生**	**産**	**統**	**制**	の	**強**	**化**³	④	加	工	作	業	の	標	準	化	・	O JT
に	よ	る	人	材	の	有	効	活	用	。	以	て	、	**在**	**庫**	コ	ス	ト	や
人	件	費	の	削	減	に	よ	り	、	**収**	**益**	**性**	**向**	**上**²	を	図	る	。	

【メモ・浮かんだキーワード】　在庫管理強化、生産統制、標準化・マニュアル化・OJT
【当日の感触など】　第2問との書き分けに悩んだ。とりあえず思いつくキーワードを盛り込
　　んだだけで、MECE にかけてない。伸び悩むかも。
【ふぞろい流採点結果】　18/20点

第4問（配点20点）　116字

①	外	部	人	材	の	前	職	経	験	を	活	用	し²	た	社	内	研	修	で
開	発	力	向	上	②	既	存	販	売	先	と	連	携	強	化²	し	、	顧	客
ニ	ー	ズ	収	集³	、	商	品	開	発	へ	の	活	用	③	工	場	管	理	人³
の	料	理	人	経	験	を	活	か	し⁴	た	季	節	感	や	高	級	感	に	よ
る	差	別	化	・	高	付	加	価	値	化²	で	、	既	存	販	売	先	強	化
や	販	路	拡	大	に	よ	り	売	上	拡	大	を	図	る	。				

【メモ・浮かんだキーワード】　顧客ニーズ収集・活用、差別化・高付加価値化

【当日の感触など】　「季節感や高級感」って与件文そのままだし、キーワードじゃないかも。
自信ない。

【ふぞろい流採点結果】　16/20点

第5問（配点30点）　124字

季	節	性	や	高	級	感	の	強	み	を	活	か	し	た	差	別	化	で	中
食	需	要	を	取	込	み	、	高	価	格	化	で	採	算	が	見	込	ま	れ
る	。	留	意	点	は	①	新	規	採	用	者	の	育	成⁵	に	よ	る	技	術
力	向	上	②	過	剰	設	備	の	回	避	③	生	産	設	備	の	汎	用	性
確	保	④	生	産	管	理	強	化²	に	よ	る	短	納	期	化²	。	以	て	工
場	増	築	を	行	い	、	新	規	事	業	拡	大⁶	に	よ	り	売	上	拡	大⁵
を	図	る	。																

【メモ・浮かんだキーワード】　強み、機会を活かして、差別化・高付加価値化

【当日の感触など】　1文目が日本語として読みづらくなってしまった。直す時間なくギブ
アップ。

【ふぞろい流採点結果】　20/30点

【ふぞろい流採点結果】　79/100点　　　**【実際の得点】**　66/100点

　キーワード詰め込み方式の解答構成となっており、受験生の中でも得点率が高かった第3
問と第4問でしっかり得点できていました。また勝負の分かれ目である第2問で満点を獲得
できたことでふぞろい流採点結果では高得点となりました。第5問でしっかりと妥当性の有
無に言及し、説明を拡充できていれば実際の得点においても70点以上の獲得が見込めたで
しょう。

〜私の周りのツワモノぶりエピソード〜

　2〜3個予備校を掛け持ちしている猛者の方がいらっしゃいました。凄い。

事
例
Ⅲ

かんのり 編（勉強方法と解答プロセス：p.146）

1．昼休みの行動と取り組み方針

　事例Ⅱの問題が衝撃的であり、ついXを開いてしまった。タイムラインを見ると、ほかの人も衝撃を受けていたようで、かなりのポストが見られた。そのままXを見つつ、持参のおにぎりと高カカオチョコレート、栄養ドリンクを飲み、体力回復。用意していた酸素ボンベを吸ってみる。初めて吸ったけれど、効果は不明。事例Ⅱのポスト内容を見ると、自分と同じような心境の人が多かったため、安堵して食事を終えた。試験終了直後の混雑が解消した後に、お手洗いを済ませ、苦手な事例Ⅲの復習を始める。過去問で既出の製造工程の問題とその対応策をまとめた一覧表を見て、最後の確認をした。

2．80分間のドキュメント

手順0　開始前（～0分）
いつもどおり、定規・シャーペン・蛍光ペンをいつもの位置に、使える状態で置く。

手順1　準備（～1分、1分間）
まずは、表紙と2枚目を破いてメモ用紙を作り、定規で、縦に4本線を引く。そして、問題数を5問と確認して、横に4本線を引いて問題ごとのスペースを確保。

手順2　設問解釈（～13分、12分間）
第1問：「生産面」の「S」を2つね。制限あるから気をつけよう。 **第2問**：「2020年以降」は時制だから青丸で囲もう。「コロナ禍で受注減少」は「T」だな。「最近受注は増えている」（「O」）けれど、「人員不足」（「W」）。これの対応策か。「生産性向上」ってことは「自働化」「ECRS」「アウトソーシング」あたりか？ **第3問**：「材料価格高騰」も「T」だな。「収益性低下」は「W」か。「高付加価値製品」はすでに販売しているから、「高付加価値化」は書いちゃダメだな。対策は「歩留まり向上」「ロス削減」あたりか？ **第4問**：「自社企画製品の製造販売を実現して新市場を開拓」は社長の思いだな。X社と新規事業もやるのか。変革のときだと社長は思っていそうだな。「創業からOEMに特化」していたのか。つまり「W」としては「消費者ニーズは知らず、企画開発力に欠ける」ところだな。ここの対策は必要そう。その他、状況はわからんな。 **第5問**：X社との新規事業のことね。現状「生産能力は足りない」から、増築までするのか！　しかも、人員も新規採用者が中心？！　結構思い切っているな。設問要求は……、「妥当性」と「留意点」？！　「妥当性」……。収益性分析は事例Ⅳだろうから、違う論点だろうな。製造の可否が論点になるのか？　新規事業の不安点「W」「T」を、「S」で打ち消せるのかが妥当性の論点で、その対策を留意点として書くか。

手順3　与件文読解（～40分、27分間）
1～4段落目：お馴染みのC社説明パート。ここから製造現場以外の「S」「W」「O」

「Ｔ」の要素は見つけたいな。「配送業務を兼務する営業部」「最近新設した製品開発部」か、怪しいな。「販売先料理長」か、確かＣ社は創業からOEMばかりのはずだから、開発が弱いはず。この人を活用できないかな。販売先では、インバウンド需要が伸びていて「地元食材を使ったメニューの開発」と、ほかには「低コスト化」が求められていると。そのおかげでＣ社の受注量が増加ということは、Ｃ社は「地元食材を使ったメニュー」に強く、「低コスト化」できているということか。

6〜12段落目：生産の現場を確認。課で区分けされていて、結構わかりづらいな。「各製造班は、ベテランのパートリーダー１人とパート従業員」ということは、ほぼパートで製造されているのか。工場管理者は、販売先の理解度が高いと。ゾーニングして衛生管理を維持しているのは「Ｓ」みたいだな。受注量が最もよいのは総菜工程か。「手作業」なのは生産性が低そうだから「Ｗ」。工場管理者とパートリーダーがOJTと監督か、結構丁寧だし「Ｓ」かな。OEM製品の過程は、「販売先料理長が作業指示と検品までをする」のか。この一連の内容を販売先料理長から吸収できれば製造技術向上できそうだけれど、レシピ管理できてないのか！　これはDB管理したい。生産計画は月次だから短縮させたい。材料発注は勘？！　現品管理は、入出庫記録がない？！　欠品で納期遅れ？！　これはロスが出まくりだろうな。管理すると、歩留まり向上し、収益性向上するな。第３問か。納品は何でこんなに詳しく書いているのか。怪しい。

13〜15段落目：新規事業の話か。「季節性があり、高級感のある総菜」？　そのまま、現在の販売先への総菜を提案できそうだな。でもレシピがないから、やっぱりDB化か。この企画開発のために新しい人材採用したのか。今後続けるためには育てたいな。ん？納品の話。あ、既存の納品とずれているのか！　これは留意点だな。

手順4　解答作成（〜79分、39分間）

第１問：生産面の「Ｓ」か。「指導・監督が丁寧」なことと「衛生管理」か？

第２問：人手不足解消について与件文に関する内容では、手作業しかわからなかった。あとは一般的な対策をとりあえず書こう。

第３問：在庫管理が不十分で収益性が低いな。発注量は、データに基づかせるためには……、そもそもレシピどおりの必要量が把握できてないのでは？　あとは現品管理徹底、加工ロス削減とかか？　一般論だけれど、要素として書いておこう。

第４問：顧客ニーズは知らないから、その対策は必要。あとは、「販売先料理人」の知識は使いたいな。製品開発部は経験が少ないから育てよう。

第５問：指導が行き届いているから、製造は問題ないかな。留意点は、検品体制がないことと納品のズレだな。よし！　抽象的だけれど、なんとかまとまった！

手順5　見直し（〜80分、1分間）

今回も受験番号だけ、見直し！　タイムマネジメントが練習どおりにいかない……。

3．終了時の手ごたえ・感想

　一般論で書いてしまっているところが多いな。ひとまず、従来の論点とは異なる、人員不足や生産性向上などが出題されて、驚き。かなり難しかった……。

〜試験当日のアクシデント〜

　事例Ⅱの新しい価格形態で完全に手が止まってしまった。

事例
Ⅲ

合格者再現答案＊（かんのり 編）　　　　　　　　事例Ⅲ

第1問（配点10点）　40字

①	衛	生	管	理	と	導	線	効	率	を	徹	底	し	た	設	備	配	置⁵	②
リ	ー	ダ	ー	と	販	売	先	料	理	人	に	よ	る	指	導	監	視	体	制。

【メモ・浮かんだキーワード】　特になし

【当日の感触など】　指導監視体制は自信あり。衛生管理とレイアウトは自信なし。

【ふぞろい流採点結果】　5/10点

第2問（配点20点）　98字

対	応	策	は	①	手	作	業	中	心	の	総	菜	の	製	造	工	程	を	自
動	化³	し	余	力	確	保	②	作	業	の	標	準	化³	・	マ	ニ	ュ	ア	ル
化³	で	効	率	性	向	上	、	ま	た	従	業	員	を	多	能	工	化²	し	応
援	体	制	を	整	備	③	外	部	委	託	を	活	用。	以	上	で	、	余	
力	管	理	を	強	化	し	、	人	手	不	足	を	解	消	す	る。			

【メモ・浮かんだキーワード】　生産性向上、外部活用、自働化・機械化

【当日の感触など】　一般論が多く、設問に沿った解答ができなかった。

【ふぞろい流採点結果】　14/20点

第3問（配点20点）　118字

対	応	策	は	、	レ	シ	ピ	を	D	B²	で	一	元	管	理	し	全	社	共
有	し	た	上	で	、	①	食	材	や	調	味	料	の	必	要	量²	を	デ	ー
タ	に	基	づ	き	発	注¹	し	在	庫	を	低	減¹	②	入	出	庫	記	録²	等
在	庫	保	管	体	制¹	を	構	築	し	現	品	管	理	を	強	化³	③	料	理
方	法	を	標	準	化	し	作	業	能	力	均	一	化	に	よ	り	品	質	向
上	し	歩	留	ま	り	向	上²	。	以	上	で	コ	ス	ト	削	減。			

【メモ・浮かんだキーワード】　ロス削減、歩留向上、現品管理

【当日の感触など】　要素としては網羅的に書いたつもりだが、対策が抽象的だな。

【ふぞろい流採点結果】　14/20点

〜試験当日のアクシデント〜

　知り合いらしき方たちが、「この問題どう答えた？」という話をしていて心を乱された。

第4問（配点20点）　113字

①	X	社	と	協	力	し	顧	客	ニ	ー	ズ	を	収	集	し	②	高	級	ホ
テ	ル	や	旅	館	の	レ	シ	ピ	の	活	用	、	販	売	先	料	理	人	と
協	力	し	て	、	製	品	開	発	部	が	商	品	企	画	開	発	を	行	う 。
以	上	で	、	製	品	開	発	部	の	開	発	力	を	向	上	し	つ	つ	、
高	級	ホ	テ	ル	や	旅	館	の	技	術	を	活	用	し	た	商	品	で	差
別	化	・	高	付	加	価	値	化	を	図	る 。								

【メモ・浮かんだキーワード】　消費者ニーズ、人材育成、外部人材活用、差別化

【当日の感触など】　ストーリーに一貫性がある形で書けた！

【ふぞろい流採点結果】　7/20点

第5問（配点30点）　138字

パ	ー	ト	リ	ー	ダ	ー	に	よ	る	従	業	員	へ	の	直	接	作	業	方
法	を	指	導	す	る	体	制	が	整	っ	て	お	り	、	新	規	採	用	者
へ	の	教	育	体	制	が	あ	る	為	、	妥	当	で	あ	る 。	留	意	点	
は	①	販	売	先	料	理	人	の	管	理	が	な	い	為	、	品	質	を	維
持	す	る	為	に	監	視	体	制	の	強	化	が	必	要	な	事	②	従	来
と	異	な	る	納	品	日	で	あ	る	事	を	踏	ま	え	全	体	の	生	産
計	画	に	X	社	製	品	製	造	工	程	を	反	映	す	る	事 。			

【メモ・浮かんだキーワード】　SWOT分析、生産計画・生産統制、品質管理

【当日の感触など】　妥当性としては示せたつもりだが、納品についての理解度が低いな。時間的なズレの指摘などできたのだろうけど、理解度が低い。

【ふぞろい流採点結果】　13/30点

【ふぞろい流採点結果】　53/100点　　　【実際の得点】　66/100点

　事例を通して、販売先料理人との連携が重要視されている解答になっており、受験生の解答では少数派の内容となっています。そのため、ふぞろい流採点結果では低めの結果となりました。第5問で社長の思い（事業展開）を見据え、効果にまで言及できていればさらなる得点を見込めたでしょう。

Column

意外と役立つ口述試験対策

　予期せぬ2次試験合格であわてて口述試験対策というのはよくある話だと思います。事例Ⅳで計算ミスをして不合格を確信していた私も同じ境遇でした。しかも2次試験の勉強は専らキーワードで解答をパターン化することに特化していたため、事例問題を深く解釈することは口述試験対策が初めてでした。口述試験対策として、各予備校や受験支援団体が事例を多面的に分析し、想定問題集を作成していますが、その内容を見ると「この事例はこんな解釈もできたのか」、「この知識はまだまだ自分の言葉で説明できるほど定着していないな」など多くの気づきがありました。視点を変えて口述試験に触れてみるのもよいかもしれません。

（もろ）

たべちゃん 編 （勉強方法と解答プロセス：p.148）

1．昼休みの行動と取り組み方針

　事例Ⅱでのやらかした感を引きずりつつも昼休みに入りほっとする。お腹いっぱいで眠くならないようにおにぎりを小分けにして食べる。少しだけ目を閉じてリフレッシュ。事例Ⅲは直近1週間前ぐらいに開眼したから、落ち着いて解けるといいなあ。

2．80分間のドキュメント

手順1　準備（〜1分、1分間）
事例Ⅲは「できていないことをやりましょう」と指摘するだけ！　あとは生産計画・生産統制（進捗・余力・現品管理）の書き分けを意識すればいいはず！

手順2　設問解釈（〜5分、4分間）
第1問：生産面の強みを2つ。製造業だから技術と設備のはず。 **第2問**：生産面の対応策、ということは生産性向上か？ **第3問**：材料費高騰で収益が低下している。他のコストの圧縮が課題……在庫コストか？ **第4問**：受託生産から自社生産を行ううえでの進め方、意識して与件文読もう。 **第5問**：設備拡張は社長の思いだから妥当だろう。理由と留意点を与件文から探してみよう。

手順3　与件文読解（〜30分、25分間）
1〜4段落目（企業概要）：製造部48名多い！　パートさんは全員製造部か。多品種少量ということはオペレーションが大変そう。高級ホテルの料理人経験があることは顧客のニーズ充足にも大きな強みになりそうだな。受注量は増え順調みたい。 **5〜6段落目（生産の現状）**：第1問で聞かれている生産面の強みはこのあたりから書けそう。技術面でホテルの料理人経験、設備面でホテル旅館と同様の厨房設備、をチェック。 **7〜12段落目**：「できていない部分」を青ペンでチェックしていく。総菜の前処理は手作業、製品仕様を口頭で指示、整理されていないメモ程度のレシピ、経験値で調味料を発注、入出庫記録がない、廃棄が生じている、納品遅れ。 **13〜15段落目（新規事業）**：季節性があり高級感ある総菜、はC社の強みを生かしているように感じる。製品開発部の外部人材も強みとして使えそうなのでチェック。C社長は新規事業と今後の自社開発促進のため、設備拡張を前向きに検討しているな。 **全　体**：生産統制面での課題はなんとなく見えたけれど、生産計画のほうはどうなんだろう。納品遅れとあったから短サイクル化すべき？

~試験当日のアクシデント~

　事例Ⅰで、次ページにある最終段落がすっぽり頭から抜けていた。

手順4　解答メモ作成（～60分、30分間）

第1問：技術面でホテルの料理人経験、設備面でホテル旅館と同様の厨房設備。

第2問：生産性向上のために改善できるところを検討。生産統制のほうを指摘しよう。総菜の前処理手作業は機械化で改善できそう。都度パートさんに指示してそうなので作業標準・マニュアル化は必須かな。手書きレシピも非効率だからDB化。経験値で発注されている調味料もDB化で効率を上げて……以上で生産性向上、受注量増加に対応！

第3問：収益性を上げるためには、売上増加、コスト削減の2点だけれど「付加価値は上げている」とあるのでコストに着目したほうがよいかな。与件文から触れられそうなコストは「在庫コスト」だ！　第2問で触れていなかった生産計画の短サイクル化も含めて、在庫の入出庫記録もつけ無駄をなくす。以上で在庫量の適正化と収益の向上を締めに記載！

第4問：強み×機会→自社企画製品の開発、の流れで書こう。
強みは第1問で指摘した内容、機会は製品開発経験のある外部人材の活用かな。季節性と高級感ある総菜、も書いておこう。これだけだと具体性に欠ける気がするので製品開発部の担当者が販売先料理長との打ち合わせに同席することで新しいアイデアが得られるかもしれない、ノウハウ取得の方法として記載。

第5問：構想は妥当、理由と留意点を記載。
理由は機械導入で一人当たりの生産性を高めることができるって書けばよさそう。留意点は投資コストの回収かな。そのために在庫管理を徹底して在庫コストを抑えることも大事そう。第3問と被る。でも140字だけれど全然埋まらない！　どうしよう……（10分ほど悩みパニックになる）。

手順5　解答記載（～80分、20分間）

普段30分かけて解答を記載しているところ、第4問に時間を費やし残り20分となり焦りがピークとなる。とにかく手を動かしてマス目を埋めねば！

3．終了時の手ごたえ・感想

　途中まで順調に進んでいたものの、内容を重複して解答に書いたり（在庫コスト削減）、第4問で字数が埋まらなかったりすることがあり、プチパニックに！　少しずつ手ごたえがなくなる。

〜試験当日のアクシデント〜

エレベータが混んでいて、階段を使ったが1階分の高さが高く、思ったより体力消耗。

合格者再現答案＊（たべちゃん 編） ——————— 事例Ⅲ

第1問（配点10点）　36字

工	場	管	理	者	に	料	理	人	経	験⁵	が	あ	る	こ	と	、	厨	房	設
備	が	ホ	テ	ル	・	旅	館	同	様¹	で	あ	る	こ	と	。				

【メモ・浮かんだキーワード】 工場管理者の料理人経験、厨房設備がホテル旅館と同様

【当日の感触など】 これ以外浮かばず。

【ふぞろい流採点結果】 6/10点

第2問（配点20点）　96字

対	応	策	は	、	①	受	注	量	の	多	い	総	菜	の	前	処	理	等	の
機	械	化³	②	作	業	方	法	を	標	準³	・	マ	ニ	ュ	ア	ル	化³	③	手
書	き	で	あ	る	製	品	仕	様	の	レ	シ	ピ	を	Ｄ	Ｂ	化¹	④	必	要
な	食	材	調	味	料	の	Ｄ	Ｂ	化	、	以	上	に	よ	り	生	産	性	を
向	上³	し	増	加	す	る	受	注	量	に	対	応	す	る¹	。				

【メモ・浮かんだキーワード】 生産性向上、前処理の機械化、作業標準マニュアル化、レシピDB化、調味料発注のDB化

【当日の感触など】 生産性向上を行ううえで改善できるポイントを漏れなく探すのに少し時間がかかった。

【ふぞろい流採点結果】 13/20点

第3問（配点20点）　120字

対	応	策	は	在	庫	コ	ス	ト	を	削	減¹	し	費	用	を	抑	え	て	収
益	性	を	高	め	る²	こ	と	。	具	体	的	に	は	生	産	計	画²	を	短
サ	イ	ク	ル	化³	し	食	材	の	調	味	料	使	用	量	を	標	準	化²	、
定	期	発	注¹	を	見	直	す¹	。	ま	た	在	庫	保	管	の	入	出	庫	記
録²	を	つ	け	在	庫	調	整	の	無	駄	を	無	く	す	。	以	上	よ	り
在	庫	量	の	適	正	化	を	図	り	収	益	性	の	向	上	を	図	る	。

【メモ・浮かんだキーワード】 在庫コスト削減、生産計画短サイクル化、在庫記録、定期発注見直し

【当日の感触など】 生産計画に触れるかについて少し悩む。在庫管理はなんとかしたいポイント。

【ふぞろい流採点結果】 15/20点

〜試験当日のアクシデント〜

試験会場となった大学は、翌週の学祭ゲストが令和ロマン（M-1優勝前）。好きだったので大興奮。

第4問（配点20点）　119字

強	み	で	あ	る	工	場	管	理	者³	の	料	理	人	経	験⁴	と	厨	房	設
備	、	様	々	な	レ	シ	ピ	や	製	品	開	発	経	験	の	あ	る	外	部
人	材	を	活	か	し²	、	季	節	感	あ	る	高	級	な	総	菜	の	開	発²
を	行	う	。	ま	た	製	品	開	発	部	が	販	売	先	料	理	長	と	の
打	ち	合	わ	せ	に	同	席	す	る	こ	と	で	関	係	強	化²	、	ノ	ウ
ハ	ウ	取	得	に	繋	げ	自	社	製	品	開	発	力	を	高	め	る	。	

【メモ・浮かんだキーワード】　料理人経験、豊富なレシピ、製品開発の外部人材、打ち合わせ同席

【当日の感触など】　与件文抜き出しに加え、独創性（打ち合わせ同席）も加えたかった。吉と出るか。

【ふぞろい流採点結果】　13/20点

第5問（配点30点）　137字

構	想	は	妥	当	で	あ	る⁶	。	理	由	は	受	注	量	の	多	い	総	菜
は	製	造	工	程	の	手	作	業	が	多	く	、	生	産	性	向	上²	の	た
め	に	は	専	用	設	備²	が	必	須	で	あ	る	た	め	。	ま	た	総	菜
の	鮮	度	を	保	つ	た	め	の	配	送	回	数	増	加	や	店	舗	拡	大
構	想	の	為	人	員	が	必	要	で	あ	る	。	留	意	点	は	在	庫	管
理	を	徹	底²	す	る	こ	と	。	在	庫	コ	ス	ト	を	抑	え	収	益	を
あ	げ	る	こ	と	で	投	資	コ	ス	ト	を	回	収	す	る	。			

【メモ・浮かんだキーワード】　生産性向上、在庫管理、投資コスト回収

【当日の感触など】　140字を埋めるには浮かんだワードが少ないことに気づきパニックに。結局思いつきでよくわからないことを書いてしまいました……。

【ふぞろい流採点結果】　12/30点

【ふぞろい流採点結果】　59/100点　　　【実際の得点】　62/100点

　全体的に与件文からしっかりと問題点を拾い上げ施策から効果まで記述した解答となっており、満遍なく得点を獲得できている結果となりました。

　第5問で事業展開（成長戦略）における課題に関して、さらに踏み込んで（第3問で言及した在庫管理以外の観点で）言及できていれば、さらなる得点獲得が見込めたでしょう。

〜試験当日のアクシデント〜
事例Ⅳに手も足も出ず頭が真っ白になった。

なおふみ 編（勉強方法と解答プロセス：p.150）

1．昼休みの行動と取り組み方針

　昼食は朝に駅で買ったカツサンドを中庭で摂る。風が強かったが天気が良く、とても気持ち良かった。周りには受験生がたくさんいたが、スペースが広いので気にならず。次の受験も名古屋一択と決断。眠気対策に高カフェイン飲料を半分だけ摂取。

2．80分間のドキュメント

手順0　開始前（～0分）
ここまでよい感じに来ているので60点を死守すること、時間に気をつけること、切り分けで迷ったらとにかく書くこと、を意識。

手順1　準備（～1分、1分間）
受験番号記入、問題用紙破る、段落ごとに線を引く。

手順2　設問解釈（～6分、5分間）
設問ごとの配点の確認。 **第1問**：「生産面」「2つ」を囲む。最終的にほかの設問との関係で2つを選ぶ。配点は少ないが5点ずつだろうから慎重に。 **第2問**：生産面での対応策。高齢従業員退職だから新規採用は解答から外れると推測。 **第3問**：付加価値が高いとあるので価格面は問題ない。となるとコストの問題。事例Ⅲ関係だと在庫コストや廃棄コスト、歩留まり、長時間労働とかかな。 **第4問**：開発力がないのだろう。よくあるパターン。ニーズ把握。把握の切り口が複数あればオッケーかな。 **第5問**：妥当性と理由。妥当性は二択だから間違えたらマズそう。①妥当性②理由③留意点と分けて考える。効果への言及も忘れずに。

手順3　与件文読解①（～15分、9分間）
流し読み。気になるところ、SWOT、接続詞をシャーペンでチェック。

手順4　与件文読解②（～35分、20分間）
1～4段落目：営業部の「兼務」はマズイのではないか。チェック。高級路線、多品種少量、受託製造。マネジメント熟知は強み。外国人観光客、地元食材の特色あるメニュー、調達や在庫管理の簡素化ニーズをC社は捉えている。 **5段落目**：「販売先ごとに製造」は非効率なのでは？　工場管理者の経験は強み。 **6～7段落目**：レイアウトは厨房と同様の作り、交差汚染を防ぐとあるがよくわからない。汎用調理器具での手作業は機械化で対応なのだろう。

問題用紙Ａ４よりちっちゃい！（いつもＡ４で印刷していた）

8～9段落目：直接作業方法の指示・監督、口頭指示も非効率。変更指示が生じないようにすればよいのに。毎日の生産指示や加工指導を直接行うのも非効率ではないか。

10段落目：レシピの口頭指示、メモ程度のレシピが整理されていないのは明らかに非効率。整理→標準化→DB→共有と隣に書く。

11段落目：生産計画短サイクル化できそう。経験値での見積りは標準化で対応。調達機能の重複もありそう。入出庫記録なし、在庫量増加や廃棄、納品遅れはアウト。

12段落目：納品は問題があるかわからない。

13～14段落目：季節性や高級感はC社対応可能なはず。外部人材のノウハウは強み。新製品の製造のため、全社的な生産計画が必要ではないか。午前と午後の発送ということで、配送のマンパワーが大丈夫なのか不安。

全　体：①強み②レシピの整理標準化③発注の口頭指示を書面化④手作業の自動化⑤入出庫記録と在庫管理⑤配送の兼務解消、C社の問題点はこれくらいか。最低限これらを書けばたぶん大丈夫なのではないか。

手順5　解答作成（～75分、40分間）

第1問：全体としてSWOTは最後に解く。各設問の解答に適したものを選ぶため。

第2問：作業効率化と判断。レシピの整理・標準化、仕様のフォーマット化、自動化あたりを書こう。レイアウト改善は一応字数余りそうだから書こう。

第3問：収益性だからコスト面。入出庫と在庫管理は第3問。字数が足りない。思いつかないから効果を長めに書こう。

第4問：ニーズ把握が足りていないはず。既存顧客から把握すればよい。担当は営業。ほかには外部人材のノウハウも合わせればよい感じの商品開発できるでしょ。字数が足りない。思いつかないからそれっぽいこと書いておこう。

第5問：社長の思い的に妥当性あり以外の選択肢はないはず。ほかに理由はないか。リスク分散とか開発力のさらなる強化とか。留意点は新規採用者だから教育か。あとは現場混乱防止のために全社的な生産計画。営業と配送の兼務解消もここで書いておこう。

第1問：社長のマネジメントノウハウと工場管理者の料理人経験は同義だからまとめて1つの強みにすればよいか。技術面は書いたから市場面の気もする。ただ、第5問で新規事業を実行するから、開発力関係を生かしたい。外部人材のノウハウを書こう。

手順6　見直し（～80分、5分間）

誤字や汚い字をチェック。

3．終了時の手ごたえ・感想

　第3問と第4問は字数が微妙。ほかにも書くことありそう。ただ、内容の把握はできているし、少なくとも大コケはしていないはず。残るは最後にして最大の関門。ゆっくり休もう。

合格者再現答案＊（なおふみ 編） ━━━━━━━━━ 事例Ⅲ

第1問 （配点10点）　39字

①	現	社	長	と	工	場	管	理	者	の	宿	泊	業	で	の	**料**	**理**	**人**	**経**
験⁵	②	**外**	**部**	**人**	**材**	の	**製**	**品**	**開**	**発**	**実**	**務**	・	**管**	**理**	**経**	**験**³	。	

【メモ・浮かんだキーワード】　社長と工場管理者の経験ノウハウ、外部人材の開発ノウハウ

【当日の感触など】　①はまとめたけれど、これでよいはず。

【ふぞろい流採点結果】　8/10点

第2問 （配点20点）　99字

①	詳	細	な	**製**	**品**	**仕**	**様**	フ	ォ	ー	マ	ッ	ト³	、	既	存	レ	シ	ピ
の	**標**	**準**	**化**³	・	**DB**	**化**¹	・	**共**	**有**	**化**¹	に	よ	る	仕	様	確	定	効	率
化	②	工	程	分	析	で	機	能	別	班	編	成	と	SLP	に	よ	る	レ	
イ	ア	ウ	ト	改	善	③	手	作	業	の	**自**	**動**	**化**³	④	**工**	**程**	**標**	**準**	**化**³
・	**マ**	**ニ**	**ュ**	**ア**	**ル**	**化**³	。	以	上	で	省	力	化	と	**効**	**率**	**化**³	。	

【メモ・浮かんだキーワード】　仕様フォーマット、標準化、マニュアル化、DB化、共有化、
　　自動化、工程分析、SLP

【当日の感触など】　レイアウト変更はとりあえず書いてみたけれど、自信はない。

【ふぞろい流採点結果】　16/20点

第3問 （配点20点）　107字

①	**入**	**出**	**庫**	**記**	**録**²	の	正	確	な	記	録	②	現	在	在	庫	量	・	消
費	期	限	③	発	注	情	報	や	**在**	**庫**¹	情	報	を	標	準	化	・	**D**	**B**
化²	・	共	有	し	、	注	文	量	に	応	じ	た	**適**	**切**	**な**	**発**	**注**¹	、	リ
ア	ル	タ	イ	ム	更	新	。	以	上	に	よ	り	過	剰	在	庫	を	防	止
在	**庫**	**管**	**理**	**コ**	**ス**	**ト**¹	や	**廃**	**棄**	**コ**	**ス**	**ト**	**を**	**削**	**減**¹	し	、	**収**	**益**
性	**改**	**善**²	を	図	る	。													

【メモ・浮かんだキーワード】　入出庫記録、発注情報や在庫情報の標準化、DB化、共有、
　　リアルタイム更新、過剰在庫防止、コスト削減

【当日の感触など】　入出庫管理と在庫管理しか浮かばなかった。

【ふぞろい流採点結果】　10/20点

第４問（配点20点）　　120字

営	業	部	門	が	既	存	顧	客	ホ	テ	ル	・	旅	館²	か	ら	製	品	ニ
ー	ズ	を	把	握	・	整	理³	し	、	中	途	採	用	し	た	外	部	人	材²
が	中	心	と	な	っ	て	、	製	品	開	発	の	実	務	や	管	理³	の	経
験	や	ノ	ウ	ハ	ウ	を	活	か	し⁴	、	開	発	力	を	強	化	、	ニ	ー
ズ	に	合	致	し	た	製	品	企	画	開	発	を	進	め	、	他	の	ホ	テ
ル	や	旅	館	へ	の	販	路	拡	大¹	、	新	商	品	開	発	を	行	う	。

【メモ・浮かんだキーワード】　ニーズ把握、開発力強化

【当日の感触など】　あんまり書くことが思いつかない。

【ふぞろい流採点結果】　15/20点

第５問（配点30点）　　140字

妥	当	で	あ	る⁶	。	理	由	は	①	宿	泊	業	者	依	存	状	態	の	解
消	と	リ	ス	ク	分	散²	②	専	門	化	で	開	発	力	を	強	化	で	き
る	た	め	。	留	意	点	は	①	全	社	的	な	生	産	計	画²	の	策	定
と	工	場	間	で	の	リ	ア	ル	タ	イ	ム	共	有	で	現	場	の	混	乱
防	止	、	②	新	規	採	用	者	の	教	育⁵	、	③	工	場	管	理	者	の
工	場	間	移	動	の	頻	度	を	少	な	く	す	る	こ	と	、	④	配	送
専	門	部	署	の	設	置	と	効	率	的	な	配	送	計	画	の	策	定	。

【メモ・浮かんだキーワード】　リスク分散、専門化、開発力強化、全社的生産計画策定、リアルタイム共有、教育、配送計画

【当日の感触など】　とりあえず思いつくことをそれっぽく書いたけれど、微妙。

【ふぞろい流採点結果】　15/30点

【ふぞろい流採点結果】　64/100点　　　**【実際の得点】**　59/100点

　全体的に解答キーワードをしっかりと盛り込んだ構成となっていたことで、ふぞろい流採点結果では実際の得点よりも高い結果となりました。受験生の得点率が高かった第３問、第４問でしっかりと得点が伸ばせていれば、高得点も見込めたでしょう。

Column

試験本番には魔物が住んでいる…恐るべき強敵「事例Ⅳ」！

　私は１次試験の自己採点で財務・会計は92点でした。そのまま事例Ⅳにも直結するはずだと思っており、「事例Ⅳを制する者が２次試験を制する」といわれる２次試験では自分には圧倒的優位性があると過信していました。２次試験の過去問演習では２回転、間違えた問題は３回転と反復演習するごとにほとんどの問題が解けるようになり、本気で90点くらいは目指せそうという仕上がりでした。しかし、試験本番では、桁数の多さ、設問文の文章の長さや複雑な制約条件の情報整理に時間がかかりすぎて大混乱。まったく力を発揮できず、結果63点とぎりぎりＡ判定で合格したものの、自分の期待値からはほど遠く、大きな失望感を味わいました。私の実感では、過去問演習と本番試験はまったくの別物だと言わざるを得ません。難しかった年度の過去問を中心にあらゆる困難を想定した演習を行うなど、できる限りの準備を怠らないようにしてください。

（かーず）

〜試験当日のアクシデント〜

机が想定よりはるかに狭く７色のマーカーがうまく配置できなかった。

よしかず 編（勉強方法と解答プロセス：p.152）

1．昼休みの行動と取り組み方針

　まずは昼ご飯を食べるが、食べすぎによる眠気防止のため、量は少なめで。SNSで受験者の感想に一喜一憂しないよう、とにかくスマホの電源は入れない。昼食後は建物の外に出て、ストレッチや散歩をしながら体を動かしてリフレッシュする。お手洗いに行ってからファイナルペーパーを確認して、事例Ⅲに備える。

2．80分間のドキュメント

手順0　開始前（～0分）
配布された解答用紙を凝視するのはお決まりのパターン。試験開始1分前になったら深呼吸をして集中する。

手順1　準備（～1分、1分間）
まずは、解答用紙に受験番号と名前を記入。絶対に受験番号と名前の記入漏れをしないよう、記入後に受験番号を見比べながら再確認。紙がキレイに切れる定規を使用して白紙部分を切り離し、メモ用紙を確保する。

手順2　設問解釈（～5分、4分間）
第1問：今回は強みの2つで少し安心。「生産面の」という制約条件に注意。 **第2問**：前提条件が長いが、受注量増加への対応策と理解。効率性の向上を意識する。 **第3問**：収益性の低下への対応策だが、事例Ⅱのように売上を上げることではなく、費用を下げる必要があるため、歩留まり改善やコスト削減を意識する。 **第4問**：製品の企画開発の進め方？　事例Ⅲで問われるのはなかなかないパターン。令和3年度の革製バッグ業界で似たような問題があったような気がする。 **第5問**：問われていることは「妥当性」「その理由」「留意点」「助言」。設問文も長く、対応が難しい。 **全　体**：全体的に設問文が長い。さらに企画開発など、これまで問われていないパターンも多く、難しいと感じる。

手順3　与件文読解（～20分、15分間）
1～4段落目：企業の概要について確認。「配送業務を兼務する営業部」は、過去問のパターンから営業に機能を特化させるのがよいため、要チェック。ホテル調理場の作業内容などのマネジメントに熟知した経営者は強みとしてチェック。 **5～6段落目**：工場管理者の料理人の経験も強みとしてチェック。「交差汚染防止のゾーニング」、「設備機器がホテルや旅館の厨房と同様のつくり」も気になるが、強みなのか判断がつかない。

~試験当日のアクシデント~

　事例Ⅳで腱鞘炎。手首が痛くて集中できない。

7～12段落目：製造工程は例年の事例Ⅲらしく、弱みに関する内容が多い。「手作業で進める」「口頭で指示」「メモ程度のレシピ」「整理されずにいる」「月度生産計画」「食材や調味料の必要量を経験値で見積り」「月末で定期発注」「入出庫記録がなく」「在庫量が増える」「廃棄も生じる」「納品遅れ」。このあたりの弱みは過去問のパターンを活用しながら解答に入れることができそう。

13段落目：新規事業としてX社が登場。中食需要に対する商品企画を求めており、外部人材の製品開発力は強みとして活用できそう。

14段落目：「納品数量は納品日2日前に確定」「納品は最低午前と午後の配送」については短納期化が必要のため、その対応が必要。営業部は配送の兼務解消が必要そうだ。

15段落目：「C社社長は、この新規事業に積極的に取り組む方針である」は社長の思いであり、それに寄り添うことが大切。工場増築も考えているようなので、どう実現するのかが重要なポイントになりそう。

手順4　解答作成（～75分、55分間）

第1問：料理人の経験は明確な強みのため、解答に入れよう。ベテランのパートリーダーや食品衛生管理、製品開発部が候補として挙がるが、後半の問題で使えそうな製品開発部について記載する。

第2問：効率性を上げるために、手作業を自動化と、標準化・マニュアル化・OJT教育の一連の流れを記載しよう。口頭で指示されているからレシピの仕様化も記入し、新しく入るパート従業員が作業できるようにしよう。

第3問：収益性を高めるために、歩留まり改善と費用削減を記入しよう。そのために、短サイクル化、食材・調味料の標準化、在庫を考慮した発注、廃棄削減を中心に記入。

第4問：求められていることは製品の企画開発だから、過去問の解答パターンである営業機能を強化して顧客ニーズを把握し、販路を開拓しよう。X社とカニバリゼーションが発生しないようにすみ分けも重要。

第5問：妥当性を問われているため、あり・なしの二択で答えたほうがよさそう。社長は新規事業に積極的に取り組む方針を持っており、X社の売上も増加しているため、妥当性はありそう。あとは生産能力を高めるための内容を留意点としてまとめる。

手順5　見直し（～80分、5分間）

誤字や読みにくい文字がないかを確認。試験終了1分前のアナウンスで、受験番号と名前が記入されているか最終確認。とにかく受験番号・名前の未記入は絶対にしないように、しっかりと確認。

3．終了時の手ごたえ・感想

　製品の企画開発や妥当性を問われるなど、近年の過去問では問われたことがないパターンの問題が出てきたが、弱みの克服方法については過去問演習で覚えたパターンをうまく活用できたと思う。あとは第4問、第5問がどう評価されるのか不安でしかない。

~試験当日のアクシデント~

　金属製の定規を床に落として騒音をまき散らした。

合格者再現答案＊（よしかず 編）　　　　事例Ⅲ

第1問（配点10点）　40字

工場管理者がホテルや旅館で**料理人の経験**[5]がある。**製品開発経験者**[3]による共同開発が可能。

【メモ・浮かんだキーワード】　SWOT分析、4M、QCD

【当日の感触など】　明確な強みが少なく、抽出に苦慮したが、後半の問題で活用できるように要素は抜き出せたと思う。

【ふぞろい流採点結果】　8/10点

第2問（配点20点）　98字

対応策は①前処理工程の汎用調理器具での手作業を**自動化**[3]、②作業方法の**標準化**[3]、**マニュアル化**[3]、**OJT教育**[3]で効率性を高める。③販売先料理長からの指示や食材、調味料の**仕様書化**[3]を行い、**共有**[1]し、**生産性を高める**[3]。

【メモ・浮かんだキーワード】　生産性、効率性、歩留まりの向上

【当日の感触など】　パート従業員の退職に伴い、少ない人数でも受注量の増加に対応できるよう自動化について記入。標準化、マニュアル化、OJT教育はセットで記入。情報の共有も記入できた。

【ふぞろい流採点結果】　18/20点

第3問（配点20点）　114字

対応策は①**生産計画**[2]を**日次**[3]等短サイクルで立案する②食材や調味料の**必要量を標準化**[2]する③**入出庫を記録**[2]する④**在庫**[1]を考慮して資材を**発注**[1]する⑤販売先料理長の指示を**レシピ化**[1]して**共有**[2]することで、**歩留まりの改善**[2]、**在庫**[1]・**廃棄削減**[1]し、費用を削減する。

【メモ・浮かんだキーワード】　費用の低下、歩留まり向上

【当日の感触など】　付加価値が高い製品を販売しているにもかかわらず収益性が低下しているということは、費用を削減すればよい。生産での問題点である計画サイクルが長い、調味料の使用が経験値、入出庫記録がなく在庫管理されていない、在庫を考慮した発注がされていないなどを整理して記入できた。

【ふぞろい流採点結果】　18/20点

～試験当日の失敗・反省～
缶コーヒーは飲んではダメ。

第4問（配点20点）　120字

配	送	の	兼	業	を	廃	止	し	、	営	業	機	能	を	強	化	し	て	、
ホ	テ	ル	や	旅	館	で	の	顧	客	ニ	ー	ズ	を	収	集	し	、	要	望
に	あ	っ	た	自	社	ブ	ラ	ン	ド	製	品	を	開	発	す	る	。	高	付
加	価	値	製	品	を	提	案	営	業	し	て	既	存	販	売	先	や	販	路
開	拓	す	る	。	マ	ル	チ	ブ	ラ	ン	ド	化	し	て	X	社	と	の	共
同	開	発	ブ	ラ	ン	ド	と	す	み	分	け	、	売	上	を	増	加	す	る	。

【メモ・浮かんだキーワード】　自社ブランドの企画開発、顧客ニーズに基づく製品開発、営業機能の強化

【当日の感触など】　配送業務を兼務している営業部は、過去問でも課題となっていた。営業機能を強化し、顧客ニーズを把握し、新製品を開発する。開発した製品を提案営業することを解答できた。

【ふぞろい流採点結果】　9/20点

第5問（配点30点）　139字

妥	当	性	は	高	い	。	理	由	は	既	存	販	売	先	の	稼	働	率	が
高	く	な	り	受	注	量	も	回	復	し	て	お	り	、	X	社	の	売	上
も	増	加	し	中	食	需	要	も	あ	り	、	既	存	の	設	備	で	は	生
産	が	対	応	で	き	な	い	た	め	。	留	意	点	は	①	専	用	設	備
の	使	用	方	法	を	マ	ニ	ュ	ア	ル	化	し	て	新	規	採	用	者	に
O	J	T	教	育	す	る	。	効	率	性	と	生	産	性	を	向	上	し	、
リ	ー	ド	タ	イ	ム	を	短	縮	し	、	納	期	を	遵	守	す	る	。	

【メモ・浮かんだキーワード】　新規設備の導入、新規採用者へのOJT、社長の構想や思い

【当日の感触など】　妥当性がある・なしで絞り込むのに勇気がいる問題だった。設備投資する過去問も出題されたことがあること、社長の思いに寄り添うことが大切なため、妥当性ありで解答。社長の構想をしっかりと反映することができたと思う。

【ふぞろい流採点結果】　23/30点

【ふぞろい流採点結果】　76/100点　　　【実際の得点】　72/100点

　事例を通して漏れなくキーワードを拾い上げ、解答を構成しているため、ふぞろい評価においても高得点となりました。

　第4問と第5問において、製品開発経験のある中途採用者の活用と今後の事業展開への言及があれば、最上位層への食い込みも見込めたでしょう。

~試験当日の失敗・反省~

　「なんで女子野球チームのメンバー募集をB社がやんねん！」とXにポストしたこと。

80分間のドキュメント　事例Ⅳ

かーず 編（勉強方法と解答プロセス：p.142）

１．休み時間の行動と取り組み方針

　事例Ⅲでも隣の年配男性は最強・最速だった。「何者？　予備校関係者？」など疑念が膨らむばかりだが、まぁ考えないようにしよう。最後の解熱剤を飲んで事例Ⅳに向けて発熱予防。事例Ⅰ～Ⅲはいつもの過去問演習と同様、全問余白なく書けたし手ごたえは上々。あとは得意の事例Ⅳでビシッと80点獲って安定の合格だ！という自信満々の境地。ファイナルペーパーの最終確認を行い、お手洗いも行って準備完了。負ける気がしない！

２．80分間のドキュメント

手順０　開始前（～０分）
いよいよここまで来た。あと１つ。なんとか４事例完走できそうで歓喜の気持ち。事例Ⅳは隣の男性より俺のほうが早いんじゃない？と思える余裕あり（笑）。

手順１　準備（～１分、１分間）
事例Ⅳもスタートのルーティーンは同じ。名前と受験番号を書いて問題用紙を破る。

手順２　第１問（～25分、24分間）
第１問（設問１）：令和４年度に出題された生産性は出ておらずオーソドックスな形に戻った。さっそく電卓で主要な財務指標の計算に入る。 原価率と販管費率がともに上昇しており営業利益率が大幅ダウンしていることにすぐ気がつく。 しかし、例年の過去問と違って財務諸表の桁数が多すぎてストレス。精度を保つため慎重に検算しながら進めるのでいつもより時間がかかる……。改善した項目は安全性の指標。自己資本比率にするか、流動比率にするか、当座比率にするか、の検討にも電卓に時間を要し、いつも以上の時間ロスが痛い。 **与件文確認**：「競争激化による販売低迷」、「今後、輸送コストや仕入原価高騰」、「人件費の削減は行わない方針」などの収益性悪化を示す財務的情報があったが、効率性や安全性を示す情報は見当たらなかったので先に電卓を叩いた結果に基づき解答。 **第１問（設問２）**：財務諸表悪化の原因を記述する問題。与件文には収益性悪化の情報量が多いので、迷わず売上高営業利益率の悪化要因を上に挙げたキーワードを使って記述。第１問に費やした時間は25分。過去問演習では約15～20分で余裕を持ってできていたところなので激しく動揺。焦りから次第に集中力をなくしていくことに……。

手順３　第４問（～35分、10分間）
第４問は時間をかけずにサクッと得点を積み上げるところ。（設問１）は即答。（設問２）

~試験当日の失敗・反省~
　事例Ⅳの時間がなくなり、前提条件の考慮漏れと文章問題の記述不足をしたこと。

は自社開発・自社生産の財務的メリットが問われているが、これは与件文に立ち戻る必要があり、ここでも思わぬ時間ロス。収益性改善という切り口で書いたが得点になるのかは疑心暗鬼になるも、ここは時間をかけずに先を急ぐ。

手順4　第2問（〜65分、30分間）

第2問は過去問演習ではほぼ正答できた得点源。しかし今日はやけに焦っている自分がいる。第1問と第4問で80分の半分近くを要しているのは過去問でも経験がない。

第2問（設問1）：設問文が長く、（設問1）の中に（1）〜（4）まであり、計算上の制約も多く、落ち着いて情報整理ができない……。（1）、（2）まではクリアしたが令和3年度か令和4年度のどちらの変動費率を使うべきなのか？などの検討にさらに時間を要し、（3）では気が動転して強く感じる敗北感。いったんパスして（設問2）へ。

第2問（設問2）：時間不足に追い打ちをかけるような設問文の長さ。情報整理にとてつもなく神経と時間を使う。試験本番とはこういうものなのかと痛感。冷や汗しか出ない。でもここはなんとか全部記入してクリア。

第2問（設問3）：設問文も短く、ここはシンプルに即答。とにかく時間優先。

手順5　第3問（〜79分、14分間）

第3問も設問文が長く情報量が多い。残された少ない時間では絶望的か……。とはいえ、いつもどおりやれば解けるはず。（設問1）だけでもなんとかしたい。

第3問（設問1）：正味運転資本の増減を考慮に入れる問題は初見だが、これは今の知識でいける。なんとか時間内で答案を書き切れたが、焦りながらの計算。設問要求や前提条件を正しく計算に反映できたかは疑心暗鬼で、心中は不安しかない暗闇の中。

第3問（設問2、3）：時間切れのため無念の空欄。

手順6　見直し（〜80分、1分間）

第2問や第3問に今から着手するのは時間的に無理。誤字脱字チェックして終了。

3．終了時の手ごたえ・感想

　まさかの展開。点数稼ぎをするはずの事例Ⅳでこんなに大コケするとはまったくの想定外。解いた過去問10年分の中でも最低の出来。これほど余白を残してしまったことは10年間分で1回もない。挫折感しかない。過去問演習では約15分で終わっていた第1問で25分も費やして焦ってしまった。桁が多すぎやねん！という恨み節。第2問も設問文が長く条件整理に混乱。これが圧倒的に時間を要する原因に。過去問演習とは違う試験本番の恐ろしさを痛感した。第3問（NPV）は得意で、ライバルに差をつけるはずが、残り時間があと少しの中、長い設問文から情報整理が落ち着いてできず取り乱し、混乱状態のまま終了。「終わった」、「60点も獲れてないかも」、「まさか事例Ⅳが足を引っ張るとは」、「でも事例Ⅰ〜Ⅲがそこそこできたから大丈夫か？」など、いろんな感情があふれ出て終了。

　さぁ家に帰ろう。今日1日発熱なくやりきれたことに本当に感謝。受験できただけでありがたい。明日こそは病院へ行こう！

　（後日談）翌日、意外に重篤な症状だったため救急搬送され16日間入院。再現答案は病室のベッドの上で作成しました（笑）。試験終了まで持ちこたえてくれた身体、ありがとう！

――――――

〜試験当日の失敗・反省〜 ――――――――――――――――――――――――――――――
　酸素を吸引しすぎて喉がからからになった。

事例Ⅳ

合格者再現答案＊（かーず 編） 事例Ⅳ

第1問（配点20点）
（設問1）

①	（a）売上高営業利益率²	（b）11.59（％）¹
②	（a）有形固定資産回転率²	（b）71.90（回）¹
③	（a）当座比率²	（b）311.97（％）¹

（設問2）　　　　78字

売	上	高	営	業	利	益	率	が	悪	化³	し	た	原	因	は	①	実	店	舗
や	ネ	ッ	ト	上¹	で	の	同	業	他	社	と	の	競	争	激	化²	に	よ	る
販	売	低	迷²	と	②	原	材	料	等²	の	売	上	原	価	率	の	上	昇²	と
輸	送	コ	ス	ト	等	の	販	管	費	率	の	上	昇²	が	原	因	。		

【メモ・浮かんだキーワード】

【当日の感触など】　電卓を叩く桁数の多さにイライラ。慎重に検算も行い大きな時間ロスが響く。

【ふぞろい流採点結果】（設問1）9/9点　　（設問2）11/11点

第2問（配点30点）
（設問1）

(1)	63.31％²	(3)	1,436,460千円
(2)	1,141,590千円²	(4)	

（設問2）　　　　(1) 20字

(1)	（　ある　・　ない²　）																		
	貢	献	利	益	プ	ラ	ス³	で	共	通	費	回	収	に	寄	与	す	る	為	。

	20,000万円²
(2)	Yの営業利益は△3,500万円以上必要 共通費＝11,000円、個別固定費＝4,500円 限界利益＝△3,500＋4,500＋11,000＝12,000 必要売上増加額＝（12,000－4,000¹）÷40％¹＝20,000万円¹

（設問3）　　　　77字

妥	当	で	は	な	い²	。	理	由	は	、	売	上	高	は	製	品	ご	と	の
需	要	動	向	や	市	場	規	模	に	よ	っ	て	大	き	く	変	動	す	る
た	め³	共	通	費	配	賦	基	準	と	し	て	は	適	さ	な	い	。	人	員
数	や	レ	イ	ア	ウ	ト	面	積	等	で	配	賦³	す	べ	き	。			

【メモ・浮かんだキーワード】　連立方程式

【当日の感触など】（設問1）にてこずり「やばい」という感情だけ。冷や汗やため息しか出ない。

【ふぞろい流採点結果】（設問1）4/10点　　（設問2）10/10点　　（設問3）8/10点

~試験当日の失敗・反省~

試験時間終了3分前により良い解答に気づくが、消して書き直す時間を確保できるか不安でそのまま提出。

第3問 （配点30点）

（設問1）

(1)	3,287万円	
	売上高10,000、変動費4,000、固定費2,200、**減償費1,980**[1]、税引き前利益1,820 CF＝（1,820×0.7）＋1,980＝3,254 NPV＝（3,254×3.312）＋（5,154×0.681）－11,000＝3,287.122	
(2)	△5,371万円	
(3)	690万円	（　ある[2]　・　　ない　　）

（設問2）　　　　　(2) 0字

(1)	
(2)	

【メモ・浮かんだキーワード】

【当日の感触など】　時間不足で手が出せず

【ふぞろい流採点結果】（設問1）3/17点　　　（設問2）0/13点

第4問 （配点20点）

（設問1）　　　　　　50字

自	社	工	場	や	設	備	へ	の	投	資	の	た	め	の	多	額	の	借	入
が	不	要	で	**財**	**務**	**リ**	**ス**	**ク**	**が**	小	さ	い[3]	。	有	形	固	定	資	産
が	不	要[3]	で	効	率	性	が	良	い[3]	。									

（設問2）　　　　　　50字

主	力	製	品	の	基	礎	化	粧	品	が	競	争	激	化	に	よ	り	販	売
低	迷	す	る	中	で	、	**市**	**場**	**の**	**拡**	**大**	**を**	**機**	**会**[2]	に	挑	戦	す	る
事	に	よ	り	**収**	**益**	**性**	**回**	**復**[3]	。										

【メモ・浮かんだキーワード】　自社開発の財務メリットなんてあったっけ？

【当日の感触など】（設問2）は難問。与件文に記述がないから自分で考えるが時間もロスできない。

【ふぞろい流採点結果】（設問1）8/10点　　　（設問2）5/10点

【ふぞろい流採点結果】 58/100点　　　**【実際の得点】** 63/100点

　高難易度の第3問は苦戦したようですが、諦めずに計算式を書いた結果、部分点をもぎとりました。第1問は丁寧な処理でふぞろい流採点では満点ですが、タイムマネジメントの徹底で第4問に十分な時間が割ければ、さらなる得点アップが見込めました。

~試験当日の失敗・反省~

初年度受験時の事例Ⅰで、終了時間を10分間違える。

かれん 編（勉強方法と解答プロセス：p.144）

１．休み時間の行動と取り組み方針

　とりあえずお手洗いへ。今年も労働生産性が出るっていろんな人が予想していたから、そこに注意。あとは自分が計算ミスしやすいポイントを再確認。残り１科目！　疲れていると思ったけれど、アドレナリンが出ていて意外に大丈夫。事例Ⅳは一番好きだから、楽しもう！

２．80分間のドキュメント

手順０　開始前（〜０分）
問題用紙配布後は、受験番号を書き忘れないよう受験票を見つめる。NPV で時間使いすぎず、第１問と第２問で確実に点を稼ぐことを意識。え、正誤表？　忘れそうだから、開始後すぐに問題用紙に書き込もう。

手順１　準備、全体確認、正誤表反映（〜１分、１分間）
事例Ⅳだけは計算用紙として表紙を外す。そして全体構成が例年どおりであることを確認（経営分析、CVP、NPV、記述）。正誤表の内容も文中に転記。

手順２　第１問経営分析前半（〜４分、３分間）
解答対象である「名称」「値」「単位」を四角で囲む。制約条件である「小数点第２位」にアンダーライン。代表的な８指標を算出（固定比率は過去問で使わなかったので省略）。２期間で数値が大きいほうを丸で囲み、悪化・改善を見やすくする。安全性がいずれの指標も改善しているので、収益性と効率性が悪化。収益性は営業利益段階から特に悪化。効率性は有形固定資産回転率の悪化幅が大きい。目星をつけたところで与件文を読む。

手順３　与件文読解（〜10分、６分間）
１〜２段落目：化粧品 OEM メーカーであることを確認。「独自開発の原料」、「直接製品を卸している」、「自社 EC サイト」は強みなので赤ライン。 ３段落目：「競争激化」「売上高の減少」「輸送コストの高騰」「仕入原価の上昇」は脅威なので青ライン。「人件費等の削減は行わない方針」は社長の思いとして黄色ライン。 ４〜５段落目：「競争激化」は脅威なので青ライン。 ６段落目：「市場の拡大」は機会、「画期的な製品」は強みなので赤ライン。 ７段落目：NPV はこの自社生産についてみたいだね。

手順４　第１問経営分析後半（〜20分、10分間）
（設問１）：与件文には指標に関わる記述がなかったから数値を見て選ぼう。収益性からは「売上高営業利益率」、効率性からは「有形固定資産回転率」。安全性は「流動比率」と「自己資本比率」のどっちだろう。流動負債が減って、流動資産が増えて、純資産が増えて……どっちだ？（※絶対に間違えられないプレッシャーから大幅タイムロス！）

純資産の増加も大切だから「自己資本比率」にしよう。

　（設問2）：有形固定資産が増加している背景が見当たらないから「売上高営業利益率」について書こう。競争激化による売上減少と……、輸送コストの高騰や仕入原価の上昇は今後のことだから違うよね？　研究開発費って販管費だっけ？　わからんけど書くしかない！　あぁ、第1問で想定外に時間を使ってしまった！！

手順5　第2問 CVP 分析（～35分、15分間）

　（設問1）：制約条件である「営業利益の段階」「変動費率は一定」「小数点第2位」「千円未満四捨五入」にアンダーライン。解答対象を四角で囲む。変動費率を x、固定費を y とする連立方程式かな。x＝63.31％と出たけれど、何度計算してもどちらの式に代入するかで y の値が異なる。y を間違えると、そのあとも間違えてしまう。でも時間がない。決めで行こう！

　（設問2）：解答対象を四角で囲む。制約条件にアンダーライン。「X製品の販売を中止しても（中略）X製品の販売によって費用回収が可能」ってどういうこと？　何度読み返しても意味がわからん。しょうがないから、なんとなくで解き進めよう。X製品中止で売上高は20,000→ 0。個別固定費は20％残るから15,000→3,000。よって貢献利益は5,000→△3,000と8,000の減少。これを Y 製品の限界利益増加で補うから……。よし解けた。単位の制約条件も OK。しかし、計算過程欄がネットで見ていたよりだいぶ小さいな！！！

　（設問3）：『30日完成』でやったやつだ。設備使用率とかで配賦するやつ。正式名称はわからんが、部分点はもらえるでしょ。

手順6　第4問記述問題（～45分、10分間）

　（設問1）：OEM のメリデメはファイナルペーパーでまとめたところ！　ラッキー！（※設問文を読み間違えてしまい、委託側ではなく受託側のメリットを書いてしまう。）

　（設問2）：新分野だからリスク分散になるし、「画期的」だから競合がいなくて収益性が高いかも。（※設問文を読み飛ばしてしまい、「財務的」利点でない解答をしてしまう。）

手順7　第3問 NPV 分析（～78分、33分間）

NPV 以外で想定以上にタイムロスしてしまった。想定時間配分とは全然違って焦る。

　（設問1・2）：NPV は要素が漏れやすいから計算式を余白に書く。部分点稼ぎのために、計算過程欄に減価償却費の計算、運転資本の増減による CF 変動、5年目の処分価額の税効果、現価係数、売却益を盛り込む。（設問2）（2）は、（設問1）と（設問2）(1) の NPV を比較して上回るほうを採択と書く。数値が間違っても部分点は得られそう。

手順8　見直し（～80分、2分間）

やばい、NPV にはまって、第1問を再計算する時間がなくなった。まあゆっくり電卓の画面みて計算したから大丈夫だと信じよう。あ！「有形固定資産回転率」の単位が「回」じゃなくて「％」になってる！　これで2点失うところだった。危なかった……。

3．終了時の手ごたえ・感想

　最後の見直しで神に助けられた。この2点で受かったかもしれない。お疲れ、自分。

～試験当日の失敗・反省～

　事例Ⅳの計算問題で問題用紙に下書きを丁寧に書きすぎて時間が足りなくなった。

合格者再現答案＊（かれん 編）　　　　　　　　　　　　　　事例Ⅳ

第1問（配点20点）
（設問1）

①	（a）売上高営業利益率[2]	（b）11.59（％）[1]
②	（a）有形固定資産回転率[2]	（b）71.90（回）[1]
③	（a）自己資本比率[1]	（b）77.56（％）[1]

（設問2）　　　　　　80字

売	上	高	営	業	利	益	率	が	低	下[3]	し	た	原	因	は	①	同	業	他
社	と	の	競	争	激	化[2]	②	製	品	ラ	イ	フ	サ	イ	ク	ル	の	短	縮[1]
に	伴	う	新	製	品	開	発	の	必	要	性	高	ま	り	に	よ	る	研	究
開	発	費	の	増	加[1]	。	以	て	収	益	性	が	低	下[2]	し	て	い	る	。

【メモ・浮かんだキーワード】　競争激化による売上低下、研究開発費の膨らみ
【当日の感触など】　字数が余る。「以て〜」と繰返し書いておくか。
【ふぞろい流採点結果】（設問1）8/9点　　　（設問2）7/11点

第2問（配点30点）
（設問1）

(1)	63.31％[2]	(3)	3,111,447千円[3]
(2)	1,141,590千円[2]	(4)	14.73％[3]

（設問2）　　　　　　(1) 10字

(1)	（　ある　・　（ない[2]））
	貢献利益が正[3]のため。

(2)	20,000万円[2]
	Ｙ製品の売上増加をｘ万円とすると、Ｙ製品の増加限界利益はx×4,000/10,000＝0.4x万円[1]。これがＸ製品の販売中止による貢献利益の減少（20,000−15,000）−（△15,000×20％）＝8,000万円[1]を上回ればよいので、0.4x＞＝8,000万円 ⇔ x＝20,000万円[1]

（設問3）　　　　　　73字

製	品	毎	に	共	通	固	定	費	に	含	ま	れ	る	機	械	等	の	使	用
率	が	異	な	り	、	売	上	基	準	で	は	実	際	の	収	益	性	を	評
価	で	き	な	い[3]	た	め	、	共	通	固	定	費	の	要	素	の	使	用	率
を	基	準[3]	に	配	賦	す	べ	き[2]	で	あ	る	。							

【メモ・浮かんだキーワード】　コスト・プールとかファクターに名前あったけど忘れた…
【当日の感触など】　クリティカルなワードは出てこなかったけど、言いたいことは伝わってるでしょ。
【ふぞろい流採点結果】（設問1）10/10点　　　（設問2）10/10点　　　（設問3）8/10点

第3問（配点30点）

（設問1）

（1）	3,110万円	
	減価償却費は11,000万÷5＝**2,200万**^{2}。2〜4年目のCF＝（1個あたり限界利益0.6万×10,000個−固定費2,200万−減価償却費2,200万）×（1−30%）＋減価償却費2,200万＝**3,320万**^{2}。1年目のCF＝3,320−800＝**2,520万**^{2}。5年目のCF＝3,320＋800−税効果2,200×30%＝3,460万円。NPV＝2,520×0.926＋3,320×（3.312−0.926）＋3,460×0.681−11,000＋売却益2,200×0.681＝3,110万円	
（2）	△4,456万円	
（3）	640万円	（　（**ある**^{2}）・　ない　）

（設問2）　　　　(2) 48字

（1）	348万円
	減価償却費は11,000÷4＝**2,750万**^{2}。年間販売量の期待値は8,500個。3〜4年目のCF＝（1個あたり限界利益0.6万×8,500個−固定費2,200万−減価償却費2,750万）×（1−30%）＋減価償却費2,750万＝2,855万。2年目のCF＝2,855−800＝2,055万。5年目のCF＝2,855＋800−税効果2,200×30%＝2,995万円。NPV＝2,055×0.857＋2,855×（3.312−1.783）＋2,955×0.681−11,000×0.857＋売却益2,200×0.681＝348万円
（2）	初年度期首投資時のNPVは640万円と、2年度期首投資時のNPV348万円を上回るため初年度に投資する。

【メモ・浮かんだキーワード】　ディシジョンツリー

【当日の感触など】　絶対違うが、これは捨て問そうなのでOK。1点でも部分点狙うためにさっさと書いて他の問題に時間使おう。

【ふぞろい流採点結果】　（設問1）7/17点　　　（設問2）2/13点

第4問（配点20点）

（設問1）　　　　44字

①売上安定化^{3}②生産ノウハウ蓄積^{2}による技術力向上、効率性向上^{3}③稼働率向上による生産性向上。

（設問2）　　　　37字

①未取扱分野製品^{3}の取扱いによる経営リスク分散^3、②競合回避^{3}による収益性向上^3。

【メモ・浮かんだキーワード】　技術面、生産面、財務面の切り口（「財務的」を看過）

【当日の感触など】　5割くらい取れてればいいや。

【ふぞろい流採点結果】　（設問1）6/10点　　　（設問2）10/10点

【ふぞろい流採点結果】　68/100点　　　【実際の得点】　73/100点

　第4問（設問1）の記述問題は、財務的視点以外の解答もあり点数が伸び悩みましたが、第3問の部分点狙いの割り切った戦略が功を奏し、第1問、第2問の計算問題は完答しました。全体的に満遍なく得点できており、高得点につながりました。

かんのり 編 （勉強方法と解答プロセス：p.146）

1．休み時間の行動と取り組み方針

　事例Ⅲの難易度に絶望しつつ、残り1科目で取り返しが必要だなと感じる。さすがに疲労感が出てきた。会場の暖房が効きすぎ＋受験生の熱気で、汗ばむほど暑くなってきたので、ファイナルペーパーの確認はやめ、廊下に出てストレッチを続ける。酸素ボンベも吸ってみたが、効果不明。「今年はここまでの事例で、かなり傾向の変更があったな。事例Ⅳはもしかして難易度が低めで、ミスが許されない問題になるのかもしれない」と仮説を立て、先に全体の問題を見て、取るべき問題を把握することに努めようと戦略を練った。

2．80分間のドキュメント

手順0　開始前（〜0分）

いつもどおり、定規・シャーペン・蛍光ペンをいつもの位置に、使える状態で置く。電卓を数回叩いて、問題なく動くかをチェック。

手順1　準備（〜1分、1分間）

まずは、表紙と2枚目を破いてメモ用紙を作る。今年は「正誤表」が配られたため、その内容をチェックし、あとはメモ用紙とした。

手順2　設問把握＆解く順番決定（〜2分、1分間）

ざっくりと問題チェック。第1問は例年どおりの経営分析。第4問も例年どおりのいわゆる「ポエム問題」だと認識。第2問は、CVP分析か。ということは、第3問が……、やっぱりNPV分析。この並びなら、絶対取りたい経営分析と苦手なポエムを先に片付けて、CVP分析でできるだけ点を稼ごう。第1問→第4問→第2問→第3問の順番だ！

手順3　第1問設問解釈＆指標計算（〜7分、5分間）

設問解釈：悪化した指標2つと、改善1つか。そのほかの指定なし。例年どおり、収益性、効率性、安全性から指摘しよう。（設問2）は、悪化の原因ね。
指標計算：よく使う財務指標を計算。ん？　これ、数字がかなりややこしいな。タイムロスだけれど、確実に点数取るために、1つの指標を2回計算して、見直そう……。よし！できた。うーんと……、安全性は、すべて良化しているな。未払金などを払ったのか。収益性は、すべて悪化！　経常利益が悪化した原因は、未払金を払ったからだろうな。粗利と営業利益悪化の原因は、与件文から探そう。効率性は、棚卸資産回転率はほぼ横ばい。固定資産回転率が悪化か。重要性を鑑みても、「粗利率or営業利益率」と「固定資産回転率」が悪化。「自己資本比率」が改善か。売上の減少が収益性と効率性の原因で、収益性にはほかの原因がありそうだから、（設問2）は収益性のことを書くって流れかな。

~試験当日の失敗・反省~

　時計がボロかったせいでタイムマネジメント失敗。事例Ⅰが時間切れに。

手順4　与件文読解（〜15分、8分間）

1段落：「独自開発の原料を配合」か。製品は差別化できていて、粗利率が高そう。生産はOEMで外部委託しているのか。

3段落：「競争激化で販売低迷」で「売上高がさらに減少」か。つまり、現在、競争激化が原因で売上は低下しているということだな。売上低下の原因はこれだ。「仕入原価が上昇すると予想」か、まだ上がってないから、これは収益性低下の原因ではないな。ん？　「人件費の削減は行わない方針」か、つまり、売上が低下したものの、販管費が低下していないことが収益性悪化の原因だ。これで（設問2）の原因も書けるな。

4〜8段落：競争激化の原因は、新製品開発のための研究開発ができていないこと。対策として、男性向けアンチエイジング事業に参入意思があり、その意思決定をしたい。しかも、OEM生産ではなく、内製か。NPVは、この計算みたいだな。

手順5　第4問（〜30分、15分間）

（設問1）：OEMの財務的利点か。在庫が不要、設備投資が不要。設備投資に関しては、新事業でもないし指摘なしでよいか（今更ながら設備維持費の観点は抜けていた）。在庫不要だから安全性良化、在庫費用不要で収益性向上、CF良化と。

（設問2）：新事業展開の財務的利点？！　とりあえず、設備は使えるから効率性は上がるよね。あとは、自社製品だから、売上原価が下がって収益性は向上するはず。とりあえず、埋めはした。

手順6　第2問（〜60分、30分間）

（設問1）：まずは、どの段階での分析かをチェックと、営業利益ベースね。変動費率は固定と。連立方程式で変動費と固定費を出す問題か。しかも、数字がややこしい。でも、落としたくないから、かなり丁寧に。再計算も徹底しよう。

（設問2）：活動基準原価計算か。停止しても、X製品の個別固定費の20%はかかると。問題的にはお決まりの問題か？　記述量は短めだから、端的に指摘しよう。

手順7　見直し（〜70分、10分間）

よし！ひとまず、得点源の部分は終了！　数字が細かくて、かなり時間がかかったな。でも、確実に取りたいから、再計算をしよう！

手順8　第3問（〜80分、10分間）

（設問1）：残り10分！　なるべく1点でも稼ごう。計算過程を示す問題はあるけれど、解答欄狭すぎ！　先に設備投資判断。このまま何もしないと、収益が上がらない！　しないわけないだろ！　すべき！　NPV計算は、期待値か。とりあえず、得点につなげるために、細かい計算過程を書きつつ埋めよう。再計算している時間はないな。

（設問2）：R&Dできるパターンか。それなら、R&Dしてから儲かる場合のみ投資すべきだろ！　よし！あとはNPVを計算して……。あー、時間がない！

3．終了時の手ごたえ・感想

　手ごたえは全くなし。新しい論点などはなかったものの、計算が複雑で、ミスがないように電卓を叩いていたせいで時間配分がうまくいかなかった。焦りによるミスは多そう。

〜試験当日の失敗・反省〜

　設問文の下に解答骨子くらいはメモを残しておけばよかった（再現答案が試験直後でも書けなかったため）。

合格者再現答案＊（かんのり 編）

事例Ⅳ

第 1 問（配点20点）
（設問 1）

①	（a）売上高営業利益率[2]	（b）11.59（％）[1]
②	（a）有形固定資産回転率[2]	（b）71.90（回）[1]
③	（a）自己資本比率[1]	（b）77.56（％）[1]

（設問 2）　79字

売	上	高	営	業	利	益	率[3]	は	、	実	店	舗	や	ネ	ッ	ト	上[1]	で	の
同	業	他	社	と	の	競	争	激	化[2]	で	販	売	低	迷	し	売	上	減	少[2]
し	た	に	も	関	わ	ら	ず	、	人	件	費	等[2]	の	削	減	は	行	わ	な
か	っ	た	事	で	利	益	圧	迫	し	収	益	性	低	下[2]	し	た	為	。	

【メモ・浮かんだキーワード】　収益性、効率性、安全性
【当日の感触など】　ほぼ完璧かな。ここで本当に、落としたくない！
【ふぞろい流採点結果】（設問 1 ）8/9点　　（設問 2 ）9/11点

第 2 問（配点30点）
（設問 1）

(1)	63.31％[2]	(3)	3,111,747千円
(2)	1,141,687千円[2]	(4)	△14.86％

（設問 2）　(1) 20字

(1)	（　ある　・　ない[2]　）																		
	貢	献	利	益	が	正[3]	の	為	、	停	止	す	る	と	赤	字	化	す	る	為 。

(2)	20,000万円[2]
	Yの売上高をxとすると、 6,000＋（－10,000－15,000×20％[1]）＋（6,000/10,000[1]）x－（1,500＋1,000）＞＝2,500 x＞＝20,000[1]

（設問 3）　77字

売	上	高	基	準	で	は	、	収	益	性	が	考	慮	さ	れ	て	お	ら	ず[3]
収	益	に	最	適	化	さ	れ	な	い	た	め	、	妥	当	で	な	い[2]	。	貢
献	利	益	を	基	準[4]	と	し	共	通	費	と	経	営	資	源	を	配	分	す
る	こ	と	で	、	収	益	向	上	に	最	適	化	が	可	能	。			

【メモ・浮かんだキーワード】　CVP分析、活動基準原価計算
【当日の感触など】　変動費率は、再計算し直したが、計算が複雑すぎて自信なし。記述は概ね書きたいことが書けた。
【ふぞろい流採点結果】（設問 1 ）4/10点　　（設問 2 ）10/10点　　（設問 3 ）9/10点

第3問（配点30点）

（設問1）

（1）	2,751万円
	減価償却費＝11,000/5＝**2,200万**^{2} 営業CF＝（1万個×（1万－0.4万）－2,200万－2,200万）×（1－30%）＋2,200万＝**3,320万**^{2} NPV＝3,320万×3.993＋（11,000万×10%＋800万）×0.681－11,000－800＝2,750.66
（2）	△5,635万円
（3）	（　ある^2・　ない　）

（設問2）　　　　(2) 39字

（1）	減価償却費＝11,000/4＝**2,750万**^{2} 営業CF＝（1万個×（1万－0.4万）－2,750万－2,200万）×（1－30%）＋2,750万＝**3,485万**^{2}
（2）	初年度末に販売量が1万個となる場合のみ、2年度期首に当該設備投資を実行すべき^2。

【メモ・浮かんだキーワード】　NPV分析、期待値

【当日の感触など】　再計算ができなかったから、どこかが計算ミスしてそう。部分点狙い。

【ふぞろい流採点結果】　（設問1）6/17点　　　（設問2）6/13点

第4問（配点20点）

（設問1）　　　　47字

在庫が不要なため①在庫関連費用が低減^{1}し収益性向上^{3}②棚卸資産が減少し効率性向上^{3}③CFが良化^{3}する。

（設問2）　　　　47字

①保有する研究設備を使用できる^{3}為、効率性向上^{3}②自社製品によるコスト低減^{2}で高収益化し収益性向上^3。

【メモ・浮かんだキーワード】　在庫関連費、棚卸資産

【当日の感触など】　自信はないけど、それっぽいことを埋めることはできた。

【ふぞろい流採点結果】　（設問1）6/10点　　　（設問2）9/10点

【ふぞろい流採点結果】　67/100点　　　**【実際の得点】**　56/100点

　第1問を着実に得点したほか、第3問も計算過程を丁寧に書くことで得点の積み上げができました。第2問、第4問の記述問題では、キーワードは網羅されており、ふぞろい流採点では得点が入っていますが、やや論理の飛躍がある内容でしたので実際の得点と乖離した可能性があります。

〜こだわりの試験テクニック〜

設問に対して、すべてSWOTのどの要素で答えるかを意識した。

たべちゃん 編（勉強方法と解答プロセス：p.148）

1．休み時間の行動と取り組み方針

　いよいよ疲労もピークに達してくる。事例Ⅲの解答を記載する際、時間がなさすぎたこともあり肩こりがひどくなる。湿布貼ってるのに！

　チョコレートを大量に口に入れる。もう一踏ん張り。ファイナルペーパーで経営分析の指標や各種公式を最終チェック。電卓の不具合がないかもチェック。

2．80分間のドキュメント

手順1　準備（～1分、1分間）
事例Ⅳは解く順番を意識！　経営分析20分、記述問題10分、CVP20分、NPV20分、が理想……。
手順2　与件文読解（～10分、9分間）
化粧品製造業珍しいな。OEM生産は製造だけ外注するって意味だったな。設備投資コスト抑えられそう。ECサイトを活用してECサイトで定期購買サービスを行っているのはメリットかな。競合激化で売上減少、輸送コスト上昇ということは<u>売上高営業利益率が低下</u>していそう。それでも人件費削減しないのは社長のこだわりを感じる。新規事業の男性向けアンチエイジング商品は、OEMではなく自社製造にするのだな。設備投資に回す費用が必要だけれど、売上減少の中、資金は確保できているのかな。
手順3　第1問：経営分析（～30分、20分間）
（設問1）悪化2つ：<u>売上高が減少しているので収益性・効率性</u>かな。 与件文で「人件費削減しない」と触れていたので売上高営業利益率を指摘しよう。 効率性は今後の設備投資を検討していることからも有形固定資産回転率を。 <u>安全性は自己資本比率</u>で間違いないはず。純資産が潤沢だから設備投資にお金を回せるのだと納得！ （設問2）収益性の悪化原因を記載しよう。売上減少は競争激化が理由、営業利益は原価・販管費の圧縮が売上減少幅に比べると不十分ということかな。 ここまでは予定どおりに進んでいるぞ。
手順4　第4問：記述（～40分、10分間）
（設問1）OEM生産の財務的利点…設備投資費用や人件費をかけずに生産できることだからそのあたりをうまく記載しよう。経営分析で指摘した売上高営業利益率や有形固定資産回転率の改善を締めにするとまとまりがよい気がする。 （設問2）新事業について財務的な利点を指摘…早期の売上拡大と収益改善かな。 その理由としては競合が少なく成長が見込まれる、と書いてみよう。

～こだわりの試験テクニック～
　事例Ⅳの公式は覚えない。作り出す。

→記述２つは風の勢いで終了する。精度が気になるがとにかく時間を確保したい！

手順5　第２問：CVP（〜65分、25分間）

（設問１）来ましたCVP。変動費率をきちんと出せるかがポイントになりそう。
B/S から計算して…あれ？　なんか変動費率がうまく出せない。なぜ？　これが出せな
いとこの後の問題解けないのに…どうしよう！　→頭が真っ白になる。３分ほど時が止
まる（葛藤）。一旦落ち着こう。絶対今までやってきた中に解き方があるはず。そうい
えば『30日完成』のテキストで「連立方程式で解く」っていう問題があったような？
試しに書いてみるか…これだ！！！！　→なんとか危機を脱出する。
こんな時に限って桁数が多いのもすごく気になるが、細心の注意を払い計算。損益分岐
点売上高計算と損益分岐点比率の変動までなんとかたどり着く。だいぶ時間を使う。
（設問２）これは簡単！　貢献利益を出して判断。正だから継続すべき。だから「な
し」！　その次の問題は全くわからないので飛ばす。
（設問３）時間がなさすぎてよくわからない解答を記載。

手順6　第３問：NPV（〜80分、15分間）

あと15分でできるところまで解きたい！　せめて（設問１）のNPVぐらいは……。
減価償却費出して年間CFを計算して現在価値に割り引いて……正味運転資本？　これ
は計算式のどこに反映させればいいのかな？？　わ、わからない……（パニック）。と
りあえずわからないので部分点狙いで解答欄に痕跡を残そう。１〜４年度末の年間
CF、５年度末のCF、NPVを記載。どうか拾ってほしい！　（設問１）はなんとか最後
まで解答。ただし、数字は合っている自信なし。
（設問２、３）は白紙。そうこうしているうちに終了時刻に。

事
例
Ⅳ

3．終了時の手ごたえ・感想

　記述問題まで順調と思っていたものの、CVPの変動費率の出し方がわからず時間を費
やしてしまった。それでもなんとか粘って連立方程式にたどり着いたのは良かった。ただ
NPVは正味運転資本の取り扱いがわからずその先に進めず。事例Ⅳの壁は厚い！　名実
ともに「おわったァ」という気持ちになる。80分ってこんなに短いものなのか。

〜こだわりの試験テクニック〜
　設問文を最初に読むこと。

合格者再現答案＊（たべちゃん 編）——————————— 事例Ⅳ

第1問（配点20点）

（設問1）

①	（a）売上高営業利益率[2]	（b）11.59（％）[1]
②	（a）有形固定資産回転率[2]	（b）71.90（回）[1]
③	（a）自己資本比率[1]	（b）77.56（％）[1]

（設問2） 79字

売	上	高	営	業	利	益	率[3]	が	悪	化	し	た	原	因	は	、	同	業	他
社	と	の	競	争	激	化[2]	に	伴	う	大	幅	な	売	上	減	少[2]	で	あ	る。
売	上	原	価[2]	・	販	管	費[2]	は	減	少	し	て	い	る	も	の	の	売	上
減	少	幅	が	大	き	く	収	益	を	改	善	で	き	て	い	な	い	。	

【メモ・浮かんだキーワード】 同業他社との競争激化、売上減少幅が大きい、コストの圧縮不足

【当日の感触など】 売上原価や販管費が減少しているが売上高営業利益が低下している理由を記載するのが少し難しかった。

【ふぞろい流採点結果】（設問1）8/9点 （設問2）11/11点

第2問（配点30点）

（設問1）

(1)	63.31％[2]	(3)	3,111,376千円[3]
(2)	1,141,564千円[2]	(4)	14.73％[3]

（設問2） ⑴ 16字

(1)	（ ある ・ ⟨ない[2]⟩ ）											
	Ｘ	製	品	の	貢	献	利	益	が	正[3]	で	あ	る	た	め	。
(2)												

（設問3） 45字

売	上	高	を	基	準	に	配	賦	す	る	こ	と	で	貢	献	利	益	が	明
確	に	な	り	販	売	継	続	可	否	等	の	判	断	を	行	い	や	す	く
な	る	た	め	。															

【メモ・浮かんだキーワード】

【当日の感触など】 時間がなさすぎてよくわからないことを書いてしまった。

【ふぞろい流採点結果】（設問1）10/10点 （設問2）5/10点 （設問3）0/10点

~こだわりの試験テクニック~
事例ごとに時計の針を0時0分に合わせる。

第3問（配点30点）
（設問1）

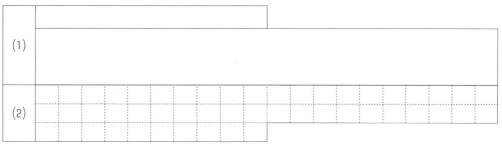

(1)	132万円	
	●1年末〜4年末の年間CF $3800×0.7+2200^2×0.3-800＝2520万円^2$ ●5年末の年間CF $3800×0.7+2200×0.3+(1100-330)＝4090万円$ ●$NPV＝△11000+2520×3.312+4090×0.681＝131.53＝132万円$	
(2)	△6,929万円	
(3)	△1,986万円	（　ある　・　⊗ない⊗　）

（設問2）　　　　　（2）0字

(1)	
(2)	

【メモ・浮かんだキーワード】

【当日の感触など】　時間が！足りない！！

【ふぞろい流採点結果】（設問1）4/17点　　　（設問2）0/13点

第4問（配点20点）
（設問1）　　　　　49字

売	上	原	価	・	販	管	費[1]	や	設	備	投	資	費	用	を	削	減[3]	で	き、
売	上	高	営	業	利	益	率[3]	や	有	形	固	定	資	産	回	転	率[3]	の	改
善	に	つ	な	が	る	こ	と。												

（設問2）　　　　　47字

競	合	が	少	な	く[2]	市	場	の	拡	大	が	見	込	ま	れ	る	分	野[2]	の
為	、	早	期	の	売	上	拡	大[3]	が	期	待	で	き	収	益	性	の	改	善[3]
が	望	め	る	こ	と。														

【メモ・浮かんだキーワード】（設問1）販管費や設備投資費用の削減、収益性や効率性の改善

（設問2）競合が少ない、市場拡大の見込み、売上拡大、収益改善

【当日の感触など】　少しは答えが浮かんで良かった。

【ふぞろい流採点結果】（設問1）9/10点　　　（設問2）10/10点

【ふぞろい流採点結果】 57/100点　　　**【実際の得点】** 59/100点

　第3問を解く時間は足りなかったものの、第1問と第4問で着実に点数を積み上げました。勝負の分かれ目であった第2問へもう少し時間を割ければ、合格水準に達したと思われます。

〜こだわりの試験テクニック〜

問題⇒課題⇒対策⇒狙い、効果！

なおふみ 編（勉強方法と解答プロセス：p.150）

１．休み時間の行動と取り組み方針

　最後の関門。ここさえ乗り切ればたぶん合格しているはず。眠い。糖分と高カフェイン飲料の残り半分を飲む。休みながら計算公式のチェック。

２．80分間のドキュメント

手順0　開始前（～0分）

ようやく終わる。経営分析と記述、CVP の前半死守、NPV は減価償却とキャッシュフローくらいを途中式で書く、という50点答案の方針確認。欲張らない。計算ミス・単位ミス注意と何回も念じる。

手順1　準備（～1分、1分間）

受験番号記入、問題用紙破る。第2問（設問2）を正誤表のとおり手書きで直す。

手順2　与件文読解①（～5分、4分間）

流し読み。内容の把握。気になったところはシャーペンで線や囲みを。
直接製品を卸している、自社 EC サイト、競争激化、今後輸送コストや原材料上昇、製品ライフサイクル長い、顧客健康志向やアンチエイジング志向。中長期的には市場拡大。これらが気になったので囲む。

手順3　与件文読解②（～10分、5分間）

1段落目：生産は OEM なのか。
2段落目：製品直接卸と EC サイトは利益率よさそう。
3段落目：競争激化、今後のコスト上昇。しかし「人件費等の削減は行わない方針」とある。これはわざわざ表現だろうな。
4段落目：競争激化ということは売上低下なのだろうか。
5段落目：男性向けアンチエイジング製品の開発か。興味深いな。まだ基礎研究段階。
6段落目：中長期的には市場拡大だからチャンスか。ただ、「市場の状況が見通せない状況」とある。これもわざわざ表現なのだろうな。いわゆる R&D 費が出てきそう。
7段落目：アンチエイジング製品は自社生産するのか。
8段落目：2期分の比較か。
全　体：特に変わったことはなさそう。

手順4　設問文読解（～20分、10分間）

第1問：悪化2つ。改善1つ。単位と小数点、四捨五入条件にチェック。（設問2）は悪化した原因か。この問題はオーソドックスだから外せない。
第2問：CVP か。営業利益段階、2期間で変動費率一定にチェック。小数点と四捨五

入条件にチェック。（設問３）の記述は費用構造把握、貢献利益とかでいいかな。

第３問：NPVか。（設問１）は時間があれば解けそう。（設問２）は無理そう。

第４問：記述問題。これは一般論＋財務諸表使って解答しよう。マストだな。

手順５　設問解答（〜65分、45分間）

第１問（設問１）：（収益性）一つひとつ丁寧に計算。２回計算して確認。売上高総利益率は定量的に変動が大きくない一方、売上高営業利益率のほうが変化大きい。定性情報は、競争激化だから売上低下かな。これはどちらにも該当。加えて、与件文に「人件費等の削減は行わない」と販管費についての記載あるから、売上高営業利益率で確定。（効率性）定量的に顕著なのは有形固定資産回転率。売掛金や在庫についての定性情報もない。確定。（安全性）定量的に顕著なのは流動比率かな。OEMだから設備もないし流動資産は持っていておかしくない。流動比率で確定。

第１問（設問２）：書くネタがありそうなのはわざわざ表現のある売上高営業利益率。競争激化で売上減と人件費削減していないことから売上高営業利益率の悪化。

第２問（設問１）：２期間の財務データ・変動費率が一定の条件で変動費率を求めるから、連立方程式パターン。確認のため２回計算。問題なさそう。

第２問（設問２）：(1)は中止すべきか否か問題だから、貢献利益に言及すればよいか。(2)は中止した場合の費用構造を計算。

第２問（設問３）：費用構造を反映していないからダメ、と書く。それ以外思いつかず。

第４問（設問１）：残り時間が30分もないから先に第４問を。財務的な利点だから有形固定資産と負債に言及。コア業務や研究業務への注力可能は財務的な利点ではないよな。

第４問（設問２）：よくわからん。収益性改善や人件費有効活用かな。

手順６　見直し（〜75分、10分間）

誤字脱字、単位ミスや四捨五入ミスないかチェック。

手順７　第３問解答（〜80分、５分間）

残り５分。急がねば。慎重に前提条件の整理。まったく頭に入ってこない。これは無理だな。一応、減価償却費とCFくらいは計算しておこう。無理無理カタツムリ。

（設問２）も無理。記述は与件文に「市場の状況が見通せない」とわざわざ表現あったから、２年度期首に実行一択。数値はNPVが大きいからととりあえず書いとくか。点数ください。

3．終了時の手ごたえ・感想

戦略的には間違ってない。確実に昨年の41点を上回っている。50点はあるだろう。

〜こだわりの試験テクニック〜

与件文は精読しながらマーカーでカラフルに塗りつぶす。

合格者再現答案＊（なおふみ 編）　　　　　事例Ⅳ

第1問（配点20点）
（設問1）

①	（a）売上高営業利益率[2]	（b）11.59（％）[1]
②	（a）有形固定資産回転率[2]	（b）71.90（回）[1]
③	（a）流動比率[2]	（b）433.64（％）[1]

（設問2）　　　　　80字

高	齢	社	会	到	来	で	顧	客	の	健	康	・	ア	ン	チ	エ	イ	ジ	ン
グ	志	向	の	高	ま	り	に	伴	い	新	規	参	入	・	競	争	激	化[2]	で
売	上	減	少[2]	し	、	原	材	料	や	販	管	費[2]	を	回	収	で	き	ず	、
売	上	高	営	業	利	益	率	が	低	下	し	、	収	益	性	が	低	下[2]	。

【メモ・浮かんだキーワード】　新規参入、競争激化、売上減少、収益性低下
【当日の感触など】　外していないはず。
【ふぞろい流採点結果】（設問1）9/9点　　（設問2）8/11点

第2問（配点30点）
（設問1）

(1)	63.31%[2]	(3)	3,111,376千円[3]
(2)	1,141,564千円[2]	(4)	14.73%[3]

（設問2）　　　　　(1) 20字

(1)	（　ある　・　ない[2]　）																		
	貢	献	利	益	が	正[3]	で	共	通	固	定	費	回	収	に	資	す	る	た	め	。

	13,000万円
(2)	中止した場合の回避不能個別固定費：15,000×0.2＝3,000万円[1]。3,000万円。X製品賦課の共通費10,000万円。10,000万円＋3,000万円＝13,000万円

（設問3）　　　　　45字

費	用	構	造[4]	を	反	映	で	き	て	い	な	い	た	め	、	妥	当	で	は
な	い[2]	。	貢	献	利	益	ベ	ー	ス[4]	で	共	通	費	を	把	握	す	る	べ
き	で	あ	る	。															

【メモ・浮かんだキーワード】
【当日の感触など】（設問2）(2) はわからない。（設問3）は書くことが思いつかない。
【ふぞろい流採点結果】（設問1）10/10点　　（設問2）6/10点　　（設問3）10/10点

第3問 （配点30点）

（設問1）

(1)	減価償却費11000/5＝**2,200万円**[2]。 各年度のCF：【(1－0.4)×10,000個－2,200】×(1－0.3)＋2,200×0.3＝**3,320万円**[2] NPV：3,320×3.9993	
(2)		
(3)		（　○ある[2]　・　ない　）

（設問2）　　　　　　　　（2）28字

(1)	
(2)	正味現在価値がより大きいため**2年度期首に投資を実行**[2]**する**。

【メモ・浮かんだキーワード】

【当日の感触など】　謎。時間がない。記述は点数もらえればラッキーのつもりで書いた。

【ふぞろい流採点結果】　（設問1）6/17点　　　（設問2）2/13点

第4問 （配点20点）

（設問1）　　　　　　　　48字

追	加	投	資	や	新	規	借	入	が	不	要	な	為	、	有	形	固	定	資
産	回	転	率	・	負	債	比	率	が	悪	化	せ	ず	**効**	**率**	**性**[3]	**安**	**全**	**性**[3]	
が	確	保	し	や	す	い	。												

（設問2）　　　　　　　　47字

①	**中**	**長**	**期**	**的**	**な**	**市**	**場**	**拡**	**大**[2]	を	と	ら	え	**売**	**上**	**増**	**加**[3]	②	**既**
存	**製**	**品**	**依**	**存**	**リ**	**ス**	**ク**	**削**	**減**[3]	に	よ	る	収	益	改	善	③	**人**	**件**
費	**の**	**効**	**率**	**活**	**用**[2]	。													

【メモ・浮かんだキーワード】

【当日の感触など】　与件文に寄り添って書いたつもりだから大丈夫だろう。

【ふぞろい流採点結果】　（設問1）5/10点　　　（設問2）7/10点

【ふぞろい流採点結果】 63/100点　　　**【実際の得点】** 51/100点

　　第1問は、与件文に寄り添った解答により、ふぞろい流採点結果で高得点を獲得しました。一方、キーワードの記述はあったものの、第2問（設問3）は主語がないなど読みづらい文章だったこと、第4問（設問2）は財務的利点とその要因の因果関係が一部不明瞭な解答だったことから、実際の得点と乖離した可能性があります。

〜こだわりの試験テクニック〜

　開始後に与件文の最初と最後の段落で企業像を把握→設問で問いを確認→与件文読解で解答のあたりつけ。

よしかず 編（勉強方法と解答プロセス：p.152）

1．休み時間の行動と取り組み方針

　事例Ⅲの問題終了と同時に、ラムネ菓子で糖分を補給し、カロリーメイトの残りを食べる。少しでも万全の状態で事例Ⅳに臨めるようにする。公式などを最終確認。

2．80分間のドキュメント

手順0　開始前（～0分）
電卓の小数点セレクターを2、ラウンドセレクターを四捨五入に合わせる。「解答用紙は空欄で提出しない。わからない問題があっても途中計算や計算の方針を記入するなど、1点でも多くの部分点を取る」と自分に言い聞かせる。

手順1　準備（～1分、1分間）
解答用紙に受験番号と名前を記入。記入間違いがないよう、記入後に受験番号を見比べながら再確認。正誤表が配布されたため、その裏側をメモとして活用する。

手順2　設問解釈（～5分、4分間）
第1問：財務諸表から悪化、改善した財務指標を3つ選ぶという例年と同じ傾向の問題であり、「生産性」の文字がないことに一安心。 **第2問**：設問文が長いため、ざっと目を通しCVP分析の問題であることを理解。 **第3問**：第3問も設問文が長く、ざっと目を通しNPVの問題であることを理解。 **第4問**：OEMとの新製品開発の財務的利点に関する記述問題のため、この問題は絶対に落とせない。問題を第1問→第4問→第2問→第3問の順で解くことにする。

手順3　与件文読解（～15分、10分間）
与件文読解前に財務諸表から収益性、効率性、安全性に関する指標を計算する。収益性は悪化、効率性は棚卸資産回転率がわずかに改善、それ以外は悪化、安全性は改善していることを確認。 1段落目：独自開発商品は強み。OEM生産はメリット、デメリットを思い出す。 2～4段落目：直接製品を卸したり、自社ECサイトで販売したりしているが、同業他社との競争が激化しており収益性悪化の原因と考える。輸送コストの高騰、仕入原価の上昇もチェック。 5～6段落目：新製品開発について記載されている。市場拡大が見込まれていることをチェック。基礎研究を進めているため、先発の優位性が発揮できそう。 7～8段落目：OEM生産は、自社の独自性が発揮できず差別化できない恐れがある。

手順4　解答作成（～75分、60分間）
第1問：先に計算していた財務指標と与件文から悪化2つと改善1つを選択。悪化の1つ目は収益性で、与件文に「競争激化により販売が低迷」とあることから売上高総利益

率を選択。安全性指標は改善しており、流動比率、自己資本比率ともに数値も問題ないため自己資本比率を選択。残りの悪化した指標について、固定資産に対して売上が少ないという観点から有形固定資産回転率を選択。記述については、与件文に明確に書かれている収益性について記載。

第4問：（設問1）は① OEM のメリットである固定費が変動費化できること、②固定費が下がった分だけ損益分岐点が下がり、利益が出しやすくなることの2つを記載。（設問2）は①新商品の開発でリスク分散ができること、②自社生産によって売上が増加すれば利益が出やすくなることの2つを記載。

第2問：（設問1）は『30日完成』で覚えた変動費率と固定費を変数で置き、連立方程式で解くことにする。変動費率を代入して固定費を算出する際に、代入する年度で固定費が変わるため、検算に時間がかかる。（3）で令和4年度の損益分岐点売上高を求めるため、令和4年度に代入することとする。思った以上に時間がかかった。（設問2）（1）は貢献利益が正であり、共通費を回収できることを説明。（2）はパッと考えてもわからなかったため、問題を飛ばし、（設問3）を解く。製品によって費用構造が異なることから売上高に対して一律に配賦するのは妥当ではない。そのため、構造を分析して配賦することを記入する。

第3問：残り30分弱しかなく焦りを覚える。（設問1）（1）をしっかりと解くことにする。営業利益から税引後営業利益を算出し、減価償却費の節税効果と運転資本の増減額から計算。記入スペースが小さく、計算過程が書ききれなかったので、一度消してから書き直すことになり、さらに焦る。（2）は時間がないため、未記入。（3）の期待値も（2）がわからないため書けないが、投資の可否は（1）がマイナスであったことから「ない」に丸をつける。（設問2）（1）も時間がないため正味現在価値は未記入。わからなくても空欄にはせずに、途中の計算式や計算方法を書いて部分点を取ると決めていたため、どのように投資判断をするのかを記入する。（2）も計算結果がないため、いつ投資するか判断できないが、設問文の「1年遅らせる場合、初年度の固定費は回避可能」から、2年度期首に投資判断したほうがよいのではないかと思い、2年度期首の投資判断を記入。

第2問（続き）：残り時間が数分と、計算して解ける時間はない。X製品の個別固定費の80%が回避可能ということは、20%は個別固定費がかかると考え、その費用を記入。合っている自信はないが、部分点の可能性を信じて空欄にしない。

手順5　見直し（〜80分、5分間）

再現答案用に問題用紙に自分の解答を書き写す時間もない。受験番号と名前の記入漏れがないことを確認して、試験終了。

3．終了時の手ごたえ・感想

　生産性に関する問題が出題されず安心したが、CVP、NPV の問題では全問解くことができず。第2問の前半で時間をかけすぎタイムマネジメントもうまくできなかった。しかし、1点でも多くの部分を取ることを意識して、できる限り空欄を作らずに問題を解くことができた。自信も手ごたえもないが、やるべきことはやった。

合格者再現答案＊（よしかず 編）　　　　　　　　事例Ⅳ

第1問（配点20点）
（設問1）

①	（a）売上高総利益率[1]	（b）61.66（％）[1]
②	（a）有形固定資産回転率[2]	（b）71.90（回）[1]
③	（a）自己資本比率[1]	（b）77.56（％）[1]

（設問2）　　　　　　80字

製	品	を	O	E	M	生	産	し	、	実	店	舗	や	ネ	ッ	ト[1]	で	の	同	業
他	社	の	新	規	参	入	や	他	メ	ー	カ	ー	が	次	々	に	新	製	品	
を	市	場	投	入	し	た	こ	と	で	差	別	化	さ	れ	ず	に	競	争	が	
激	化	し[2]	、	売	上	が	減	少[2]	し	、	収	益	性	が	悪	化[2]	し	た	。	

【メモ・浮かんだキーワード】 収益性、効率性、安全性

【当日の感触など】 収益性、効率性、安全性から1つずつ選ぶ令和2年度以前の問題スタイルのため、落ち着いて問題を解くことができた。

【ふぞろい流採点結果】 （設問1）7/9点　　　（設問2）6/11点

第2問（配点30点）
（設問1）

(1)	63.31％[2]	(3)	3,111,447千円[3]
(2)	1,141,590千円[2]	(4)	14.73％[3]

（設問2）　　　　　　(1) 20字

(1)	（　ある　・　ない[2]　）																	
	貢	献	利	益	が	50	00	万	円	で	共	通	費	の	回	収[3]	に	貢	献	。

	3,000万円
(2)	X製品を中止した場合の個別固定費は15,000万円×0.2＝3,000万円[1]

（設問3）　　　　　　72字

変	動	費	率	は	W	0	.	7	、	Y	0	.	6	と	異	な	っ	て	お	り	、
構	造	の	違	い[4]	が	正	し	く	反	映	さ	れ	て	お	ら	ず	、	妥	当		
性	は	低	い[2]	。	A	B	C	等	で	費	用	構	造	を	分	析[4]	し	、	正		
し	く	配	賦	す	る	必	要	が	あ	る	。										

【メモ・浮かんだキーワード】 CVP分析、損益分岐点、貢献利益

【当日の感触など】 （設問1）で想定より時間がかかってしまった。（設問2）(2) 以外は落ち着いて解くことができた。（設問2）(2) も部分点狙いで、最後まで諦めないで空欄にしないよう解答を埋めることができた。

【ふぞろい流採点結果】 （設問1）10/10点　　　（設問2）6/10点　　　（設問3）10/10点

　環境変化→経営戦略→組織人事の流れを押さえる。

第3問（配点30点）

（設問1）

（1）	△2,061万円
	1年目のCIF：$(10,000-4,000-2,200-\mathbf{2,200}^2)\times(1-0.3)+2,200-800=\mathbf{2,520}^2$ 2～4年目のCIF：$2,520+800=\mathbf{3,320}^2$ 5年目のCIF：$3,320+800=4,120$ NPVは$△11,000+2,520\times0.926+3,320\times2.577\times0.926+4,120\times0.681=△2,061$
（2）	
（3）	（　あ る　・（ない））

（設問2）　　　　⑵ 50字

（1）	1年目と2年目のNPVを比較し、2年目＞1年目の場合に投資判断する。 △初期投資＋1年目～5年目のCIFにそれぞれ複利現価係数をかける。
（2）	２年度期首に実行すべきである^2。初年度の固定費が回避でき２年度期首の正味運転資本の残高がゼロになるから。

【メモ・浮かんだキーワード】　NPV

【当日の感触など】　設問文が長く、解答時間も少なかったため、あまり問題を解くことができなかった。（設問1）（1）を解くことに集中したため、部分点は取れたのではないかと思う。数値は記入できなかったが、それ以外は投資判断の方針を記入するなど部分点狙いで記入できた。

【ふぞろい流採点結果】（設問1）5/17点　　　（設問2）2/13点

第4問（配点20点）

（設問1）　　　　　　49字

財	務	的	利	点	は	①	固	定	費	率	が	改	善	す	る	②	生	産	を
変	動	費	化^2	で	き	、	固	定	費	が	下	が	る^3	た	め	損	益	分	岐
点	売	上	高	が	下	が	る	。											

（設問2）　　　　　　49字

利	点	は	①	売	上	が	増	加^3	し	、	基	礎	化	粧	品	の	依	存	度
を	下	げ^3	、	リ	ス	ク	が	分	散^3	②	設	備	投	資	に	よ	り	営	業
レ	バ	レ	ッ	ジ	が	増	加^2	。											

【メモ・浮かんだキーワード】　OEMのメリット、新規事業のメリット

【当日の感触など】　知識で解ける問題のため、落ち着いて問題を解くことができた。

【ふぞろい流採点結果】（設問1）5/10点　　　（設問2）9/10点

【ふぞろい流採点結果】60/100点　　　【実際の得点】67/100点

　第1問（設問2）、第4問（設問1）は多面的な解答が不足し取りこぼしがありましたが、第2問でしっかりと計算し点を伸ばしました。正答に至らなかった計算問題も諦めずに計算過程を記述したことが、合格水準に達した要因といえるでしょう。

~事例Ⅰのポイント・攻略法~

現状何ができていないかを確実に捉える。過去や他社の成功体験を（アレンジして）流用する。

第2節　ふぞろいメンバーに聞いた！　2次試験「合格」のつかみ方

　模範解答が公表されない2次試験。勉強方法や参考書、情報収集は？　結局何をやればよいのかわからず、不安になる受験生も多いと思います。ふぞろいメンバー23名の試験対策データと、再現答案チーム6名の具体的な経験を紹介します。

【テーマ1：学習スタイルと活用した参考書】

よしかず

　私の2次試験の学習スタイルは独学でしたが、どのような参考書を活用したらよいかわからず、選ぶのに苦労しました。そこで、ふぞろいメンバーに学習スタイルと受験生時代に活用していた参考書について聞いてみました。

使用していた参考書（複数回答可）（n＝23）

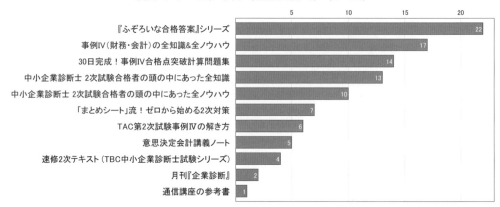

■ふぞろいメンバーのうち2次試験の学習は独学者が多数！　予備校の実態は？

　ふぞろいメンバー23名に学習スタイルを聞いてみました。完全に独学が17名（74％）、予備校などの通信講座の受講が5名（22％）、予備校などに通学が1名（4％）でした。ふぞろいメンバーの多くが独学で学習していました。

　たべちゃんはふぞろいメンバー唯一の予備校通学者でした。予備校では2次試験に必要な知識や解き方など基礎を学ぶ授業、過去問演習と解説、最後に模試を受験していました。予備校の模範解答はキーワードの羅列ではなく、知識と緻密なロジックによって構成されており、80分間で自分が同じように解答できるか不安になったことで『ふぞろい』も活用して学習しました。予備校の通信講座を受講していたふぞろいメンバーも、独自に参考書を購入して学習していました。

　ふぞろいメンバーに共通していたことは、独学、予備校に限らず複数の書籍を活用して、多面的な視点で学習をしていたことでした。

■事例Ⅰ〜Ⅲの参考書で『ふぞろい』の人気は No. 1！　そして、どう使う『全知識』？

　事例Ⅰ〜Ⅲでは、ふぞろいメンバーのほぼ全員が『ふぞろい』を購入していました（『ふぞろい』を活用した過去問演習は【テーマ3】で紹介します）。

　続いて多く活用されていたのが『中小企業診断士2次試験合格者の頭の中にあった全知識』（同友館、以下『全知識』）、『中小企業診断士2次試験合格者の頭の中にあった全ノウハウ』（同友館、以下『全ノウハウ』）ですが、活用方法はさまざまでした。たとえば、多年度生のなおふみは、2次試験の学習開始時に『全知識』を確認し、必要な知識を思い出すために活用していました。その中でも、各事例の SWOT 分析は事例の全体像を把握するのに役立ちました。かんのりは2次試験学習の過去問演習時に、出題された知識やキーワードについて辞書代わりに活用していました。

■参考書と連動した YouTube の解説動画で理解を深める

　『「まとめシート」流！ゼロから始める2次対策』（野網美帆子、以下『まとめシート流』）、『速修2次テキスト』（早稲田出版）の購入者もいました。これらの書籍は YouTube で講義や解説動画を無料で視聴できるのが特徴です。かーずは『まとめシート流』の解説動画で80分間の解法プロセスを確立してから過去問演習を実施していました。かんのりとよしかずは、速修2次テキストの解説動画で設問解釈から解法、必要知識を学んでいました。書籍を読むだけより解説動画も視聴することで理解が深まります。YouTube 上の解説動画は、予備校で学習しているくらい質の高いものも多いので、書籍と併せて動画学習をするのもよいかもしれません。

■事例Ⅳは専用の問題集を活用しているふぞろいメンバーが圧倒的に多い！

　ふぞろいメンバーの多くは、事例Ⅳの参考書では『事例Ⅳ（財務・会計）の全知識＆全ノウハウ』（同友館、以下『事例Ⅳ全知全ノウ』）、『30日完成！事例Ⅳ合格点突破 計算問題集』（同友館、以下、『30日完成』）、『第2次試験事例Ⅳの解き方』（TAC 出版、以下『事例Ⅳの解き方』）といった、専用の問題集を購入していました。『30日完成』は令和4年度に出題された労働生産性やセールスミックスを取り上げていたなど、過去問演習だけでは学ぶことができない広範囲な基礎知識を学ぶことができること、『事例Ⅳの解き方』は講師による実際の解き方も掲載されていることが参考になりました。そして、基礎を学んだ後に『事例Ⅳ全知全ノウ』を過去問演習として活用していました。

■こんな書籍を購入している人も？！

　そのほかの参考書として、かれんは『月刊「企業診断」』（同友館）をおすすめしていま

す。事例ごとのパターンや2次試験に出題されそうな1次試験の内容が書かれており、とても役に立ちました。かんのりはロジカルシンキングや生産計画・生産統制に関する書籍も購入していました。ロジカルシンキングの考え方でモレやダブりがない解答を心掛けていました。

■数種類の参考書を徹底的に活用するのがふぞろいメンバー流！

　ふぞろいメンバーの多くが、みんな同じような参考書を活用していました。しかし、2次試験の学習は時間に限りがあり、短期決戦です。あまり手を広げすぎず、自分が信じた数種類の参考書を購入し、それらを徹底的に活用してみてはいかがでしょうか。

【テーマ2：利用したWEBコンテンツ】

かんのり

> 実は、僕自身が受験生時代、一番気になっていたアンケート結果！　動画、ブログ、SNS。群雄割拠に良質なコンテンツが存在するWEBの世界。合格者はどんなコンテンツを重宝していたのか！　ふぞろいメンバーに赤裸々に答えてもらいました！

利用したWEBコンテンツ（複数回答可）（n＝23）

順位	コンテンツ名	票数
1位	「一発合格道場」ブログ	18票
2位	「タキプロ」ブログ YouTube「診断士LABO」 YouTube「ダンシくんのサブノート」	10票
5位	「ふぞろいな合格答案」ブログ YouTube「まとめシート流！絶対合格チャンネル」	9票
7位	YouTube「ねとたす」 X（旧Twitter）	6票
9位	「怪傑えみりーちゃんねる」ブログ	5票
10位	YouTube「【中小企業診断士】北村ゆきひろ経営コンサルタント養成チャンネル」 YouTube「早稲田出版」 YouTube（その他、工場内の様子 等）	3票

■もはや「勉強＝参考書」という時代は終わった？

　「まずはYouTubeで検索してから……」、ふぞろいメンバーで勉強方法の話をしていた時に、勉強スタイルの変化に気がつきました。今まで勉強といえば「参考書」。まずは参考書を書店に探しに行く人が多いと思います。ですが、中小企業診断士の試験勉強では、そのセオリーどおりにはいかない印象。特に一種の情報戦ともいわれる2次試験においては、必要な参考書すらネット動画やブログ記事から探すなど、WEBを活用した情報収集が盛んに行われています。裏を返せば、それだけ良質なコンテンツがあふれていることも事実。

〜事例Ⅰのポイント・攻略法〜 ───────────
　定番だけどやっぱり茶化は大事。あとは経営者の思いに寄り添う。

　今回は、そのコンテンツの中でもふぞろいメンバーはどのコンテンツを利用して、合格に近づいたのか、アンケートをもとに考えてみたいと思います！

■媒体別で見ると、最も人気のコンテンツは「ブログ」

　アンケート結果を媒体で分けた結果、最も利用されていたのは「ブログ」でした。中小企業診断士試験界隈では、個人の体験に基づく受験勉強ノウハウや知識がまとめられたコンテンツが多く、情報発信が盛んです。また内容に加え、利便性も◎。目で見るコンテンツのため、環境に左右されにくいという利点も高評価！　実際に、多くのふぞろいメンバーもお世話になりました！

　なかでも最も利用されていたのは「一発合格道場」（詳しくは p.277参照）。利用していたふぞろいメンバーからは「苦手だった事例でどのようなことが問われているのかが理解できて助かった」「必要な知識が体系的にまとめられていてインプットができた」「実際の試験がどのように行われるのかが詳しく書かれており、イメージがついた」「復習方法など、自分に合った効率的な学習方法を知ることができた」などのメリットが挙げられました。受験経験者ならではの目線で執筆されているため、リアルな情報が入手できますね。独学かつストレート受験生だったかんのりは、大変参考にさせてもらいました！

　そのほかにも「タキプロ」などの受験生支援団体のブログや個人の受験体験記ブログも配信されており、多くのふぞろいメンバーが利用していました。「note」などでは多くの受験生、合格者が情報発信し、多様化が進んでいます（すでに利用されている方もいらっしゃるとは思いますが、我らが「ふぞろいブログ」も更新中！）。

> 各ブログの中でもふぞろいメンバーが利用した記事については、ページの都合上お伝えが難しいので「中小企業診断士の受験対策 ふぞろいな合格答案 公式ブログ」にまとめました！
> そのほか、後述のふぞろいメンバーが活用した動画などのコンテンツも掲載しているので、ぜひチェックしてみてください。

記事はこちら

■無料で授業まで？！　「動画」コンテンツで学習の質が向上したという声、多数！

　数ある動画プラットフォームの中でも、無料かつコンテンツ量の多い YouTube が圧倒的に利用されていました。なかでも『診断士 LABO』や『まとめシート流！絶対合格チャンネル』『ねとたす』『【中小企業診断士】北村ゆきひろ 経営コンサルタント養成チャンネル』といったチャンネルでは「2次試験の解答プロセス」や「おすすめの勉強方法」「使用していた文房具や参考書の情報」など試験対策に関する情報を発信。また『ダンシくんのサブノート』『早稲田出版』『たかぴーの中小企業診断士試験 攻略チャンネル』『ほらっちチャンネル』などでは、中小企業診断士の資格保持者が、試験情報に加え、試験内で取り扱う知識についても詳しく解説しており、知識インプットにも活用できます。さらに、

試験に関する情報のほかにも、事例Ⅲ対策として「想像しづらい工場の様子を動画で見てイメージをつけた」というふぞろいメンバーもいました。

ふぞろいメンバーからは「試験のイメージがついた」「重要論点の理解や、知識のインプットにかなり役立った」「目で見るのではなく耳で聞くことで浸透しやすかった」などのメリットが挙げられました。一方、閲覧できる環境が限られる面もあり、働きながら資格勉強に励む受験生としては、いかに動画の閲覧環境を整えるかがポイントなってきますね。

■情報収集から双方向交流までできる！ SNS は「憩いの場」

ユーザー同士で気軽に情報交換やコミュニケーションがとれる SNS。中小企業診断士試験の界隈では、なかでも「X」を活用されている方が多い印象です。

実際に利用していたふぞろいメンバーからは、前述した受験生同士のつながりのメリットに加え、「参考書や勉強方法、試験情報などの情報収集ができる」「わからない問題を投稿すると、受験生仲間や合格者が教えてくれて助かった」「ほかの受験生の頑張りや面白い投稿を見て、勉強中の息抜きになる」などのメリットが挙げられました。また合格後も情報交換ができるため、周囲に相談できる人がいないなどでお困りの方にはとてもおすすめです！　また「X」だけでなく、かれんは「LINE オープンチャット」を利用しているなど、さまざまな SNS で受験生同士のつながりが生まれているようです。

■アプリ、タブレット端末の活用など、勉強の DX による効率性向上の可能性

そのほかは「iPad などのタブレット端末を使ってペーパーレス化し、荷物の負担軽減やデータ管理の効率性向上を行った」「アプリで勉強時間の管理をして進捗度合いを確認した」「単語帳アプリで知識のインプットをした」など、勉強の効率化を図るふぞろいメンバーもいました。なかでも、かれんから「話題の生成 AI『ChatGPT-3.5』を活用し、重要論点のメリット・デメリットを整理した」と聞いた時は衝撃でした（笑）。勉強のDX により、まだまだ効率性向上の可能性があるはず。今の勉強スタイルが非効率だと感じている方は、DX にヒントがあるかもしれませんね。

■ WEB 活用の結論「個人の強みを生かして自分の環境に合った活用方法を確立すべし」

ふぞろいメンバーの中でもコンテンツの使い方は本当に多種多様でした。それは、個人の性格や勤務形態、生活環境など、さまざまな要因が影響しています。たとえば、かれんは「子育て中だから、子どもを寝かしつけた後に動画は見られなかった。そんな時はブログが助かった」と言っていたり、かーずとかんのりは「通勤時間が長いため、通勤中に耳から勉強できる音声コンテンツは重宝した」と言っていたりと、本当に多種多様です。反対に、ふぞろいメンバーが全員使っていたコンテンツは存在しなかったため、合格に必須なコンテンツは存在しません。ぜひ、今回のアンケートを参考に、自分に合ったコンテンツの活用方法を見つけてみてください！

〜事例Ⅱのポイント・攻略法〜

マーケティングの4Pのうち何を活用できるか考えること。

【テーマ３：過去問演習後の復習方法＆受験生同士の交流】

かれん

模範解答が公表されない２次試験。どのように復習して、どのように知識や文章構成力を習得していくか。これが合格への分かれ道だと感じています！　はたして、ふぞろいメンバーは、どのような復習をして合格に近づいたのでしょうか？！

過去問演習後の復習方法（複数回答可）（n＝23）

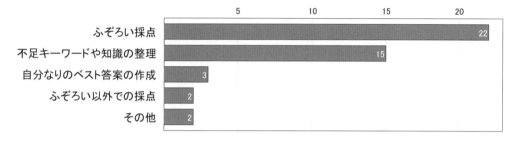

■事例Ⅰ～Ⅲについては『ふぞろい』での採点が鉄板！

　やはり『ふぞろい』シリーズを使った採点はほぼ全員が行っていた結果に。そのほか、【テーマ１】で出てきた『まとめシート流』や『全ノウハウ』、各予備校や通信講座の模範解答、YouTube の解説動画（【テーマ２】参照）も参考にしていたとの声がありました。

■同じ『ふぞろい』を使った復習でも、意識していたポイントは人それぞれ

　復習方法としては、「自分が作成した答案に不足しているキーワードや知識を整理する」人が多かったです。しかし、単純に整理するだけではなく、かーずやかんのりは、①どの解答作成プロセスでキーワードが漏れたのか（設問解釈／与件文読解／解答メモ作成／解答文作成）、②何が原因だったか（設問解釈不足／与件文確認不足／知識不足など）、③再発防止のためにプロセスをどう改善すればいいのか、④そのプロセスを定着させるためにどのような学習が必要か、など原因分析や今後のアプローチの具体化をしていて、PDCAサイクルをうまく回していました！

　また、『ふぞろい』の中でも、ふぞろい流ベスト答案や AAA 答案に注目して、不足キーワードや読みやすい文章構成（因果関係など）を習得していた人もいれば、A 答案に注目して合格水準の答案完成度を確認していた人もいました。２次試験は完璧な答案を書かなくとも、制限時間内に６割水準の答案を書ければ合格できることを考えると、どちらの視点も重要ですね。

　また、次に多かった復習方法は「自分なりのベスト答案の作成」でした。かれんも過去問演習の度に、Excel で自分なりのベスト答案を作成・更新し、不足しているキーワードや取り入れたい表現を整理していました。『ふぞろい』の答案には、自分が普段使わない

表現もあり、自分が試験本番で再現できる表現にすることを重視していました。

■受験生同士で交流した人は意外に少ない？

　ふぞろいメンバー23人中、過去問演習にあたって他の受験生と交流していた人は4人と少数派でした。それでも、交流していたメンバーからは交流したメリットが、交流しなかったメンバーからは「知っていたら参加したかった」という声が多かったので、受験生同士の交流について紹介します！

■交流のメリットは多数！　客観的な視点や知識・テクニック・情報収集など

　交流していたメンバーは、通っている予備校・通信講座コミュニティや、『タキプロ』・『ココスタ』など有志勉強会への参加で、他の受験生との交流を図っていたようです。

　メリットとしては、①自分の答案に対する客観的なアドバイス（読みやすさ、クセの発見など）、②知識やテクニックの習得（フレームワーク、設問間の一貫性、短縮ワードなど）、③周りの受験生の雰囲気を知れる、④勉強方法や参考書の情報収集、などが挙げられていました。一方、デメリットとして、①勉強会の準備や参加に時間が取られる、②アドバイスの質が、勉強会に参加する受験生や合格者に依存しており、ばらつきがある、などの声も聞かれました。

　ちなみに、かれんは通信講座『スタディング』から派生した有志メンバーで、『ふぞろい』などによる相互採点を行っていました。ノートに書いた自分の答案の写真を、SNSで投稿し、他のメンバーから採点・コメントをもらう仕組みで、お互いのためコメントは遠慮しない（辛口コメントOK）ルールにしていました。

　育児をしながら勉強時間もなんとか確保していたので、時間を有効に活用できたのがとても良く（自分の答案をフォーマットに転記したり、決められた時間に集合したり、勉強会で答案を読み上げたりする必要なし）、かれん自身はこれがなければ合格できていなかったと確信しています。忙しいサラリーマンにもとても効果的だと思います！　他の受験生との交流にハードルを感じる方もいらっしゃるかもしれませんが、ぜひ勇気を持って受験生同士の交流の場を覗いてみてください！

■受験勉強中の受験生コミュニティは合格後にも大いに役立つ！

　ちなみに、ふぞろいメンバーから多く聞かれたのは、受験生同士のつながりは合格後も診断士同期として大いに役立っているということ。相互採点に限らず、前述【テーマ2】の「X」でのつながりも含めると、多くのメンバーが受験生同士のつながりを持っていました！

～事例Ⅱのポイント・攻略法～

　　だなどこ！　ターゲットを明確に捉える。

【テーマ4:隙間時間の学習方法】

かーず

中小企業診断士試験を受ける人はみんな忙しい人ばかり。だからこそ、隙間時間の有効活用ってとても重要ですよね。そこで、ふぞろいメンバーに受験生の時に工夫していた隙間時間の学習について聞いてみました。

隙間時間の学習法(複数回答可)(n=23)

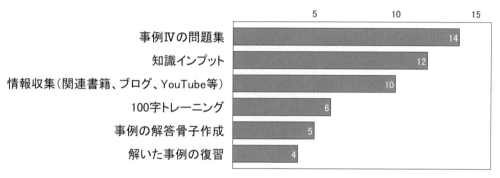

項目	回答数
事例Ⅳの問題集	14
知識インプット	12
情報収集(関連書籍、ブログ、YouTube等)	10
100字トレーニング	6
事例の解答骨子作成	5
解いた事例の復習	4

■2次試験は勉強時間確保との戦い! でもそれが難しい……!

　2次試験の過去問演習にはある程度まとまった時間が必要です。かーずの場合は、①問題を解く＝80分、②採点＝20分、③復習＆まとめ作業＝60分で約3時間かかっていました。そのため、過去問演習は土日に行い、平日はとにかく隙間時間でできる勉強をしました。そんな隙間時間の活用方法について、ふぞろいメンバー流の工夫を紹介します!

■隙間時間でも取り組みやすい「事例Ⅳ」

　アンケート結果で最も多かったのが「事例Ⅳの問題集」でした。事例Ⅳは設問ごとに細切れ時間で演習がやりやすいので、かーずも自宅にいる時は活用していました。たとえば、20分間で過去問の第1問だけ取り組むとか、問題集の1単元だけ解くとか、こういう学習ができるのが事例Ⅳのよいところ。育児で毎日忙しいかれんからは、前日に過去問を解き、その採点や復習を翌日の隙間時間にやっていたという、育休ママらしい時間管理の工夫が聞けました。出社が多い会社員も勉強時間の確保に悩みがちですが、かんのりのように毎日昼休みに必ず事例Ⅳの第1問(経営分析)を解く、ということを課していた強者も。周りの目を気にせずに集中できるのってすごい特技ですよね!

■今や、時代はモバイル学習

　続いて多かったのが「知識のインプット」と「情報収集」でした。これらはスマホを活用して移動時間でも行えるため、多くのメンバーが実施していました。かーずも、朝の通

勤中が重要な学習時間だったので、自宅を出発後すぐにイヤホンをつけ、会社に着くまでずっと YouTube でインプット学習や2次試験対策の情報収集をしていました。かんのりは TBC の『速修2次テキスト』に掲載されている抽象化ブロックシートの内容を単語帳アプリ（AI での読み上げ機能あり）に入れて移動中にずっと聞いていたとか。隙間時間と動画・音声学習、かなり相性が良さそうですね。

■そのほか、有名なトレーニング方法も隙間時間に最適

「設問解釈トレーニング」（設問文だけを読んで解答の骨子や概略を考える訓練）をやっていたふぞろいメンバーも一定数おり、その効果は非常に大きかったとのこと。たべちゃんは解いた過去問の復習として、設問解釈トレーニングのみを行って知識不足を補強する目的で活用しており、かんのりも設問を見ただけで解答メモを作れるところまで反復して鍛えたそうです。

日々多忙な弁護士なおふみは家では育メン。愛息を公園で遊ばせている隙間時間が少しでもあればスマホで中小企業診断士試験に役立つブログを読んで情報収集するなど、数分間の隙間も逃さない時間活用の天才でした。一方で、よしかずは、毎日自分に課した勉強時間達成を重視していて、それ以上の隙間時間があったとしても特に何もせずにリフレッシュタイムに充てていたとのこと。長く勉強を続けるにはメリハリも大切ですよね。隙間時間の考え方もふぞろいでとても興味深いです。

ほかには、「100字トレーニング」という回答もありました。100字で記述する設問が多い2次試験では、字数の感覚を身につけるために取り組んでいる人もいますね。また、「解いた事例の復習」を隙間時間にしている人も。事例を解くのは時間がかかるけれど、復習は隙間時間でもできるってことですね。前述のとおり、かれん流の過去問を解く日と復習する日を分けるやり方は、忙しい人にはとても効果的ですね。

■まとめ

受験生はみんなそれぞれさまざまな事情を抱えて勉強しています。仕事が忙しい……、家族サービスで忙しい……、家事や育児で忙しい……、のように、まとまった勉強時間を確保しづらい中で、こうして合格者の工夫を聞いてみると、少しの隙間時間でもなんとか活用してやる！という合格者の執念を感じます。

合格者のメンタリティ、やはり恐るべし……！

〜事例Ⅱのポイント・攻略法〜
自社の強みと外部環境の機会を理解し、経営者に寄り添った解答をすること。

【テーマ５：直前期の学習方法＆前日の過ごし方】

なおふみ

> 試験１週間前！　平成30年度まだ解いていないし試験感覚維持も
> したいから過去問演習しか勝たん！　……えっ？　ファイナル
> ペーパー（以下「FP」）？　知識の補充？　直前期について聞い
> てみました。ついでに前日の過ごし方も聞きました。

■結論：過去問演習しか勝たん、というわけでは無さそう。

　ふぞろいメンバー23名に直前期の学習内容を聞いたところ、①過去問演習が21名、②
FP作成が６名、③知識の総復習が12名でした。（複数回答）

■どの過去問をチョイス？　未着手問題をやる？　80分で解く？

　【直近年度を初見で解く派】かーずは令和４年度を直前まで温めておき、初見で解きま
した。【弱み克服派】かれんは３周した過去問のうち最後まで点数が取りきれなかった問
題を解きました。【80分では解かない派】たべちゃんは未着手問題に手をつけるか悩んだ
後、着手済みの事例Ⅰ～Ⅲを７年分、各30分で設問読解・解答骨子記載・知識確認という
流れで解き、事例Ⅳは苦手問題の解き方確認をしました。【過去問のキーワードのみ確認
してFP作成注力派】よしかずはFP作成に注力する反面、過去問を解くことはせず、平
成25年度以後の『ふぞろい』の解答部分を確認し、キーワードに関連する知識をまとめて
いました。【FP作成も過去問もする派】かれんとかんのりは過去問演習をしつつFP作成
をしていました。ふぞろいがすぎる！　なお、FPの内容については【テーマ６】で。

■知識の総復習・インプットって何するの？　役に立った？

　かれんは予備校（L予備校のT先生の講義が良かったと言っていました）や、受験団体
の直前セミナーを聞きました。中小企業白書の要点やトレンド、今年の出題予想が聞けた
ことに加え、何のテーマが来るかわからない２次試験において精神的な安心材料になった
そうです。かんのりは前日にYouTubeの講義を聞き、役に立ったうえに実際に出題もさ
れたみたいです（うらやましい……）。

■前日は何をしていた？　体調を崩す可能性もあり！　やっぱり体調管理が大事……

　かんのりとかれんは過去問演習でした。かーず（すでに体調を崩していた）、たべちゃん、
よしかずはFPを見ていました。再現答案メンバーの過ごし方はふぞろいですが、みんな
翌日に備えて早く就寝したみたいです。私は遠方からの受験なので荷造り！

～事例Ⅲのポイント・攻略法～
　製造工程を図で示しわかりやすくまとめること。

【テーマ6：ファイナルペーパー】

たべちゃん

中小企業診断士の受験生界隈でよく耳にする「ファイナルペーパー」。みんなどんな内容で作成していたのでしょうか？

ファイナルペーパーの作成
（n＝23）

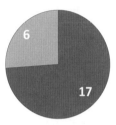

■ 作成した　■ 作成していない

ファイナルペーパーの内容（複数回答可）
（n＝23）

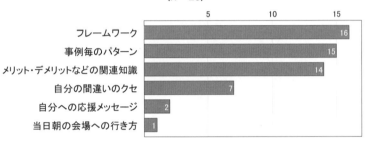

項目	回答数
フレームワーク	16
事例毎のパターン	15
メリット・デメリットなどの関連知識	14
自分の間違いのクセ	7
自分への応援メッセージ	2
当日朝の会場への行き方	1

■ふぞろいメンバーの大半がファイナルペーパーを作成！

　アンケートによると、約7割がファイナルペーパー（以下、FP）を作成していました。内容はフレームワークやメリット・デメリットなどの「知識確認」、自分の間違えるクセや事例ごとのパターンなどの「振り返り」、自分への応援メッセージなどの「士気向上ワード」が多かったようです。

企業の健康状態	状態	具体的
成長	売上拡大、成長している	・両利きの経営が行われている ・強みを使って、**機会**を捉えられている
収益性	収益を生み出している	・**差別化、高付加価値化**できており、**価格競争を回避**
企業戦略	ビジョン達成のために企業戦略がとられ、あわせて経営資源を獲得している	・組織は戦略に従う
組織構造	戦略に必要な経営体制、機能、能力が備わっており、**戦略達成に効率的**	能力育成、組織体制、組織構造、生産体制
経営資源	・社員は**士気**に満ちており、企業成長意識が高い ・4Mは正しく管理されており、**効率最適化**されている ・4Pを使って、売上達成に寄与している	・組織活性化 ・生産管理が適正 ・セールスミックスが適切

企業戦略	目的	方法
市場浸透戦略	顧客内シェア拡大で売上拡大	・顧客の満足度向上、関係性強化
新市場開拓	新市場を開拓し売上拡大	・強みを使って、営業力強化
新製品開発	既存顧客の新規需要を創造し売上拡大	・ニーズ収集や外部連携を行い、顧客要望対応強化＝新商品開発
多角化	新市場＋新製品で売上拡大	・関連多角化でシナジー効果を発揮し高収益性 　営業力強化と新商品開発して需要獲得 ※無関連多角化は、経営資源分散し、失敗しやすい

出所：かんのり作FP・一部抜粋（知識確認）

～事例Ⅲのポイント・攻略法～
　設問間の切り分けが難しい場合はできる問題から解く。

■どのように作成し、活用したか

「自分でゼロから作成する派」と「他人のものをベースに活用する派」が存在。

かーずは過去問演習をした後に復習で積み上げていた Excel の内容をブラッシュアップ（テーマ3でも記載）。かんのりは2次試験に必要な知識と設問に対する解答の型を記載。いずれも自分なりの知識整理の工夫が感じられました。一方でかれんとたべちゃんはネットから参考となる FP を拝借。特に「一発合格道場10代目ぐっちさん」という方の FP は事例ごとの要点がまとまっていたので2人とも参考にしていました。一方、よしかずは事例ごとに作成方法を変えていたようです。事例Ⅰではマインドマップを作成できるアプリ（『MindNode』）で知識をまとめ、事例Ⅱではドメインと、売上＝客数×客単価を向上の関係性をノートに記載、事例Ⅳでは『30日完成』の巻末に記載されている公式一覧をコピーし活用したとのこと。いずれも学習を進めながら不足する知識を補完したり、自分の間違いのクセをまとめて同じミスを繰り返さないようにしたり、ベスト解答の型を作成するなど、FP を作る過程で知識の定着につなげ、当日のお守りになるようにしている人が多かったようです。

年度	事例	実施日	差異発生した場面	「差異の内容」などの振返	ズレの原因	具体的な再発防止対策
R3	事例Ⅰ	8/19	設問解釈	「想定解答シナリオ」作成が甘い	・初回のため手探り状態で設問解釈を行ったため	❶設問解釈は、問題用紙上で行う（今回作成のサンプルを根付かせる） ❷想定解答シナリオ（メリ・デメ等）をしっかり書き出す ❸"あえて表現"をしっかり解釈して、想定解答シナリオに使う
			与件文確認	時間がかかり過ぎた（予）10分 →（実）26分 結果、後の解答メモ作成時間が取れず	・与件文を2回読みした（野網式） ・1回目、黄色マーカーでざっと読み、2回目は設問ごとに色塗りで精読した為	❶与件文確認は、1回のみとする。設問解釈をしっかり行い、1回目の与件文でキーワードに設問ごとの色塗りを行う。 ❷解答メモ作成時に、キーワード抽出漏れが無いか与件文を再確認（実質2回目） ❸解答メモには、文字を転記しない（時間がない）。与件文に設問別の色塗りをしているので、与件文の上で余白を使って解答メモを作成する ❹解答作成（40分）はマストで時間確保する。 ❺マーカーの色は見間違わないように、似ていない5色を使う（やりながら修正していく） ❻次回以降のタイムマネジメント変更　①設問解釈（15分）　②与件文確認（15分）③解答メモ作成（10分）　④解答作成（40分）
			解答メモ作成	設問ごとの難易度把握（優先順位付け）ができなかった。	解答メモ作成で時間切れとなり、判断不能だった	❶与件文に設問ごとの色塗りがされた状態で、解答メモ作成をする際に、マーカー箇所（解答キーワード）の多さや、設問解釈で「想定解答シナリオ」を用意できたか否かを踏まえて、難易度（解く優先順位付け）の判断を行う。
			今後のトレーニング			❶設問解釈トレでの「想定解答シナリオ」作り（古い年度で。印刷して問題用紙上でやる） ❷100字トレで「想定解答シナリオ」の引き出し増やす

出所：かーず作 FP・一部抜粋（振り返り）

■FP を作らない派の意見

一方で「作らない」という意見も挙がりました。なおふみは育児・弁護士のお仕事との両立で時間がないことから FP 作成は割愛。当日は試験会場で知識を見返すために『全知識』『30日完成』を会場に持参し、よい筋トレになったとか。2次試験は1次試験と比べ求められる知識量は多くないため、あえて作らないというのも戦略の1つかもしれません。

■まとめ

今回は FP についてふぞろいメンバーの実態を調査しました。FP 作成は知識パターン整理・本番の精神安定剤となる「手段」の1つであり、作成有無や活用方法はさまざま。自分に一番合った方法で活用していきましょう！

~事例Ⅲのポイント・攻略法~

DRINK。

【テーマ7：模試】

なおふみ

> 試験といえば模試！ みんなは模試を受けたのでしょうか？ そして、役に立ったのか、聞いてみました。えっ？ 多年度の私ですか？ 受けていませんけど。そういうとこだぞ？？

■気になる結果は？

ふぞろいメンバー23名に聞いたところ、模試を受けたのは何と6名（26%）。17名（74%）が模試を受けていない、という結果に。

■模試の満足度は？

6名の模試受験者に満足度を5点満点で聞いたところ、2名が最低評価の1点、残り4名が4点という結果に。サンプルが少ないので判断は難しいですが、興味深いです。

■実際に受けた人の感想

【結果受領が遅い】かーずは9月初旬に自宅で受けました。過去問を1年分しかやっておらず、解き方もままならない時期だったため結果は深く受け止めず、事例Ⅳ以外は復習しませんでした。なお、結果は上位39%（天才だ……）で、判定が出るまでに時間がかかったそうです。【採点結果を気にする必要はないけど、会場で受けてよかった】かんのりは会場で受けました。1日4事例の辛さを体験できたこと、多年度生がスラスラ解いているのを見て「この人たちに勝たないと合格しないのか」と感じたことがすごく刺激になったそうです。なお、かーずと同様の理由で採点は気にする必要はないという意見でした。【試験の時間感覚などを知れた】たべちゃんは予備校のプランに組み込まれており9月初旬に受験しました。時間感覚と「最初に問題用紙をビリビリ破る」流派を知りました。「模試なんて受けなきゃよかった」などの否定的感想はありませんでした。

■受けなかった理由

かれんは模試を受けるなら1日でも勉強したいとのことで受けませんでした（気づいたら締切が全部終わっていた）。私もある程度勉強して模試を受けたい派です。

■模試に関してあれこれ

【ストレート受験生】模試の時点で過去問演習が進んでいないと思われるため、ストレート受験生にとっては力試しや実力定着というよりは本試験のシミュレーションや多年度生という脅威から刺激を受けることがメリットと考えます。そして、「採点結果は気にする必要はない」、というのがストレートふぞろいメンバーの見解。

【多年度生】一方、多年度生は一般的なメリットである、力試し、ポジション把握、モチベーション維持、そして（過去問が既知の状態になっているならば）初見問題を解くことがメリットと考えます。なお、棚の遥か上空に自分を置いています。力量とポジション把握を怠ると私みたいに多年度生になるかも……。泣いてなんかいません。

模試、ご利用は計画的に。

第4章

合格者による、ふぞろいな特集記事
～2次試験に臨む受験生に贈る勉強のヒント～

　最後の章である第4章では、皆さまが2次試験を勉強するうえで気になる点や、知っておくと役立つ情報をまとめました。

　第1節「再現答案の統計分析から見えてきた令和5年度試験の特徴」では、令和5年度2次試験の受験生からご提供いただいた得点情報をもとに、今回の試験の傾向を考察します。当該年度の過去問を解く際の参考情報としてご活用ください。

　第2節「過去問をどれくらい解く？　合格者の過去問演習量」では、合格者の実際の得点をもとに、合格点（60点）を取得するための過去問演習量、勉強時間、学習方法などを考察します。

　第3節「2次試験の勉強戦術と精神状態」では、ふぞろい17メンバーにアンケートを実施して、答案を合格レベルまで引き上げるための勉強戦術とその時々の精神状態をまとめました。2次試験対策の参考情報としてご活用ください。

　第4節「行列のできるふぞろい相談所　～読者の声に答えます～」では、『ふぞろいな合格答案16』の読者アンケートや、セミナーアンケートで寄せられた読者のお悩みや疑問にお答えします。

　第5節「受験生支援団体の情報まとめ」では、受験生支援を行っている各団体の活用方法や活動概要を紹介します。

再現答案の統計分析から見えてきた令和5年度試験の特徴
〜令和5年度試験のポイントは事例Ⅰ〜

足尾：令和5年度の試験の難易度ってどんなもんだったんすか？

先生：中小企業診断協会の発表では、令和4年度と比較してやや合格率は上がりましたが、大きな違いはありません。

図表1　令和5年度試験結果（中小企業診断協会発表）

申込者数	筆記試験受験者数①	筆記試験受験者数②	口述試験受験資格者数	合格者数	合格率
9,110人	8,745人	8,712人	1,632人	1,625人	18.7%

地明：それぞれの事例の難易度はどれくらいだったのかしら？

先生：各事例の平均点などは中小企業診断協会からは発表されていませんので、ここでは、『ふぞろい』に得点を報告してくれた受験者の全体集計と、各事例での平均点や合格点以上の人数を見てみましょう。

図表2　試験結果（令和5年度ふぞろい提出者集計）

項目	提出者	合格者	合格率
人数	343人	165人	48.1%
平均点	237.30点	253.59点	−
最高点	288点	288点	−
最低点	181点	240点	−

項目	事例Ⅰ	事例Ⅱ	事例Ⅲ	事例Ⅳ
合格点以上数	155人	148人	188人	188人
全体平均点	58.27点	58.81点	59.83点	60.39点
最高点	91点	79点	81点	80点
最低点	26点	37点	30点	40点

足尾：事例Ⅰの平均点が一番低くて、最高点と最低点の差も一番大きいっすね。平均点が低い中、最高点91点ってすごっ！

地明：逆に、事例Ⅳは苦手な人が多そうな印象だけれど、平均点も高くて、最高点と最低点の差も小さいですね。

先生：あくまで『ふぞろい』に提出してくれた人の集計であり、合格率も協会発表の数値の倍以上という結果なので正確ではないですが、今回の集計ではそうなっています。ちなみに、全体で合格点を取ったけれど1科目足切りで不合格となった方が1名いらっしゃいます。

地明：事例Ⅳは第1問と第4問が比較的答えやすく、第3問が難しかったから、差がついたとすると第2問のみで、全体的にはあまり差がつかなかったって感じでしょうか。

先生：平均点が合格点の60点を超えていますから、そういうことかもしれないですね。ただ、事例Ⅳを得意とする人がたくさん提出してくれたという可能性も否定はできません。続いて、事例別に合格者と不合格者の得点を比較してみましょう。

図表3　事例別試験結果（令和5年度ふぞろい提出者集計）

事例	合格者				不合格者			
	最高点	最低点	平均点	合格点者	最高点	最低点	平均点	合格点者
事例Ⅰ	91点	42点	64.83点	114人	75点	26点	52.25点	41人
事例Ⅱ	79点	47点	60.68点	88人	79点	37点	57.09点	60人
事例Ⅲ	81点	46点	64.19点	127人	76点	30点	55.84点	61人
事例Ⅳ	80点	42点	63.90点	119人	74点	40点	57.18点	69人

地明：事例Ⅱはそもそも合格点を取れた人が少なく、合格者と不合格者の平均点の差は4
　　　点以下とかなり小さいですね。

先生：そうですね。一方で、事例Ⅰは平均点の差が12.58点と事例の中で一番大きいです。

足尾：事例Ⅲは8.35点、事例Ⅳは6.72点なので、事例Ⅰは唯一10点以上差があるっす。

図表4　事例別得点分布（提出者全体、合格者）

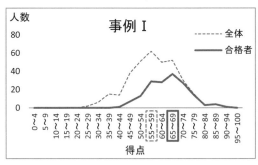

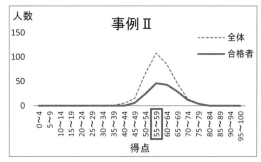

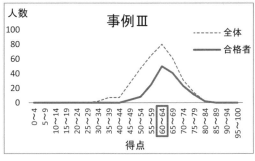

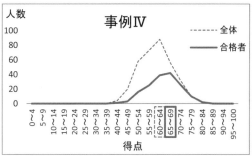

先生：事例別に得点分布を見ると、事例ⅡとⅢでは提出者全体で最も人数が多い得点
　　　（ピークの得点）と、合格者の中でのピークの得点が同じところにありますが、事
　　　例Ⅰは全体の得点のピークと、合格者の得点のピークが最も離れています。つまり、
　　　合格者と不合格者の得点差が大きいことがわかります。令和5年度に合格するため
　　　のポイントとなった事例といえるのではないでしょうか。令和6年度はまた傾向が
　　　変わるかもしれませんが、令和5年度の過去問を解くときは、事例Ⅰの特別企画も
　　　参考にして、高得点を目指して対策に取り組むとよいでしょう。

～事例Ⅲのポイント・攻略法～
　標準化、マニュアル化、DB化、共有、リアルタイム更新、生産計画短サイクル化等、キーワードで与件文を見る。

過去問をどれくらい解く？ 合格者の過去問演習量

本節では、令和5年度2次試験に合格したふぞろいメンバーの得点開示結果を分析し、1科目60点以上を取得するための過去問演習量、学習方法を考察します。第3節「2次試験の勉強戦術と精神状態」と合わせて、学習計画の策定にお役立ていただければ幸いです。

■ふぞろい17メンバーの得点分布

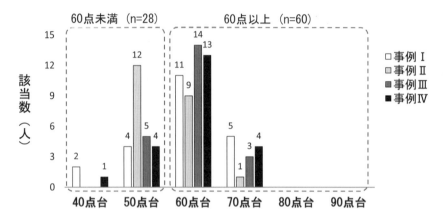

令和5年度2次試験に合格したメンバー22名（22名×4科目＝延べ88名）の得点分布を見ると、おおむね60点台を中心とする正規分布をとり、多くが50〜70点台に位置しています。80点以上を取得した人はおらず、受験戦略として1科目逃げ切りで総合240点に到達することは相当難しいことが窺えます。一方で、「60点未満」は延べ28名、「60点以上」は延べ60名と、「60点未満」が3割以上いることから、全科目で60点（オールA）を取得することも比較的難しいといえるでしょう。

以下、「60点未満」と「60点以上」の2群に分け、1科目60点を取得するための過去問演習量を統計的に検討いたしました。

■過去問演習量に差はあるか？

令和5年度における過去問演習量について、アンケートを行いました。

まず、何年度分の過去問を解いたか比較したところ、「60点未満」では1科目当たり平均7.6年度分、「60点以上」では1科目当たり7.5年度分、1科目当たり過去問を何回転したかの比較では、「60点未満」では平均2.1回転、「60点以上」では平均2.3回転でした。これらをまとめて、延べ何事例の過去問を解いたかの比較では、「60点未満」では平均17.4事例、「60点以上」では平均18.7事例という結果が出ました（右図参照）。総合すると、ふぞろいメンバーの中では過去問演習量と得点差に有意な差は認められないという結果になりました。

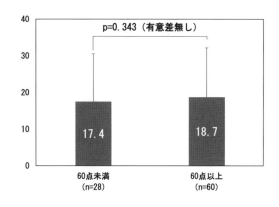

1科目当たりの過去問演習量（延べ数）

■ふぞろいメンバーの過去問との付き合い方

統計上は過去問演習量と得点に相関関係は認められませんでしたが、ここでふぞろいメンバーの中で、最も演習量の少ない「いっちー」と最も演習量の多い「サエコ」のお2人（いずれも独学ストレート合格）に過去問を使った勉強方法についてインタビューしてみました。※「いっちー」は公認会計士資格保持者。

過去問演習量（延べ数）	事例Ⅰ	事例Ⅱ	事例Ⅲ	事例Ⅳ	平　均
いっちー	1	1	1	1	1
サエコ	48	32	48	45	43.3

【過去問演習量が少ない/多い理由・目的は？】

いっちー：学習計画が短期間だったというのもあり、80分の演習時間を確保できなかったことに加え、解答作成の骨子となる知識の復習に時間を割きたかったから。

サエコ　：事例ごとのロジックやキーワード、時間やペンの使い方まで体に染み込ませ、本番まで忘れないように毎日繰り返したから。

【過去問演習の際、意識したことは？】

いっちー：解答の論理の検証。設問ごとに因果・列挙・課題説明・対策と効果などに存在する論理性に着目して分類し、知識を入れ込むことを意識しました。

サエコ　：設問解釈力と再現性の強化。設問文は違っても本質的に問われていることは毎年ほぼ同じだと気づき、そこを外さないように演習を繰り返しました。

【事例ごとに過去問演習方法を変えた？】

いっちー：文章で解答する設問は上記のように対策しましたが、事例Ⅳの計算問題だけは

答案に何を書くか検討し、実際に電卓を叩いて正答するところまで行いました。

サエコ　：事例Ⅳ（苦手科目）だけは設問ごとに勉強し、80分通しての演習はあまりしませんでした。事例Ⅰ～Ⅲは必ず本番と同じ時間と道具で演習しました。

【（いっちーへの質問）1年分の過去問演習だけで不安にならなかった？】

いっちー：ほかの試験で記述式試験に十分慣れていたこともあり、演習の目的は中小企業診断士試験の概要をつかむことだったので、それほど気になりませんでした。

【（サエコへの質問）過去問以外の演習やらなきゃとか不安にならなかった？】

サエコ　：独学だったので予備校の模試や予想問題は若干気になったけど、初年度で時間的余裕はなかったし、過去問に勝る問題はないと信じて愚直に繰り返しました。

【受験生へのアドバイスをお願いします！】

いっちー：演習が少なくても合格は不可能ではないです。満点を取る試験ではないので解答パターンを理解し、書くべき知識を適切に入れ込めば合格点は超えられます。

サエコ　：演習を重ねたことで1日4事例を解き抜く体力も鍛えられたようで、2次試験当日もあまり疲れなかったという効果もありました。皆さまもぜひご自身に合った戦略を立ててください。

■過去問演習の取り組み方

　上述のとおり、合格者の多くは過去問を延べ18回以上演習しており、また「サエコ」へのインタビューでもあったように、合格点を獲得するためには過去問演習が非常に重要です。「いっちー」も過去問演習量自体は少ないですが、過去問と解答を活用した効率的な勉強をしています。過去問演習は80分間で解答し、その後復習するのが一般的かと思いますが、ほかにもさまざまな取り組み方があるようです。

　ここではふぞろいメンバーがとってきた"一風変わった"過去問演習の取り組み方についてご紹介します。活用できそうなものがあれば、ぜひ普段の学習に取り入れてみてください。

ふぞろい17メンバーの過去問演習の取り組み方

- 『ふぞろい』平成19年度～令和元年度の模範解答を暗記、その後演習。令和2～4年度の直近3年分は直前まで置いておき模試代わりに使用。（むらまさ）
- 『ふぞろい』で勉強仲間と相互採点。（かれん）
- 試験と同じ時間で、同じプロセスで解く。（よしかず）
- あまり悩まず『ふぞろい』の解説を読む。（もろ）
- 『ふぞろい』で採点、その後徹底分析。（みやけん）
- 自分なりの解答の型を見つける。（しゅんいち）

<table>
<tr><td>第3節</td><td>2次試験の勉強戦術と精神状態</td></tr>
</table>

　試験攻略法はいろいろありますが、今の実力を正確に把握して目指すべきゴールの位置を確認し、その差を埋めていくのが王道ですよね。

　ふぞろいメンバーは2次試験勉強開始直後にどのくらいの実力があったのか、そこから最後のゴールテープを切るまでどういう戦術で勉強したのか、アンケートを実施して、その時々の精神状態（喜怒哀楽）と合わせて分析しました。また、メンバー各々の戦術を振り返ってもらい、受験生の皆さまのお役に立つであろうコメントを集めました。

【2次試験の勉強開始直後の状況と精神状態】
　まずは、ふぞろいメンバーの2次試験勉強開始直後の点数分布と精神状態をご紹介します。

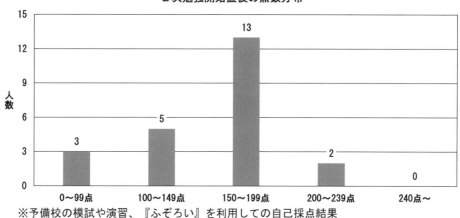

2次勉強開始直後の点数分布

※予備校の模試や演習、『ふぞろい』を利用しての自己採点結果

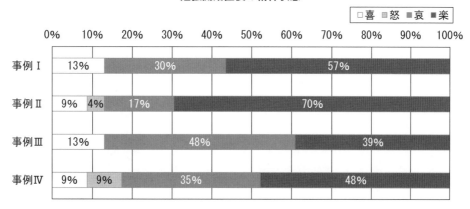

勉強開始直後の精神状態

〜事例Ⅳのポイント・攻略法〜
　計算を振り返るために計算式をきれいに書いておくこと。

　誰一人として2次試験の勉強開始直後から合格点である240点以上を得点しておらず、大半が200点未満だったことがわかります。また、このときの精神状態が「哀」や「怒」だったメンバーは、最も少ない事例Ⅱで21％、最も多い事例Ⅲで48％いました。勉強開始直後は思うような点数が取れず落ち込んだり気が立ったりすることもあるかもしれませんが、このグラフや下の感想からもわかるように、同じ思いをした合格者も複数います。これから勉強を開始する、もしくは勉強開始直後で不安を感じていらっしゃる受験生の皆さまには、少し安心していただけるのではないでしょうか。

> **2次試験勉強開始直後の感想（ネガティブなもののみ抜粋）**
> ・本業（経営企画）に近いのに全然できない（事例Ⅰ「哀」・複数名が同意見）
> ・時系列が複雑（事例Ⅰ「哀」）
> ・マーケティングの現場ではそれはやらないよね（事例Ⅱ「怒」・複数名が同意見）
> ・与件文はわかりやすいのに解答は全然違った（事例Ⅱ「哀」）
> ・メーカー経験がないから、イメージが湧かない（事例Ⅲ「哀」・複数名が同意見）
> ・できない……（事例Ⅳ「哀」・複数名が同意見）
> ・とにかく意味がわからん（事例Ⅳ「怒」・複数名が同意見）

　他方で、勉強開始直後の点数がこの程度であっても、どの事例も「喜」「楽」の合計が最多になっており、良い精神状態だったメンバーも一定数いました。たとえば、事例Ⅰと事例Ⅱは、経営企画やマーケティング等の事例に関連する業務未経験者にも「喜」「楽」だった人が一定数いました。一方で、事例Ⅲと事例Ⅳは、メーカー勤務者や経理職従事経験者、関連資格保有者は「喜」「楽」が多かったようです。

　事例Ⅰと事例Ⅱは未経験者であっても取り掛かりやすく、事例Ⅲや事例Ⅳは経験者の方が取り掛かりやすい事例といえるかもしれません。ご自身の経験を踏まえた勉強計画を立てられるといいかもしれませんね。

　それでは次に、2次試験の合格に向けてどのような戦術で臨んだのかご紹介します。

【勉強時間比率、勉強戦術と精神状態】

　ふぞろいメンバーの各事例の勉強比率の平均は右のグラフのとおりで、事例Ⅳが最多の37％、事例Ⅱが最小の19％でした。

　解答が明確な事例Ⅳは、勉強しただけ点数が伸びやすいといわれています。事例Ⅳに苦手意識のあったふぞろいメンバーも、それを踏まえて勉強したようです。

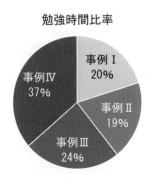

勉強時間比率
事例Ⅰ 20%
事例Ⅱ 19%
事例Ⅲ 24%
事例Ⅳ 37%

～事例Ⅳのポイント・攻略法～
第1問と第4問は与件文に忠実に答えれば得点できる。

ふぞろいメンバーが効果を感じた勉強戦術を、精神状態の変化とともにご紹介します。

勉強戦術と主な精神状態の変化

事例	勉強戦術（複数名が同意見）	精神状態の変化（最多回答）
事例Ⅰ	SWOT、外部環境・内部環境変化を丁寧に分析する。そのうえで、外部環境変化→経営戦略見直し→組織人事変更、の流れにも留意する。	「哀」→「喜」
事例Ⅱ	過去問を繰り返し、毎回ダナドコを意識して活用する。	「哀」→「楽」
事例Ⅲ	問題点と課題と対応策の切り分けの練習を繰り返す。工場の様子をYouTubeで把握する。	「哀」→「楽」
事例Ⅳ	まずは焦らずにできるところまで解法理解に努める。ある程度（4〜6割）到達できたと感じたら、時間を計って毎日解く。	「哀」→「喜」

次に、ふぞろいメンバーが本番までにどれだけ得点が伸びたのかご紹介します。

【2次試験勉強開始直後〜本番までの得点の伸びについて】

以下は、各事例の得点の伸びを示しています。

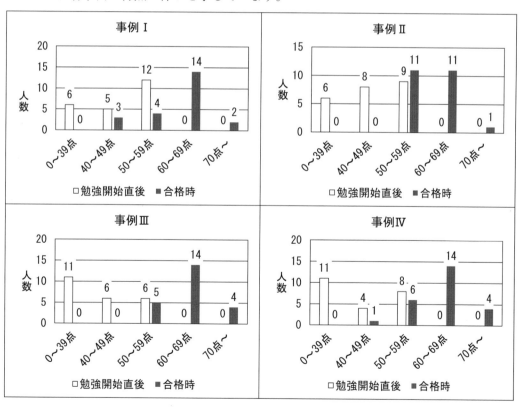

　ふぞろいメンバーが勉強に費やした時間の事例ごとの比率と実際の2次試験の得点を見ると、最も点数を伸ばしやすいのは事例Ⅲで、次に事例Ⅳ、事例Ⅰと続き、最も点数を伸ばしにくいのは事例Ⅱだとわかります。

　事例ごと・年度ごとに点数の伸ばしやすさ・伸ばしにくさはありそうですが、ふぞろいメンバーは、いずれも上述の勉強戦略が功を奏して、4事例合計で240点以上、かつどの事例も40点以上を得点することができたといえます。

【受験生の皆さまへ伝えたいこと】

　勉強開始直後から合格までの事例ごとの勉強時間比率と点数の伸び率を、その時々の精神状態とともに分析してみましたが、いかがでしたでしょうか。ご自身の現状や環境を踏まえて最適な勉強戦術を検討してみてくださいね。

　最後に、ふぞろいメンバーより皆さんへの勉強戦術に関するアドバイスです。

やってよかったこと

・各事例企業の目指すべき姿を意識する。
・高得点者の再現答案の研究や、100字程度に文章を要約するスキル習得。
・中小企業白書をざっと眺め、最新の動向や用語などを確認したほうがいい。
・計算問題演習をコツコツやる。最初はきついけど確実に点数を拾えるようになる。
・時間を計って演習しておくと当日の時間配分ミスを減らせる。
・時間節約のため、利き手と反対の手で電卓を打てるようにする。
・受験支援機関等が開催する勉強会で、他の人に自分の答案を読んでもらう。
・「トータルで240点取れればよい」と割り切る。
・「得意を伸ばす」よりも「苦手を潰す」。全体のバランスを重視。

やらなくてよかったことを踏まえたアドバイス

・事例Ⅳが得意でも、NPVに固執しすぎない。
・得意事例を伸ばして苦手事例をカバーする戦略は限界がある（高得点を取れることも多いが、合わない問題だと安定して得点できない。）
・過去問を解く前の知識の入れ直しは無駄が多くなる。まず過去問を解いて足りない箇所を都度補う方式にしたほうがよかった。

応援メッセージ

　できないことを直視するのはやっぱり「哀」しいし、時には「怒」りすら覚えるかもしれません。それでも、できないこと＝宝物を見つけたと「喜」び、気づきを得たことを「楽」しむくらいのポジティブさでいきましょう！

~事例Ⅳのポイント・攻略法~

　財務指標は確実に押さえる。CVPとNPVは、問題演習を通して、自分の間違いのクセを見つける。

第4節 行列のできるふぞろい相談所 ～読者の声に答えます～

前作『ふぞろいな合格答案16』の読者アンケートやセミナーアンケートで寄せられた読者のお悩みや疑問にお答えさせていただきます。

登場人物　左：もろ、中：むらまさ（以下、むら）、右：サエコ（以下、サエ）

【試験勉強に疲れたあなたに、ひとときの休息をお届けします】

もろ：お悩みや疑問を抱える受験生の皆さまに寄り添いながら、試験突破のヒントを勝手気ままに、そして楽しく、お伝えしていくコーナーです。忙しい試験勉強の合間に、ホッと一息ついていただければと思います。

むら：試験勉強をしていると、いろいろな悩みが出てくるからなぁ。少しでも皆さまに有益な情報を届けられればと思います！

サエ：そうだね、3人で楽しく進行していこう！　それでは早速1つ目のお悩みです。

【心のゆとりと自信で、最高のパフォーマンスを！】

> 試験当日は緊張で手が震え、思うような記述ができませんでした。

もろ：この悩みは多くの受験生から寄せられていたんだ。これまで磨いてきた実力を試験当日に発揮できず、努力が報われないのは悔しいよね。2人も緊張することはあると思うけど、どのように乗り越えてきた？

サエ：私は、試験の1週間前に本番と同じタイムスケジュールで1日を過ごし、過去問を解くことで心身の準備をしたね。これで当日の体と脳の疲労度の予測が立ったし、その時点の実力で何点くらい狙えるかもわかったから、それを踏まえた準備を残りの1週間でしたよ。そのせいか、本番はあまり緊張しなかったね。

むら：俺は、事前情報と違い試験会場の机が小さかったから、大量に持ち込んだ文房具がうまく机上に収まらず若干動揺したまま本番を迎えたんだよね。案の定、事例Ⅰの手ごたえはボロボロ……。ただ事例Ⅱ以降は、「ここから巻き返そう！」と開き直り、平常心で試験に臨めたことが結果につながったと思う。

もろ：開き直るって大事だよね。僕も試験会場の周りの人を見渡して、「僕のほうが努力

してきたはずだ！」と根拠のない自信で開き直り、緊張を乗り越えたよ。

サエ：ほかのメンバーからは、今まで学習してきた教材を並べて「自分はこれだけ勉強を
してきたんだから、大丈夫！」と自信をつけたという話もあったね。それから、時
間に余裕を持って会場に到着することも、会場の空気感に慣れるためには重要とい
う意見もあったよ。

もろ：やり方は人それぞれだけど、当日のスケジュールを意識して心にゆとりを持つこと
や、自分のこれまでの努力に自信を持つことが緊張に打ち勝つ秘訣だね。

【想定外は皆同じ、自分なりの攻略法を見つけよう】

> 想定よりも与件文が長く、時間が足りなくなりました。

もろ：最近は与件文が長くなる傾向があるね。令和5年度の事例Ⅰと事例Ⅱは4ページに
わたる長文となっていて、想定外だった受験生も多かったみたいだ。

サエ：早く解答するためには「設問解釈」が重要だと思う。出題者の意図を設問文から汲
み取ったうえで、与件文のどこに関連したキーワードがあるかを探すことで解答時
間を短縮することができるはず。それから、100字トレーニング（文字数制限を設
けて答案を作成する練習）に取り組むことで解答に要する時間感覚を身につけるこ
とも、設問ごとの時間配分を見極めるうえで役に立ったよ。

もろ：僕も同じように「設問解釈」を重視していたよ。それに加えて、あえて80分ではな
く60分で解答をする練習もしていたんだ。その結果、本番も事例Ⅰと事例Ⅲは60分
で解答することができた。80分間の使い方を自分なりにパターン化して、いつでも
同じ時間配分で解答できるようにすることも大切だね。

むら：俺は試験当日までこれだ！という攻略法は見つからなかったのが正直なところ。た
だ、どんな問題が出ても大外ししない自分なりの解答の「型」をいくつか作ってお
くことができたから、考えすぎて沼にはまってしまった時はどの型なら6割程度取
れるかな？とパズル感覚で考えるようにした。

もろ：与件文の長さもそうだけど、予想外の出来事は起こるものだからね。それでパニッ
クになるのはほかの受験生たちも同じだから、「へぇ、こう来たんだ」くらいに考
えて、逆に周囲と差をつけてやるっていう気持ちも大事だと思う。

むら：結局は試験全体で60％を取れれば合格する試験だしね。焦らず冷静に、各設問の難
易度を見極め、どのような優先順位で解答すべきかを判断することも合格を勝ち取
るためには重要な要素だね。

~事例Ⅳのポイント・攻略法~
時間内に全部解くのは不可能。解ける問題を確実に！

【自身の実力をしっかり見極め、適切な学習スケジュールを計画しよう】

> 1次試験合格後、2か月程度の勉強期間ではよい勉強法が確立できなかった。

むら：これは俺も同じこと思った。1次試験と違って2次試験は中小企業診断協会から模範解答が出るわけでもないから、何が正解かわからないまま時間だけが過ぎて、どんどん焦りが募ったのを覚えている……。

もろ：僕も1次試験合格後に慌てて2次試験の勉強を開始して、まずは『ふぞろい』で過去問を解いたけど、どの事例も50点取れればよいほうって感じで撃沈。これはきっと「1次試験の内容が定着していないからだ」と考えて、1次試験の知識を復習したところ、そのあとは大きく点数が伸びたよ。

むら：急がば回れって言葉もあるしね。自分の実力にしっかりと向き合って合格までの道筋を描きながら勉強のスケジュールを決めることが大事だね。まずは『ふぞろい』のAからAAAの答案を読んで、合格答案に潜んでいる解答の型を、自分なりに考察してみるのもよいかも。

もろ：移動時間を有効活用できるように、先人たちの英知を参考にしつつ、まずは自分なりにファイナルペーパーを作成してみたというふぞろいメンバーもいたよ。短い期間でいかに効率的に学習を進めるかが重要だね。

サエ：私は、1次試験の勉強は順調だったから、5月や6月は2次試験対策を進めていたんだ。そのおかげで、1次試験合格後には2次試験の様子は掴めていたから、自分の苦手な事例を克服することに注力できたよ。それから、事例Ⅳは本番最終科目で試験当日も疲労が想定されたから、1日仕事をした後で過去問を解くのはいい練習になったと思う。

もろ：サエコのように先取りして勉強をすることが理想だよね（真似できれば苦労しないけど……）。1次試験に合格した段階の実力はそれぞれ違うし、いろいろと試行錯誤しながら自分に合った学習方法を見つけることが重要だね。

【試験と割り切り、合格答案と自分の解答のギャップを埋めてみよう】

> 自身の経験と知識が先行して、解答がマニアックになりすぎてしまいます。

むら：今振り返ると、俺も試験勉強を開始した直後は、自分の経験と知識が先行してポエム（見当違いな答案）を書いていた自覚があるな。営業職が長いから特に事例Ⅱで顕著だった。

もろ：経験が豊富な人ほど、そうなりがちだよね。僕は初めから「これは国語の試験で、出題者の意図を理解することが重要だ」と自分に言い聞かせて乗り越えたんだ。仕事柄いろいろな業界の人と出会うことも多く、この事例企業の業態は見たことがある！とついつい考えてしまうこともあった。でも、これはあくまで試験であって「与

件文に書かれていることが絶対だ」と常に意識していたね。

サエ：私は、『ふぞろい』の合格答案をひたすら読み続けた結果、よく使われている言い回しや、ロジック、キーワードなどの「型」があることがわかってきたんだ。合格答案と自分の解答のギャップを掴めたから、本番でポエムになりかけても違和感を覚えることができて、軌道修正が可能になったよ。

むら：俺も合格答案を過去15年分読み込んだ！　そうしたら、確かに「型」を覚えることができた。あと、もろと同じような感覚だけど、与件文にない単語は絶対に使わないと自分に言い聞かせた。この試験は決められた型に与件文から抽出した単語を当てはめて解答を作るパズルだ、くらいの気持ちで試験に臨んだよ。

【合格のバトン】

> 9月の模試では180点でしたが、1日も欠かさずに必死に勉強して合格しました！

もろ：おめでとうございます！　僕もなかなか家族サービスができない葛藤と戦いながら、同じように1日も欠かさずに勉強に打ち込んでいたので、この喜びは共感できるね。

サエ：これだけ点数を伸ばしての合格は素晴らしいよね。それまでの努力が実を結んで、本当に良かった！　私も自分が合格したことには驚いたけど、「これで落ちたら来年何したらいいんだろう」と思えるくらいには勉強しつくした。

むら：俺なんて99％落ちたと思って、簿記2級の勉強を始めていたくらいだったけど、合格して本当に嬉しかった。結果が出るまで何が起こるかわからない試験だし、逆転合格も十分狙えるから最後まで努力することが大切だね。

もろ：このほかにも、多くの読者の方から喜びの声を寄せていただきました。短い時間でしたが、少しでも皆さまの勉強にお役立てできたのであれば嬉しいです。『ふぞろい』を手に取ってくれた方が、1人でも多く試験を突破できるよう、心から応援をしております！

【さいごに】

サエ：紙面の都合上、今回は一部のお悩みや疑問しかご紹介できませんでしたが、今後も皆さまの声をブログ（https://fuzoroina.com）で取り上げていきたいと思います。公式Ｘ（@fuzoroina）での情報発信もあるので、ぜひフォローをお願いします。

むら：『ふぞろい』のアンケート回答（286ページ）も、よろしくお願いします。合格者の再現答案（得点開示結果付き）がもらえる回答特典もあります！

もろ：『ふぞろい』は受験生の皆さまの再現答案により支えられています。再現答案をご提供いただいた方には、再現答案へのアドバイスを特典としてご用意しています（残念ながら合格されなかった方に限ります）。詳細は284ページをご確認ください。これからも『ふぞろい』を応援いただければ幸いです。では、また！

〜事例Ⅳのポイント・攻略法〜

NPVは完全無視。でも絶対に解答欄には何か書く。「減価償却」だけでも。

第5節 受験生支援団体の情報まとめ

　この特集では、1次試験や2次筆記試験の勉強法、2次筆記試験の答案の書き方、2次口述試験対策などを教えてくれる受験生支援団体を紹介します。

　特に独学の場合、勉強の仕方に迷いが生じることや、間違った勉強方法をしていても気付きにくいというデメリットがあります。これらを解決するために、各受験生支援団体のブログは勉強方法や試験対応方法を得るのに役立ちます。セミナーに行けば疑問点を直接合格者に聞くことができますし、他の受験生とのつながりもできます。2次筆記試験の答案は客観的に分析することが難しいのですが、受験生支援団体の勉強会で先輩診断士や他の受験生から助言をもらうことができます。

【受験生支援団体情報】

ふぞろいな合格答案	団体概要	その年の合格者による書籍『ふぞろいな合格答案』の出版と受験生の勉強を応援する団体	
	セミナー（予定）	場所：オンラインでの開催（状況により会場と併用を検討） 時期：8月頃・9〜10月頃・11〜2月頃・1月頃 内容：1次試験勉強法、2次試験勉強法、過去問分析、口述対策、懇親会	
	ブログ	https://fuzoroina.com	
一発合格道場	団体概要	今年で15年目に突入した老舗の診断士試験ブログ 独自メソッドを多数公開しつつ14年以上ほぼ毎日更新中	
	セミナー（予定）	場所：会場（都内）＆オンラインハイブリッド・オンライン開催 時期：4月頃、7月頃、9月頃、12月頃 内容：1次試験勉強法、2次試験勉強法、口述対策、懇親会	
	ブログ	https://rmc-oden.com/blog/	
タキプロ	団体概要	「診断士を目指す方の合格確率を1％でも高める」ため受験生の試験合格を全力でサポート！　令和4年度合格者の約200名が加入した最大規模の受験生支援団体	
	セミナー（予定）	場所：リアル（東京、大阪、名古屋、福岡）・オンライン開催 時期：4月頃、6月頃、7〜8月頃、12月頃 内容：1次・2次試験勉強法、口述対策、実務補習対策	
	勉強会（予定）	場所：東京、大阪、名古屋、オンライン 頻度：月2回程度（詳細日程はブログでご確認ください） 内容：2次試験過去問答案を作成し、グループ別討論	
	ブログ	https://www.takipro.com	
	YouTube	【中小企業診断士】タキプロチャンネル　@takiproch	
ココスタ	団体概要	年間約150回のオンライン勉強会を開催する無料のコミュニティ。前年度合格者が運営として参画。	
	セミナー（予定）	場所：オンライン 時期：3〜4月頃、6月頃、8〜10月頃 内容：2次試験勉強法、懇親会	
	勉強会（予定）	場所：オンライン 時期：週に3〜5回程度（1日に複数回開催） 内容：2次試験過去問答案を作成しグループ討論（受験生主体）	
	HP	https://co-co-study.com	

※試験の日程が例年と異なる場合や、災害などの理由により、セミナーの開催月変更、延期、中止になる場合もあります。詳しくは、各団体のブログやHPなどを確認してください。

『ふぞろいな合格答案　エピソード17』にご協力いただいた皆さま

『ふぞろいな合格答案』は、皆さまの「再現答案やアンケート」に支えられています。
今回、ご協力いただきました皆さまのニックネーム・お名前をご紹介いたします。
（令和6年3月時点、記号→数字→アルファベット→カナ→漢字の順、敬称略。同一
ニックネームの方もいらっしゃいます。）

【再現答案のご協力者（再現答案をご提出いただいた方）】

!!!つんつん!!!	@sachihhh	8810	a.taro	akio9314	chan
Daigo	D-ken	Dtk	EVA	GB	Ginto29
Gregorio	HARRY FUJI	hdai	hey	Hide	HIDE
HiroB	HY	ji-ko0225	K3	Katsu	Kei"
KEN	kenken	Kikky	kkkeioda	koki	komorebi
KTZ	kuniyoshi	Kuota	Meffy	MF	Naoto
Naru	NKOI	Nobu.K	nyoko	PR	Ryo
Sean	SHUN	ST	tact	taka23	takam
Taku	tanakasan	tats	Tks	TN	TO
toma	Yoshi	YY	アカヘル	あきら	あさおか
あさやまん	あしゅらん山口	あつお	あやや	あら	あらいさん
アロハ	アンディー	アントベイ	あんパパ	いくべん	いご
いこすけ	いそだま	うっちー	うとす	うまひで	うめ
えーび	えりか	おおうらさん	おーおー	おーちゃん	オーバーオール
おかっぴき	オグMAX	おこげ	おさる	おしと	オスカル
おったー	おみず	かーず	カイ	がくを	かじ
かじー	かつーん	かっこん	かつや	がぽ	がみゆきさん
カレルレン	かんちゃん	かんのり	ぎりさん	ぐっさん	くぼ
くぼくぼーんぬ	くまくま	くらのすけ	ケイ圭	ケーシィ	ケンケン
げんこつぱんだ	ごえ	コーヘイ	ここあんミルだいまむ	ごじろう	コツコツ
こばっと	ごま	こんすけ	サクコ	さた	さっさー
さやばあ	サリー	さんた	さんとす	シゲ	シゲシゲ
じだん	じっぽろ	しま	しゅいち	シュン	ジュン
しょーれい	しんいち	しんち	すーさん	ずし	すずき@育休中
ずんだ	セン	そうり	たーし	たーぼー	だいさん
たいしん	だいち	たいちょう	たかな	たかやん	タキモト
たけゆう	たつ	だなどこ猫	たにっちょ	たぬん	たひ
たべちゃん	ダム	たろ	だんちょー	ちーパパ	ちゃんまる

チョコモナカ	ちろ	つちのこ	つっかーさ	つっつー	でかいの
とうます	とみー	ともきんぐ	ともさん	とら	トン
なー	ナオ	ナカタ	ながたろう	なつき	なっつ
にぃせいパパ	にゃお	にんにくマシマシ	のん	はっしー	はっとり
はっぺ	はまのとらねこ	はらだけい	はる	はるの	はるひと
ばん	び	ビートルDD	ビール	ひこ	ひさみ
ひつじ	ピデスケ	ひびりん	ひよこ	ぴらりん	ひろ
ヒロキシマブ	ひろなお	ひろぴー	ふぁてぃ	ふーじー	フェザー
ふみさん	ぷら	フランカーたく	ぷりん	フルッペ	ペイタ
べし	ぺんた	ほしあつし	ほわいとびーち	ぽん	ぽんず
まーくん	マケレレ	マコト	まさ	まさ吉	ましゅおりこまめ
まっきっき	まっちゃん	まっつん	まつまさ	まな	まんたろー
まんまん	みぐ	みつ	みにまる	ミヤ	みやけん
ミヤコ	むらさん	めー	もっけい	やきとり	やすえR6
やっしー	やまけん	やまちゃん	やん	ユウ	ゆう
ゆーおじ	ゆーがた	ゆーきりんりん	ゆーたけ	ゆうたろう	ゆうへい
ゆきーで	ゆたやん	ユッケ	ゆでがえる	ゆとりlaw	ゆるふ
ヨタヨタ	よっく	よっしー	ラスカル	ラテモカ12	りかるど
リブラ	リョーヒロ	りょが	リングマ	るふぃあ	ワサキ
わたさん	愛しのエリー	安岡翼	伊藤紗恵子	井部雅章	浦川隆喜
火男眼鏡	亀太郎	久木茉優子	元野球少女	戸羽　伸次	五十嵐　徹
五島伸洋	考えるももんが	高橋玄	今　一歩	鷺森尚紀	笹原篤志
山田　崇	山本　哲也	子供三千年	宍戸　覚	柴田　嘉男	小池佳和
小島和幸	小林だいすけ	小林ぺ	松木宏樹	人見　大輔	水村聡
惣七	窓際よし	足立　啓	村上　雅一	多の津	大ちゃん
大橋　敏祐	大川顕央	大川慎治	中川　進次	東谷　秀平	藤沢うるう
南京玉簾	梅田裕二	白岩春人	武田一平	福井智也	平野大治郎
豊田逸郎	本棚21	木賣和馬	矢板　邦彦	齋藤　悠也	

※上記の方以外にも、再現答案をご提出いただきましたが、ニックネーム・お名前の掲載をご希望されなかった方もいらっしゃいます。また、システムエラーなどにより、再現答案をお送りいただいていたものの、当プロジェクト側に届かなかった可能性もございます。ニックネーム・お名前の掲載を希望されていたにもかかわらず、今回掲載できなかった方には、心よりお詫び申し上げます。

以上、本当に多数の方にご協力いただきました。誠にありがとうございました。

ふぞろいな執筆メンバー紹介のページです。

名前・担当	似顔絵	上段：自己紹介文、下段：仲間からの紹介文
仲光　和之 **かずさん** プロジェクト リーダー		ふぞろい12よりプロジェクトリーダーに就任。ふぞろい10の事務局長や10年データブックの編集に携わる。メンバーを後ろからそっと見守っています。
		ふぞろいメンバーを優しく見守り、時にはそっと背中を押してくれる我らがプロジェクトリーダー。お酒を酌み交わせば始まる人生相談。月1じゃ足りぬ！
宮﨑　健太 **みやけん** 事務局長 事例Ⅱ分析		おいしいものが大好きな食品メーカーの29歳。『みやけんと旅行に行くと太る』とよく言われる。運動も好きだが、食べるために運動している節がある。
		若くてイケメンなふぞろい17の事務局長。その爽やかなルックスと運動部仕込みの圧倒的なリーダーシップでふぞろいメンバーをまとめ上げた漢。中小企業診断士を目指した動機だけは秘密にしたほうがよいとメンバーの誰もが思っている。
佐藤　安梛 **あーや** 事例Ⅱ分析 答案管理 リーダー		本業コンサル、キャリア迷子のギリギリ20代。大きな受験のきっかけはなく、なんとなく気になっていたという理由だけ。「やらぬ後悔よりやる後悔！」という信念を胸に、次なる興味・頑張ることを探し中……！
		穏やかな雰囲気を纏う答案管理チームのリーダー。中小企業診断士の勉強はわずか5か月。高スペック頭脳で本質をついた的確なコメントを繰り出し、議論を深めてくれる。休日は愛犬のチワワを愛でることに全力を注いでいるらしい。
もろ 事例Ⅱ分析 企画		昨日のことは振り返らない30代。持ち前のポジティブ思考で合格を掴み取った。この資格を通じて多くの方々と出会えることを楽しみにしています！
		穏やかな雰囲気で、多くは語らないが、内なる熱い心が垣間見える。とても細かいところに気づいてくれて、クリティカルな論点を投げかけ、チームに新しい気づきを与えてくれる、超がつくほど頼れる存在。
しゅんいち 事例Ⅱ分析 分析統括 リーダー		30代前半、マスコミ業界に勤務。企業経営に興味を持ち中小企業診断士資格に挑戦。趣味は筋トレとテニス。
		ふぞろいの柱、分析統括の頼れるリーダー。強い情熱を持ち、分析精度向上に余念がない。反面、物腰の柔らかさと成熟した振る舞いから一部ではくまさんのような安心感と評判。一緒にいると、なんだか落ち着くんです。
村上　雅一 **むらまさ** 事例Ⅱ分析 リーダー 企画		54歳のおじさんです。若くて優秀なほかのメンバーに圧倒される毎日ですが、最長老ならではの味を出し同年代受験生の共感を得られる本作りに貢献します。
		朝4時からチームのために奮闘する頼れる事例Ⅱリーダー。経験に裏打ちされたオトナの包容力と的確なアドバイスでメンバーを支える良心的存在。その雰囲気とは裏腹にキックボクシングを愛する武闘派な一面も併せ持つ。

名前・担当	似顔絵	上段：自己紹介文、下段：仲間からの紹介文
小池　佳和 よしかず 事例Ⅲ分析 再現答案 リーダー		社会の荒波に身一つで戦える武器を得るため、日夜、資格取得の勉強に励む。FPの資格と合わせて、家計と仕事のコンサルタントとして活動予定？
		事例Ⅲ分析チームの切り込み隊長。すべての疑問点を拾ってチームを牽引、One for Allの精神がチームを異次元の高みに押し上げる。タスク完了の早さ・正確さはピカイチ、令和の必殺仕事人とはそう……彼のこと。
三好　啓太 よっしー 事例Ⅲ分析 分析統括		資格大好き30代。毎年新しい資格に挑みたいため、2年目は手を拡げられずモヤモヤして過ごした。美味しい日本酒との出会いを探し求めています。
		薬剤師、保育士、応用情報技術者、国内旅行業務取扱管理者、FP、知財管理技能士2級など数々の資格を手中に収めるジェネラリスト。MTGでは的確な指摘やフォローを行う縁の下の力持ち。仕事も早い。尊敬。
山崎　遼 りょちょ 事例Ⅲ分析 リーダー 事務局		プラスチック成形技能検定1級合格を目指すTHE現場男子。日中は金型と向き合い、夜はダンベルを握るのが日課。技能×診断士×筋肉で世界を切り拓く。
		柔和な人柄ながらゴツイ高級車を乗り回す大阪のイケメン。事務局しながら事例Ⅲリーダーを務めるふぞろい17の中心的存在。WEB会議を穏やかな笑顔とソフトな関西弁、そして細やかな気遣いでコントロールするファシリの魔術師。
松林　和宏 かーず 事例Ⅲ分析 再現答案		大学生〜小学生の3人の子を持ち教育費に悶絶するも、飲食代だけは節約する気がないお酒と美食を愛する47歳。教育熱心すぎて家では塾長と呼ばれている。
		ミーティングではお酒を片手に参加している（ように見える）事例Ⅲ分析チームのお兄さん的存在。難しいお話をかみ砕いて教えてくれる頭脳と優しさに感動。子どもの教育に熱心で、家族からは塾長と言われているとかいないとか。
中立　志寿 しず 事例Ⅲ分析 分析統括		中小企業の支援機関で働く、ゲーム・マラソン好きの20代後半。最近一緒にゲームする上司（重課金者）に、課金の扉を開かれそうになり必死に抵抗してます。
		穏やかな方言を駆使して実家のような安心感を醸し出すことで会議を掌握する陰のゲームマスターであり、チームの一体感醸成の立役者。趣味はマラソンやボディコンバットと自らには厳しそうだが、果たして課金からは逃げ切れるのか。
伴登　尚史 なおふみ 事例Ⅲ分析 再現答案		仕事と家事育児を制限せずに（勉強しないことの言い訳使い）酒に溺れながらも2次試験を4回目にて突破した自称スーパーゆるふわ多年度系弁護士。
		昼は弁護士、夜は子育てに励むイクメン、深夜はふぞろい執筆者の3つの顔を持つ男、なおふみ。何事にも全力で対応する努力家でもあり、家族や相談者、そして2次試験受験生を思いやる人間性は素晴らしいの一言です！
横山　拓 たく 事例Ⅳ分析 リーダー 分析統括		aikoをこよなく愛する30代男子。コロナ禍をきっかけになんとなく始めた中小企業診断士試験だったが、新たな扉が開けた気がして今後にワクワク。
		数字に強そうな見た目に違わず、いつも理路整然な我らが事例Ⅳのリーダー。自分の担当はもちろんのこと、ほかのメンバーにも目配りできる、暖かさと冷静さを持ち合わせた令和の素敵なジェントルマン。
岡　夏輝 おかなつ 事例Ⅳ分析 事務局		ただの資格ゲッターだったはずなのに、2次試験合格したときは大学受験より喜びました。そろそろオトナの余裕と雰囲気を醸し出したい20代後半です。
		事例Ⅳの紅一点。事務局でもある彼女は優しそうな見た目と裏腹に、常に作業は先取って、みんなを引っ張る陰のリーダー。気配り・目配り・心配り三拍子そろったスーパーウーマン。きっと仕事もスーパーなんだろうなぁ。
市川　諒 いっちー 事例Ⅳ分析 企画 リーダー		公認会計士としてコンサルをしていたが、もっと価値ある助言をしたくてつかみ取ったこの資格。両利きのコンサルタント目指して頑張ります。
		頼れる企画チームのリーダー。公認会計士であるうえに、外資系勤務で英語も使いこなすまさにパーフェクトヒューマン。そんな彼の趣味は将棋と野球観戦。中小企業診断士界の藤井聡太や大谷翔平になってしまうのか！？
谷口　亮 ぐっさん 事例Ⅳ分析 答案管理		IT系企業に勤務する40代後半。趣味：競技スキー、資格：情報処理資格を中心にいろいろ。資格の数とスキーの速さならふぞろい17ナンバー1かも！
		冷静な判断力と持ち前の計算力の高さで、事例Ⅳの分析を更なる高みへ引き上げてくれた頼もしい存在。プライベートでは競技スキーに打ち込み、その実力は接待スキーができてしまうほどの腕前という、スポーツマンの一面も！

名前・担当	似顔絵	上段：自己紹介文、下段：仲間からの紹介文
落合　洋介 **オスカル** 事例Ⅳ分析 企画		食品メーカー勤務の30代後半。趣味は釣りとカラオケと柔道。メキシコ駐在経験ありでタコス大好き。いつかはスペイン語を使った診断士活動もしてみたい。
		圧倒的企画力！　アイデアマン！　キャッチーかつ読者のタメになる企画を出す力はふぞろいメンバー随一。そんな彼は趣味のカラオケで私たちの２次会を美声とともに開演し、テンションをぶち上げてくれる生粋のエンターテイナーである！
稲垣（伊藤） **紗恵子** **サエコ** 事例Ⅰ分析 リーダー 企画		製造業で十数年、知財法務業務に従事。経営や事業に資する知財活動をしたいと考え中小企業診断士試験の勉強を開始。知識増加に比例し世界の広がりを実感。
		メンバーの意見を優しく引き出し導いてくれる気配り上手な事例Ⅰチームリーダー。知財のプロとしての緻密さと麻雀で培った勝負師の勘を武器に、１・２月の勝者として常勝街道を突っ走る。今後は中小企業診断士常勝軍団を牽引か！？
かんのり 事例Ⅰ分析 再現答案		独学ストレートでの奇跡の合格ですが、１年で総勉強時間は、気づけば2,500時間程度！　自分で学習方法や解答方法を工夫して、結構、頑張りました！
		ふぞろいメンバーの中で頭４つくらい抜けて学習時間が凄まじいストレート受験生。常に傾聴の姿勢を崩さないが繰り出される鋭い指摘には本当に同年代かと感嘆してしまう。メディア業界の人間らしく機知に富んだユーモアの使い手。
ひろし 事例Ⅰ分析 分析統括		自己啓発の一環で受けた中小企業診断士でしたが試験後の選択肢・展開の広さに驚き！　趣味のランニングをやりすぎ足を故障気味なのが悩みの種。
		いつも冷静沈着、それでいて不甲斐ないリーダー（この紹介文を書いている私のことです）を陰日向に優しく支え導いてくれるナイスガイ。IT系にめっぽう強く、ふぞろい答案分析時はチームの支柱でした。
たべちゃん 事例Ⅰ分析 再現答案		製薬企業でMRとして10年勤務。共感性と学習欲の高さが強み。夫婦で沖縄移住予定。夢は沖縄・東京の２拠点生活をすること！
		MRゆえバリキャリウーマンかと思いきや、ミーティングで所々癒されているのは私だけではないはず……。来年から沖縄移住＆ヴィラオープンを計画する野心家でもある！　羨ましいぞー！　遊びに行くぞー！！
木下　翼 **つばさ** 事例Ⅰ分析 事務局		エンジニア→製品開発プロセスに関するコンサルタントの29歳。コンサルタントを名乗るならと経営目線での提言ができることを目指して中小企業診断士資格を取得したものの、ほとんど本業と別物といっていいレベルの知識・スキルセットに愕然。伸びしろですね！！
		統率力、判断力、対応力は、同世代から見ても圧倒的。また、本人は関西弁と言いながらがっつり四国弁を話す、超スーパーナイスガイ！　Zoom会議中、彼の背後に時折映り込む女性は奥さんなのだろうか……。真相は闇の中。
鈴木　かれん **かれん** 事例Ⅰ分析 再現答案		育休中の金融マン。これまで堅実な人生を歩んできたが、もう少しチャレンジングな人生に憧れている（ないものねだり？）
		育児も仕事も完璧にこなす金髪美女！　そんなかれんはいつもスラック迷子の私に優しくリプをしてくれる存在です。チームディスカッション中も的を射た発言でみんなを導いてくれます。落ち着いたらごはん行こうね♪
清野　裕樹 **ぴろ** 分析統括		この資格の勉強を通して、いろんな方と出会い素敵なご縁に恵まれました。あとは資格を取って、そんな人たちと一緒に企業の成長支援がしたい。
		いつもニコニコしていて、穏やかさがあふれ出る癒し系男子。周囲への気配りと、受験生視点の熱心かつ丁寧な分析で分析統括チームを支えてくれています。寄り添うチカラと熱意は中小企業診断士の枠をも超える！？
けんけん 分析統括		山と海と空を愛する自然派。天敵は熊。R４は231点、R５は234点で不合格。この調子ならR６は237点、R７は240点で合格（予定）。いや、今年合格させて！
		ミーティングでは面白背景で、場の空気を和ませようとしてくれるナイスガイ。仕事もクールに、余裕をもって完了されてリスペクト！　分析チームだけでなく、社長からも頼りにされている未来が見える。

あとがき

　この度は本書をご購入いただき、ありがとうございます。皆さまの受験勉強の参考になっていますでしょうか。本作でふぞろいシリーズも17作目となりました。多く方々のご協力をいただき、世に出すことができました。この場をお借りして、厚く御礼申し上げます。

　中小企業診断士の仕事は一般的に、「話す」「書く」「診る」の3つに分類されます。「話す」は、セミナーや企業研修など、依頼主の期待する受講者のビフォーアフター像に合わせて、必要なことをお伝えすることです。「書く」は書籍や雑誌、Webなどの媒体に、依頼主の要望に合わせて執筆することです。この「話す」と「書く」は比較的イメージしやすいかと思いますが、経営コンサルティングの仕事を指す「診る」については、そういったお仕事に従事されていない人にとっては、なかなかイメージしづらいかもしれません。

　コンサルタントとしての中小企業診断士の仕事は、「不安を取り除き安心を得てもらう」ことと、「ワクワクする未来像を描く」ことに大別できると考えています。前者は今後の収益の見通しや資金繰りのこと、後者は将来に向けた成長戦略を策定することなどが、例として挙げられます。まさに中小企業診断士の試験対策として学ぶことが活用できる領域です。

　一方で、クライアント企業との関わり方という着眼点で考えてみると、「社長の右腕、参謀として、経営判断のサポートを行う」ことと、「社長の代弁者として、会社・社長の考えを社員に伝える」ことに大別できます。前者は、経営の当事者だと見落としやすい着眼点を提示し、根拠のある経営判断を支援していくものです。後者は、社長だと伝えにくいことを、社外の第三者だからこその説得力で、社員の皆さんにお伝えしていくことです。このようなクライアント企業との関わり方は、試験勉強で学ぶことよりも、実はこれまでの経験が活かされる場面です。取引先企業の社長とのやり取りや、管理職としての経験などが良い例です。試験勉強と日常生活の両立にはさまざまな困難があるかと思いますが、その日常生活には、将来の中小企業診断士としての仕事に役立つヒントが詰まっています。日常生活も糧にしながら、試験勉強を乗り越えていただければと思います。

　この『ふぞろいな合格答案エピソード17』は、直近の診断士試験に合格した人に受験生メンバーを加え、総勢24名により執筆しました。その彼らが「受験生に貢献すること」を目的に、お預かりした再現答案に真摯に向き合い、一切の妥協を許さず分析して書き上げた結果が本書です。皆さまが合格の扉を開き、診断士の世界に足を踏み入れられること、そして本書がその一助になることを心から願っております

　最後になりましたが、試験当日、皆さまが普段どおりの力を発揮し、見事合格されますことを、メンバー一同祈念しております。

ふぞろいな合格答案プロジェクトメンバーを代表して

仲光　和之

令和6年度中小企業診断士2次試験（筆記試験）
再現答案ご提供のお願い

　平成20年（2008年）より毎年発刊している『ふぞろいな合格答案』も本作で17冊目となります。これまでたくさんの受験生の方に再現答案をご提供いただいたおかげで、現在まで発刊を継続することができましたことを心から感謝申し上げます。

　ふぞろいな合格答案プロジェクトでは、令和6年度（2024年度）2次試験を受験される皆さまからも、再現答案を募集いたします。ご協力いただいた方にはささやかな特典をご用意しております。『ふぞろいな合格答案』は、皆さまからの生の情報によって支えられています。ご協力のほどよろしくお願いいたします。

◆◆◆◆◆◆◆　募集要綱　◆◆◆◆◆◆◆

■募集対象
　令和6年度第2次試験（筆記試験）受験者
　（合格者・未合格者、いずれの再現答案も歓迎しております。）

■募集期間
　第2次試験翌々日～令和7年1月31日（予定）

■応募方法
　『ふぞろいな合格答案』公式HP（https://fuzoroina.com）上で、2次試験終了後、解答入力フォームをお知らせします。フォームに従って解答をご入力ください。

※独自フォーマットでのメール送信や、書類送付などは受け付けておりませんのでご了承ください。なお、合格発表後、ふぞろいプロジェクトより合否および得点開示についての確認メールを送らせていただきます。分析の性質上必要となりますので、お手数をおかけしますが評価のご返信にご協力をお願いいたします。

■ご提供いただいた方への特典
　特典1　【再現答案へのアドバイス】（令和7年夏予定）
　　残念ながら合格されなかった方には、次版執筆メンバーより、ご提供いただいた再現答案へのアドバイスをお送りいたします。再挑戦される際の参考にしてください。
　　（※得点開示のご返信をいただいた方に限ります。）
　特典2　【書籍内へのお名前掲載】
　　次版の『ふぞろいな合格答案』の「ご協力いただいた皆さま」のページに書籍へのご協力者として、お名前（ニックネーム可）を掲載いたします。

ふぞろいな合格答案　公式ブログ

受験生の皆さまのお役に立てる情報を発信しています。

https://fuzoroina.com

■支援スタッフ（順不同）

野中聡志（さとしん）、岩村隼人（はやと）、いのっち、柏原雄太（かっしー）、おみそ、勝又明彦（えとえん）、梶原勇気（ゆーき）、小山俊一（こやちん）、亀井周斗（しゅうと）、けーた、伊丹千里（ちさと）、今泉卓真（たくま）、樋口光夏（あきか）、池田一樹（いっけー）、中村宇雄（ぜあ）、耳川直諒（みみ）、中村泰規（やーみん）、松本江利奈（まっち）、神竹穂香（ほの）、たくろう、立木淳之介（じゅん）、梶原駿（かじしゅん）、尾関将徳（Masa）、樋口友則（ともぐら）、good_job

2024 年 7 月 25 日　第 1 刷発行

2024年版 中小企業診断士2次試験
ふぞろいな合格答案　エピソード17

ⓒ編著者　ふぞろいな合格答案プロジェクトチーム

発行者　脇 坂 康 弘

〒113-0033　東京都文京区本郷 2-29-1
TEL. 03 (3813) 3966
FAX. 03 (3818) 2774
URL　https://www.doyukan.co.jp

発行所　株式会社 同友館

乱丁・落丁はお取替えいたします。　　　　三美印刷
ISBN 978-4-496-05718-2　　　　　　　Printed in Japan

読者プレゼント

　『ふぞろいな合格答案　エピソード17』をご購入いただいた皆さまに、執筆メンバーから２次試験対策に役立つプレゼントをご用意しました！

1．生問題用紙

　第３章に登場した、かーず、かれん、かんのり、たべちゃん、なおふみ、よしかずの６名が、<u>試験当日にアンダーラインやメモの書き込みなどをした問題用紙を PDF ファイルでご提供</u>します。80分間という時間の中で合格者が試験会場で取った行動を疑似体験することができます。

2．ふぞろい17メンバーの再現答案と実際の得点

　本書では２次試験受験生からお預かりした再現答案を分析し、ふぞろい流の採点結果をご提供しています。その背景は、模範解答や採点方法が公表されない２次試験の特徴からきています。
　そこで今回も、<u>ふぞろい17メンバーの再現答案と実際の得点をセットでご提供します！</u>　再現答案と実際の得点を複数得る機会は、受験生にとって非常に貴重だと思います。『ふぞろいな合格答案』の理念に則り、ふぞろい17メンバー総力を挙げて受験勉強に活用できる情報を提供したい、その思いを読者プレゼントに込めました。ぜひともご活用ください！

◆◆◆◆◆◆◆◆◆◆　ダウンロード方法　◆◆◆◆◆◆◆◆◆◆

　以下のサイトの『ふぞろいな合格答案　エピソード17』のバナーからアクセスしてください。簡単な読者アンケート（パスワードが必要）にご協力いただいた後、プレゼントのダウンロードができます（『ふぞろい18』の発行まで実施）。

　□同友館ホームページ（https://www.doyukan.co.jp）
　　【パスワード：fuzoroi2024】